中学基礎がため100%

公民

中学社会

公民

本書の特長と使い方

[本書の特長]

十分な学習量で確実に力がつく構成！

学力をつけるためには，くり返し学習が大切。本シリーズは地理・歴史をそれぞれ2冊に分け，公民は政治・経済の2冊分の量を1冊にまとめて，十分な量を学習できるようにしました。

[本書の使い方] ※1 2は学習を進める順番です。

1 要点チェック

まず，各単元の重要事項をチェック！
問題が解けないときにも見直しましょう。

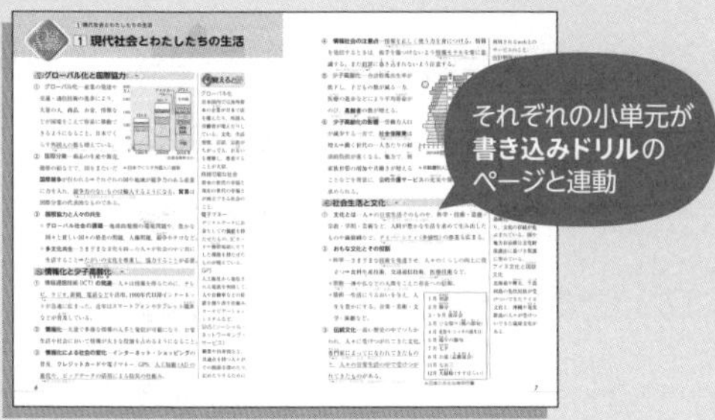

覚えると得 は重要語句，ミスに注意 はまちがえやすい点，重要 テストに出る はポイントになる点です。定期テスト前にもチェックしましょう。

2 スタートドリル

重要な用語を覚え，資料の読みとりを通して基本事項を身につけましょう。

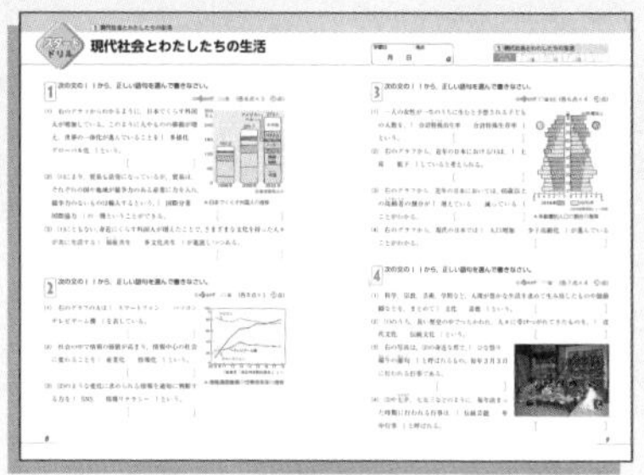

3 書き込みドリル

要点チェックでとりあげた小単元ごとに基本→発展の2段階で学習。
難しかったら，対応する要点チェックで確認しましょう。

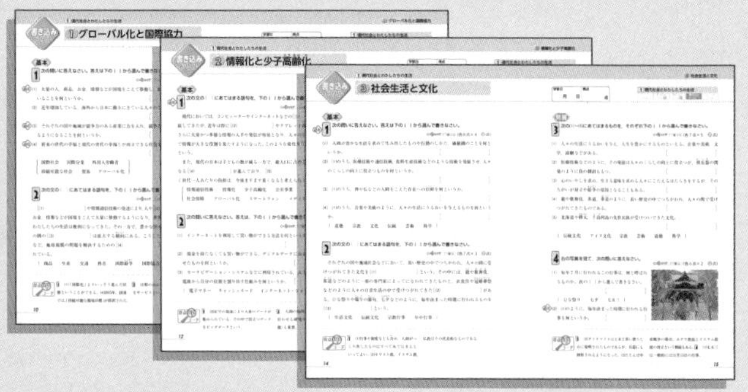

テストでよくでる問題には 必出 マークがついています。 はヒントです。
問題が解けないときに解説書とあわせて利用してください。 チェック のように示してあるページと番号で，要点チェックにもどって学習できます。

4 まとめのドリル

単元のおさらいです。ここまでの学習をまとめて復習しましょう。
1～4までが，1章分で構成されています。

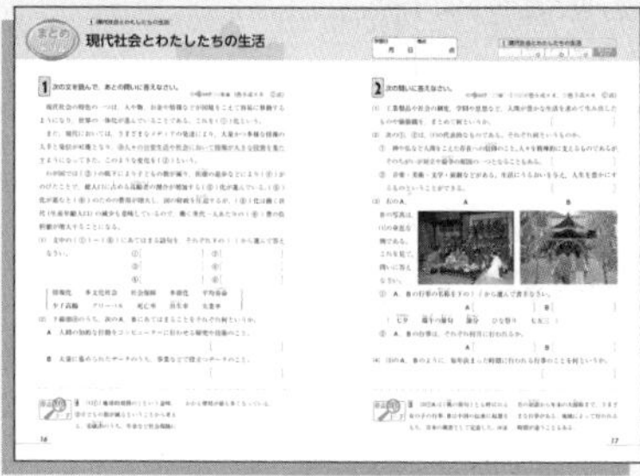

5 定期テスト対策問題

定期テスト前に力だめし。苦手なところは要点チェックやスタートドリルなども使って，くり返し学習しましょう。

6 総合問題

このドリル1冊分の総まとめです。
学習の成果を確認しましょう。

解答書は，本書のうしろにのりづけされています。引っぱると別冊になります。答え合わせをして，まちがえたところは「考え方」をよく読んで直しましょう。

公民（政治）

1 現代社会とわたしたちの生活

2 社会集団とわたしたち

3 人権と日本国憲法

4 日本国憲法と基本的人権

5 現代の民主政治

写真提供：悠工房・時事・アマナイメージズ・朝日新聞社・時事通信フォト・Bridgeman Images/時事通信フォト・AFP＝時事・久野武志/JICA

公民(経済)
もくじ

10 わたしたちの消費生活

11 生産の仕組みとはたらき

12 働きやすい職場

13 価格のはたらきと金融

14 政府の経済活動

15 国民生活と福祉

1 現代社会とわたしたちの生活

1 グローバル化と国際協力 ドリル➡P.10

① **グローバル化**…産業の発達や交通・通信技術の進歩により，大量の人，商品，お金，情報などが国境をこえて容易に移動できるようになること。日本でくらす外国人の数も増えている。
↳近年，ベトナムなど東南アジアの外国人が急増

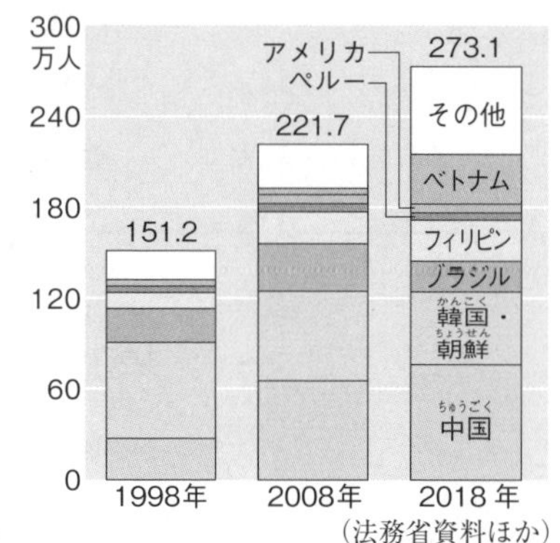

▲日本でくらす外国人の推移

② **国際分業**…商品の生産や販売，価格の面などで，国をまたいだ**国際競争**が行われる➡それぞれの国や地域が競争力のある産業に力を入れ，競争力のないものは輸入するようになる。**貿易**は国際分業の代表的なものである。
↳日本は食料自給率が低いことが課題

③ **国際協力と人々の共生**

- **グローバル社会の課題**…地球的規模の環境問題や，豊かな国々と貧しい国々の格差の問題，人権問題，紛争やテロなど。
- **多文化共生**…さまざまな文化を持った人々が社会の中で共に生活すること➡たがいの文化を尊重し，協力することが必要。
↳異文化理解が求められる

2 情報化と少子高齢化 ドリル➡P.12

① **情報通信技術（ICT）の発達**…人々は情報を得るために，テレビ，ラジオ，新聞，電話などを活用。1990年代以降インターネットが急速に広まった。近年はスマートフォンやタブレット端末などが普及している。
↳メディアという

② **情報化**…大量で多様な情報の入手と発信が可能になり，日常生活や社会において情報が大きな役割を占めるようになること。

③ **情報化による社会の変化**…**インターネット・ショッピング**の普及，**クレジットカード**や電子マネー，GPS，人工知能（AI）の進化や，ビッグデータの活用による防災の仕組み。
↳緊急地震速報など

覚えると得

グローバル化
日本国内では海外資本の企業が日本で店を構えたり，外国人労働者が増えたりしている。文化，生活習慣，言語，宗教がちがっても，お互いを理解し，尊重することが大切。

持続可能な社会
将来の世代の幸福と現在の世代の幸福とが両立できる社会のこと。

電子マネー
デジタルデータにお金としての価値を持たせたもの。ICカードや携帯電話にそうした機能を持たせたものが増えている。

GPS
人工衛星から発信される電波を利用して，人や自動車などの位置を割り出す仕組み。カーナビゲーションシステムなど。

SNS（ソーシャル・ネットワーキング・サービス）
職業や出身校など，共通点を持つ人々が，その関係を深めたり，広めたりするために

④ **情報社会の注意点**…情報を正しく使う力を身につける。情報を発信するときは，相手を傷つけないよう情報モラルを常に意識する。また犯罪に巻き込まれないよう注意する。

(情報を正しく使う力→情報リテラシー／情報モラル→悪口，いじめをしない／犯罪→個人情報流出など)

⑤ **少子高齢化**…合計特殊出生率が低下し，子どもの数が減る一方，医療の進歩などにより平均寿命がのび，**高齢者**の数が増える。

(高齢者→65歳以上の人)

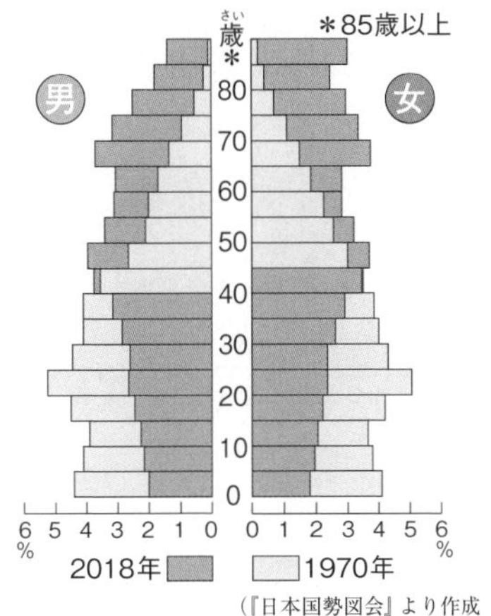

▲年齢層別人口の割合の推移

⑥ **少子高齢化の影響**…労働力人口が減少する一方で，**社会保障費**は増大➡働く世代の一人当たりの経済的負担が重くなる。他方で，核家族世帯の増加や共働きが増えることなどを背景に，**公的介護サービス**の充実や保育所の整備が求められる。

(社会保障費→年金などの費用)

③ 社会生活と文化 ドリル➡P.14

① **文化とは**…人々の日常生活そのものや，科学・技術・道徳・宗教・学問・芸術など，人間が豊かな生活を求めて生み出したものや価値観など。ダイバーシティ（多様性）の尊重も広まる。

(日常生活→衣・食・住，慣習や生活様式／ダイバーシティ（多様性）の尊重→ユニバーサルデザインの広まりなど)

② **おもな文化とその役割**

- **科学**…さまざまな技術を発達させ，人々のくらしの向上に役立つ➡食料生産技術，交通通信技術，医療技術など。
  (技術を発達→技術革新／医療技術→再生医療)
- **宗教**…神や仏などの人間をこえた存在への信仰。
  (宗教→キリスト教，イスラム教，仏教が三大宗教)
- **芸術**…生活にうるおいを与え，人生を豊かにする。音楽・美術・文学・演劇など。

③ **伝統文化**…長い歴史の中でつちかわれ，人々に受けつがれてきた文化。専門家によってになわれてきたものと，人々の日常生活の中で受けつがれてきたものがある。

(専門家によってになわれてきたもの→能，歌舞伎，茶道，華道など／人々の日常生活の中で受けつがれてきたもの→衣食住，年中行事，冠婚葬祭などの生活文化)

1月	初詣
2月	節分
3・9月	彼岸会
3月	ひな祭り（桃の節句）
4月	花祭り（シャカの誕生日）
5月	端午の節句
7月	七夕
8月	お盆（盂蘭盆会）
11月	七五三
12月	大掃除（すすはらい）

▲日本のおもな年中行事

利用されるweb上のサービスのこと。

合計特殊出生率
一人の女性が一生の間に生むと予想される子どもの人数。

出生率が低下した理由
女性の社会進出により晩婚化が進んだこと，結婚しない人が増えたこと，保育所などの育児支援施設の不足，といった理由が考えられる。

宗教
人々を精神的に支えるものであるが，そのちがいが原因となって対立や紛争がおきることもある。

文化保存の課題
過疎化，高齢化により，文化の存続が危ぶまれている。国や地方自治体は文化財保護法に基づき保護に努めている。

アイヌ文化と琉球文化
北海道や樺太，千島列島の先住民族が受けついできたアイヌ文化と，沖縄や奄美群島の人々が受けついできた琉球文化がある。

現代社会とわたしたちの生活

1 次の文の｛　｝から，正しい語句を選んで書きなさい。

チェック P.6 1（各8点×3　24点）

(1)　右のグラフからわかるように，日本でくらす外国人が増加している。このように人やものの移動が増え，世界の一体化が進んでいることを｛　多様化　グローバル化　｝という。

〔　　　　　　〕

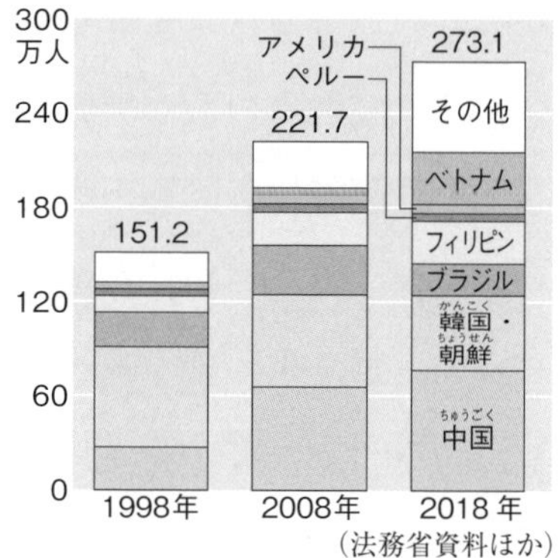

（法務省資料ほか）

▲日本でくらす外国人の推移

(2)　(1)により，貿易も活発になっているが，貿易は，それぞれの国や地域が競争力のある産業に力を入れ，競争力のないものは輸入するという，｛　国際分業　国際協力　｝の一種ということができる。

〔　　　　　　〕

(3)　(1)にともない，身近にくらす外国人が増えたことで，さまざまな文化を持った人々が共に生活する｛　福祉共生　多文化共生　｝が進展しつつある。

〔　　　　　　〕

2 次の文の｛　｝から，正しい語句を選んで書きなさい。

チェック P.6 2（各8点×3　24点）

(1)　右のグラフのAは｛　スマートフォン　パソコン　テレビゲーム機　｝を表している。

〔　　　　　　〕

(2)　社会の中で情報の価値が高まり，情報中心の社会に変わることを｛　産業化　情報化　｝という。

〔　　　　　　〕

(3)　(2)のような変化に求められる情報を適切に判断する力を｛　SNS　情報リテラシー　｝という。

〔　　　　　　〕

（『総務省「通信利用動向調査」』より）

▲情報通信機器の世帯保有率の推移

3 次の文の｛ ｝から，正しい語句を選んで書きなさい。

チェック P.7 ②⑤⑥ (各6点×4　24点)

(1) 一人の女性が一生のうちに生むと予想される子どもの人数を，｛ 合計特殊出生率　合計特殊生存率 ｝という。 〔　　〕

(2) 右のグラフから，近年の日本における(1)は，｛ 上昇　低下 ｝していると考えられる。 〔　　〕

(3) 右のグラフから，近年の日本においては，65歳以上の高齢者の割合が｛ 増えている　減っている ｝ことがわかる。 〔　　〕

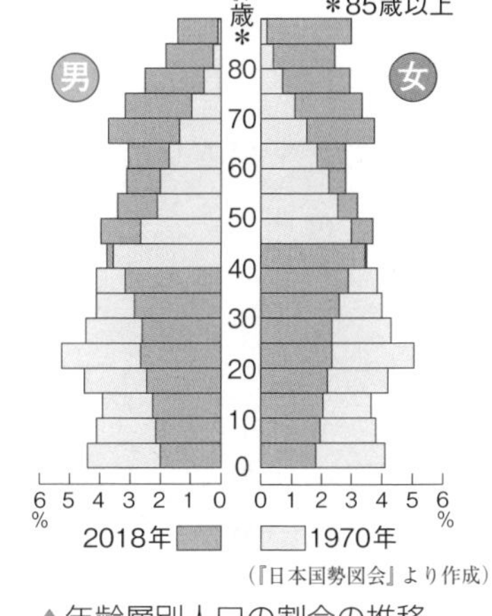

(『日本国勢図会』より作成)
▲年齢層別人口の割合の推移

(4) 右のグラフから，現代の日本では｛ 人口増加　少子高齢化 ｝が進んでいることがわかる。 〔　　〕

4 次の文の｛ ｝から，正しい語句を選んで書きなさい。

チェック P.7 ③ (各7点×4　28点)

(1) 科学，宗教，芸術，学問など，人間が豊かな生活を求めて生み出したものや価値観などを，まとめて｛ 文化　道徳 ｝という。 〔　　〕

(2) (1)のうち，長い歴史の中でつちかわれ，人々に受けつがれてきたものを，｛ 近代文化　伝統文化 ｝という。 〔　　〕

(3) 右の写真は，(2)の身近な形で，｛ ひな祭り　端午の節句 ｝と呼ばれるもの。毎年3月3日に行われる行事である。 〔　　〕

(4) (3)や七夕，七五三などのように，毎年決まった時期に行われる行事は，｛ 伝統芸能　年中行事 ｝と呼ばれる。 〔　　〕

1 グローバル化と国際協力

基本

1 次の問いに答えなさい。答えは下の｛　｝から選んで書きなさい。

チェック P.6 1 (各7点×4　28点)

必出 (1) 大量の人，商品，お金，情報などが国境をこえて移動し，世界の一体化が進んでいることを何というか。〔　　　　　〕

(2) 近年増加している，海外から日本に働きにきている人々のことを何というか。〔　　　　　〕

必出 (3) それぞれの国や地域が競争力のある産業に力を入れ，競争力のないものは輸入するようになることを何というか。〔　　　　　〕

必出 (4) 将来の世代の幸福と現代の世代の幸福とが両立できる社会を何というか。〔　　　　　〕

｛ 国際社会　国際分業　外国人労働者
持続可能な社会　GPS　グローバル化 ｝

2 次の文の〔　〕にあてはまる語句を，下の｛　｝から選んで書きなさい。

チェック P.6 1 (各6点×4　24点)

〔(1)　　　　　〕や情報通信技術の発達により，人や〔(2)　　　　　〕，お金，情報などが国境をこえて大量に移動するようになり，世界が一体化することで，わたしたちの生活は便利になってきた。その一方で，豊かな国々とそうでない国々との間の〔(3)　　　　　〕は拡大する傾向(けいこう)にある。こうした問題や地域環境問題など，地球規模の問題を解決するための〔(4)　　　　　〕が，いっそう求められている。

｛ 商品　生産　交通　格差　国際紛争(ふんそう)　国際協力 ｝

1 (1)「国際化」よりいっそう進んだ状態ということができる。(4)2015年，国連では，「持続可能な開発目標」が採択された。

2 (2)形のあるものを財，形のないものをサービスという。

学習日　月　日　得点　点

1 現代社会とわたしたちの生活

スタートドリル　書き込みドリル1　書き込みドリル2　書き込みドリル3　まとめのドリル

発展

3 右のⅠ，Ⅱのグラフを見て，次の問いに答えなさい。

チェック P.6 1（各8点×6　48点）

(1) 1998年，日本国内に最も多く住んでいた外国人はどこの国籍の人か。グラフⅠから選んで書きなさい。〔　　　〕

(2) 2018年において，日本国内に最も多く住んでいた外国人はどこの国籍の人か。グラフⅠから選んで書きなさい。〔　　　〕

(3) 国内に多くの外国人が住むことで形成される，さまざまな文化を持った人々が社会の中で共に生活することを何というか。〔　　　〕

(4) グラフⅡから，1970年代以降，日本の貿易額はどのように変化したか。正しいものを次のア～ウから一つ選び，記号を書きなさい。〔　　　〕

ア　輸出額・輸入額ともに大きく増えた。

イ　輸出額はあまり変わらないが，輸入額は大きく増えた。

ウ　輸入額はあまり変わらないが，輸出額は大きく増えた。

Ⅰ　日本でくらす外国人の推移

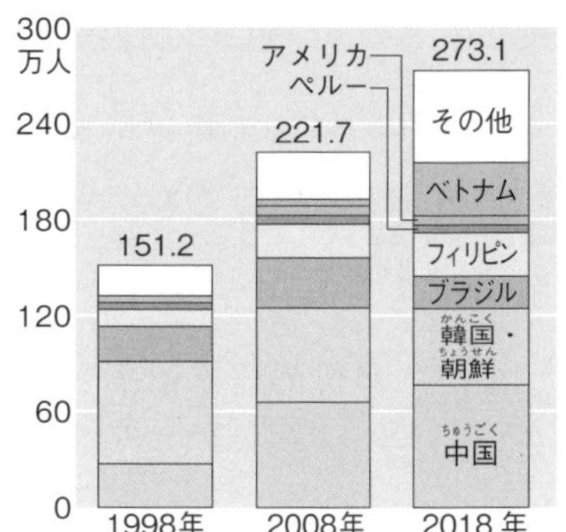

（法務省資料ほか）

Ⅱ　日本の貿易額の推移

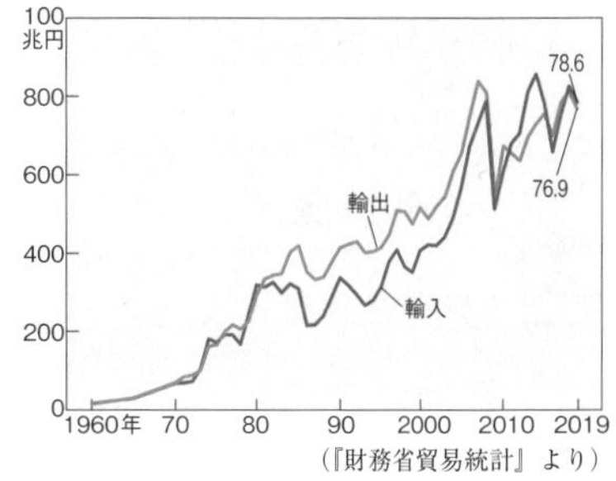

（『財務省貿易統計』より）

(5) 国際分業に関し，日本は他の先進工業国に比べ，[　　]自給率が低いことが課題となっている。[　　]にあてはまる語句を書きなさい。〔　　　〕

(6) それぞれの国や地域の間で人やものの移動が活発になり，世界の一体化が進んでいることを何というか。〔　　　〕

3 (2)近年，外国人労働者や留学生が急増した。(3)多様性のことをダイバーシティと表現することもある。(5)国民が消費する食料のうち，国内生産でまかなえる比率のこと。2018年では37％となっている。

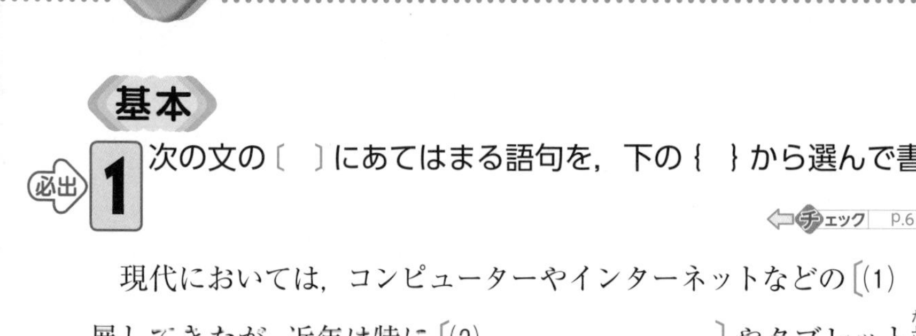

② 情報化と少子高齢化

基本

必出 1 次の文の〔　〕にあてはまる語句を，下の｛　｝から選んで書きなさい。

チェック P.6②（各８点×５　40点）

現代においては，コンピューターやインターネットなどの〔(1)　　　　　　　　〕が発展してきたが，近年は特に〔(2)　　　　　　　　〕やタブレット端末が普及したことで，さらに大量かつ多様な情報の入手や発信が容易となり，人々の日常生活や社会において情報が大きな役割を果たすようになった。このような変化を〔(3)　　　　　　　　〕という。

また，現代の日本は子どもの数が減る一方で，総人口に占める高齢者の割合が高くなる〔(4)　　　　　　　　〕が進んでおり，〔(5)　　　　　　　　〕費の増大から，働く世代一人あたりの負担は，今後ますます重くなると考えられている。

｛ 情報通信技術　情報化　少子高齢化　公共事業
社会保障　グローバル化　スマートフォン　メディア ｝

2 次の問いに答えなさい。答えは，下の｛　｝から選んで書きなさい。

チェック P.6②③（各８点×３　24点）

(1)　インターネットを利用して買い物ができる方法を何というか。

〔　　　　　　　　〕

(2)　現金を持たなくても買い物ができる，デジタルデータにお金としての機能を持たせたものを何というか。〔　　　　　　　　〕

(3)　カーナビゲーション・システムなどに利用されている，人工衛星から発信される電波から自分の位置を割り出す仕組みを何というか。〔　　　　　　　　〕

｛ 電子マネー　メディア　インターネット・ショッピング　GPS ｝

1　(3)ICTの発達により大量のデータが集められている。その中で役立つデータをビッグデータという。

2　人間の知的行動をコンピューターに行わせる研究や技術を指すAI（人工知能）も重要。

学習日　　月　　日　得点　　　点

1 現代社会とわたしたちの生活
スタートドリル　書き込みドリル①　書き込みドリル②　書き込みドリル③　まとめのドリル

発展

3 次の問いに答えなさい。

チェック P.6②①P.7④（各6点×3　18点）

(1) ソーシャルメディアの一つで，趣味(しゅみ)や出身校など，共通点を持つ人々が，つながりを広めたり，深めたりするために利用されるインターネットを使ったサービスの総称(そうしょう)を書きなさい。〔　　　　〕

(2) インターネットについて正しく述べた文を次のア～エから２つ選び，記号を書きなさい。〔　　〕〔　　〕

ア 正しい情報だけをあつかっているので，できるだけ多くの情報を得た方がよい。

イ 大量の情報の中から，自分に必要な情報を取捨選択すべきである。

ウ 表現の自由が保障されているので，どんな情報を発信してもよい。

エ 個人情報が流出する可能性があるので，注意する必要がある。

4 1970年と2018年における日本の年齢別人口割合を示した右のグラフを見て，次の問いに答えなさい。

チェック P.7②⑤⑥（各6点×3　18点）

(1) 合計特殊出生率(とくしゅしゅっしょうりつ)（一人の女性が一生の間に生むと予想される子どもの数）はどう変化したと考えられるか。次から一つ選んで書きなさい。〔　　　　〕

｛ 高くなった　　低くなった　　あまり変わらない ｝

(2) 1970年とくらべると，2018年には高齢者の割合は増えているか，それとも減っているか。〔　　　　〕

必出 (3) (1)と(2)のような結果から，近年の日本は何化が進んでいることがわかるか。〔　　　　〕

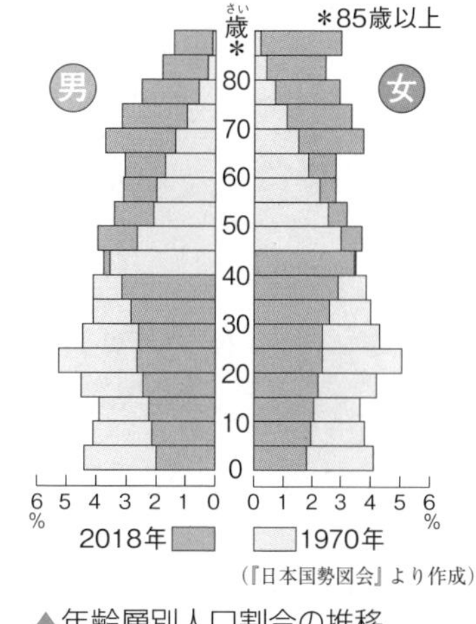

▲年齢層別人口割合の推移

得点upコーチ

3 (2)インターネットでは，他人に迷惑(めいわく)がかかるような情報を流通させてはいけない。情報を正しくあつかうことを情報リテラシーという。

4 (1)子どもの数が減っていることから判断する。(2)65歳以上の人が高齢者。

③ 社会生活と文化

基本

必出 1 次の問いに答えなさい。答えは下の｛　｝から選んで書きなさい。

チェック P.7③①②（各８点×４　32点）

(1) 人間が豊かな生活を求めて生み出したものや行動のしかた，価値観のことを何というか。〔　　　　　〕

(2) (1)のうち，医療技術や通信技術，食料生産技術などのような技術を発展させ，人々のくらしの向上に役立つものを何というか。

〔　　　　　〕

(3) (1)のうち，神や仏などの人間をこえた存在への信仰を何というか。

〔　　　　　〕

(4) (1)のうち，音楽や美術のように，人々の生活にうるおいを与えるものを何というか。〔　　　　　〕

｛ 道徳　宗教　文化　伝統　芸術　科学 ｝

2 次の文の〔　〕にあてはまる語句を，下の｛　｝から選んで書きなさい。

チェック P.7③③（各７点×３　21点）

それぞれの国や地域社会などにおいて，長い歴史の中でつちかわれ，人々の間に受けつがれてきた文化を〔(1)　　　　　〕という。その中には，能や歌舞伎，茶道などのように一部の専門家によってになわれてきたものと，衣食住や冠婚葬祭などのように人々の日常生活の中で受けつがれてきた〔(2)　　　　　〕がある。ひな祭りや端午の節句，七夕などのように，毎年決まった時期に行われるものを〔(3)　　　　　〕という。

｛ 生活文化　伝統文化　宗教行事　年中行事 ｝

1 (1)行事や制度なども含め，人間がつくり出したものはすべてあてはまるといってよい。(3)キリスト教，イスラム教，仏教はその代表的なものである。

学習日　月　日　得点　点

1 現代社会とわたしたちの生活

スタートドリル　書き込みドリル①　書き込みドリル②　書き込みドリル③　まとめのドリル

発展

3 次の(1)～(5)にあてはまるものを，それぞれ下の｛　｝から選んで書きなさい。

チェック P.7 ③②③ (各7点×5　35点)

(1) 人々の生活にうるおいを与え，人生を豊かにするものといえる。音楽や美術，文学，演劇などがある。〔　　　〕

(2) 医療技術などのように，その発展は人々のくらしの向上に役立つが，核兵器(かくへいき)の開発のように負の側面ももつ。〔　　　〕

(3) 心のいやしを求め，生きる意味を求める人々にこたえるはたらきをするが，そのちがいが対立や紛争(ふんそう)の原因となることもある。〔　　　〕

(4) 能や歌舞伎，茶道，華道(かどう)のように，長い歴史の中でつちかわれ，人々の間で受けつがれてきたものである。〔　　　〕

(5) 北海道や樺太(からふと)，千島(ちしま)列島の先住民族が受けついできた文化。〔　　　〕

｛ 伝統文化　アイヌ文化　宗教　芸術　道徳　科学 ｝

4 右の写真を見て，次の問いに答えなさい。

チェック P.7 ③③ (各6点×2　12点)

(1) 毎年7月に行われるこの行事は，何と呼ばれるものか。次の｛　｝から選んで書きなさい。〔　　　〕

｛ ひな祭り　七夕　七五三 ｝

必出 (2) (1)のように，毎年決まった時期に行われる行事を何というか。〔　　　〕

得点UPコーチ

3 (2)ダイナマイトは土木工事に使うために発明されたものであるが，兵器にも利用されるようになった。(3)たとえば中東戦争の場合，ユダヤ教徒とイスラム教徒の対立という側面もある。**4** (1)七五三は一般的には11月15日の行事。

現代社会とわたしたちの生活

1 次の文を読んで，あとの問いに答えなさい。

チェック P.6 ❶❷ (各8点×8 64点)

現代社会の特色の一つは，人や物，お金や情報などが国境をこえて容易に移動するようになり，世界の一体化が進んでいることである。これを(①)化という。

また，現代においては，さまざまなメディアの発達により，大量かつ多様な情報の入手と発信が可能となり，ⓐ人々の日常生活や社会において情報が大きな役割を果たすようになってきた。このような変化を(②)という。

わが国では(③)の低下により子どもの数が減り，医療の進歩などにより(④)がのびたことで，総人口に占める高齢者の割合が増加する(⑤)化が進んでいる。(⑤)化が進むと(⑥)のための費用が増大し，国の財政を圧迫するが，(⑤)化は働く世代(生産年齢人口)の減少も意味しているので，働く世代一人あたりの(⑥)費の負担額が増大することになる。

(1) 文中の(①)～(⑥)にあてはまる語句を，それぞれ下の｛ ｝から選んで答えなさい。

①[　　　] ②[　　　]
③[　　　] ④[　　　]
⑤[　　　] ⑥[　　　]

｛情報化　多文化社会　社会保障　多様化　平均寿命
少子高齢　グローバル　死亡率　出生率　失業率｝

(2) 下線部ⓐのうち，次のA，Bにあてはまることをそれぞれ何というか。

A　人間の知的な行動をコンピューターに行わせる研究や技術のこと。
[　　　]

B　大量に集められたデータのうち，事業などで役立つデータのこと。
[　　　]

1 (1)①「地球的規模の」という意味。③子どもの数が減るということから考える。⑥歳出のうち，年金など社会保険にかかる費用が最も多くなっている。

2 次の問いに答えなさい。

チェック p.7③ ((1)(2)(4)各６点×４，(3)各３点×４　36点)

(1) 工業製品や社会の制度，学問や思想など，人間が豊かな生活を求めて生み出したものや価値観を，まとめて何というか。〔　　　〕

(2) 次の①，②は，(1)の代表的なものである。それぞれ何というものか。

① 神や仏など人間をこえた存在への信仰(しんこう)のこと。人々を精神的に支えるものであるが，そのちがいが対立や紛争(ふんそう)の原因の一つとなることもある。〔　　　〕

② 音楽・美術・文学・演劇などがある。生活にうるおいを与え，人生を豊かにするものということができる。〔　　　〕

(3) 右のA，Bの写真は，(1)の身近な例である。これを見て，問いに答えなさい。

A

B

① A，Bの行事の名称(めいしょう)を下の｛　｝から選んで書きなさい。

A〔　　　〕　B〔　　　〕

｛ 七夕(たなばた)　端午(たんご)の節句(せっく)　節分(せつぶん)　ひな祭り　七五三 ｝

② A，Bの行事は，それぞれ何月に行われるか。

A〔　　　〕　B〔　　　〕

(4) (3)のA，Bのように，毎年決まった時期に行われる行事のことを何というか。

〔　　　〕

得点UPコーチ

2 (3)①Aは「桃(もも)の節句」とも呼ばれる女の子の行事。Bは中国の伝承に起源をもち，日本の風習として定着した。(4)正月の初詣(はつもうで)から年末の大掃除(そうじ)まで，さまざまな行事がある。地域によって行われる時期が違うこともある。

2 社会集団とわたしたち

1 社会集団と家族 ドリル➡P.22

① 社会集団と人間

- **社会集団とは**…人間は，同時にいくつかの集団の中で生活している。家族，地域社会など生まれたときすぐに出会う集団，学校，職場のように目的をもって自分から参加する集団などがあり，これらを社会集団という。
- **社会と人間**…人間はいくつかの社会集団に所属し，その一員として他の人々と協力しながら生きている➡「人間は**社会的存在**である」といわれる。

② 家族と人間

- **家族**…生まれて初めて加わり，生活の土台となる社会集団。
- **家族の役割**…生活の土台。いこいや休息の場。子どもの養育や高齢者の介護の場。子どもが言葉や生活習慣，社会のルールなどを学ぶ人格形成の場。
- **家族形態**…全世帯の約６割が**核家族**。三世代がくらすような大家族は減り，**単独世帯**が増加。高齢者だけで暮らす世帯や一人暮らしの高齢者も増えている。
  - 核家族：夫婦のみ，または親と未婚の子で構成
  - 単独世帯：一人ぐらし

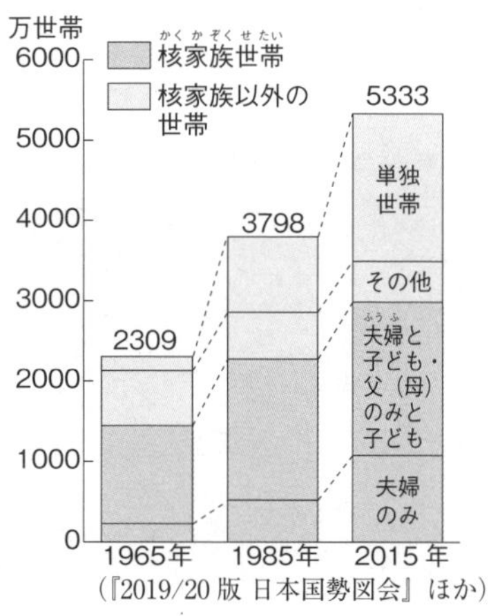

▲家族構成別に見た世帯数の変化

③ 家族に関する憲法の条文

- **両性の本質的平等**…それまで低かった女性の地位を保障。

> ① 婚姻は，両性の合意のみに基いて成立し，夫婦が同等の権利を有することを基本として，相互の協力により，維持されなければならない。
> ② 配偶者の選択，財産権，相続，住居の選定，離婚並びに婚姻及び家族に関するその他の事項に関しては，法律は，個人の尊厳と両性の本質的平等に立脚して，制定されなければならない。

▲日本国憲法第24条の家族

④ 地域社会

- **地域社会とは**…住民が協力して

覚えると得

社会集団
たとえば学校は学習の場であるが，集団生活を通してルールを学ぶはたらきもある。職場は収入を得る場であるが，自己実現を図ったり，社会貢献をする場ということもできる。

家族
憲法第24条に基づき，「家」制度を定めていた明治の民法が改正され，現在の民法は男女平等になるように定められている。

配偶者
結婚した相手。夫から見て妻，妻から見て夫のこと。

均分相続
相続とは，ある人が死亡したときにその人の財産を特定の人が引きつぐこと。男女の区別なく，また，既婚，未婚にかかわらず，すべての兄弟姉妹が同等の権利をもつ。

生活する空間。自治会や消防団などが運営される。

- **地域社会の役割**…災害や犯罪を防いで安全を確保することや，地域の伝統文化を継承(けいしょう)し発展させることなど。
- **地域社会の変化**…都市部では人々の結びつきが弱まり，農山村では過疎化(かそか)により地域社会から活力が失われる。

② 対立と合意 ドリル➡P.24

① **社会生活と対立**…考え方や求めるもののちがいから，集団内や集団間で**対立**が生じることがある➡解決を求めて話し合い，**合意**をめざすことが必要となる。

② **効率と公正**…みんなが納得できる解決策かどうかを判断するための考え方。

- **効率**…みんなの時間やお金，もの，労力などを無駄(むだ)なく使っていること。
- **公正**…みんなが話し合いなどに参加して決定するようになっていること（手続きの公正さ）と，機会を不当に制限されたり，結果が不当なものになったりすることがないように配慮(はいりょ)すること（機会や結果の公正さ）。

③ **社会生活ときまり（ルール）**

- **きまり（ルール）の意義**…対立を調整し，トラブルを解決したり，未然に防いだりする。
- **きまり（ルール）に必要なこと**…個人の尊重が大切。だれにどのような権利があり，どのような義務や責任があるかを確認する。
- **契約(けいやく)**…おたがいに利益（権利）をもたらすよう納得した上で結ぶ約束。法的拘束力(こうそくりょく)をもつ。内容については双方(そうほう)に契約を守る責任や義務がある。
- **決定のしかた**…みんなで話し合って決める方法と，代表者が話し合って決める方法があり，採決のしかたには，**全会一致(いっち)制**と**多数決制**などがある。
  ↳少数意見の尊重が必要
- **きまり（ルール）の変更(へんこう)**…状況(じょうきょう)の変化に応じてきまりを見直し，変えていくことも必要である。

ルールやきまり
友人との約束ごと，学校の規則，スポーツのルール，会社間や個人間で結ばれる契約，国の法律，国家間で結ばれる条約などがある。

契約
売り手と買い手の間で結ばれる約束で，商品の購入(こうにゅう)も契約の一種である。

全会一致制
一人でも決定に反対する人がいると，問題が解決されない場合に利用されるが，決定までに時間がかかることがある。

多数決制
十分話し合った後，一定の結論を出さなければならないときに利用されるが，少数意見が反映されにくい面があるので注意が必要。

共生社会
さまざまな価値観を持つ人々とちがいを認め合い，話し合いで合意を作り，生活していく社会。

社会集団とわたしたち

1 次の問いに答えなさい。

チェック P.18 1 (各5点×5 25点)

(1) 次の表の〔 〕にあてはまる語句を，下の｛ ｝から選んで書きなさい。

社会集団	特色
〔① 〕	夫婦(ふうふ)や親子などで構成される。
〔② 〕	地域の住民によって構成される。
〔③ 〕	おもに学習の場。集団生活のルールも学ぶ。
〔④ 〕	収入を得る場。自己実現や社会貢献(こうけん)の場でもある。

｛ 学校　家族　職場　地域社会 ｝

(2) 人間は社会集団の中で生きていくことから，人間は｛ 社会的　人工的 ｝存在であるといわれる。｛ ｝から正しい語句を選びなさい。〔 〕

2 右の図は社会集団を表したものです。社会集団とルールについて，次の｛ ｝から正しい語句を選んで書きなさい。

チェック P.18 1 (各5点×4 20点)

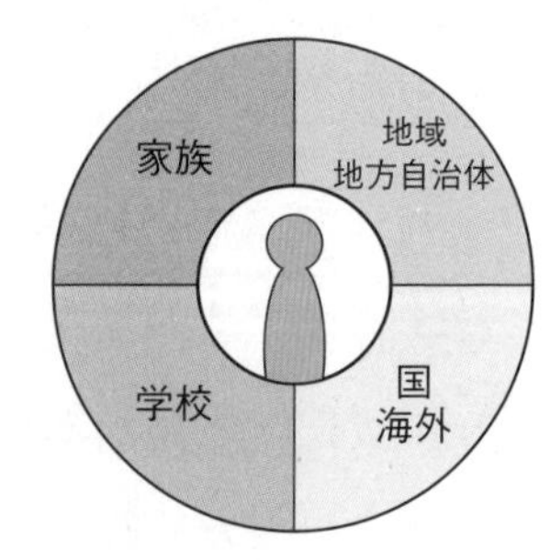

(1) 学校の一員として守るルールは｛ 家事の分担　ゴミ出しの曜日　校則 ｝である。

〔 〕

(2) おこづかいの金額は｛ 地域　学校　家族 ｝集団の中で決められたルールである。

〔 〕

(3) 地域社会では，消防団が運営されている。これは｛ 安全を確保する　伝統を継承(けいしょう)する　公共施設を運営する ｝ために作られている。〔 〕

(4) 農村部では，｛ 過疎(かそ)　過密　過少 ｝によって活力が失われている場合がある。

〔 〕

3 家族について，次の問いに答えなさい。⑴と⑵は｛ ｝から正しい語句を選び，⑶と⑷は右の図中から正しい語句を選んで書きなさい。 (各５点×５ 25点)

チェック P.18 ①②

⑴ 家族は最も｛ 基礎的 機能的 ｝な社会集団であるといわれる。 〔 〕

⑵ 家族はいこいと｛ 勤労 休息 ｝の場であり，子どもの養育の場でもあるなど，さまざまなはたらきをもっている。 〔 〕

⑶ 全世帯の約６割を占めている，夫婦のみ，または親と未婚の子どもからなる家族を何というか。 〔 〕

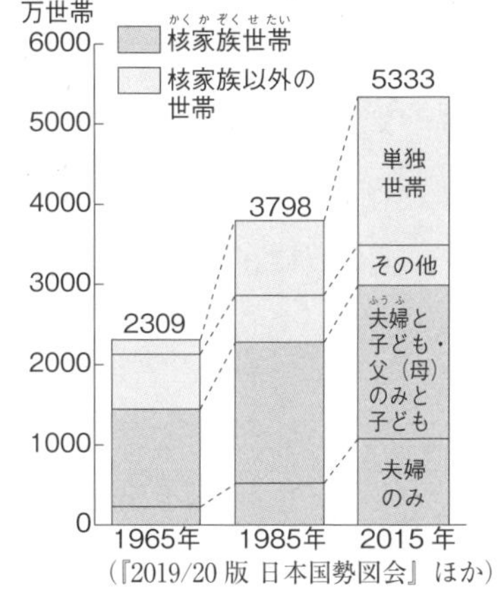

（『2019/20 版 日本国勢図会』ほか）

▲家族構成別に見た世帯数の変化

⑷ 1985年から2015年にかけて，最も世帯数が増加しているのは，何と呼ばれる世帯か。 〔 〕

⑸ 男女の区別なく，すべての兄弟姉妹が同等の権利を持つ相続を何というか。 〔 〕

4 争いとその解決法を示した右の図を見て，次の問いに答えなさい。

チェック P.19 ② (各６点×５ 30点)

⑴ 図中の①～④にあてはまる語句を，下の｛ ｝から選んで書きなさい。

①〔 〕 ②〔 〕

③〔 〕 ④〔 〕

｛ 効率 公正 対立 合意 ｝

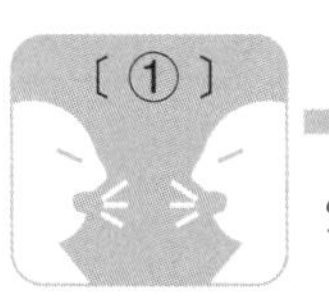

〔 ① 〕 → 〔 ② 〕

みんなが納得できる解決策

必要なこと

〔 ③ 〕 時間やお金，もの，労力などを無駄なく使うようになっている

〔 ④ 〕 みんなが参加して決定するようになっている（手続きの〔 ④ 〕さ）

機会が不当に制限されたり，結果が不当なものになったりしていない（機会・結果の〔 ④ 〕さ）

⑵ 次の文の｛ ｝から，正しい語句を選んで書きなさい。

話し合いできまりなどを決定するとき，一人でも反対するとトラブルが解決しなくなるような場合，採決には｛ 全会一致制 多数決制 ｝がとられる。

〔 〕

1 社会集団と家族

基本

1 次の文の｛ ｝から，正しい語句を選んで書きなさい。

チェック P.18 1 ①②④ (各6点×5 30点)

(1) 人は学校や職場など，さまざまな｛ 社会集団　政治団体　経済団体 ｝に属し，その一員として活動している。〔　　　〕

必出 (2) 最も基礎的な社会集団といわれるのは，｛ 都道府県　市(区)町村　家族 ｝である。〔　　　〕

必出 (3) 現代の家族の約6割は，夫婦のみ，夫婦と未婚の子，父（母）と未婚の子で構成される，｛ 直系家族　核家族　大家族 ｝である。〔　　　〕

(4) 住民が協力して生活している空間を，｛ 地域社会　情報社会　学校 ｝という。〔　　　〕

(5) 人間はいくつかの社会集団に属し，その一員として活動し，他の人々と協力しあいながら生きている。そのため，人間は｛ 社会的存在　政治的存在　経済的存在 ｝といわれる。〔　　　〕

2 次の文の〔 〕にあてはまる語句を，下の｛ ｝から選んで書きなさい。

チェック P.18 1 ② (各4点×6 24点)

家族は，生まれて最初に加わる集団であり，生活の〔(1)　　　〕である。また，〔(2)　　　〕と休息の場であり，子どもの養育や，高齢者の〔(3)　　　〕の場でもある。特に子どもにとっては，〔(4)　　　〕や生活習慣，社会のルールなどを身につけることから，〔(5)　　　〕形成の場ともなっている。一方で近年は〔(6)　　　〕世帯（一人暮らし）の割合が増えている。

｛ いこい　人格　言葉　経済　介護　土台　単独 ｝

1 (2)ふつう，人はこれを基盤として生活している。(3)三世代がいっしょに住むような大家族は少なくなった。

2 (2)「団らんの場」ともいえる。(6)高齢者の一人暮らしも増えている。

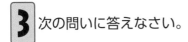

学習日 月 日　得点 点

発展

3 次の問いに答えなさい。

チェック p.18 ①①②④ (各6点×5　30点)

(1) 次の①～④にあてはまる社会集団を，下の｛ ｝から選んで書きなさい。

① 親子など血縁(けつえん)関係のある人々を中心として構成される。最も基礎的な社会集団といわれる。 〔　　　〕

② 地域の住民が協力して生活する空間。自治会や消防団などが運営される。 〔　　　〕

③ おもに学習の場である。集団生活を通して，社会のルールを身につけていくはたらきもしている。 〔　　　〕

④ おもに収入を得るための場である。自己実現や社会貢献(こうけん)のはたらきもしている。 〔　　　〕

｛ 学校　家族　公園　職場　政党　地域社会 ｝

(2) (1)の①～④のうち，人が生まれて初めて加わる社会集団はどれか。一つ選んで，番号を書きなさい。 〔　　　〕

4 次の問いに答えなさい。

チェック p.18 ①③ (各8点×2　16点)

(1) 男女平等の家族制度のもととなる考え方はおもに憲法の第何条に規定されているか書きなさい。 〔　　　〕

必出 (2) 父の遺産を母と３人の子どもで相続する場合，まず母が２分の１を相続し，残りの２分の１を子どもたちが均等に分ける。このような相続のしかたを何というか。 〔　　　〕

3 (1)②子どもは交通ルールやあいさつなど社会のルールを学ぶことができる。

4 (1)この憲法に基づき，民法で男女平等が規定されている。

② 対立と合意

基本

1 次の文の〔 〕にあてはまる語句を，下の｛ ｝から選んで書きなさい。

チェック P.19 ②①② (各10点×4 40点)

考え方や求めるもののちがいから，集団内や集団間で〔(1)　　　　〕が生じることがある。そうした場合には，双方(そうほう)がよく話し合い，〔(2)　　　　〕をめざすことが大切である。

双方が納得できる解決策を見出すために必要となるのが，〔(3)　　　　〕と〔(4)　　　　〕という考え方である。(3)は，みんなの時間やお金，労力などを無駄(むだ)なく使っているかどうかということである。また，(4)には，みんなが話し合いなどに参加して決定するという手続きの(4)さと，機会が不当に制限されたり，結果が不当なものになったりすることがないように配慮(はいりょ)する機会や結果の(4)さとがある。

｛ 合意　公正　効率　効果　対立　平等 ｝

2 次の文の｛ ｝から，正しい語句を選んで書きなさい。

チェック P.19 ②③ (各10点×4 40点)

(1) 対立を調整し，トラブルを解決したり，未然に防いだりするためには，｛ 罰則(ばっそく)　集団　きまり ｝をつくっておく必要がある。〔　　　　〕

(2) きまりをつくるときには，だれにどのような｛ 権利　権力　決定 ｝と義務があるのかを明らかにしておくことが大切である。〔　　　　〕

(3) 一人でも反対する人がいるとトラブルが解決しないような場合には，採決に｛ 全会一致(いっち)制　多数決制　三審制(さんしんせい) ｝がとられる。〔　　　　〕

(4) 十分に話し合った後，一定の結論を出さなければならない場合には，採決に｛ 全会一致制　多数決制　三審制 ｝がとられる。〔　　　　〕

1 対立やトラブルが発生した場合に，どのように話し合って解決するかということについての問題である。

2 (3)決定までに時間がかかることが多い。(4)少数意見をできるだけ尊重する必要がある。

学習日　　月　　日　得点　　　点

発展

3 次に示した問題解決の事例を読んで，あとの問いに答えなさい。

チェック P.19② (各10点×2　⑳点)

10世帯が住むあるマンションで，自転車置場の屋根を修理することになり，費用の10万円をどのように負担するかについて，各世帯から１名ずつ出席して話し合いが行われた。なお，実際に自転車置場を利用しているのは５世帯である。

出席した住民からは「自転車を置いている世帯が負担すべきではないのか」「今使っていなくても将来使うようになるかもしれないのだから，全世帯で負担すべきだと思う」「自転車を置いている世帯と，そうでない世帯とで負担に差をつける方法はどうか」「自転車置場はマンションの共用部分なのだから，やはり全世帯が等しく負担すべきではないか」といった意見が出された。話し合いの結果，全世帯が１万円ずつ負担することとなり，また，今後共用部分で同様の問題が生じたときにも原則として全世帯が等しく負担するようにすることが確認され，最後は全会一致で決まった。

⑴　次の文の□にあてはまる語句を抜き出しなさい。〔　　　　〕

上の事例で問題となったのは，自転車置場を利用している世帯とそうでない世帯とで，□が同じでよいのかどうか，ということであった。

⑵　上の事例のうち，手続きの公正さにあてはまることがらを下の**ア**～**ウ**から選び，記号を書きなさい。〔　　〕

ア　全世帯が等しい金額を負担することになった。

イ　全世帯の住民が参加しての話し合いの場が設けられた。

ウ　共用部分における問題にどう対応するかという考え方が確認された。

3　⑴事例をよく読み，どのような点について意見の対立があるのかを理解すること。⑵合意を得るまでの過程と，合意の内容そのものを考える。

社会集団とわたしたち

1 次の文の〔　〕にあてはまる語句を書きなさい。

チェック P.18 1 ①②④ (各8点×5　40点)

人間はさまざまな社会集団に属している。このうち，夫婦(ふうふ)や親子などで構成される〔(1)　　　　　　〕や，地域の住民で構成される〔(2)　　　　　　〕は，人が生まれたときすぐに出会う集団であり，学習の場である〔(3)　　　　　　〕や，収入を得るための場である〔(4)　　　　　　〕などは，目的を持って参加する集団である。人間はこのようにさまざまな集団に属し，他の人々と協力しながら生きているので，「人間は〔(5)　　　　　　〕存在である」といわれる。

2 憲法24条を読み，次の問いに答えなさい。

チェック P.18 1 ③ (各6点×4　24点)

> ① 婚姻(こんいん)は，両性の合意のみに基(もとづ)いて成立し，夫婦が同等の権利を有することを基本として，㋐□により，維持(いじ)されなければならない。
> ② 配偶者(はいぐうしゃ)の選択，財産権，<u>相続</u>，住居の選定，離婚(りこん)並びに婚姻及(およ)び家族に関するその他の事項(じこう)に関しては，㋑□は，個人の尊厳と両性の本質的平等に立脚(りっきゃく)して，制定されなければならない。

(1) ①・②は家族におけるどのような平等について述べられた条項ですか。解答欄(かいとうらん)に合うように書き抜(ぬ)きなさい。　〔　　　　平等〕

(2) □にあてはまる語句を書きなさい。㋐〔　　　　〕　㋑〔　　　　〕

(3) 下線部について，男女の区別や結婚をしているかどうかに関係なく、すべての兄弟姉妹が相続について同等の権利を持つことを何というか書きなさい。

〔　　　　　　〕

1　おもな社会集団の特色をおさえる。

2　(1)1948年に民法で男女平等になるように家族制度が定められた。

(3)「母」が2分の1を相続し，残りを子どもたちで均等に配分する。

3 次の文を読んで，あとの問いに答えなさい。

チェック P.19 2 ①②③ (各６点×６ 36点)

12世帯が住むあるマンションで，住人の弾(ひ)くピアノの音がうるさいと苦情が出るようになった。全世帯から１名ずつが出席して話し合いが行われた結果，ピアノを弾いてよいのは平日の午前10時から午後７時までとすることが決められ，全世帯の承認が得られた。

(1) 上の事例について，次の①～④にあてはまることがらを下の**ア**～**エ**から１つずつ選び，記号を書きなさい。

① 対立　② 合意　③ 効率　④ 手続きの公正

①〔　　〕②〔　　〕③〔　　〕④〔　　〕

ア ピアノを弾いてよい時間帯を平日の午前10時から午後7時までとすること。

イ 「ピアノを練習したい」という住民の権利と，「静かな生活を守りたい」という住民の権利。

ウ 全世帯の住民が参加して話し合いの場が設けられたこと。

エ 「ピアノを練習したい」住民にとってはピアノを弾く時間帯が確保され，「静かな生活を守りたい住民」にとっては静かに過ごせる時間が確保された。

(2) この事例では，最後は全会一致(いっち)で解決案が承認された。全会一致制の採決にあてはまることがらを次から二つ選び，記号を書きなさい。〔　　〕〔　　〕

ア 決定に時間がかかることがある。

イ 限られた時間の中で一定の結論を出さないといけない場合などに用いられる。

ウ 異なる考えをもっている人に不満が残る場合がある。

エ 全員の承諾(しょうだく)を得ているので，今後，この件に関して問題がおきる可能性は低いといえる。

3 (1)どんな問題が生じて，どういうふうに話し合いがされ，どういう合意が得られたのか，整理しておくこと。「効率」とは，合意までの過程や合意内容に無駄(むだ)がないことをいう。

3 人権と日本国憲法

1 人権思想の発達 ドリル➡P.32

① **人権とは**…人が生まれながらにもっている自由や平等などの権利。**専制政治**が行われていた17～18世紀のヨーロッパで唱えられ，近代革命を経て，人権宣言や憲法の形で確立される。

年代	国名	できごと
1215	イギリス	マグナ・カルタ
1640	イギリス	ピューリタン（清教徒）革命
1688	イギリス	名誉革命
1689	イギリス	権利章典
1690	イギリス	ロック『統治二論〈市民政府二論〉』
1748	フランス	モンテスキュー『法の精神』
1762	フランス	ルソー『社会契約論』
1776	アメリカ	アメリカ独立宣言
1787	アメリカ	アメリカ合衆国憲法
1789	フランス	フランス革命，人権宣言
1863	アメリカ	奴隷解放宣言
1889	日本	大日本帝国憲法発布
1919	ドイツ	ワイマール憲法
1946	日本	日本国憲法公布

▲人権思想発達の歩み

② **おもな啓蒙思想家**
└新しい考え方を広めた人々

- ロック（イギリス）…人民の抵抗権など民主政治の理論を説く。
- モンテスキュー（フランス）…三権分立を唱える。
- ルソー（フランス）…人民主権を唱える。

③ **人権思想の確立**

- **アメリカ独立宣言**（1776年）…基本的人権の尊重や国民主権を宣言。人民の抵抗権の保障などロックの思想をとり入れる。
  └人間は平等につくられているということ…生命，自由，幸福追求が含まれているということ…
- **フランス人権宣言**（1789年）…フランス革命の際に国民議会が発表。国民主権や個人の自由・平等を明記している。
  └人は生まれながらに，自由で平等な権利を持つ
- **ワイマール憲法**（1919年）…初めて社会権を保障。
  └人間らしく生きる権利
- **世界人権宣言**（1948年）…国際連合で採択。人権の国際的保障を宣言する。

2 日本国憲法の制定 ドリル➡P.34

① **立憲主義**…政府や君主の政治権力を憲法によって制限する。
└人の支配から法の支配へ

② **大日本帝国憲法**…1889年発布。**天皇主権**。一部の人権を「臣民ノ権利」として認めたが，法律で制限できるものであった➡**治安維持法**などによる人権の弾圧。
└1925年，労働運動，社会運動などを制限

③ **日本国憲法の制定**

- **第二次世界大戦後の民主改革**…1945年8月，ポツダム宣言受

覚えると得

ロック
イギリスの哲学者・政治学者。名誉革命後，『統治二論』を著し，革命の正当性を主張した。

ワイマール憲法
正式名称は「ドイツ共和国憲法」。第一次世界大戦直後，ドイツで制定された。「人間に値する生存」（生存権）や労働者の団結権など，社会権を初めて明記した。当時，「世界で最も民主的な憲法」といわれた。

日本の人権思想
明治時代になると，ヨーロッパの本が翻訳されるなどして，自由民権運動が起こり，日本に人権思想が広まった。

臣民
「天皇の家来」のこと。大日本帝国憲法では人権は「臣民ノ権利」と呼ばれ，天皇から恩恵によって与えられるものであり，法律の範囲内で認められるものであった。

諾➡GHQ（連合国軍最高司令官総司令部）が主導。
↳最高司令官はマッカーサー

- **日本国憲法**…1946年11月３日公布。1947年５月３日施行。
- **権力分立と最高法規**…立憲主義を実現する仕組みと考え方。
↳すべての法の最上位に位置する

③日本国憲法の基本原則 ドリル➡P.36

① **三大原則**

- **国民主権**…国の政治のあり方を最終的に決定するのは国民である。
- **基本的人権の尊重**…基本的人権を侵すことのできない永久の権利として保障。
- **平和主義**…戦争を永久に放棄する。

大日本帝国憲法と日本国憲法

大日本帝国憲法		日本国憲法
君主が定める欽定憲法	性格	国民が定める民定憲法
天皇主権	主権	国民主権
衆議院と貴族院	議会	衆議院と参議院
法律によって制限することができる	人権	永久の権利として保障
天皇に軍の統帥権，兵役の義務	軍隊	戦争の放棄，戦力の不保持

② **天皇の地位**…日本国および日本国民統合の象徴。内閣の助言と承認にもとづいて，憲法に定められた**国事行為**を行う。

③ **憲法改正**…憲法は国の最高法規であるので，特別の手続きが必要➡各議院の**総議員の３分の２以上**の賛成で国会が発議し，**国民投票**で**過半数**の賛成があれば成立。天皇が国民の名で公布。

④平和主義と日本の安全保障 ドリル➡P.38

① **日本国憲法が定める平和主義**

- **前文**…戦争への反省と，世界の恒久平和のための努力を宣言。
- **第9条**…**戦争の放棄**，**戦力の不保持**，**交戦権の否認**を規定。

② **日本の安全保障をめぐる問題**

- **自衛隊**…1954年に発足。政府の見解は「自衛のための必要最小限度の実力」。近年は，**国連平和維持活動**（PKO）やイラクでの紛争処理への参加など，海外にも派遣されている。
- **日米安全保障条約**…日本が他国に侵略された場合には両国が共同して対処➡アメリカ軍の日本国内への駐留を認める。
↳沖縄に基地が集中
- **非核三原則**…日本が唯一の被爆国としての立場からとっている，核兵器を「持たず，つくらず，持ちこませず」という原則。
↳広島・長崎への原爆投下

国事行為
内閣総理大臣や最高裁判所長官の任命，法律の公布，国会の召集，衆議院の解散，栄典の授与など。

憲法改正
一般の法律が出席議員の過半数の賛成で可決されるのに対し，憲法改正はより慎重な手続きが必要とされている。

自衛隊
朝鮮戦争がおこった1950年に創設された警察予備隊が1952年に保安隊となり，さらに1954年に自衛隊となった。最高指揮権は文民である内閣総理大臣が持つ。このことを文民統制（シビリアン・コントロール）という。

平和維持活動(PKO)
国際連合が紛争地域に部隊を派遣し，停戦の監視や公正な選挙の実施などを行うもの。日本は1992年国際平和協力法（PKO協力法）が成立したのち，さまざまな地域に自衛隊を派遣している。

人権と日本国憲法

1 人権の確立までの流れを示した次の図を見て，あとの問いに答えなさい。

チェック P.28 1 (各6点×5 30点)

絶対王政による専制政治	⇨	Ⓐ人権思想のめばえ	⇨	Ⓑ近代革命	⇨	Ⓒ権利宣言や憲法	⇨	人権の確立

(1) Ⓐについて，次の①～③にあてはまる思想家を，下の｛ ｝から選んで書きなさい。

① 『統治二論(市民政府二論)』を著し，人々の抵抗権や民主政治の理論を説いた。
〔　　　　　　〕

② 『法の精神』を著し，三権分立を唱えた。 〔　　　　　　〕

③ 『社会契約論』を著し，人民主権を唱えた。 〔　　　　　　〕

｛ ルソー　ロック　モンテスキュー ｝

(2) ⒷとⒸに関して，次の①，②にあてはまるものを，下の｛ ｝から選んで書きなさい。

① 1776年，独立戦争がおこったアメリカで出された。自由，平等などの人権と人民の抵抗権などをうちだしている。 〔　　　　　　〕

② 1789年，フランス革命の際に国民議会が発表した。国民主権と自由・平等などの基本的人権を確立したことで知られる。 〔　　　　　　〕

｛ 人権宣言　独立宣言 ｝

2 日本国憲法の基本原則を示した左の図を見て，次の問いに答えなさい。

チェック P.29 3 (各5点×4 20点)

日本国憲法の基本原則		
	A	…国民による政治
	B	…国民の権利の保障
	C	…戦争の放棄

(1) A～Cにあてはまる語句を，下の｛ ｝から選んで書きなさい。

A〔　　　　　　〕

B〔　　　　　　〕

C〔　　　　　　〕

｛ 基本的人権の尊重　国民主権　平和主義 ｝

(2) 次の｛ ｝から，正しい語句を選んで書きなさい。 〔　　　　　　〕

Aの原則から，天皇は日本国および日本国民統合の｛ 代表　象徴 ｝である。

3 大日本帝国憲法と日本国憲法を比べた次の表を見て，次の問いに答えなさい。

チェック P.28 2 ②③，P.29 3 ① (各５点×6 30点)

大日本帝国憲法		日本国憲法
〔① 〕年2月11日発布	制定	1946年11月3日公布 〔② 〕年5月3日施行(しこう)
〔③ 〕主権	主権	〔④ 〕主権
臣民(しんみん)ノ権利→〔⑤ 〕で制限できる	人権	侵(おか)すことのできない〔⑥ 〕の権利として保障
天皇に軍の統帥(とうすい)権，兵役の義務	軍隊	戦争の放棄(ほうき)，戦力の不保持

(1) ①，②にあてはまる数字を次の｛ ｝から選んで，〔 〕に書きなさい。

｛ 1889 1947 ｝

(2) ③～⑥にあてはまる語句を次の｛ ｝から選んで，〔 〕に書きなさい。

｛ 国民 天皇 永久 法律(ほうりつ) ｝

4 日本国憲法の改正の手続きを示した次の図を見て，あとの問いに答えなさい。

チェック P.29 3 ③ (各５点×4 20点)

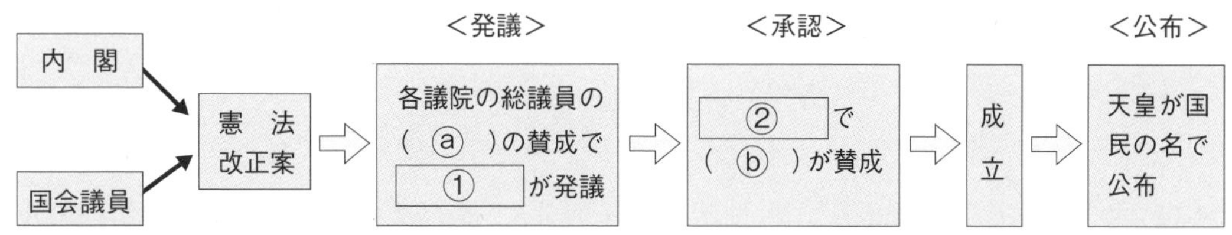

(1) (ⓐ)，(ⓑ) にあてはまる数を，それぞれ次の｛ ｝から選んで書きなさい。

｛ 過半数 3分の２以上 ｝

ⓐ〔 〕 ⓑ〔 〕

(2) ①，② にあてはまる語句を書きなさい。

①〔 〕 ②〔 〕

1 人権思想の発達

基本

1 次の文の〔　〕にあてはまる語句を，下の｛　｝から選んで書きなさい。

チェック P.28 1（各4点×7　28点）

人が生まれながらに持っている〔(1)　　　　　〕や平等などの権利を，人権（基本的人権）という。人権の考え方は，17〜18世紀ごろのヨーロッパで行われていた絶対王政による〔(2)　　　　　〕政治を打ち破るものとして主張されるようになり，人々の抵抗(ていこう)権や民主政治の理論を唱えたイギリスの〔(3)　　　　　〕，三権分立を唱えたフランスの〔(4)　　　　　〕，人民主権を主張したフランスの〔(5)　　　　　〕などの思想家が現れた。そうした考え方は，革命を経て，アメリカ〔(6)　　　　　〕やフランス〔(7)　　　　　〕などの宣言や憲法によって確立されていった。

｛ 専制(せんせい)　民主　自由　人権宣言　権利章典(けんりしょうてん)　独立宣言
ルソー　ロック　リンカン　モンテスキュー ｝

2 次の文の｛　｝の中から，正しい語句を選んで書きなさい。

チェック P.28 1（各8点×3　24点）

(1) 1948年，国連で人権の国際的保障を宣言する｛ マグナ・カルタ　世界人権宣言　権利章典 ｝が採択された。〔　　　　　〕

(2) 20世紀になって広まった，人間らしい生活を保障しようとする権利を｛ 自由権　社会権　平等権 ｝という。〔　　　　　〕

必出 (3) (2)を初めて保障したことで知られるのは，1919年に制定された｛ アメリカ合衆国憲法　プロイセン憲法　ワイマール憲法 ｝で，「人間に値(あたい)する生存」（生存権）などの権利を定めた。〔　　　　　〕

1 (2)強大な権力者によって行われる，人々の意思を無視した政治のこと。これを打ち破ったのが近代革命である。

2 (2)資本主義経済の発達にともない，貧富の差が拡大したことから，主張されるようになった。

学習日	得点
月　日	点

3 人権と日本国憲法

スタートドリル　書き込みドリル1　書き込みドリル2　書き込みドリル3　書き込みドリル4　まとめのドリル

発展

3 右の年表を見て，次の問いに答えなさい。

チェック P.28 1（各8点×3　24点）

年代	ことがら
1689	権利章典
1776	アメリカ独立宣言
1787	アメリカ合衆国憲法
1789	フランス人権宣言
1863	奴隷解放宣言

(1) 名誉(めいよ)革命の翌年に出され，議会政治を確立したものを，年表中から選んで書きなさい。〔　　　　〕

(2) 次の資料にあてはまるものを，それぞれ年表中から選んで書きなさい。

① 「われわれは以下のことを自明の真理であると信じる。つまり，人間はみな平等につくられていること，ゆずりわたすことのできない権利を創造主(そうぞうしゅ)によって与えられていること，その中には，生命，自由，幸福追求が含(ふく)まれていること，である。……（以下略）」

② 「第1条　人は生まれながら，自由で平等な権利をもつ。社会的な区別は，ただ公共の利益に関係のある場合にしか設けられてはならない。」

①〔　　　　〕②〔　　　　〕

必出

4 次の文にそれぞれあてはまる人物の名を答えなさい。

チェック P.28 1 ②（各8点×3　24点）

(1) 『統治(とうち)二論（市民政府二論）』を著(あらわ)し，人権や民主政治の理論を説いたイギリスの思想家。〔　　　　〕

(2) 『法の精神』を著し，三権分立を主張したフランスの思想家。〔　　　　〕

(3) 『社会契約(けいやく)論』を著し，人民主権を主張したフランスの思想家。〔　　　　〕

3　(1)名誉革命で専制を行う国王を追放し，権利章典の発布で立憲君主制と議会政治がととのった。（イギリス）

4　いずれも代表的な啓蒙(けいもう)思想家である。それぞれの人名，著作名，おもな主張をしっかりおさえること。

② 日本国憲法の制定

基本

1 次の文の｛　｝の中から，正しい語句を選んで書きなさい。

チェック p.28 ②（各６点×８　48点）

(1) 福沢諭吉（ふくざわゆきち）や中江兆民（なかえちょうみん）らによって，日本に欧米（おうべい）の人権思想が伝えられたのは，｛ 明治　大正　昭和 ｝時代である。〔　　　〕

(2) 政府や君主の政治権力を憲法によって制限しようとする考えを，｛ 絶対主義　立憲主義　資本主義 ｝という。〔　　　〕

(3) ヨーロッパで各国の憲法や政治制度を学んだ伊藤博文（いとうひろぶみ）は，帰国後，中心となって憲法の草案づくりを進め，1889年２月11日，｛ 五箇条の御誓文（ごかじょうのごせいもん）　日本国憲法　大日本帝国（ていこく）憲法 ｝として発布した。〔　　　〕

必出 (4) (3)では，国の政治のあり方を最終的に決める主権は，｛ 国民　内閣総理大臣　天皇 ｝にあるとされ，議会や内閣はこれを助ける機関であった。

〔　　　〕

(5) 1945年８月，日本はアメリカなどによって出されていた｛ 人権宣言　独立宣言　ポツダム宣言 ｝を受諾（じゅだく）した。

〔　　　〕

(6) 日本を平和で民主的な国にするため，憲法を改正するように指示を出したのは，｛ 日本政府　国際連合　連合国軍最高司令官総司令部 ｝であった。

〔　　　〕

(7) 日本国憲法は，1946年①｛ ５月３日　９月15日　11月３日 ｝に公布され，翌年②｛ ５月３日　９月15日　11月３日 ｝に施行（しこう）された。

①〔　　　〕②〔　　　〕

1 (1)日本の自由民権運動に大きな影響（えいきょう）を与えた。(5)アメリカなどが日本に対して無条件降伏（こうふく）を勧告（かんこく）した文書。1945年７月に出されたが，当初，日本政府はこれを無視していた。

学習日	得点
月　日	点

3 人権と日本国憲法

スタートドリル | 書き込みドリル① | 書き込みドリル② | 書き込みドリル③ | 書き込みドリル④ | まとめのドリル

発展

2 右の略年表を見て，次の問いに答えなさい。

チェック P.28②（各６点×６　36点）

年代	できごと
1874	Ⓐ民撰議院設立建白書が出される
1882	Ⓑ中江兆民が『民約訳解』を出版
1889	Ⓒ大日本帝国憲法が発布される
1925	Ⓓ普通選挙法が制定される
1931	満州事変がおこる
1945	Ⓔ第二次世界大戦が終わる

(1)　Ⓐをきっかけに全国に広まった，議会の開設や憲法の制定などを政府に要求する運動を何というか。〔　　　　〕

(2)　Ⓑは，(　)の『社会契約論』を翻訳したものである。(　)にあてはまる18世紀のフランスで活躍した思想家はだれか。〔　　　　〕

(3)　Ⓒについて，次の①，②に答えなさい。

①　この憲法では，国の主権はだれにあるとされたか。〔　　　　〕

②　この憲法では，国民の人権は(　)で制限できるものとされていた。(　)にあてはまる語句を書きなさい。〔　　　　〕

(4)　Ⓓと同時に成立し，のちに国民の人権弾圧の根拠となっていった法律を何というか。〔　　　　〕

(5)　Ⓔのとき，日本が受諾したのは何という宣言か。〔　　　　〕

3 次の問いに答えなさい。

チェック P.29②③（各８点×２　16点）

(1)　日本国憲法が公布された年月日を西暦で書きなさい。〔　　　　〕

(2)　日本国憲法が施行された年月日を西暦で書きなさい。〔　　　　〕

2　(1)Ⓐは板垣退助らが政府に提出した。(3)①国家元首とされていた。(4)本来は社会主義運動を取りしまるためのものであったが，のちには自由主義者なども多数，この法律を根拠に検挙された。

3　施行日は，公布日の６か月後である。

③ 日本国憲法の基本原則

基本

1 次の問いの答えを下の｛　｝から選んで書きなさい。

チェック P.29③（各5点×5　25点）

必出 (1) 右の図は，日本国憲法の基本原則について示したものである。図中のA～Cにあてはまる基本原則を書きなさい。

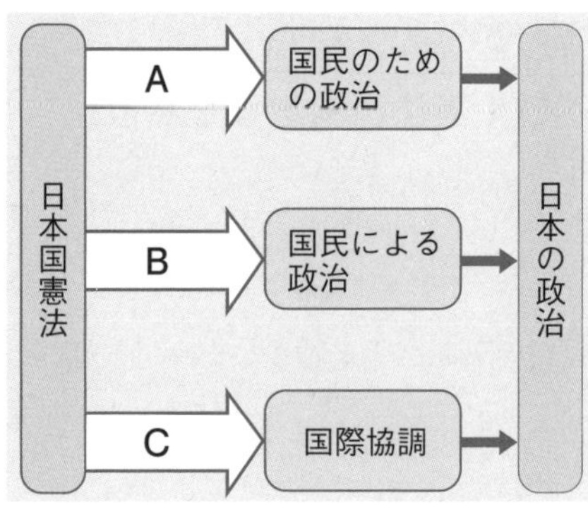

A〔　　　　　　　　　〕
B〔　　　　　　　　　〕
C〔　　　　　　　　　〕

(2) 図中のBの原則により，天皇(てんのう)は日本国および日本国民統合の（①）となり，（②）の助言と承認にもとづいて，憲法に定められた国事行為(こうい)を行うことになった。（　）にあてはまる語句を書きなさい。

①〔　　　　　　　　　〕　②〔　　　　　　　　　〕

｛ 元首(げんしゅ)　象徴(しょうちょう)　内閣　国民主権　基本的人権の尊重(そんちょう)　平和主義 ｝

必出 **2** 次の文の（　）にあてはまる語句を，下の｛　｝から選んで書きなさい。

チェック P.29③③（各5点×5　25点）

日本国憲法の改正は，国会議員または内閣が提出した改正案を，各議院の総議員の（①）の賛成で（②）がこれを発議する。そして（③）で（④）の賛成があった場合に承認され，（⑤）が国民の名で新しい憲法を公布することになる。

｛ 国会　内閣　天皇　国民投票　過半数　3分の2以上 ｝

①〔　　　　　〕②〔　　　　　〕③〔　　　　　〕
④〔　　　　　〕⑤〔　　　　　〕

1 (1)A国民のための政治とは，Aの原則を守るために政治が行われるということ。

2 日本国憲法の改正は，発議→承認→公布，の手順で行われる。「過半数」の意味にも注意すること。

学習日　月　日　得点　点

3 人権と日本国憲法
スタートドリル　書き込みドリル❶　書き込みドリル❷　書き込みドリル❸　書き込みドリル❹　まとめのドリル

発展

3 右の表を見て，次の問いに答えなさい。

チェック P.29③（各５点×７　35点）

(1)　表中の ① ～ ② にあてはまる数字を書きなさい。

①〔　　〕
②〔　　〕

(2)　表中の ③ ～ ⑦ にあてはまる語句を書きなさい。

③〔　　〕
④〔　　〕
⑤〔　　〕
⑥〔　　〕
⑦〔　　〕

大日本帝国憲法		日本国憲法
① 年２月11日発布 1890年11月29日施行	制定	1946年11月３日公布 ② 年５月３日施行
君主が定める欽定憲法	形式	国民が定める民定憲法
③ 主権	主権	④ 主権
衆議院と貴族院	議会	衆議院と参議院
⑤ によって制限することができる	人権	侵すことのできない ⑥ の権利として保障
天皇に統帥権，兵役の義務	軍隊	戦争の放棄， ⑦ の不保持，交戦権の否認

4 次の文は，日本国憲法の基本原則のうち，どの原則と最も関係が深いか。それぞれあてはまる原則を書きなさい。

チェック P.29③①（各５点×３　15点）

(1)　日本国憲法の前文で「平和を愛する諸国民の公正と信義に信頼して，われらの安全と生存を保持しようと決意した。」と述べている。〔　　〕

(2)　日本国憲法の前文に「ここに主権が国民に存することを宣言し，この憲法を確定する。」とある。〔　　〕

(3)　日本国憲法第14条に「すべて国民は，法の下に平等であって，人種，信条，性別，社会的身分（中略）において，差別されない。」とある。〔　　〕

3　(1)大日本帝国憲法は発布の年をおさえる。日本国憲法の場合は，公布・施行とも年月日まで覚えること。(2)大日本帝国憲法と日本国憲法を比較する場合，主権者のちがいが最大のポイントになる。
4　(1)第９条とも関連している。

④ 平和主義と日本の安全保障

基本

1 必出 次の文の〔　〕にあてはまる語句や数字を，下の｛　｝から選んで書きなさい。

チェック P.29④（各４点×6　24点）

第二次世界大戦直後，日本の民主化が進められる中で制定された日本国憲法は，戦争に対する反省から，〔(1)　　　　〕主義を基本原則の１つとしている。そして，その前文の中で「〔(2)　　　　〕の行為(こうい)によつて再び戦争の惨禍(さんか)が起(おこ)ることのないやう(よ)にすることを決意し……」と，その精神について述べるとともに，第〔(3)　　　　〕条で，戦争を永久に〔(4)　　　　〕すること，陸海空軍その他の〔(5)　　　　〕を持たないこと，国の〔(6)　　　　〕権を認めないことなどを定めている。

｛ 政府　平和　交戦　条約　戦力　放棄(ほうき)　1　9 ｝

2 次の問いの答えを，下の｛　｝から選んで答えなさい。

チェック P.29④②（各８点×3　24点）

(1) 日本政府が「自衛のための必要最小限度の実力」と位置づけ，近年は国際連合が行う「平和維持(いじ)活動」(PKO)に参加するため海外に送られることもある組織は何か。
〔　　　　〕

(2) (1)の組織の最高権力者は文民である内閣総理大臣であり，(1)は民主的な統制のもとにおかれている。この原則を何というか。〔　　　　〕

必出 (3) 唯一(ゆいいつ)の被爆国(ひばくこく)としての立場からわが国がとっている，核兵器(かくへいき)を「持たず，つくらず，持ちこませず」という原則を何というか。〔　　　　〕

｛ 国事行為　文民統制(ぶんみんとうせい)　自衛隊　警察予備隊　アメリカ軍　非核三原則　平和主義 ｝

1 (3)の条文は必出事項。用語は正確に書けるようにしておくこと。

2 (1)1954年に発足した組織。日本国憲法がいう「戦力」にあてはまるかどうかが議論されてきた。(3)内容も言えるようにしておくこと。

学習日	得点
月　日	点

発展

3 次の文は，日本国憲法の条文である。これを読んで，あとの問いに答えなさい。

チェック P.29 ④① ((1)(3)各６点×２，(2)各４点×４　28点)

A　日本国民は，正義と秩序を基調とする国際平和を誠実に希求し，国権の発動たる（　①　）と，武力による威嚇又は武力の行使は，国際紛争を解決する手段としては，永久にこれを（　②　）する。

B　前項の目的を達するため，陸海空軍その他の（　③　）は，これを保持しない。国の（　④　）は，これを認めない。

必出 (1)　A，Bは，日本国憲法第何条の条文か。　〔　　　　〕

(2)　文中の（　①　）～（　④　）にあてはまる語句を書きなさい。

①〔　　　　〕　②〔　　　　〕

③〔　　　　〕　④〔　　　　〕

(3)　(1)と最も関係の深い日本国憲法の基本原則は何か。　〔　　　　〕

4 右の写真を見て，次の問いに答えなさい。

チェック P.29 ④② (各８点×３　24点)

(1)　右の写真は，日本国内にある外国の軍隊の基地である。どこの国の軍事基地か。　〔　　　　〕

(2)　日本国内にある(1)の軍事基地が集中している県はどこか。　〔　　　　〕

必出 (3)　日本国内に(1)の軍隊が駐留しているのは，(1)とある条約を結んでいることによる。1951年に最初に結ばれたその条約を何というか。

〔　　　　〕

得点upコーチ

3　(2)憲法の条文であるので，用語は正確に書く必要がある。特に③を，「武力」や「軍隊」としないように。

4　(2)第二次世界大戦末期に戦場となり，戦後も1972年まで，(1)の統治下に置かれていた。

人権と日本国憲法

1 右の略年表を見て，次の問いに答えなさい。

チェック P.28 1 (各8点×5　40点)

年代	できごと
1688	Ⓐ名誉革命がおきる
1776	Ⓑアメリカ（　　）が出される
1789	Ⓒフランス革命がおきる
1919	Ⓓワイマール憲法が制定される

(1) Ⓐの直後に『統治二論（市民政府二論）』を著し，人民の抵抗権などを根拠として革命の正当性を主張したイギリスの思想家はだれか。

〔　　　　〕

(2) Ⓑの（　）にあてはまる語句を書きなさい。　〔　　　　〕

(3) Ⓒについて，次の①，②に答えなさい。

① このとき国民議会が発表した，人権の確立に大きく貢献することになった文書を何というか。　〔　　　　〕

② 『社会契約論』を著して人民主権を説き，①に大きな影響を与えたフランスの思想家はだれか。　〔　　　　〕

(4) Ⓓによって確立された，「人間らしい生活を営むための権利」を何というか。

〔　　　　〕

2 日本国憲法について，次の問いに答えなさい。

チェック P.29 3 (各5点×8　40点)

(1) 次の図中のA～Cは，日本国憲法の基本原則を示している。それぞれにあてはまる語句を書きなさい。

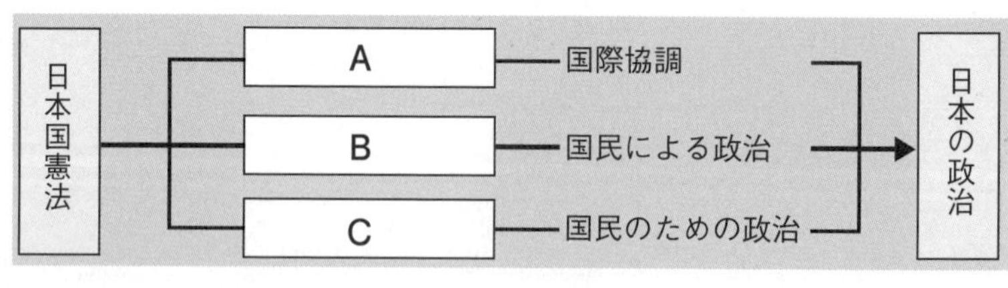

A〔　　　　〕　B〔　　　　〕　C〔　　　　〕

得点upコーチ

1 (1)人権や民主政治を理論づけた人物である。(2)独立戦争中に発表された。アメリカ合衆国はこの年を建国の年と定めている。

2 (1)「国民による政治」とは，国民が政治の主体であるということ。「国民の

(2) (1)のAについて具体的に規定しているのは，日本国憲法の第何条か。

〔　　　　〕

(3) (1)のBとの関連で，天皇(てんのう)は日本国および日本国民統合の(①)となり，憲法が定める国事に関する行為(こうい)を(②)の助言と承認にもとづいて行うことになった。(　)にあてはまる語句を書きなさい。①〔　　　　〕 ②〔　　　　〕

(4) 日本国憲法の改正について，次の①，②に答えなさい。

① 改正の発議をする機関はどこか。〔　　　　〕

② 改正案を承認するかどうかを決めるために行われる特別の投票を何というか。

〔　　　　〕

3 平和主義と日本の安全保障について，次の問いに答えなさい。

チェック p.29 4 (各5点×4 20点)

(1) 日本政府は，自衛隊は「自衛のための必要最小限度の実力」であり，日本国憲法がいう「(　　)」にはあたらない，とする見解をとってきた。(　)にあてはまる語句を書きなさい。〔　　　　〕

(2) 自衛隊は，国際連合が行う平和維持(いじ)活動に参加するため，しばしば海外に派遣(はけん)されている。「平和維持活動」の略称(りゃくしょう)をアルファベットで書きなさい。

〔　　　　〕

(3) 日本が外国から攻撃(こうげき)を受けた場合には，日本国内に駐留(ちゅうりゅう)するアメリカ軍と自衛隊が共同して対処することになっている。こうしたことが決められている，1951年に最初に結ばれた条約を何というか。〔　　　　〕

(4) 日本がとっている非核(ひかく)三原則とはどのようなものか。簡潔に書きなさい。

〔　　　　〕

ための政治」とは国民の権利を守る政治という意味である。(3)天皇は政治に関する権限をいっさいもたない。

3 (1)日本国憲法第9条との整合性が問題とされてきた。

定期テスト対策問題

学習日　月　日　得点　点

現代社会とわたしたちの生活／社会集団とわたしたち／人権と日本国憲法

1 次の文を読んで，あとの問いに答えなさい。

(各５点×6　30点)

現代においては，交通やⓐ情報通信技術の発達により，人，商品，お金などが国境をこえて大量に移動するようになり，世界の一体化が進んだ。これを（ ① ）化という。また，メディアの発達により（ ② ）が社会の中で大きな価値をもつようになった。さらには，出生率(しゅっしょうりつ)の低下と平均寿命(じゅみょう)ののびにより（ ③ ）化が進んでおり，社会保障のあり方が議論の対象となってきている。

その一方で，わたしたちのまわりには，古くから伝わるⓑ伝統や産物なども数多くある。わたしたちは変化に対応していくとともに，人間がつくり出してきたこうしたⓒ文化を大切にすることで，より豊かな社会を築いていくべきであろう。

⑴　文中の（　）にあてはまる語句を，下の｛　｝から選んで書きなさい。

①［　　　］　②［　　　］　③［　　　］

｛ 情報　文明　平均　少子高齢(こうれい)　高度成長　グローバル ｝

⑵　下線部ⓐについて，1990年代以降，急速に普及(ふきゅう)した，世界中のコンピューターをネットワークで結んだ仕組みを何というか。［　　　］

⑶　下線部ⓑのうち，ひな祭りや七夕(たなばた)などのように，毎年きまった時期に行われる行事のことを何というか。［　　　］

⑷　下線部ⓒのうち，わたしたちの心を豊かにする音楽や美術，文学，演劇などのことをまとめて何というか。［　　　］

2 次の文を読んで，あとの問いに答えなさい。

(各５点×6　30点)

わたしたちは，ⓐ家族や地域社会の一員として毎日の生活を送るとともに，学校や会社といった集団に属して，他の人々とともにさまざまな活動を行っている。こうしたことから，「人間は（ ① ）的な存在である」といわれる。

このような活動の中で，利益や考え方などのちがいから（ ② ）が生じることがある。こうした場合，たがいによく話し合って（ ③ ）をめざしていくことが必要である。その場合，考えられる解決策が適切なものかどうかという判断基準となるのが，（ ④ ）と（ ⑤ ）という考え方である。(④) とは，時間やお金，労力などが無駄なく使われているかどうかということで，(⑤) は，手続きや結果の面で不公平がないということである。この２点に注意して(③)をめざすことが重要である。

(1) 文中の（　）にあてはまる語句を，下の｛　｝から選んで書きなさい。

①［　　　　］②［　　　　］③［　　　　］

④［　　　　］⑤［　　　　］

｛ 個人　社会　合意　賛成　対立　公正　効率 ｝

(2) 下線部ⓐについて，現代の日本の世帯の約６割を占める，夫婦のみ，または親と未婚の子どもからなる家族を何というか。［　　　　］

3 右の年表を見て，次の問いに答えなさい。

（各５点×８　40点）

年代	できごと
1776	Ⓐ アメリカ独立宣言が出される
1789	Ⓑ フランス革命がおこる
1889	Ⓒ 大日本帝国憲法が発布される
1919	Ⓓ（　）が制定される
1946	Ⓔ 日本国憲法が公布される
1951	Ⓕ サンフランシスコ平和条約が調印される

(1) Ⓐに大きな影響を与えた，『統治二論』を著して民衆の抵抗権などを説いたイギリスの思想家はだれか。

［　　　　］

(2) Ⓑと最も関係の深い文書を下の｛　｝から選んで書きなさい。

［　　　　］

｛ 権利の請願　権利章典　人権宣言　奴隷解放宣言 ｝

(3) Ⓒにおいて，国の主権はだれにあるとされたか。［　　　　］

(4) 初めて社会権を明記したⒹの憲法は何と呼ばれるか。［　　　　］

(5) Ⓔについて，日本国憲法の三つの基本原則を書きなさい。

［　　　　］［　　　　］［　　　　］

(6) Ⓕについて，このとき日本がアメリカとの間で結んだ，アメリカ軍の日本国内への駐留を認めた条約を何というか。［　　　　］

4 日本国憲法と基本的人権

1 基本的人権と平等権 ドリル➡P.48

① **基本的人権**…侵(おか)すことのできない永久の権利として保障。

② **平等権**

- **意義**…すべて国民は個人として尊重され，法の下(もと)に平等である。

平等権
- 自由権
- 社会権
- 基本的人権を守るための権利
  - 参政権
  - 請求権

▲基本的人権

- **男女平等のために**…国連で採択された女子差別撤廃(てっぱい)条約を受けて，差別をなくすための法律が制定された。
- **障がい者とともに**…バリアフリーの普及(ふきゅう)なども含めて，インクルージョン（多様なちがいを認め，関わる全ての人が支え合うこと）の実現へ。障害者基本法（1970年）。障害者差別解消法（2013年）。

2 自由権 ドリル➡P.50

① **自由権**…自由に考え，行動する権利。

② **自由権の種類**

- **身体の自由**…奴隷(どれい)的拘束(こうそく)や苦役(くえき)からの自由（第18条），法定手続きがなければ，逮捕(たいほ)などされない自由（第31条），黙秘権（供述を強要されない，第38条）など。
- **精神の自由**…思想・良心（第19条），信教（第20条），表現など（第21条），学問の自由（第23条）。
- **経済活動の自由**…居住・移転・職業選択の自由（第22条），財産権（第29条）。

3 社会権 ドリル➡P.52

① **社会権**…人間らしく生きる権利。20世紀になってから確立。

② **社会権の種類**

- **生存権**（憲法第25条①）…健康で文化的な最低限度の生活を営む権利➡国に社会保障制度を整備する義務（生活保護法）。2000年から介護(かいご)保険制度も導入された。
- **教育を受ける権利**（第26条①）…すべての国民に保障➡義務教育は無償(むしょう)（教育基本法）。
- **働く人の権利**…勤労の権利（第27条①）と労働基本権（労働三権）（第28条）➡団結権（労働組合をつくる権利），団体交渉(こうしょう)権（労働者の代表が会社側と交渉する権利），団体行動権（争議権）（ストライキをする権利）。

覚えると得

基本的人権
人は尊いものとする「個人の尊重（憲法第13条）」と「すべての国民は法の下(もと)に平等である（憲法第14条）」という2つの考えが基本的人権の尊重という考えの土台となっている。

差別問題
平等権は，人権の基盤(きばん)であるが，部落差別（同和(どうわ)問題），アイヌの人々や在日韓(かん)国(こく)人・朝鮮(ちょうせん)人に対する差別などが根強く残っている。

男女平等のための法律
1985年，男女雇用(こよう)機会均等法（その後改正）。1999年，男女共同参画社会基本法。2015年，女性活躍推進(かつやくすいしん)法（2020年改正）。2018年，政治分野における男女共同参画の推進に関する法律など。初めは働くことに関する範囲(はんい)だったものが広がっていった。

4 基本的人権を守るための権利と国民の義務 ドリル➡P.56

① **参政権**…政治に参加する権利。選挙権（↳満18歳以上）と被選挙権，憲法改正の際の国民投票権，最高裁判所裁判官に対する国民審査権，国や地方公共団体に要望する請願権など。

② **請求権**…人権が侵害されたとき，救済を求める権利。**裁判を受ける権利**，国家賠償請求権，刑事補償請求権。

③ **公共の福祉**（↳社会全体の利益による人権の制限）…他人の人権を侵害してはならず，社会の共同生活のために人権が制限を受ける場合がある。

④ **国民の義務**…子どもに普通教育を受けさせる義務，勤労の義務，納税の義務。

5 新しい人権 ドリル➡P.58

① **背景**…産業の高度化や科学技術の進歩など社会の変化に対応。

② **環境権**（↳公害問題の広がりから）…住みやすい環境を求める権利。日照権など➡**環境アセスメント**の義務付けや**環境基本法**（↳1993年，公害対策基本法を発展させる形で制定）の制定など。

③ **知る権利**…情報を受け取る権利。国や地方公共団体には，人々の請求に応じて情報を開示する情報公開（↳1999年に情報公開法を制定）が義務づけられる。

④ **プライバシーの権利**…他人に知られたくない個人の私的な情報を公開されない権利➡**個人情報保護法**（↳2003年に制定）など。

⑤ **自己決定権**…自分の生き方や生活のしかたなどを自由に決定できる権利。医療における**インフォームド・コンセント**（十分な説明にもとづく同意）やドナーカード（↳臓器提供意志表示カード）など。

6 国際社会と人権 ドリル➡P.60

① **人権思想の広がり**

- **世界人権宣言**…1948年に国際連合が採択。人権保障の規範を示す➡1966年には法的な拘束力をもつ**国際人権規約**を採択。
- **条約や宣言**…国際連合が採択。難民条約（↳1951年），女子差別撤廃条約（↳1979年），子どもの権利条約（↳1989年），先住民族の権利に関する国連宣言（↳2007年）など。
- **国際的な協力**…NGO（非政府組織）の活躍。

② **新たな課題**…科学技術の進歩➡学問の自由と人権の調整。インターネットの普及➡表現の自由と人権の調整。

請求権
公務員の行為により損害を受けた場合，国に賠償を求めるのが国家賠償請求権，裁判で無罪判決を受けた場合に補償を求めることができるのが刑事補償請求権である。

環境アセスメント
開発が周辺の環境に与える影響を開発業者に調査させ，住民に報告させる制度。

ドナーカード
脳死状態になった場合に，臓器移植のために自分の臓器を提供する意思があることを示すもの。

子どもの権利条約
18歳未満のすべての子どもに「生きる権利」「育つ権利」「守られる権利」「参加する権利」などの人権があることを表明した。1989年に国連総会で採択された。

NGO
非政府，非営利団体で，国際社会のさまざまな課題に取り組む組織。

日本国憲法と基本的人権

1 次の表を見て，あとの問いに答えなさい。

チェック P.44 ❶❷❸，P.45 ❹ (各５点×8　40点)

個人の尊重と法の下(もと)の平等（ A ）	B	(①)の自由…奴隷的拘束や苦役からの自由，法定手続きの保障　など (②)の自由…思想・良心の自由，表現の自由，信教の自由　など (③)の自由…居住・移転・職業選択の自由，財産権の不可侵　など
	C	・生存権（健康で文化的な最低限度の生活を営む権利） ・教育を受ける権利 ・勤労の権利 ・労働基本権（労働三権）…団結権，団体交渉権，団体行動権（争議権）
	基本的人権を守るための権利	D …選挙権，被選挙権，請願権 E …裁判を受ける権利　など

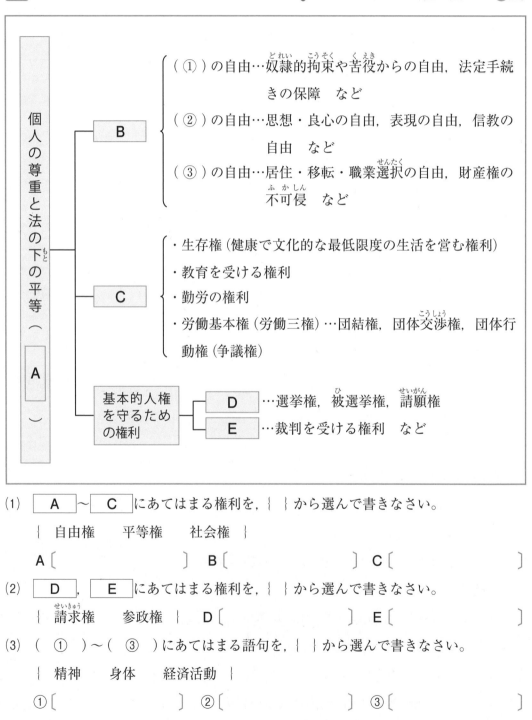

(1) A ～ C にあてはまる権利を，｛ ｝から選んで書きなさい。

｛ 自由権　　平等権　　社会権 ｝

A〔　　　　〕 B〔　　　　〕 C〔　　　　〕

(2) D ， E にあてはまる権利を，｛ ｝から選んで書きなさい。

｛ 請求権　　参政権 ｝ D〔　　　　〕 E〔　　　　〕

(3) (①)～(③)にあてはまる語句を，｛ ｝から選んで書きなさい。

｛ 精神　　身体　　経済活動 ｝

①〔　　　　〕 ②〔　　　　〕 ③〔　　　　〕

2 日本国憲法が明記する国民の義務について，次の〔 〕にあてはまる語句を下の｛ ｝から選んで書きなさい。 チェック P.45④④ (各6点×3 18点)

国民の義務
- 子どもに〔(1) 〕を受けさせる義務(第26条②)
- 〔(2) 〕の義務（第27条①)…国民にとって権利でもある
- 〔(3) 〕の義務（第30条)

｛ 勤労 納税 普通(ふつう)教育 ｝

3 新しい人権について，次の表の〔 〕にあてはまる語句を，下の｛ ｝から選んで書きなさい。 チェック P.45⑤ (各6点×4 24点)

〔(1) 〕	住みやすい環境を求める権利
〔(2) 〕	情報を受けとる権利➡情報公開制度
〔(3) 〕	他人に知られたくない個人の私的な情報を公開されない権利➡個人情報保護法など
〔(4) 〕	自分の生き方や生活のしかたなどを自分で決定する権利➡インフォームド・コンセントなど

｛ 自己決定権 知る権利 環境権 プライバシーの権利 ｝

4 国際連合が採択した人権に関するおもな宣言や条約を示した右の表を見て，次の問いの答えを下の｛ ｝から選んで書きなさい。 チェック P.45⑥ (各6点×3 18点)

(1) （①）にあてはまる，人権の国際的規範(きはん)となったものを何というか。 〔 〕

(2) （②）にあてはまる，(1)に法的な拘束(こうそく)力を与えたものを何というか。 〔 〕

(3) （③）にあてはまる，18歳未満の人々の人権を明確にしたものは何か。 〔 〕

	採択年	日本が批准(ひじゅん)した年
（①）	1948年	—
人種差別撤廃(てっぱい)条約	1965年	1995年
（②）	1966年	1979年
女子差別撤廃条約	1979年	1985年
（③）	1989年	1994年

｛ 国際人権規約 世界人権宣言 子どもの権利条約 ｝

1 基本的人権と平等権

基本

1 次の文の〔 〕にあてはまる語句を，あとの｛ ｝から選んで書きなさい。

チェック P.44 1（各7点×3 21点）

日本国憲法は，基本的人権を「侵(おか)すことのできない〔(1)　　　　〕の権利」（第11条）として保障している。また，人権を保障するため，一人ひとりの人間が「〔(2)　　　　〕として尊重される」（第13条）ことや，すべての国民が「法の下(もと)に〔(3)　　　　〕」（第14条）であることなどを規定している。

｛ 個人　人間　平等　権利　永久 ｝

2 差別について書かれた次の文を読み，あとの問いに答えなさい。

チェック P.44 1（各7点×4 28点）

> ㋐ 出身地によって，結婚(けっこん)や就職時などに行われる差別。
> ㋑ 北海道や樺太(からふと)にもともと住んでいた人々に対する差別。
> ㋒ 外国人に対する差別。
> ㋓ 賃金の格差や，国会議員や管理職の数などの男女間の差別。
> ㋔ 障がいを持っていることによって，不当にあつかわれる差別。

(1) 次の①・②の法律に関連する説明を上の㋐～㋔から選び，記号で答えなさい。
① 女性活躍(かつやく)推進法〔　　　〕　②障害者差別解消法〔　　　〕

(2) ㋐のような，江戸時代の身分制度が原因で，特定の出身地の人々を差別する問題を何問題というか書きなさい。〔　　　〕

(3) ㋑について，北海道にもともと住んでいた民族の名前を書きなさい。〔　　　〕

1 (2)や(3)は，すべての人の人権を保障する上で，前提となることがらである。

2 (2)2016年，部落差別解消推進法が公布・施行された。(3)明治時代の北海道開拓により，同化政策が進められた。

学習日	得点
月　日	点

4 日本国憲法と基本的人権

スタートドリル　書き込みドリル1　書き込みドリル2　書き込みドリル3　まとめのドリル　書き込みドリル4　書き込みドリル5　書き込みドリル6　まとめのドリル

発展

3 次の日本国憲法の条文を読んで，あとの問いに答えなさい。

チェック P.44 1，P.45 4 ③（各6点×5　30点）

第13条　すべて国民は，［①］として尊重される。生命，自由及び幸福追求に対する国民の権利については，［②］に反しない限り，立法その他の国政の上で，最大の尊重を必要とする。

第14条1項　すべて国民は，［③］に平等であって，人種，信条，［④］，社会的身分又(また)は門地(もんち)により，政治的，経済的又は社会的関係において，差別されない。

(1) 条文中の①～④にあてはまる語句を，あとの｛　｝から選んで書きなさい。

①［　　　　］②［　　　　］
③［　　　　］④［　　　　］

｛ 性別　個人　人間　自由　法の下(もと)　公共の福祉(ふくし) ｝

(2) 上の条文は，何という権利を保障したものか。［　　　　］

4 次の問いに答えなさい。

チェック P.44 1（各7点×3　21点）

必出 (1) 雇用(こよう)の男女平等をめざすために1985年に制定され，その後の改正で職場における男女の均等待遇(たいぐう)が義務づけられた法律を何というか。［　　　　］

(2) 男女が対等な立場で社会活動に参加し，利益と責任を分かち合う社会の実現をめざして，1999年に制定された法律を何というか。［　　　　］

(3) 障がいがあっても，教育を受けたり，就職をするなどの面で不自由なく生活するなど，多様なちがいを認め，関わるすべての人が支え合うという考え方を何というか。カタカナで書きなさい。［　　　　］

3 (1)②は「社会全体の利益」を意味する言葉。門地とは生まれや家柄(いえがら)のこと。

4 (1)職場における男女平等の実現を目的としている。(3)2013年障害者差別解消法が制定された。

② 自由権

基本

必出 1 次の文の〔　〕にあてはまる語句を，あとの｛　｝から選んで書きなさい。

チェック P.44②（各４点×３　⑫点）

日本国憲法が定める自由権のうち，奴隷(どれい)的拘束(こうそく)からの自由や，法定手続きによらなければ処罰(しょばつ)されない権利(けんり)などのことを〔(1)　　　　　〕という。また，信教の自由や学問の自由，表現の自由などを〔(2)　　　　　〕という。さらに，江戸(えど)時代には身分や家柄(いえがら)で住む場所や職業が限定されたりしたが，現代では，公共の福祉(ふくし)に反しない限り，居住・移転や職業選択の自由が保障されている。こうした権利を〔(3)　　　　　〕という。

｛　精神の自由　　法の下の平等　　身体の自由　　経済活動の自由　｝

2 日本国憲法で保障されている次の(1)～(7)の権利のうち，平等権または自由権にあてはまるものには，〔　〕に平等権と自由権のいずれかを書きなさい。また，どちらにもあてはまらないものには，〔　〕に△を書きなさい。 チェック P.44①②（各４点×７　㉘点）

(1)　華族(かぞく)などの貴族(きぞく)制度は認めない。〔　　　　〕

(2)　奴隷的拘束を受けることはない。〔　　　　〕

(3)　公共の福祉(ふくし)に反しない限り，どんな職業についてもよい。〔　　　　〕

(4)　すべての国民は，能力に応じてひとしく教育を受ける権利をもつ。〔　　　　〕

(5)　どんな宗教を信仰(しんこう)してもよいし，信仰しなくてもよい。〔　　　　〕

(6)　権利が侵害(しんがい)されたとき，裁判所に訴(うった)えることができる。〔　　　　〕

(7)　すべて国民は，信条や性別，社会的身分などによって差別されることはない。〔　　　　〕

1　日本国憲法が保障する自由権は，三つに分類される。

2　(1)貴族とは特権階級のこと。日本国憲法は第14条２項(こう)で，そのような制度を否定している。(4)教育を受ける権利。(6)裁判を受ける権利。

学習日	得点
月　日	点

4 日本国憲法と基本的人権

スタートドリル｜書き込みドリル①｜**書き込みドリル②**｜書き込みドリル③｜まとめのドリル｜書き込みドリル④｜書き込みドリル⑤｜書き込みドリル⑥｜まとめのドリル

発展

3 次の説明のうち，精神の自由に関する文には㋐を，身体の自由に関する文には㋑を，経済活動の自由に関する文には㋒を書きなさい。⇦チェック P.44②(各５点×8　40点)

(1) 自分の就（つ）きたい職業を選ぶことができる。〔　　〕

(2) 自分のやりたい研究ができる。〔　　〕

(3) 自分の意見を発言できる。〔　　〕

(4) 自分が信じたい宗教を信じてよい。〔　　〕

(5) 手続きがなければ逮捕（たいほ）されない。〔　　〕

(6) 自分が住みたいところに住むことができる。〔　　〕

(7) 自分の興味のあることを学べる。〔　　〕

(8) 自分が読みたい本を読める。〔　　〕

4 次のＡ～Ｄは，日本国憲法の条文の一部である。これを読んで，あとの問いに答えなさい。⇦チェック P.44②(各４点×5　20点)

A ［　①　］及（およ）び良心の自由は，これを侵（おか）してはならない。

B ［　②　］の自由は，何人（なんぴと）に対してもこれを保障する。いかなる宗教団体も，国から特権を受け，又（また）は政治上の権力を行使してはならない。

C 集会，結社（けっしゃ）及び言論，出版その他一切（いっさい）の［　③　］の自由は，これを保障する。

D 何人も，公共の福祉に反しない限り，居住，移転及び［　④　］選択の自由を有する。

(1) 文中の［　①　］～［　④　］にあてはまる語句を，それぞれ書きなさい。

①〔　　　　〕②〔　　　　〕

③〔　　　　〕④〔　　　　〕

(2) Ａ～Ｄのうち，経済活動の自由にあてはまるものを一つ選びなさい。〔　　〕

得点upコーチ

3 (2)精神の自由としては，他に信教の自由，思想・良心の自由，集会・結社の自由などがある。

4 (1)憲法の条文であるので，用語は正確に書く必要がある。②は「宗教」ではないので注意する。

③ 社会権

基本

必出 1 次の文の｛　｝から，正しい語句を選んで書きなさい。

チェック P.44 ③（各５点×５　25点）

(1) 人間らしい生活を営むための権利を，｛　自由権　平等権　社会権　｝という。
〔　　　　〕

(2) (1)の権利を確立したのは，ドイツで制定された｛　人権宣言　プロイセン憲法　ワイマール憲法　｝である。〔　　　　〕

(3) 日本国憲法第25条は，すべて国民は，健康で｛　文化的　社会的　精神的　｝な最低限度の生活を営む権利を有する，と定めている。〔　　　　〕

(4) 日本国憲法は，すべての国民に，その能力に応じてひとしく｛　裁判　教育　職業訓練　｝を受ける権利があることを定めている。〔　　　　〕

(5) 日本国憲法で定める労働基本権（労働三権）のうち，労働者が労働組合を結成する権利を｛　団結権　団体交渉（こうしょう）権　団体行動権　｝という。
〔　　　　〕

2 次の図は，日本国憲法が定める社会権の中の三つの権利を示したものである。［①］～［③］にあてはまる語句を，あとの｛　｝から選んで書きなさい。

チェック P.44 ③（各７点×３　21点）

社会権
- ［①］…健康で文化的な最低限度の生活を営む権利。
- ［②］…義務教育は，これを無償（むしょう）とする。
- ［③］…国に対して就労の機会が得られるように求める権利。

①〔　　　　〕　②〔　　　　〕　③〔　　　　〕

｛　教育を受ける権利　平等権　生存権　勤労の権利　｝

1 (1)20世紀になってから確立された人権である。(2)1919年に制定された。正式には「ドイツ共和国憲法」という。(3)生存権と呼ばれる。

2 日本国憲法が保障する社会権は，この３つと労働基本権（労働三権）である。

学習日	得点
月　日	点

発展

3 日本国憲法が定める労働基本権（労働三権）について示した右の図を見て，次の問いに答えなさい。

チェック P.44③（各6点×3　18点）

必出 (1) 図中のA・Bにあてはまる権利を，それぞれ何というか。

A〔　　　　　　〕

B〔　　　　　　〕

労働基本権（労働三権）
- 団結権 …… C
- A …… 労働条件などについて使用者と交渉する権利
- B …… ストライキなどをする権利

(2) 図中のCについて，団結権とはどのような権利か。15字以内で書きなさい。

〔　　　　　　　　　　　　　　　　〕

4 日本国憲法が定める次の①～⑥の権利のうち，平等権にあてはまるものにはア，自由権にあてはまるものにはイ，社会権にあてはまるものにはウを，それぞれ〔　〕に書きなさい。

チェック P.44①～③（各6点×6　36点）

① すべての国民は，公共の福祉（ふくし）に反しない限り，就（つ）きたい職業を選ぶことができる。〔　　〕

② 事業主に対して，セクシャル・ハラスメント防止を義務づける。〔　　〕

③ すべての国民は，勤労の権利をもつ。〔　　〕

④ 取り調べや法廷（ほうてい）で不利益な発言を強制されない権利。〔　　〕

⑤ すべての国民は，健康で文化的な最低限度の生活を営む権利をもっている。〔　　〕

⑥ すべての国民は，その能力に応じて，ひとしく教育を受ける権利をもっている。〔　　〕

3 (1)Aは，労働者側の代表が使用者（会社）側と労働条件などについて話し合う権利。交渉が決裂（けつれつ）した場合，ストライキなどをする権利がBである。

4 ⑥あわせて生涯（しょうがい）学習の充実（じゅうじつ）も求められている。

日本国憲法と基本的人権（1）

1 次のレポートは，「人権思想と日本国憲法」についてまとめたものの一部である。これを読んで，あとの問いに答えなさい。 チェック P.44 ①～③ (各７点×4 28点)

[人権思想の成立と発展]

近代革命がおこり，ⓐアメリカ独立宣言，フランス人権宣言やアメリカ合衆国憲法などで，自由権を中心とする人権が保障されました。

A　アメリカ独立宣言

われわれは，自明の真理として，すべての人は［ X ］につくられ，創造主によって，一定の奪(うば)いがたい天賦(てんぷ)の権利を付与(ふよ)され，……

B　フランス人権宣言

人は生まれながら，自由で［ X ］な権利をもつ。

[日本国憲法で保障されている人権]

日本国憲法では，ⓑ自由権，ⓒ社会権，平等権などの基本的人権が保障されています。このほかにも，政治に参加する権利や，裁判を受ける権利などの人権を守るための権利が保障されています。

(1) 下線部ⓐについて，AとBは，アメリカ独立宣言とフランス人権宣言の一部である。［ X ］に共通してあてはまる語句を書きなさい。〔　　　　〕

(2) 下線部ⓑについて，次の文は，国民に対して経済活動の自由を保障した日本国憲法の条文の一部である。［ Y ］にあてはまる語句を書きなさい。〔　　　　〕

「何人も，公共の福祉(ふくし)に反しない限り，居住，移転，及(およ)び［ Y ］の自由を有する。」

(3) 下線部ⓒにあてはまるものを，次の**ア**～**オ**から二つ選びなさい。

ア　国会議員や地方議会の議員，知事や市(区)町村長を選挙する権利

イ　すべての国民が教育を受けることができる権利

ウ　自由に思想や信仰(しんこう)をもち，自分の意見を発表することができる権利

1 (1)Aはアメリカ独立宣言の前文，Bはフランス人権宣言の第1条からで，ともに有名な文章である。

(2)は日本国憲法第22条1項で，経済活動の自由についての規定。

(3)社会権は人間らしく生きる権利。

エ　労働組合が賃金その他の労働条件の改善を求めて交渉(こうしょう)する権利

オ　財産を所有することが保障されている権利　〔　　〕〔　　〕

2 次のA～Eは，日本国憲法の条文の一部である。これを読んで，あとの問いに答えなさい。

チェック P.44 1～3（7点×6　42点）

A　すべて国民は，［①］の下(もと)に平等であって，人種，信条，性別，社会的身分又(また)は門地(もんち)により，政治的，経済的又は社会的関係において，差別されない。

B　集会，結社(けっしゃ)及び言論，出版その他一切(いっさい)の［②］の自由は，これを保障する。

C　すべて国民は，［③］で文化的な最低限度の生活を営む権利を有する。

D　すべて国民は，……その能力に応じて，ひとしく［④］を受ける権利を有する。

E　すべて国民は，［⑤］の権利を有し，義務を負ふ(う)。

(1)　文中の［①］～［⑤］にあてはまる語句を，それぞれ書きなさい。

①〔　　〕②〔　　〕③〔　　〕

④〔　　〕⑤〔　　〕

(2)　Cで保障されている権利は，特に何と呼ばれるか。　〔　　〕

3 次の(1)～(5)の権利のうち，平等権にあてはまるものにはA，自由権にあてはまるものにはB，社会権にあてはまるものにはCを書きなさい。　（各6点×5　30点）

チェック P.44 1～3

(1)　夫婦(ふうふ)は同等の権利を有する。　〔　　〕

(2)　どんな宗教を信じてもよいし，また，信じなくてもよい。　〔　　〕

(3)　労働者は労働組合をつくって，会社側と交渉することができる。　〔　　〕

(4)　生まれた場所や出身で差別されない。　〔　　〕

(5)　個人の財産権は保障される。　〔　　〕

2　(1)Aは日本国憲法第14条1項(こう)，Bは第21条1項，Cは第25条1項，Dは第26条1項，Eは第27条1項である。(2)Cの内容は社会権の中心となる権利である。

3　自由権には身体の自由，精神の自由，経済活動の自由があることに注意。

④ 基本的人権を守るための権利と国民の義務

基本

1 次の文の〔　〕にあてはまる語句を，あとの｛　｝から選んで書きなさい。

チェック P.45④（各５点×５　25点）

基本的人権を守るための権利としてまず挙げられるのは，国民が政治に参加する権利である〔(1)　　　　　〕で，国会議員や地方議会議員，都道府県知事，市(区)町村長などの選挙で投票できる〔(2)　　　　　〕や，それらの選挙に立候補できる〔(3)　　　　　〕などがこれにあたる。また，国や地方公共団体の機関に要望する〔(4)　　　　　〕も，(1)の１つである。

基本的人権を守るための権利には，請求権（せいきゅうけん）と呼ばれるものもある。これには裁判所に審理（しんり）と判決を求める〔(5)　　　　　〕や，公務員による損害に対して賠償（ばいしょう）を求める国家賠償請求権，裁判で無罪判決を受けた場合に国に補償（ほしょう）を求める刑事（けいじ）補償請求権などがある。

｛ 選挙権　被（ひ）選挙権　社会権　裁判を受ける権利
参政権　平等権　請願（せいがん）権　教育を受ける権利 ｝

必出 **2** 次の文は，国民の義務について定めた日本国憲法の条文の一部である。□にあてはまる語句を，あとの｛　｝から選んで書きなさい。（各７点×３　21点）

チェック P.45④④

(1) すべて国民は，法律の定めるところにより，その保護する子女に□を受けさせる義務を負ふ（う）。〔　　　　　〕

(2) すべて国民は，□の権利を有し，義務を負ふ（う）。〔　　　　　〕

(3) 国民は，法律の定めるところにより，□の義務を負ふ（う）。〔　　　　　〕

｛ 勤労　投票　納税　裁判　普通（ふつう）教育　公共の福祉（ふくし） ｝

得点UPコーチ

1 (1)政治が国民の意思に基づいて行われるために必要な権利。(5)請求権は，人権が侵害（しんがい）された場合に，救済を求める権利である。

2 (1)〜(3)の３つは，国民の三大義務と呼ばれるもの。

学習日　月　日　得点　点

4 日本国憲法と基本的人権

スタートドリル　書き込みドリル①　書き込みドリル②　書き込みドリル③　まとめのドリル　書き込みドリル④　書き込みドリル⑤　書き込みドリル⑥　まとめのドリル

発展

3 右の図は，日本国憲法が保障する基本的人権を守るための権利についてまとめたものである。これを見て，次の問いに答えなさい。 チェック P.45④（各6点×6　36点）

必出 (1) 図中のA，Bの権利を何というか。

A〔　　　〕

B〔　　　〕

基本的人権を守るための権利	A	国民が政治に参加する権利
	B	人権が侵害（しんがい）されたとき，救済を求める権利

(2) 次の文の〔　〕にあてはまる語句を，あとの｛　｝から選んで書きなさい。

図中のAの権利としては，選挙権や被（ひ）選挙権のほか，憲法改正を承認するかどうかを決める〔①　　　〕や，最高裁判所裁判官が適任かどうかを判断する〔②　　　〕などがある。また，図中のBの権利には，裁判を受ける権利のほか，公務員による損害に対して賠償を求める〔③　　　〕や，裁判で無罪判決を受けた人が補償を求める〔④　　　〕などがある。

｛ 国民投票権　国民審査権　請願権　刑事補償請求権　国家賠償請求権 ｝

4 「公共の福祉」により人権が制限される場合がある。次の(1)～(3)のことがらはどのような人権を制限することになるか。あとの｛　｝から選んで書きなさい。

チェック P.45④（各6点×3　18点）

(1) 他人の名誉（めいよ）を傷つける行為（こうい）は禁止される。〔　　　〕

(2) 医師の資格をもつ者でなければ，医師になれない。〔　　　〕

(3) 公務員がストライキを行うことは認められない。〔　　　〕

｛ 労働基本権　生存権　表現の自由　学問の自由　職業選択（せんたく）の自由 ｝

3 (1)Aの中心となるのは，選挙権と被選挙権である。(2)国民投票と国民審査を混同しないようにする。

4 人権は無制限に保障されるわけではなく，「公共の福祉」（社会全体の利益）により制限される場合がある。

⑤ 新しい人権

基本

必出 1 次の文の〔　〕にあてはまる語句を，あとの｛　｝から選んで書きなさい。

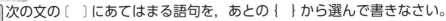

チェック P.45⑤ (各7点×4　28点)

日本国憲法の制定後，社会の変化や科学技術の進歩とともに，さまざまな新しい人権が主張されるようになり，そのうちのいくつかの権利は広く認められつつある。

産業の発展にともない，公害や環境問題が深刻になったことから，より住みやすい環境を求める権利である〔(1)　　　　　　〕が提唱された。

また，国民が主権者として政治に参加するためにはさまざまな情報が必要であることから，情報を受けとる権利として〔(2)　　　　　　〕が認められるようになった。その一方で，他人に知られたくない個人の私生活に関することがらを公開されない〔(3)　　　　　　〕も認められてきている。

さらに近年では，個人が自分の生き方や生活のしかたなどについて自由に決定する権利である〔(4)　　　　　　〕も主張されるようになった。死後の臓器提供に同意するドナーカードは，そうした権利に基づくものといえる。

｛ プライバシーの権利　知る権利　請求権(せいきゅう)　環境権　自己決定権 ｝

2 新しい人権に関連する次の文にあてはまることがらを，あとの｛　｝から選んで書きなさい。

チェック P.45⑤ (各9点×2　18点)

(1) 開発にあたって，事前に周辺の環境への影響(えいきょう)を調査することを事業者に義務づけた制度を何というか。〔　　　　　　〕

(2) 人々の請求に応じて，国や地方の行政機関が保有する情報の開示を義務づけた法律を何というか。〔　　　　　　〕

｛ 環境基本法　環境アセスメント　情報公開法　個人情報保護制度 ｝

1 (1)日本国憲法が保障する生存権や幸福追求(ついきゅう)権などを根拠(こんきょ)として，主張されるようになった。

2 (1)開発を行う事業者に対して，環境に対する影響を調査させ，結果を公表させる制度である。

学習日　月　日　得点　点

4 日本国憲法と基本的人権

スタートドリル　書き込みドリル1　書き込みドリル2　書き込みドリル3　まとめのドリル　書き込みドリル4　書き込みドリル5　書き込みドリル6　まとめのドリル

発展

3 次のA～Eの文を読んで，あとの問いに答えなさい。

チェック P.45 5（各6点×9　54点）

A　高いビルやマンションを建設する場合には，周辺に住む人々の日当たりを妨（さまた）げてはならないことが法律で定められた。

B　1999年，［　㋐　］が制定され，国の省庁が保有する情報を，市民の要求に応じて開示することが義務づけられた。

C　医師から十分な説明や情報を得たうえで，患者（かんじゃ）が治療（ちりょう）方法を選択する権利である［　㋑　］（十分な説明に基づく同意）が重要視されるようになってきている。

D　国や地方公共団体に個人情報の慎重（しんちょう）なあつかいが義務づけられたほか，2003年には［　㋒　］が制定され，一定数以上の個人情報をあつかう企業（きぎょう）の責任なども明記された。

E　脳死状態になった場合に臓器移植のために臓器を提供する意思があることをあらかじめ示す［　㋓　］が普及（ふきゅう）してきている。

(1)　上の文中の［　　］にあてはまる語句を，あとの｛　｝から選んで書きなさい。

㋐［　　　　　　］　㋑［　　　　　　］

㋒［　　　　　　］　㋓［　　　　　　］

｛　インフォームド・コンセント　　ドナーカード
　　男女雇用（こよう）機会均等法　　個人情報保護法　　情報公開法　｝

(2)　A～Eの文とそれぞれ最も関係の深い人権を，あとの｛　｝から選んで書きなさい。

A［　　　　］　B［　　　　］　C［　　　　］

D［　　　　］　E［　　　　］

｛　知る権利　　自己決定権　　プライバシーの権利　　環境権　｝

3　(1)㋐は，国の行政機関に対して情報公開を義務づけたもの。地方公共団体では，条例により情報公開を制度化しているところが多い。(2)Aは日照権と呼ばれる権利。Cは患者の，Eは臓器提供者の意思に基づくもの。

⑥ 国際社会と人権

基本

1 次の文の｛　｝から，正しい語句を選んで書きなさい。

チェック P.45 ⑥（各７点×４　28点）

必出 (1)　第二次世界大戦中の人権弾圧（だんあつ）に対する反省から，1948年，国際連合は｛　独立宣言　奴隷（どれい）解放宣言　世界人権宣言　｝を採択し，人権保障の規範（きはん）とした。

〔　　　　　　〕

必出 (2)　(1)に法的な拘束（こうそく）力をもたせるため，国際連合は1966年に｛　権利章典　人権宣言　国際人権規約　｝を採択した。　〔　　　　　　〕

(3)　カナダのイヌイットやオーストラリアのアボリジニといった人々の権利を守るため，2007年，国際連合は「｛　難民（なんみん）　先住民族　発展途上国　｝の権利に関する国連宣言」を採択した。　〔　　　　　　〕

(4)　人権保障や環境（かんきょう）問題，難民の救済などのために国際的に活動する「非政府組織」の略称（りゃくしょう）は｛　NGO　ODA　PKO　｝である。　〔　　　　　　〕

2 次の文にあてはまる国際連合が採択した条約を，あとの｛　｝から選んで書きなさい。

チェック P.45 ⑥（各８点×３　24点）

(1)　政治的な迫害（はくがい）や内戦などを避（さ）けるため国外に逃（のが）れた人々の保護と受け入れを進めるため，1951年に採択された。　〔　　　　　　〕

(2)　社会のあらゆる分野で性差別が行われないようにするため，1979年に採択された。

〔　　　　　　〕

必出 (3)　18歳未満の人々の人権を保障するため，1989年に採択された。

〔　　　　　　〕

｛　女子差別撤廃（てっぱい）条約　人種差別撤廃条約　難民条約　子どもの権利条約　｝

得点upコーチ

1　(3)日本ではまだ批准（ひじゅん）（議会が承認すること）されていないが，こうした動きに合わせて，アイヌの人々の文化を守るための法律などがつくられた。(4)さまざまな分野で，多くの民間団体が活動している。

学習日	得点
月　日	点

4 日本国憲法と基本的人権

スタートドリル　書き込みドリル1　書き込みドリル2　書き込みドリル3　まとめのドリル　書き込みドリル4　書き込みドリル5　書き込みドリル6　まとめのドリル

発展

3 右の年表を見て，次の問いに答えなさい。

チェック P.45⑥ (各４点×6　24点)

年代	できごと
1948	Ⓐ世界人権宣言が採択される
1979	Ⓑ女子差別撤廃条約が採択される
1989	Ⓒ子どもの権利条約が採択される

(1) Ⓐに法的な拘束力をもたせるため，国際連合が1966年に採択したものを何というか。
〔　　　　　　　　〕

(2) Ⓑを受けて，1985年に日本で制定された，職場における男女差別を禁止した法律を何というか。〔　　　　　　　　〕

(3) Ⓒについて述べた次の文の〔　〕にあてはまる語句を，｛　｝から選んで書きなさい。

この条約では，防げる病気などで命を奪(うば)われない〔①　　　　　〕権利，教育を受け，休んだり遊んだりできる〔②　　　　　〕権利，虐待(ぎゃくたい)や搾取(さくしゅ)などから〔③　　　　　〕権利，自由に意見を発表したり，グループをつくって活動したりできる〔④　　　　　〕権利を子どもたちに保障することが決められた。

｛ 育つ　参加する　学習する　生きる　守られる ｝

4 現代社会における人権をめぐる問題について述べた次の文の〔　〕にあてはまる語句を，下の｛　｝から選んで書きなさい。

チェック P.45⑥ (各８点×３　24点)

遺伝子(いでんし)技術や人クローン研究などは，倫理(りんり)上，慎重(しんちょう)に対応しなければならない分野であり，〔(1)　　　　　〕と人権の尊重をどう調整するかという問題が生じている。また，インターネットの普及(ふきゅう)にともない，〔(2)　　　　　〕の侵害(しんがい)や名誉(めいよ)き損(そん)などの問題が数多く生じており，〔(3)　　　　　〕と人々の人権の保護の調整も課題となっている。

｛ 表現の自由　学問の自由　知る権利　プライバシー ｝

3 (2)制定当時は採用の際における男女差別を禁止するものであったが，その後の改正で賃金や昇進(しょうしん)など，幅(はば)広い分野で男女差別を禁止するものとなった。
(3)空欄(くうらん)の前の説明から，どの語句が入るか考える。

日本国憲法と基本的人権（2）

1 次の(1)～(6)のうち，参政権にあてはまるものには○，請求権にあてはまるものには△を書きなさい。

チェック P.45④（各５点×6　30点）

(1)　人権が侵害されたときは，裁判所に訴えて，審理や救済を求めることができる。〔　　〕

(2)　国会議員や地方議会議員などの選挙で投票することができる。〔　　〕

(3)　憲法改正を承認するかどうかを問う国民投票に参加できる。〔　　〕

(4)　裁判で無罪判決を受けた場合，拘留された日数に応じて，国に補償を求めることができる。〔　　〕

(5)　国や地方公共団体の行政機関に政治的な要望を出すことができる。〔　　〕

(6)　公務員の行為により損害を受けた場合には，国や地方公共団体に賠償を求めることができる。〔　　〕

2 次の文を読んで，あとの問いに答えなさい。

チェック P.45④③④（各５点×4　20点）

人権が保障されているからといって，人は何をしてもよいというわけではない。人権には，他人の人権を侵害してはいけないという原則があり，また，<u>社会全体の利益</u>のために制限を受けることがある。

一方，社会生活を維持するため，国民にはいくつかの義務がある。この点について，日本国憲法は，子どもに［①］を受けさせる義務，［②］の義務，［③］の義務を明記しているが，このうち［②］は，国民にとって権利でもある。

(1)　下線部のことは，日本国憲法では何と呼ばれているか。〔　　〕

(2)　［①］～［③］にあてはまる語句を書きなさい。

①〔　　〕②〔　　〕③〔　　〕

1　参政権は国民が政治に参加する権利，請求権は権利が侵害されたときに，救済を求める権利である。

2　(2)国民の三大義務と呼ばれるもの。選挙での投票は国民の権利であり，義務ではないので注意する。

3 次のA～Dの文を読んで，あとの問いに答えなさい。

チェック P.45⑤（各５点×8　40点）

A　良好な環境の下(もと)で生活する権利を［①］という。

B　情報を受けとる権利のことを［②］という。

C　私生活をむやみに公開されないという［③］の権利が認められるようになった。

D　自分の生き方や生活のしかたを自分で決められる［④］が認められつつある。

(1)　A～Dは，社会の変化に応じて主張されるようになった新しい権利について述べている。［①］～［④］にあてはまる語句を書きなさい。

①〔　　〕②〔　　〕

③〔　　〕④〔　　〕

(2)　次の①～④のことがらと関係の深い人権を，上のA～Dからそれぞれ選びなさい。

①　個人情報保護法が制定された。〔　　〕

②　情報公開法が制定された。〔　　〕

③　環境アセスメント法が制定された。〔　　〕

④　インフォームド・コンセント（十分な説明に基づく同意）を得た上で，治療(ちりょう)方法を決定することが広まってきている。〔　　〕

4 次の問いに答えなさい。

チェック P.45⑥（各５点×2　10点）

(1)　人権の国際的な規範(きはん)を示すものとして，1948年に国際連合が採択したものを何というか。〔　　〕

(2)　(1)に法的な拘束(こうそく)力をもたせるため，1966年に国際連合が採択した規約を何というか。〔　　〕

3　(1)いずれも日本国憲法には規定されていないが，新しい人権として認められるようになった。(2)③は，開発が周囲の環境にもたらす影響(えいきょう)を事業者に調査させ，結果を住民に報告するとともに，計画に反映させるようにしたもの。

5 現代の民主政治

1 政治の仕組みと選挙 ドリル➡P.68

① **民主主義とは**…みんなで話し合って決定するやり方。

- **直接民主制**…国民や住民が直接話し合いに参加して決定する。
  ↳古代ギリシャのアテネや，スイスの一部の州などで行われる
- **間接民主制**…選挙で選ばれた代表者を通じて政治を行うやり方。議会制民主主義（代議制）ともいう。
- **多数決の原理**…最後は多数意見を採用➡**少数意見**も尊重する。

② **選挙の基本原則**

- **普通選挙**…一定年齢（ねんれい）以上のすべての国民に選挙権を保障。
- **平等選挙**…１人１票で，選挙権の価値は平等。
- **直接選挙**…有権者が直接，議員などを選出する。
- **秘密選挙**…無記名で投票を行う。

③ **選挙制度**

- **小選挙区制**…１選挙区から１名を選出する。
- **比例代表制**…各政党の得票数に応じて議席を配分する。

2 選挙の仕組みと選挙権 ドリル➡P.70

① **衆議院と参議院の選挙制度**

- **衆議院**…小選挙区制と比例代表制を組み合わせた小選挙区比例代表並立（へいりつ）制。

衆議院		参議院
465人 ・比例代表　176人 ・小選挙区　289人	議員定数	248人　（※） ・比例代表　100人 ・選挙区　148人
4年（解散がある）	任期	6年（3年ごとに半数を改選）
18歳（さい）以上	選挙権	18歳以上
25歳以上	被（ひ）選挙権	30歳以上

▲衆議院と参議院の選挙制度

（※）2022年の選挙で３人（比例代表２人，選挙区１人）増えて248人となる。

- **参議院**…選挙区制と比例代表制。
  ↳政党名か候補者名を書く

② **選挙の課題**

- **「一票の格差」**…選挙区によって，選出する議員１人あたりの有権者数が大きく異なる➡１票の持つ価値に差が生じている。
  ↳人口の多い選挙区の方が，当選に必要な票数が多い

覚えると得

政治
さまざまな人々の意見や利害のちがいを調整し，社会を成り立たせること。多くの人々が参加する民主政治と，少数の人が一方的に行う独裁政治がある。

小選挙区制
大政党に有利とされ，小政党は議席を得にくい。１選挙区から１名しか選出されないため，死票（落選した候補者に投じられた票）が多くなるのも特徴（とくちょう）である。

比例代表制
衆議院の選挙では，政党の名前を書いて投票する。得票数に応じて議席が配分されるため，小政党でも議席を獲得しやすい。死票が少なく，民意を反映しやすいが，小党乱立となりやすい。

大選挙区制
１選挙区から２名以上を選出する制度。

● 多い棄権…投票率を上げるため，期日前投票制度の整備など。

③ **選挙権の拡大**

● **制限選挙**…帝国議会開設当初は，直接国税15円以上を納める25歳以上の男子にだけ選挙権を認めた。

● **普通選挙**…1925年，25歳以上のすべての男子に選挙権が認められる。

選挙の種別	改正の年	有権者の資格
制限選挙	1889年（明治22年）	直接国税15円以上を納める25歳以上の男子
	1900年（明治33年）	直接国税10円以上を納める25歳以上の男子
	1919年（大正8年）	直接国税３円以上を納める25歳以上の男子
普通選挙	1925年（大正14年）	25歳以上の男子
	1945年（昭和20年）	20歳以上の男女
	2015年（平成27年）	18歳以上の男女

▲わが国の選挙権の拡大

● **女性参政権**…1945年12月，選挙法が改正され，20歳以上のすべての男女に選挙権が与えられ，女性にも参政権が認められた。

③ 政党と国民の政治参加 ドリル➡P.72

① **政党**…政治について同じ考えを持つ人々がつくる団体。

● **政党政治**…多くの議員が政党に所属し，政党の活動を通じて政治が行われる。二党制（二大政党制）や多党制などがある。
↳二つの政党が議席を占める　↳三つ以上主な政党がある

● **与党**…内閣を組織し，政権（政治を行う権力）を担当する政党。

● **野党**…与党以外の政党。政権を批判・監視する。

● **連立政権（連立内閣）**…複数の政党で内閣がつくられた政権。

● **政権公約**…政党が選挙のときに国民に示す政策や理念。
↳マニフェストともいう

● **政党交付金**…申請した政党に国庫から提供される。

② **住民の政治参加**

● **政治参加の方法**…選挙での投票，請願権の行使，住民運動への参加，**利益団体（圧力団体）**を通しての政府や政党への働きかけ，情報公開制度の利用など。
↳経営者団体や農業団体，労働団体など

● **世論**…政治に関する多くの人々のまとまった意見。新聞やテレビなどの**マスメディア**に加えて，インターネットの情報がその形成に大きな役割を果たしている。

近年の日本の内閣
1955年から1993年までのほとんどの時期は，自由民主党による単独政権であった。1993年以降は連立政権が続き，与党の組み合わせも変わってきている。

政党交付金
政治資金規正法の改正により，企業や団体からの政治家個人への献金は厳しく制限され，かわりに，得票数や議席数に応じて国から各政党に政党交付金が支給されるようになった。

利益団体(圧力団体)
政治以外の目的でつくられた団体であるが，自らの目的や利益のため政府や政党などに組織的に働きかける。

二党制(二大政党制)
二つの大きな政党が政権を争う政党政治。アメリカなどがこの体制。日本は多党制。

メディアリテラシー
マスメディアの情報をそのまま信じず，批判的に読み取る力のこと。

現代の民主政治

1 政治の進め方について示した右の図を見て，次の問いに答えなさい。

チェック P.64 1 ①（各6点×4　24点）

(1) 国民から選ばれた代表者が議会で話し合ってものごとを決めていく仕組みは，直接民主制と間接民主制のどちらか。〔　　　　　〕

民主政治 ― 直接民主制 / 間接民主制

(2) (1)の代表者を選ぶために行われるものは何か。〔　　　　　〕

(3) 次の文の〔　〕にあてはまる語句を，下の｛　｝から選んで書きなさい。

話し合いの結果，最後は〔①　　　　　〕の意見が採用されることが一般的(いっぱん)である。その場合，〔②　　　　　〕の意見もできるだけ尊重していくことが必要となる。

｛ 多数　少数 ｝

2 選挙の原則について，次のまとめの〔　〕にあてはまる語句を，下の｛　｝から選んで書きなさい。

チェック P.64 1 ②（各6点×4　24点）

選挙の原則
- 〔(1)　　　　　〕…一定年齢(ねんれい)以上のすべての国民に選挙権を与える。
- 〔(2)　　　　　〕…1人1票。
- 〔(3)　　　　　〕…議員などを国民が直接選出する。
- 〔(4)　　　　　〕…無記名で投票する。

｛ 平等選挙　秘密選挙　直接選挙　普通選挙 ｝

3 選挙制度について，次の表の〔　〕にあてはまる語句を，下の｛　｝から選んで書きなさい。

チェック P.64 1 ③（各6点×2　12点）

選挙制度	内容	特色
〔(1)　　　　　〕	1選挙区から1名を選出	・大政党に有利で，二大政党制になりやすい ・死票が多い
〔(2)　　　　　〕	得票数に応じて各政党に議席を配分	・少数党でも議席を得やすい ・少数乱立となり，政治が不安定になりやすい

｛ 小選挙区制　比例代表制 ｝

4

日本の国会議員の選挙制度について，次の表の□にあてはまる語句を｛　｝から選び，〔　〕に書きなさい。

チェック P.64 ②① (各5点×3 15点)

院	議員の選出方法
衆議院	① で289名を，全国を11のブロックに分けて行う ② で176名を選出する。
③	都道府県を単位として行われる選挙区制で148名を，全国を一つの単位として行われる比例代表制で100名を選出する。(人数は2022年選挙後の数)

①〔　　　〕②〔　　　〕③〔　　　〕

｛ 貴族院(きぞくいん)　参議院　比例代表制　小選挙区制 ｝

5

国民と政党の関係を示した右の図を見て，次の文の｛　｝から正しい語句を選んで書きなさい。

チェック P.65 ③ (各5点×5 25点)

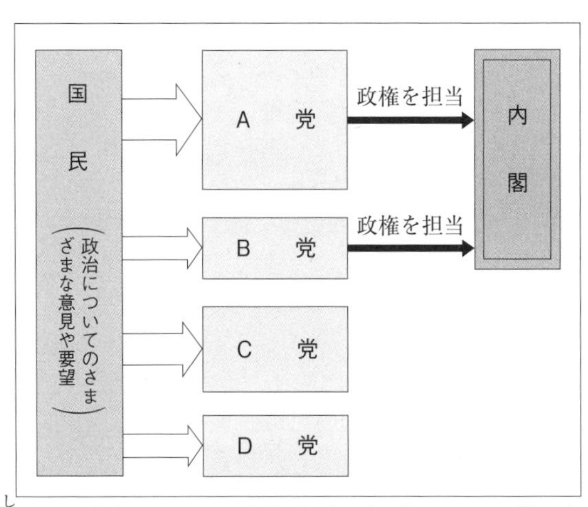

(1) A党やB党のように，選挙の結果，多数派となり，政権を担当する政党を｛ 与党(よとう)　野党(やとう) ｝という。

〔　　　〕

(2) この図の場合のように，複数の政党が(1)となる政権を｛ 単独政権　連立政権 ｝という。

〔　　　〕

(3) C党やD党のように，政権を批判・監視(かんし)する立場にある政党を｛ 与党　野党 ｝という。

〔　　　〕

(4) 自らの要求を実現するため政党や政府などに働きかける集団を｛ 非政府組織　利益団体 ｝という。

〔　　　〕

(5) 政党や内閣の政策にも影響(えいきょう)を与える，政治に関する人々のまとまった意見のことを｛ 世論(せろん／よろん)　選挙 ｝という。

〔　　　〕

1 政治の仕組みと選挙

基本

1 次の文の｛　｝から，正しい語句を選んで書きなさい。

チェック P.64 1　(各７点×５　35点)

(1) みんなで話し合ってものごとを決定する政治のやり方を，｛ 平和主義　民主主義　独裁政治 ｝という。〔　　　　〕

(2) 国民や住民が直接話し合いに参加してものごとを決定するやり方を，｛ 直接民主制　間接民主制　平和主義 ｝という。〔　　　　〕

(3) 選挙で選ばれた代表者を通じて政治を行うやり方を，｛ 直接民主制　間接民主制　普通(ふつう)選挙制 ｝という。〔　　　　〕

必出 (4) １選挙区から１名を選出する選挙の方法を，｛ 小選挙区制　大選挙区制　比例代表制 ｝という。〔　　　　〕

必出 (5) 各政党の得票数に応じて議席を配分する選挙の方法を，｛ 小選挙区制　大選挙区制　比例代表制 ｝という。〔　　　　〕

必出 **2** 現代の選挙は，次のような原則で行われている。それぞれにあてはまる語句を，下の｛　｝から選んで書きなさい。

チェック P.64 1 ②　(各４点×４　16点)

(1) 一定年齢(ねんれい)以上のすべての国民に選挙権を保障して行う選挙。〔　　　　〕

(2) １人１票で，すべての人の選挙権の価値は同じであるとする選挙。〔　　　　〕

(3) 有権者が直接，議員などを選出する選挙。〔　　　　〕

(4) 無記名で投票を行う選挙。〔　　　　〕

｛ 平等選挙　直接選挙　間接選挙　秘密選挙　普通選挙　制限選挙 ｝

1 (3)代議制，または議会制民主主義とも呼ばれる。

2 (3)対をなすのは間接選挙。アメリカの大統領選挙は，有権者が大統領を選ぶ選挙人を選出するという間接選挙の仕組みをとっている。

学習日	得点
月　日	点

5 現代の民主政治

スタートドリル　書き込みドリル1　書き込みドリル2　書き込みドリル3　まとめのドリル

発展

3 次の(1)～(8)の文のうち，小選挙区制にあてはまるものには「小」，比例代表制にあてはまるものには「比」と書きなさい。

チェック P.64 1 ③ (各3点×8　24点)

(1) 1選挙区から1名を選出する。〔　　〕

(2) 得票数に応じて，各政党に議席数を配分する。〔　　〕

(3) 大政党に有利である。〔　　〕

(4) 小政党でも，比較(ひかく)的議席を得やすい。〔　　〕

(5) 小党乱立になりやすく，政治が不安定になりやすいとされる。〔　　〕

(6) 二大政党制になりやすく，政権交代がおきやすいとされる。〔　　〕

(7) 死票が多くなるので，国民の意思が政治に反映されない場合がある。〔　　〕

(8) 死票が少なく，国民の意思が議席数に反映されやすい。〔　　〕

4 次の文の〔　〕にあてはまる語句を，あとの｛　｝から選んで書きなさい。

チェック P.64 1 ① (各5点×5　25点)

民主主義とは，みんなで話し合ってものごとを決める政治のやり方である。その方法としては，国民や住民が直接話し合いに参加して決定する〔(1)　　　〕民主制もあるが，現代ではほとんどの国で〔(2)　　　〕で代表者を選び，その代表者が議会で話し合ってものごとを決定する〔(3)　　　〕民主制がとられている。

話し合っても意見が一致(いっち)しない場合，最後は多数の意見を採用することになる。これを〔(4)　　　〕の原則という。その場合，反対の意見を持つ人々も多数の意見に従うことになるので，〔(5)　　　〕をできるだけ尊重するようにすることが大切である。

｛ 直接　間接　選挙　指名　少数意見　全会一致　多数決 ｝

3 (2)日本で採用しているのはドント式という。各党の得票数それぞれを÷1，÷2，÷3…していき，数値の大きいものから議席を割(わ)り振(ふ)る。
(7)(8)死票とは，落選した候補者に投じられた票のこと。

② 選挙の仕組みと選挙権

基本

1 次の文の｛ ｝から，正しい語句を選んで書きなさい。

チェック P.64②（各７点×4　28点）

(1) 1890年に行われた第１回衆議院議員総選挙は，納税額によって選挙権が限定される｛ 普通(ふつう)選挙　制限選挙　特別選挙 ｝であった。〔　　　　〕

(2) 1925年，普通選挙法の成立により，｛ 20歳(さい)以上の男女　25歳以上の男女　25歳以上の男子 ｝すべてに選挙権が認められた。〔　　　　〕

(3) 2015年，公職選挙法が改正され，｛ 18歳　20歳　22歳 ｝以上のすべての男女に選挙権が認められた。〔　　　　〕

(4) 現代においては，選挙区によって議員１人あたりの有権者数が異なることから，１票の持つ価値が選挙区ごとに異なるという問題が生じている。こうした問題は，１票の｛ 格差　差別　平等 ｝と呼ばれる。〔　　　　〕

2 次の文の〔 〕にあてはまる語句を，下の｛ ｝から選んで書きなさい。

チェック P.64②（各６点×4　24点）

必出 (1) 2020年現在の衆議院の選挙制度は，〔　　　　〕と呼ばれるものである。

必出 (2) 参議院議員の選挙は，都道府県を単位として行われる〔①　　　　〕と，全国を一つの単位として行われる〔②　　　　〕の２種類からなっている。

(3) 投票率を上げるため，投票時間を延長したり，投票日に都合が悪い場合に投票日前日までに投票できる〔　　　　〕の制度が整備されたりしている。

｛ 選挙区制　比例代表制　小選挙区比例代表並立(へいりつ)制　期日前投票 ｝

1 (4)有権者の少ない選挙区をまとめ，定数を削減(さくげん)する政策（合区）もとられている。

2 (2)衆議院の比例代表選挙は全国を11のブロックに分けるが，参議院では全国を一つの単位として行われる。

学習日　月　日　得点　点

5 現代の民主政治
スタートドリル　書き込みドリル①　書き込みドリル②　書き込みドリル③　まとめのドリル

発展

必出 3 衆議院と参議院の選挙制度についてまとめた右の表を見て，次の問いに答えなさい。

チェック P.64 ②①（各4点×6　24点）

(1) 表中のAとBの〔　〕にあてはまる語句を書きなさい。

A〔　　　　　　　〕

B〔　　　　　　　〕

(2) 表中の①～④の〔　〕にあてはまる数字を書きなさい。

①〔　　　〕②〔　　　〕

③〔　　　〕④〔　　　〕

衆議院		参議院
465名 〔　A　〕289名 〔　B　〕176名	議員定数	248名 選挙区148名 比例代表100名
〔　①　〕年 （任期途中での解散がある）	任期	〔　②　〕年 （3年ごとに半数を改選する）
〔　③　〕歳以上	被選挙権	〔　④　〕歳以上

※参議院の議員数は2022年の選挙以降の数値

4 衆議院議員の選挙権の拡大について，次の表を見て，次の問いに答えなさい。（表中の実施年次は，総選挙の実施された年である）

チェック P.65 ②③（各6点×4　24点）

(1) Aにあてはまる数字を書きなさい。〔　　　〕

(2) BとCにあてはまる語句を次のア～ウから選び，記号を書きなさい。

ア　25歳以上の男子

イ　25歳以上の男女　　ウ　20歳以上の男女　　B〔　　　〕C〔　　　〕

実施年次	年齢・性別	納税額による制限	総人口に対する有権者の比率
1890	25歳以上の男子	直接国税〔A〕円以上	1.1%
1902	25歳以上の男子	直接国税10円以上	2.2%
1920	25歳以上の男子	直接国税3円以上	5.5%
1928	〔　B　〕	制限なし	20.0%
1946	〔　C　〕	制限なし	48.7%
2017	18歳以上の男女	制限なし	83.6%

(3) 1920年まで行われていたような，納税額によって選挙権を制限して行われる選挙を何というか。〔　　　　　　〕

3 それぞれの議院に特色をもたせるため，議員の選出方法や任期，被選挙権などにちがいが設けられている。

4 (2)それぞれ1925年の普通選挙法の成立と，1945年の選挙法改正によるものである。

③ 政党と国民の政治参加

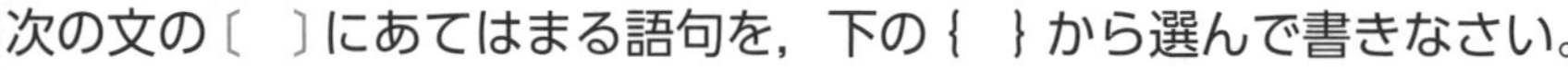

基本

必出 1 次の文の〔　〕にあてはまる語句を，下の｛　｝から選んで書きなさい。

チェック P.65③①（各７点×４　28点）

政治について同じ考えを持つ人々が，自分たちの考える政策の実現をめざしてつくる団体を〔(1)　　　　　　〕という。(1)は，選挙のときに自分たちの主張を公約として訴え（うった），できるだけ多くの候補者を当選させようとする。特に国会議員の選挙では，政治理念や政権を担当した場合に実施（じっし）する政策やその財源などを明記した〔(2)　　　　　　〕が発表されることが多い。

(1)のうち，内閣を組織し，政権を担当するものを〔(3)　　　　　　〕といい，政権を批判・監視（かんし）していくものを〔(4)　　　　　　〕という。

｛　与党（よとう）　野党（やとう）　多数党　政党　政権公約　マスメディア　｝

2 国民のおもな政治参加の方法についてまとめた右の図を見て，次の問いに答えなさい。答えは下の｛　｝から選んで書きなさい。チェック P.65③②（各６点×４　24点）

(1)　A，Bにあてはまる語句を答えなさい。　A〔　　　　　　〕　B〔　　　　　　〕

(2)　Cにあてはまる，立場や利害を同じくする人々がつくる集団を何というか。〔　　　　　　〕

(3)　Dにあてはまる，政治に関する人々のまとまった意見のことを何というか。〔　　　　　　〕

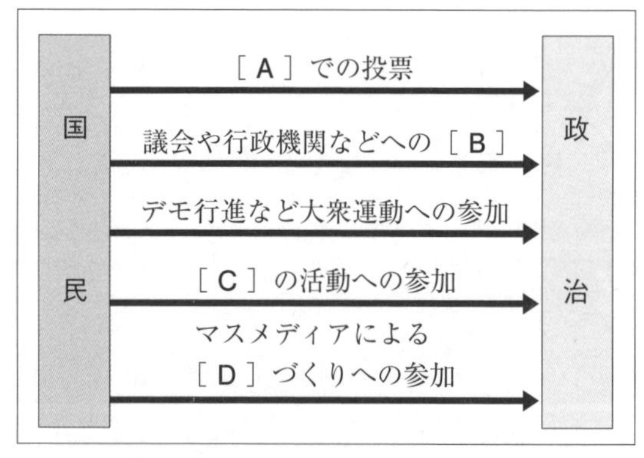

｛　請願（せいがん）　勤労　選挙　教育　公約　世論（せろん／よろん）　利益団体　非政府組織　｝

1　(2)一般的（いっぱん）な公約と異なり，財源や達成期限，具体的な数値目標などが示される。

2　(3)インターネットの発達により，個人で情報を収集したり，発信できるようになった。

学習日	得点
月　日	点

5 現代の民主政治

スタートドリル　書き込みドリル①　書き込みドリル②　書き込みドリル③　まとめのドリル

発展

3 次の文を読んで，あとの問いに答えなさい。

チェック P.65③（各６点×５　30点）

日本では1955年以来，ⓐ1つの政党が国会の両議院で［　㋐　］の議席を獲得し，長く政権を担当してきた。1993年からは，複数の政党によって［　㋑　］がつくられることが多くなっている。

(1)　文中の［　㋐　］，［　㋑　］にあてはまる語句を，次の｛　｝から選んで書きなさい。

｛　単独政権　　連立政権　　政党内閣　　過半数　　少数　｝

㋐〔　　　　〕　㋑〔　　　　〕

(2)　下線部ⓐにあてはまる政党を，次から選んで答えなさい。

｛　自由民主党　　社会党　　民主党　　公明党　｝〔　　　　〕

必出 (3)　次の①，②にあてはまる政党を，それぞれ何というか。

①　内閣を組織し，政権を担当する。〔　　　　〕

②　政権を批判したり，監視（かんし）したりする役割をもつ。〔　　　　〕

4 次の問いに答えなさい。

チェック P.65③（各６点×３　18点）

(1)　得票数や議席数に応じて国から各政党へ交付されるお金のことを，何というか。

〔　　　　〕

必出 (2)　政府や政党などに働きかける経営者団体や労働団体，農業団体などのことを何というか。〔　　　　〕

(3)　世論を形成する上で大きな役割を果たす新聞や雑誌，テレビなどの情報をそのまま信じず，批判的に読む力を何というか。〔　　　　〕

得点upコーチ

3　日本は多党制であるのに対し，アメリカなどは二党制をとっている。

4　(3)インターネット上で虚偽（きょぎ）の情報が流れることがある。これをフェイクニュースといい，世論を動かすこともある。

現代の民主政治

1 次の文を読んで，あとの問いに答えなさい。

チェック P.64 1 (各6点×3　18点)

国民から選ばれた代表者が議会で話し合い，ものごとを決めていくやり方を（　）という。したがって，ⓐ代表者を選ぶ選挙は，主権者である国民がその主権を行使する重要な機会となる。また，議会による議決は，基本的にⓑ多数決で行われる。

(1)（　）にあてはまる語句を書きなさい。〔　　〕

(2) 下線部ⓐについて，今日の選挙の原則となっている，一定年齢（ねんれい）以上のすべての国民に選挙権を与えて行われる選挙を何というか。〔　　〕

(3) 下線部ⓑではどのようなことに注意が必要か。簡潔に答えなさい。

〔　　〕

2 右の表は選挙制度の種類とその特色についてまとめたものである。これを見て，次の問いに答えなさい。

チェック P.64 1，2 ① (6点×4　24点)

選挙制度	特色
（A）制	・［B］ ・二大政党制に適している。 ・死票が多い。
比例代表制	・［C］ ・小党分立で政局が不安定になりやすい。 ・死票が少ない。

(1) 表中のAにあてはまる語句を書きなさい。〔　　〕

(2) 表中のBとCにあてはまることがらを次のア〜エから一つずつ選び，記号を書きなさい。

ア　1選挙区から1名を選出する。

イ　1選挙区から2〜5名を選出する。

ウ　過半数の得票を得た政党が議席を独占（どくせん）する。

エ　得票数に応じて各政党に議席を配分する。　B〔　　〕　C〔　　〕

(3) Aの制度と比例代表制を組み合わせた，2020年現在の衆議院の選挙制度を何というか。〔　　〕

1 (2)2020年現在の日本の場合，18歳（さい）以上のすべての男女に選挙権が与えられている。

2 (3)Aの制度で289名，比例代表制で176名を選出する。両方の選挙に重複立候補することもできる。

3

右の年表は，衆議院議員の選挙権の拡大のようすを示したものである。これを見て，次の問いに答えなさい。 チェック P.65 2 3 (各7点×4　28点)

選挙の実施年	有権者数	全人口に占める有権者の割合
1890年	45万人	1.1%
1902年	98万人	2.2%
1920年	307万人	5.5%
1928年	1,241万人	20.0%
1946年	3,688万人	48.7%
2017年	1億609万人	83.6%

(1) 1890年の選挙の際の有権者の資格を書きなさい。〔　　〕

(2) (1)のように，財産で選挙権を制限する選挙を何というか。〔　　〕

(3) 1928年に有権者数が急増している最大の理由を次から選び，記号を書きなさい。〔　　〕

ア　人口が急増した。　　イ　選挙権の年齢が引き下げられた。

ウ　男子による普通選挙が実現した。　　エ　男女平等の普通選挙が実現した。

(4) 1946年の選挙の際の有権者の資格を書きなさい。〔　　〕

4

次の文の下線部の語句が正しければ○を，誤っていれば正しい語句に直して，〔　〕に書きなさい。 チェック P.64 2 P.65 3 (各6点×5　30点)

(1) 選挙区によって議員1人あたりの有権者数にちがいがあり，一票の持つ価値が異なることは，一票の平等と呼ばれる。〔　　〕

(2) 政権を担当する政党のことを与党という。〔　　〕

(3) 選挙の際に各政党が発表する，政権を担当した場合に実施する政策を，その財源や達成期限などとともに示したものを政治公約という。〔　　〕

(4) 自らの利益や目的などを実現するため，政府や政党などに組織的に働きかける集団を，非政府組織という。〔　　〕

(5) 政治に関する，多くの人々のまとまった意見や考えを，マスメディアという。〔　　〕

3　(3)1925年に普通選挙法が成立し，25歳以上のすべての男子に選挙権が与えられた。

4　(1)一般に，人口の多い都市部では1議席あたりの有権者数も多くなっている。

定期テスト対策問題

学習日　月　日　得点　点

日本国憲法と基本的人権／現代の民主政治

1 右の表は，中学3年生のはるなさんが，自分の一生と日本国憲法・法律とのかかわりについてまとめたものの一部である。これを見て，次の問いに答えなさい。 （各７点×８　56点）

できごと	憲法・法律にある権利や義務
誕生	Ⓐ個人の尊重
入学	Ⓑ教育を受ける権利
成人	Ⓒ選挙権
就職	Ⓓ勤労の権利と義務
結婚(けっこん)	Ⓔ男女の本質的平等
	Ⓕ居住・移転の自由
出産	子どもに普通(ふつう)教育を受けさせる義務
退職	Ⓖ年金の受給

(1) 日本国憲法は，Ⓐなどの権利は「［　　］に反しない限り」最大限に尊重されるとしている。［　　］にあてはまる語句を書きなさい。

〔　　　　〕

(2) Ⓑは，自由権，平等権，社会権のうちのどれにあてはまるか。〔　　　　〕

(3) Ⓒについて，選挙権は18歳(さい)以上であるが，衆議院議員に立候補できるのは何歳以上か。

〔　　　　〕

(4) Ⓓに関して，会社などに就職した場合，労働組合に加入することができる。労働組合を作る権利を何というか。〔　　　　〕

(5) Ⓔに関連して，人々が男女の区別なく個人として能力を発揮でき，利益と責任を分かちあえる社会の実現をめざして，1999年に制定された法律を何というか。〔　　　　〕

(6) Ⓕは，身体の自由，精神の自由，経済活動の自由のうちのどれにあてはまるか。〔　　　　〕

(7) Ⓖの制度の基盤(きばん)となる「健康で文化的な最低限度の生活を営む権利」のことを何というか。〔　　　　〕

(8) 表には国民の義務が二つ書かれているが，日本国憲法に明記されているもう一つの国民の義務は何か，書きなさい。〔　　　　〕

2 次の文を読んで，あとの問いに答えなさい。

（各５点×６　30点）

ⓐ選挙は，主権者である国民が，その主権を行使する重要な機会である。特に，国民の代表者である国会議員を選ぶ選挙は，国の政治のあり方に大きな影響(えいきょう)を与えるものであり，ⓑ選挙制度にもしばしば変更(へんこう)や修正が加えられる。

国会議員の選挙では，候補者の多くはいずれかのⓒ政党に属している。政党は政治理念や政策に関して考えを同じくする人々がつくる団体で，選挙の際には候補者を立て，自分たちの考える政策を政権公約として発表し，できるだけ多くの議席を得ることや政権の獲得(かくとく)をめざすことになる。

(1)　下線部ⓐについて，現代の日本では18歳以上のすべての男女に選挙権が認められている。このような選挙を何というか。　〔　　　　　　　　〕

(2)　下線部ⓑについて，次の問いに答えなさい。

①　小選挙区制の特色として正しいものを次から二つ選び，記号を書きなさい。

ア　大政党に有利である。　　**イ**　小政党でも議席が得やすい。

ウ　死票が多くなる。　　**エ**　有権者は政党名を書いて投票する。

オ　小党分立となり政治が不安定になりやすい。　〔　　　〕〔　　　〕

②　選挙区間で議員一人あたりの有権者数に差があると，一票の［　　］が生じることになる。［　　］にあてはまる語句を書きなさい。　〔　　　　　〕

(3)　下線部ⓒのうち，政権を担当するものを何というか。　〔　　　　　〕

(4)　下線部ⓒに関して，政党が申請(しんせい)することで国庫から政党に提供される資金のことを何というか。　〔　　　　　〕

3 次の問いに答えなさい。

（各７点×２　14点）

(1)　新しい人権のうち，人に知られたくない個人の私的な情報を公開されない権利を何というか。　〔　　　　　〕

(2)　アメリカのように，二つの大きな政党が政権を争う政党政治を何というか。

〔　　　　　〕

6 国民を代表する国会

1 議会制民主主義と国会 ドリル➡P.82

① 国会の地位

●国権の最高機関…主権者である国民の代表者によって構成される国会は，国の権力の最高の地位にある。

●唯一（ゆいいつ）の立法機関…国会だけが法律をつくることができる。

② 国会の仕組み

●二院制…衆議院と参議院。両院に特色を持たせるため，議員の任期や選出方法などにちがいが設けられている。

●二院制のねらい…審議（しんぎ）を慎重（しんちょう）に行うとともに，国民のさまざまな意見をより広く政治に反映させる。一方の議院の行き過ぎをおさえる役割が期待されている。

③ 国会の種類…常会（通常国会），臨時会（臨時国会），特別会（特別国会）の三つ。他に参議院の緊急（きんきゅう）集会。

種類	召集（しょうしゅう）	会期
常会（通常国会）	毎年1回，1月中に召集される。次年度の予算審議が中心。	150日間
臨時会（臨時国会）	内閣が必要と認めたときか，いずれかの議院の総議員の4分の1以上の要求で召集される。	衆参両院の議決の一致で決定する。
特別会（特別国会）	衆議院の解散後の総選挙の日から30日以内に召集される。内閣総理大臣の指名が最優先。	
緊急集会（参議院のみ）	衆議院の解散中，緊急の必要があるとき召集される。	不定

▲国会の種類

2 国会のはたらき ドリル➡P.84

① 国会の仕事

●法律の制定…法律案は国会議員または内閣が提出➡先議の議院で審議・議決➡後議の議院で審議・議決➡成立➡天皇（てんのう）が公布。

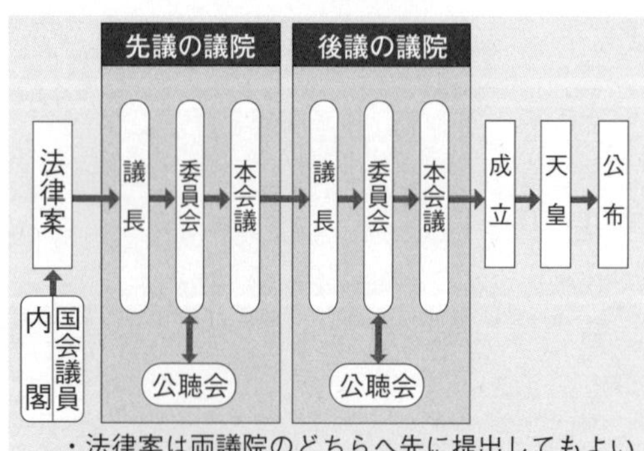

▲法律ができるまで

覚えると得

立法権
法律をつくる権限のこと。立法権を持つのが立法機関である。

二院制
選挙の機会が多くなるので，国民の声を政治に反映しやすいが，審議や決定に時間がかかるという欠点もある。

法律案の提出・審議
法律案は，衆議院・参議院のどちらに先に提出してもよく，提出された議院で先に審議される。

国会議員の地位
国から給料（歳費（さいひ））が支払（しはら）われたり，住む場所や移動手段にもさまざまな特権が認められている。また，国会が開かれている間は逮捕（たいほ）されない不逮捕特権や，国会で行った演説などは法的責任を問われない免責（めんせき）特権を持つ。

- **予算の議決**…内閣が作成・提出した予算案を審議・議決する。衆議院が**先に審議する**。
  └→先議権という
- **内閣総理大臣の指名**…国会議員から１名を議決により指名。
  └→首相ともいう　天皇が任命←┘
- **条約の承認**…内閣が外国と結んだ条約を承認する。
- **憲法改正の発議**…両議院がともに総議員の３分の２以上の賛成で可決した場合に発議できる。
- **弾劾裁判所**(だんがい)**の設置**…ふさわしくない行いのあった裁判官をやめさせるかどうかを裁判で決める。
  └→両院から7名ずつが参加
- **国政調査権**…国会に証人を呼んで質問したり，記録を提出させたりする。
  └→証人喚問（かんもん）という

② **国会の運営と会議の原則**

- **国会の審議**…まず**委員会**で審議し，**本会議**で審議・議決する。委員会では**公聴会**(こうちょうかい)が開かれることもある。
  └→常任委員会と特別委員会がある
- **定足数**(ていそくすう)**と議決**…会議を開くには，委員会で全委員の２分の１以上，本会議では総議員の３分の１以上の出席が必要。議決は原則として出席議員の過半数の賛成で決定される。
  └→会議を開くのに必要な出席数
- **会議の原則**…傍聴(ぼうちょう)・報道の自由，議事録の公開など。

③ 衆議院の優越 ドリル➡P.86

① **衆議院の優越**(ゆうえつ)

- **法律案の議決**…参議院が衆議院と異なる議決をした場合，衆議院が出席議員の３分の２以上の賛成で**再可決**すれば，法律となる。
  └→衆議院で可決した法案を受け取った後，60日以内に議決しない場合も
- **予算の議決，条約の承認，内閣総理大臣の指名**…参議院が衆議院と異なる議決をし，**両院協議会**を開いても意見が一致(いっち)しないときは，衆議院の議決が国会の議決となる。衆議院が可決した議案を一定期日内に参議院が議決しない場合にも，衆議院の議決が国会の議決となる。
  └→内閣総理大臣の指名は衆議院の議決の後10日以内，予算の議決と条約の承認は衆議院の議決を受けとって30日以内
- **衆議院だけが持つ権限**…**予算の先議権**と**内閣不信任**の決議権。

② **衆議院の優越が認められる理由**…衆議院の方が議員の任期が短く解散もあるため，世論(せろん／よろん)をより敏感(びんかん)に反映すると考えられるから。

覚えると得

予算先議権
予算は先に衆議院で審議される。

弾劾裁判所
国会に設置される。衆議院と参議院から7名ずつが裁判官となって裁判を行う。

公聴会
利害関係者や学識経験者などの意見を聞くために開かれる。予算に関する議案の審議の際には，必ず開かなければならない。

衆議院と参議院で議決が異なる場合
両院の議決が異なる場合，法律案の議決のみ衆議院での再可決が必要であるので注意する。予算の議決，条約の承認，内閣総理大臣の指名については，事実上，衆議院の議決が国会の議決となる。

国民を代表する国会

1 国会の地位について示した次のまとめの〔　〕にあてはまる語句を，下の｛　｝から選んで書きなさい。

チェック P.78 1 ① (各8点×2　16点)

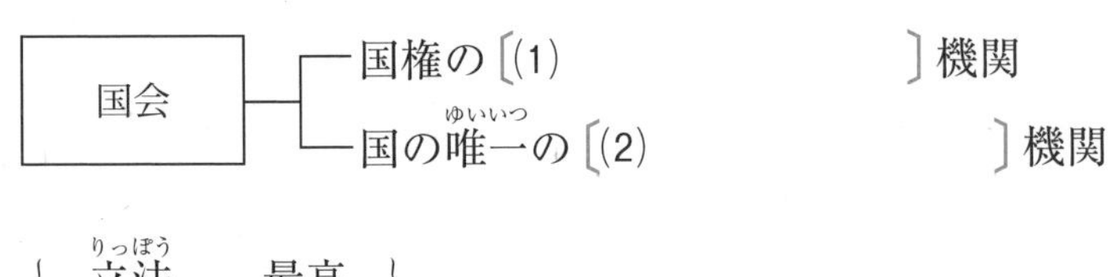

｛ 立法(りっぽう)　最高 ｝

2 国会の仕組みについて示した右の表を見て，次の問いに答えなさい。

チェック P.78 1 ② (各3点×4　12点)

(1) 表中のAとBのうち，どちらが衆議院で，どちらが参議院か，書きなさい。

A〔　　　　　　〕

B〔　　　　　　〕

A		B
465名	議員定数	※　248名
4年(解散がある)	任期	6年(3年ごとに半数を改選)
(　①　)歳(さい)以上	被(ひ)選挙権	(　②　)歳以上
小選挙区289名 比例代表176名	選挙区	※　選挙区148名 比例代表100名

※2022年選挙後の数

(2) 表中の(　①　)と(　②　)にあてはまる数字を，下の｛　｝から選んで書きなさい。

｛ 20　25　30 ｝

①〔　　　　〕　②〔　　　　〕

3 国会の種類について示した次の表の〔　〕にあてはまる語句を，下の｛　｝から選んで書きなさい。

チェック P.78 1 ③ (各5点×4　20点)

〔(1)　　　　〕	毎年1回，1月中に召集(しょうしゅう)される。会期は150日間。次年度の予算審議が中心。
〔(2)　　　　〕	内閣が必要と認めたときか，いずれかの議院の総議員の4分の1以上の要求で召集される。
〔(3)　　　　〕	衆議院の解散後の総選挙の日から30日以内に召集される。内閣総理大臣の指名が最優先。
〔(4)　　　　〕	衆議院の解散中，緊急の必要があるとき召集される。

｛ 常会　特別会　緊急(きんきゅう)集会　臨時会 ｝

学習日　　月　　日　　得点　　　点

4

国会の仕事について示した次のまとめの〔　〕にあてはまる語句を，右の［　］から選んで書きなさい。

チェック P.78②① (各4点×4　16点)

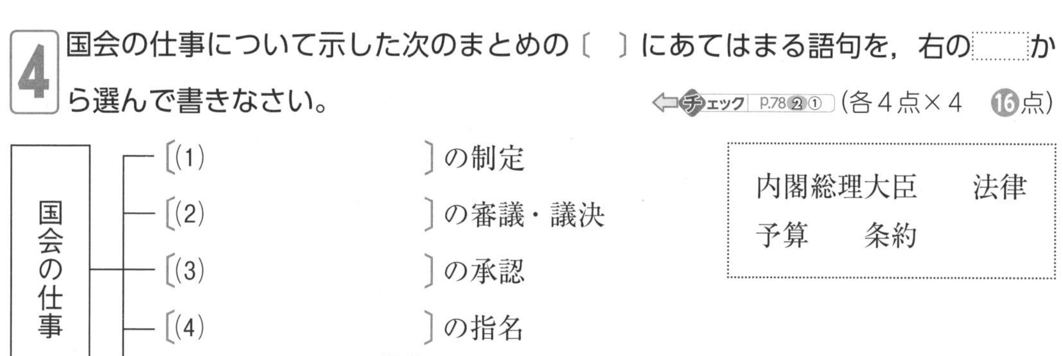

5

国会で法律ができるまでを示した右の図を見て，次の問いに答えなさい。

チェック P.78② (各4点×4　16点)

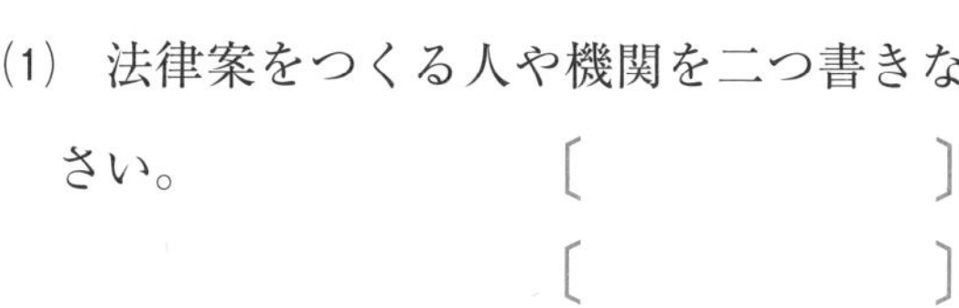

(1) 法律案をつくる人や機関を二つ書きなさい。〔　　　　〕〔　　　　〕

(2) 法律案の審議は，本会議の前にまずどこで行われるか。〔　　　　〕

(3) (2)で開かれる，利害関係者などの意見を聞くための会を何というか。〔　　　　〕

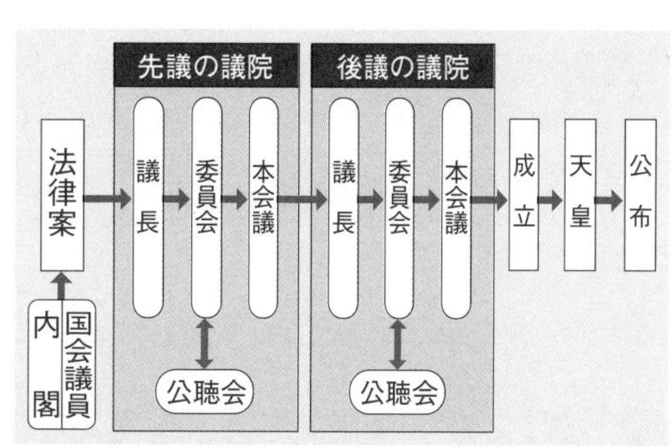

6

衆議院の優越(ゆうえつ)についてまとめた次の表の［　］①～④にあてはまる語句を下の｛　｝から選んで，〔　〕に書きなさい。

チェック P.79③ (各5点×4　20点)

法律の制定	衆議院が可決した法律案を参議院が否決した場合，衆議院が出席議員の［①］以上の賛成で再可決すれば法律となる。
予算の議決 条約の承認 内閣総理大臣の指名	衆議院と参議院の議決が異なり，［②］を開いても意見が一致(いっち)しない場合は，衆議院の議決が国会の議決となる。
衆議院だけの権限	［③］の先議権，内閣［④］決議

｛　3分の2　　両院協議会　　不信任　　予算　｝

①〔　　　　〕②〔　　　　〕③〔　　　　〕④〔　　　　〕

1 議会制民主主義と国会

基本

必出 1 衆議院と参議院の制度のちがいを示した右の表を見て，次の問いに答えなさい。

チェック P.78 1 2 (各5点×5 25点)

(1) 表のAにあてはまる語句を書きなさい。

〔　　　　　　〕

(2) 表のBとCにあてはまる資格を，それぞれ書きなさい。

B〔　　　　　　〕

C〔　　　　　　〕

(3) 表の①，②にあてはまる数字を，それぞれ書きなさい。

衆議院		参議院
465名	議員定数	※ 248名
4年（ A があり）	任期	① 年（ ② 年ごとに半数を改選）
18歳(さい)以上	選挙権	18歳以上
B	被(ひ)選挙権	C
小選挙区選出 全国を289区 比例代表選出 全国を11区	選挙区	選挙区選出 各都道府県を1区 比例代表選出 全国を1区

※2022年選挙後の数

①〔　　　　　　〕　②〔　　　　　　〕

2 次の文の〔　〕にあてはまる語句を，あとの｛　｝から選んで書きなさい。

チェック P.78 1 (各5点×5 25点)

主権者である国民の代表者で構成される国会は，国権の〔(1)　　　　　　〕機関であり，国の唯一(ゆいいつ)の〔(2)　　　　　　〕機関である。わが国の国会は衆議院と参議院の〔(3)　　　　　　〕制をとっており，この制度の特色を生かすため，両院の性格が異なるように構成されている。そのおもなちがいは，衆議院は参議院よりも議員の任期が〔(4)　　　　　　〕，任期途中での〔(5)　　　　　　〕があることである。

｛ 一院　　二院　　立法　　法律　　最高　　中心　　解散　　長く　　短く ｝

1 選挙権以外はほとんどが異なるので，それぞれの特色を確実におさえること。特に参議院は解散がなく，3年に1度必ず選挙が行われることに注意する。

学習日	得点
月　日	点

6 国民を代表する国会

スタートドリル　書き込みドリル1　書き込みドリル2　書き込みドリル3　まとめのドリル

発展

3 国会の種類を示した右の表を見て，次の問いに答えなさい。

チェック P.78 1 3 (各5点×6　30点)

必出 (1) 表中のA～Dにそれぞれあてはまる国会の種類を書きなさい。

A〔　　　　〕

B〔　　　　〕

C〔　　　　〕

D〔　　　　〕

種類	召集	会期
A（通常国会）	毎年1回，1月中に召集される。①審議が中心。	150日間
B（臨時国会）	内閣が必要と認めたときか，いずれかの議院の総議員の4分の1以上の要求で召集される。	衆参両院の議決の一致で決定する。
C（特別国会）	衆議院の解散後の総選挙の日から30日以内に召集される。②の指名が最優先。	
D（参議院のみ）	衆議院の解散中，緊急の必要があるとき召集される。	不定

(2) 図中の①，②は，それぞれAとCの国会で中心となって審議される議題である。あてはまる語句を書きなさい。

①〔　　　　〕　②〔　　　　〕

4 次の問いに答えなさい。

チェック P.78 1 (各5点×4　20点)

(1) 国会が持っている，法律をつくる権限を何というか。〔　　　　〕

(2) 二院制のねらいは，□を慎重に行うとともに，国民のさまざまな意見を幅広く政治に反映させることにある。□にあてはまる語句を書きなさい。

〔　　　　〕

(3) 国会議員が国会が開いている間逮捕されない権利を何というか。

〔　　　　〕

(4) 衆議院と参議院のうち，小選挙区制をとり入れているのはどちらか。

〔　　　　〕

3 (1)衆議院が解散されると，40日以内に総選挙が行われ，そこから30日以内にCが開かれる。

4 (1)国会だけがこの権限をもっている。

② 国会のはたらき

基本

必出 **1** 次の文の〔　〕にあてはまる語句を，下の｛　｝から選んで書きなさい。

チェック P.78・79② (各6点×5　30点)

国会のおもな仕事は，法律の制定と，〔(1)　　　　　　〕の審議(しんぎ)・議決である。このうち，(1)については〔(2)　　　　　　〕に先議権がある。法律案は，国会議員あるいは〔(3)　　　　　　〕によって作成され，いずれかの議院に提出される。議案はまず〔(4)　　　　　　〕で審議され，それから〔(5)　　　　　　〕で審議・議決される。国会の議決は原則として，両議院の議決が一致(いっち)したときに成立する。

｛　衆議院　　参議院　　本会議　　委員会　　両院協議会　　内閣　　予算　｝

2 次の文の｛　｝の中から，正しい語句を選んで書きなさい。

チェック P.78・79② (各6点×5　30点)

(1)　本会議の定足数(ていそくすう)は，総議員の｛　3分の1　　2分の1　　3分の2　｝以上とされている。〔　　　　　　〕

(2)　委員会で開かれる，利害関係者や学識経験者などを呼んで意見を聞く会を，｛　両院協議会　　公聴会(こうちょうかい)　　本会議　｝という。〔　　　　　　〕

(3)　内閣総理大臣は，｛　衆議院議員　　参議院議員　　国会議員　｝の中から国会がこれを指名し，天皇(てんのう)が任命する。〔　　　　　　〕

(4)　裁判官をやめさせるかどうかを判断する裁判を｛　民事裁判　　特別裁判　　弾劾(だんがい)裁判　｝といい，国会に設置される裁判所で行われる。〔　　　　　　〕

(5)　国会は証人を呼んで質問したり，記録を提出させたりできる。これを｛　立法権　　国政調査権　　知る権利　｝という。〔　　　　　　〕

1　(1)国の財政の1年間の収入と支出の見積もり。内閣が原案を作成し，国会の審議・議決を経て成立する。

2　(1)定足数とは，会議を開くのに最低限必要な出席数のこと。

学習日　月　日　得点　点

6 国民を代表する国会

スタートドリル　書き込みドリル①　書き込みドリル②　書き込みドリル③　まとめのドリル

発展

必出 **3** 法律ができるまでを示した下の図を見て，次の問いに答えなさい。

チェック P.78・79 ②（各６点×４　24点）

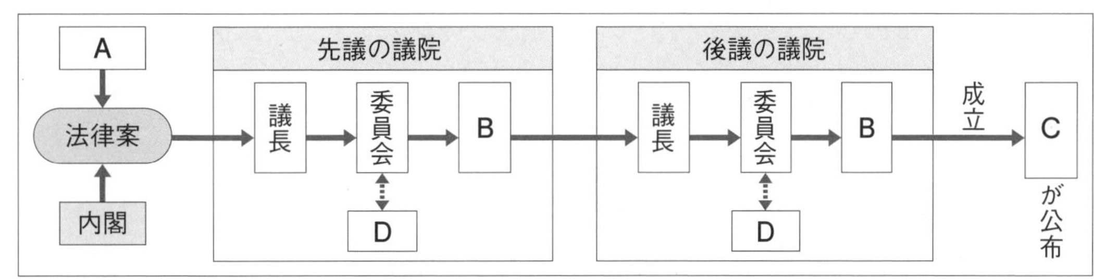

(1)　図中のA～Cにあてはまる語句を書きなさい。

A〔　　　　〕 B〔　　　　〕 C〔　　　　〕

(2)　図中のDは，利害関係者や学識経験者などの意見を聞くために必要に応じて開かれるものである。これを何というか。〔　　　　〕

4 次の(1)～(8)の項目（こうもく）のうち，国会の仕事にあてはまるものには○を，そうでないものには×を，それぞれ〔　〕に書きなさい。　チェック P.78 ②①（各２点×８　16点）

(1)　予算案を作成する。〔　　〕

(2)　内閣総理大臣を指名する。〔　　〕

(3)　最高裁判所長官を指名する。〔　　〕

(4)　弾劾裁判を行い，裁判官をやめさせるかどうかを決定する。〔　　〕

(5)　条約を承認する。〔　　〕

(6)　憲法改正を発議する。〔　　〕

(7)　予算を議決する。〔　　〕

(8)　外国と条約を結ぶ。〔　　〕

3　(1)法律案をつくることができるのは，内閣と，Aの人々だけである。(2)予算に関する議案の審議では必ず開かれる。

4　予算と条約の扱（あつか）いに注意。国会と内閣の役割をしっかりおさえること。

③ 衆議院の優越(ゆうえつ)

基本

1 国会における議決について，次の文の｛　｝から正しい語句を選んで，〔　〕に書きなさい。

⇦チェック P.79③①（各10点×3　30点）

必出 (1) 衆議院が可決した法律案について，参議院が衆議院と異なる議決をした場合，衆議院が出席議員の｛　2分の1以上　　3分の2以上　　4分の3以上　｝の賛成で再可決すれば，法律となる。　〔　　　　　　〕

必出 (2) 予算の議決や｛　条約の承認　　憲法改正の発議　　弾劾(だんがい)裁判所の設置　｝について衆議院と参議院の議決が異なり，両院協議会を開いても意見が一致(いっち)しない場合，または，衆議院が可決した議案を参議院が受けとってから30日以内に議決しない場合には，衆議院の議決が国会の議決となる。　〔　　　　　　〕

(3) 内閣総理大臣の指名について，衆議院と参議院が異なった人を指名し，両院協議会を開いても意見が一致しない場合，または，衆議院が指名の議決をした後，｛　10日以内　　20日以内　　30日以内　｝に参議院が議決しない場合には，衆議院の議決が国会の議決となる。　〔　　　　　　〕

▲内閣総理大臣の指名投票

2 次の文の〔　〕にあてはまる語句を，下の｛　｝から選んで書きなさい。

⇦チェック P.79③②（各10点×2　20点）

衆議院の優越(ゆうえつ)が認められているのは，両院を比較(ひかく)した場合，衆議院の方が議員の任期が〔(1)　　　　　　〕，任期途中(とちゅう)での〔(2)　　　　　　〕もあるので，国民の意見をより的確に反映していると考えられているからである。

｛　長く　　短く　　総辞職　　法律　　解散　　総選挙　｝

得点UPコーチ

1　国会の仕事のうち，両院の権限が対等のものと，衆議院の議決が優越するものをしっかり区別する。衆議院の優越があるものにも，再可決が必要なものとそうでないものがあるので，注意すること。

学習日	得点
月　日	点

発展

3 次の文を読んで，あとの問いに答えなさい。

チェック P.79③① (各５点×７　35点)

国会において，（　①　）の制定，（　②　）の議決，（　③　）の指名，（　④　）の承認については，衆議院に強い権限が認められている。

これに対して，（　⑤　）の発議，裁判官をやめさせるかどうかを決める（　⑥　），国政に関する調査については，衆議院と参議院の権限は対等である。

▲衆議院本会議の採決

(1)（　）にあてはまる語句を，それぞれ書きなさい。

①［　　］②［　　］③［　　］

④［　　］⑤［　　］⑥［　　］

(2) 下線部のことを何というか。［　　］

4 次の問いに答えなさい。

チェック P.79③① (各５点×３　15点)

(1) 衆議院と参議院の議決が異なるとき，意見を調整するために開かれる会議を何というか。［　　］

(2) 国会で審議(しんぎ)される議案のうち，衆議院で先に審議されることが決められているものは何か。［　　］

(3) 国会で審議される議案のうち，衆議院だけが議決することができるものは何か。［　　］

得点upコーチ

3 (1)それぞれ「制定」「議決」「指名」「承認」「発議」などの語から判断できる。

4 (1)両議院から選出された10名ずつの委員が出席して開かれる。

国民を代表する国会

1 次の文を読んで，あとの問いに答えなさい。

チェック P.78 1（各6点×9 54点）

日本国憲法第41条は，「国会は，[①]の最高機関であって，国の唯一（ゆいいつ）の[②]機関である」と定めている。また，国会は衆議院と参議院の[③]制をとっている。

(1) 文中の①～③にあてはまる語句を，それぞれ書きなさい。

①〔　　　　〕
②〔　　　　〕
③〔　　　　〕

種類	召集（しょうしゅう）	会期
A	毎年1回，1月中に召集される。[D]の審議が中心。	150日間
B	内閣が必要と認めたときか，いずれかの議院の総議員の4分の1以上の要求で召集される。	衆参両院の議決の一致で決定する。
C	衆議院の解散後の総選挙の日から30日以内に召集される。[E]の指名が最優先。	
緊急集会	衆議院の[F]中，緊急の必要があるとき召集される。	不定

(2) 右の表は，国会の種類を示したものである。表中のA～Cにあてはまる国会の種類を書きなさい。

A〔　　　　〕 B〔　　　　〕 C〔　　　　〕

(3) 表中のD～Fにあてはまる語句を，下の｛　｝から選んで書きなさい。

D〔　　　　〕 E〔　　　　〕 F〔　　　　〕

｛ 法律　予算　解散　選挙　内閣総理大臣　国務大臣 ｝

2 次の文を読んで，あとの問いに答えなさい。

チェック P.78・79 2 P.79 3（(1)(2)各6点×6，(3)10点，46点）

国会はさまざまな仕事を行っているが，その中で最も重要なものは，ⓐ法律の制定と，ⓑ予算の審議（しんぎ）・議決である。

国会の議決は，両院の議決が一致（いっち）して成立することが原則であるが，いくつかの議案についてはⓒ衆議院の議決が優越（ゆうえつ）することが定められている。

(1) 下線部ⓐについて，法律ができるまでを示した次ページの図を見て，あとの①，

1 (1)日本国憲法第41条は，国会の地位について定めた条文。全文を正確に書けるようにしておくこと。(2)A～Cの3つの国会の種類も必出事項である。それぞれの内容をしっかりおさえておく。

②の問いに答えなさい。

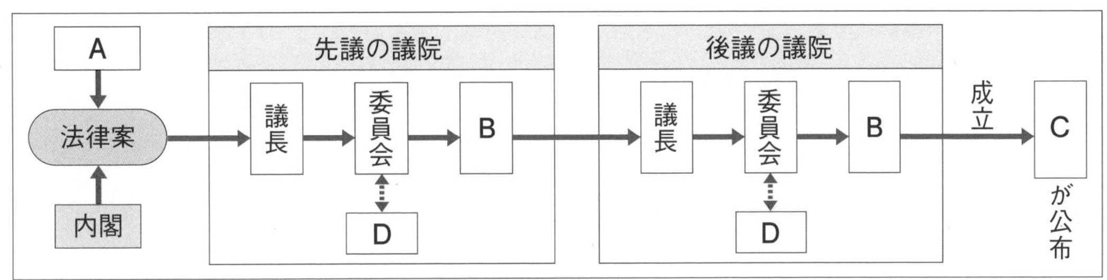

① 図中のA～Cにあてはまる語句を書きなさい。

A〔　　〕 B〔　　〕 C〔　　〕

② 図中のDは，利害関係者や学識経験者などの意見を聞くために開かれるものである。この会を何というか。〔　　〕

(2) 下線部ⓑについて，次の①，②の問いに答えなさい。

① 予算の審議について正しく述べている文を次から1つ選び，記号を書きなさい。

ア 必ず衆議院で先に審議しなければならない。

イ 必ず参議院で先に審議しなければならない。

ウ 衆議院と参議院のどちらで先に審議してもよい。〔　　〕

② 予算について衆議院と参議院で議決が異なり，□を開いても意見が一致しない場合は，衆議院の議決が国会の議決とされる。□にあてはまる語句を書きなさい。〔　　〕

(3) 下線部ⓒの理由について述べた次の文の□にあてはまることばを，20字以内で書きなさい。

「衆議院の優越が定められているのは，衆議院の方が□，国民の意見をより強く反映していると考えられるためである。」

〔　　〕

2 (1)国会の審議はまず委員会で行われた後，本会議に送られる。(2)①法律案などは，どちらの議院で先に審議してもよい。(3)衆議院が優越する理由も必出事項(じこう)である。

7 行政を行う内閣

1 行政と内閣 ドリル➡P.94

① 行政の意味と内閣

- **行政**…法律や予算に基づいて国の政治を実際に進めること。
- **行政の活動**…景気の安定などの経済対策，道路建設などの公共事業，年金などの社会保障，環境(かんきょう)保全など，多岐(たき)にわたる。
- **内閣**…行政の各部門を指揮・監督(かんとく)し，法律で決められたことを実行していく。
  (↳「政府」とほぼ同じ意味)

② 内閣の組織…内閣総理大臣と国務大臣で構成。

- **内閣総理大臣**…内閣の長で，首相(しゅしょう)ともいう。国会議員の中から国会が指名し，天皇(てんのう)が任命する。
  (↳文民でなければならない)
- **国務大臣**…内閣の構成員となるとともに，各省の長として行政を指揮・監督する。内閣総理大臣が任命するが，その過半数は国会議員でなければならない。
  (↳財務大臣や外務大臣など)
- **閣議**…内閣総理大臣とすべての国務大臣が出席して開かれる会議。全会一致(いっち)により，内閣の基本方針が決定される。

③ 内閣のおもな仕事

- 法律に基づき，政治を進める。
- **法律案**や**予算**をつくり，国会に提出する。
- 法律を実施(じっし)するために，**政令**を定める。
  (↳法律の実施に必要な細かなきまり)
- 外国と**条約**を結ぶなど，外交関係を処理する。
  (↳国会の承認が必要)

2 国会と内閣 ドリル➡P.96

① 議院内閣制

- **議院内閣制の仕組み**…内閣は国会の信任の上に成り立ち，行政権の行使にあたり，国会に対して連帯して責任を負う。
- **内閣不信任と解散**…衆議院が内閣信任案を否決するか，内閣不信任案を可決した場合は，内閣は10日以内に総辞職するか，衆議院を解散するかを選ぶ。

文民(ぶんみん)
軍人でない人のこと。日本国憲法は，内閣総理大臣と国務大臣は文民でなければならないと定めている。

内閣の仕事
次のことがらも内閣の仕事である。
・最高裁判所長官の指名と，その他の裁判官の任命
・衆議院の解散や臨時国会召集の決定
・天皇の国事行為(こくじこうい)に対する助言と承認

大統領制
立法府である議会と行政府の長である大統領がたがいに独立した関係にある。アメリカなどでとられている。

財政
政府が税金などで収入を得て，予算の実行などで支出をする経済活動のこと。

● **内閣の衆議院解散権**…内閣は必要に応じて衆議院を解散することができる。内閣が衆議院を解散した場合，解散から40日以内に総選挙が行われ，総選挙から30日以内に国会が召集される。

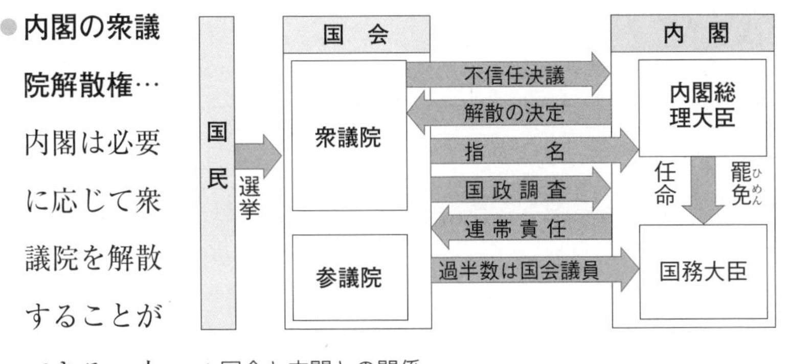

▲国会と内閣との関係

③ 現代の行政 ドリル➡P.98

① 行政機関の仕組み

● **国の行政機関**…1府12省庁を中心に多くの機関が仕事を分担。

● **公務員**…行政機関で働く人々。「全体の奉仕者」。

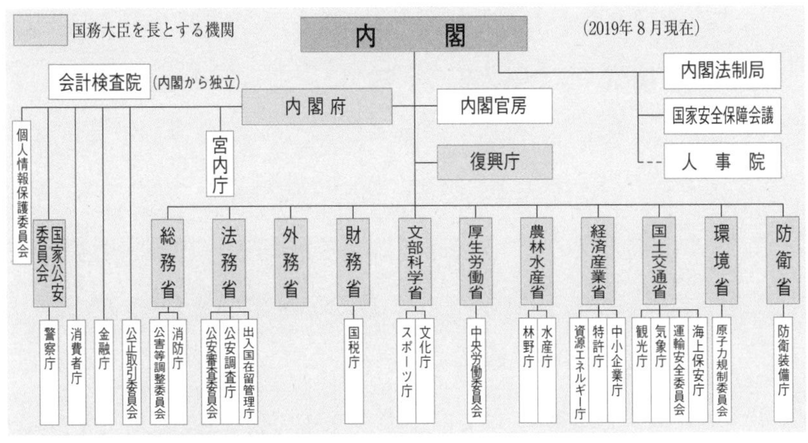

▲国のおもな行政機関（復興庁の設置期限は2031年３月まで）

② 行政をめぐる問題

● **行政権の肥大化**…政治の範囲が大きくなり，行政の仕事がますます拡大した➡公務員の数や費用も増大。

● **行政の課題**…機械的・形式的に行政を行う**官僚主義**，公務員が退職後に関連する企業などに再就職する「**天下り**」の問題。

● **行政改革**…公営事業の**民営化**や，国の許認可権を見直して企業の経済活動の範囲を広げる**規制緩和**，公務員の削減など。
（└➡行政を簡素で効率のよいものにしていこうとする）

衆議院の解散

衆議院が解散され，総選挙が行われると，特別会（特別国会）が召集される。そこでそれまでの内閣が総辞職し，内閣総理大臣の指名選挙が行われ，新たな内閣が発足することになる。

公務員

国の行政機関で働く国家公務員と，都道府県や市（区）町村の行政機関で働く地方公務員とがある。また，日本国憲法第15条２項は「すべて公務員は，全体の奉仕者であって，一部の奉仕者ではない」と定めている。

小さな政府と大きな政府

アメリカのような，国民の負担は軽いが，保険や福祉のサービスは低い政府を小さな政府という。北欧の国のような，国民の負担は重いが，保険や福祉のサービスが高い政府を大きな政府という。

スタートドリル 行政を行う内閣

1 次の文の｛ ｝の中から，正しい語句を選んで書きなさい。

チェック P.90 1（各6点×5 30点）

(1) 法律に基づいて実際に政治を進めることを｛ 立法 行政 ｝という。

〔 〕

(2) 行政の最高機関は｛ 国会 内閣 ｝である。

〔 〕

(3) 内閣は，長である①｛ 衆議院議長 内閣総理大臣 ｝と，その他の②｛ 国務大臣 衆議院議員 ｝とで構成される。

①〔 〕

②〔 〕

(4) 内閣総理大臣とすべての国務大臣が出席して開かれる，内閣の基本方針を決めるための会議を，｛ 公聴会（こうちょう） 閣議 ｝という。

〔 〕

2 内閣の仕事について述べた次の文の〔 〕にあてはまる語句を，右の図を参考にして答えなさい。

チェック P.90 1 3（各5点×5 25点）

(1) 予算や〔 〕に基づいて政治を進める。

(2) 〔 〕や法律案をつくり，国会に提出する。

(3) 法律の執行（しっこう）に必要な〔 〕を制定する。

(4) 外国と〔 〕を結ぶなど，外交関係を処理する。

(5) 衆議院の〔 〕や，臨時会（臨時国会）の召集（しょうしゅう）を決定する。

内閣の仕事
- 予算や法律を執行する
- 予算や法律案をつくり，国会に提出する
- 法律の執行に必要な政令を制定する
- 外交関係を処理し，外国と条約を結ぶ
- 衆議院の解散を決定する
- 臨時会の召集を決定する
- 天皇（てんのう）の国事行為（こくじこうい）に助言と承認を与える

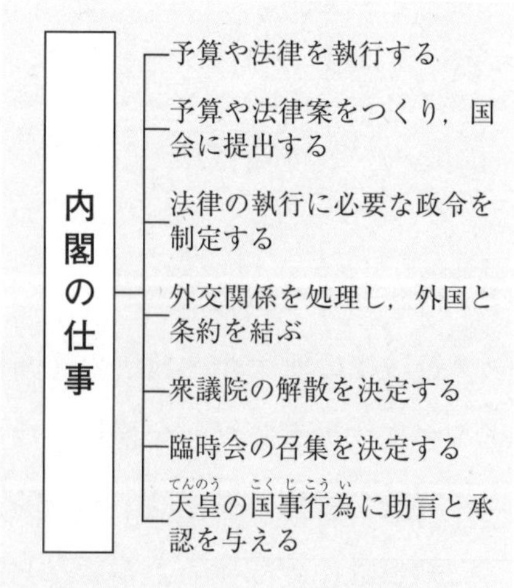

▲内閣のおもな仕事

3 右の図を参考にして，国会と内閣の関係について述べた次の文の〔　〕にあてはまる語句を，下の｛　｝から選んで書きなさい。 ⇐チェック P.90①② (各５点×6　30点)

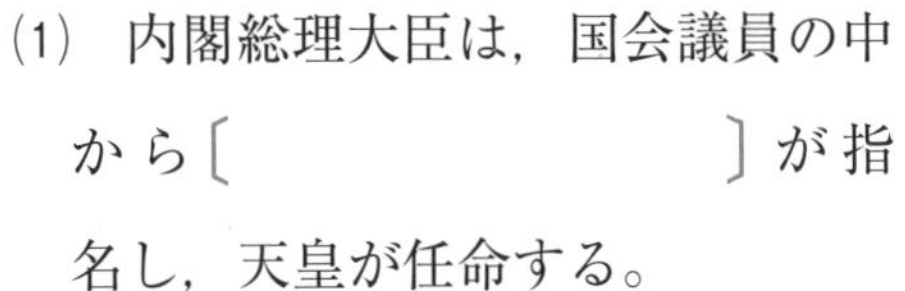

(1)　内閣総理大臣は，国会議員の中から〔　　　　　　〕が指名し，天皇が任命する。

(2)　国務大臣は内閣総理大臣が任命するが，その〔　　　　　　〕は国会議員でなければならない。

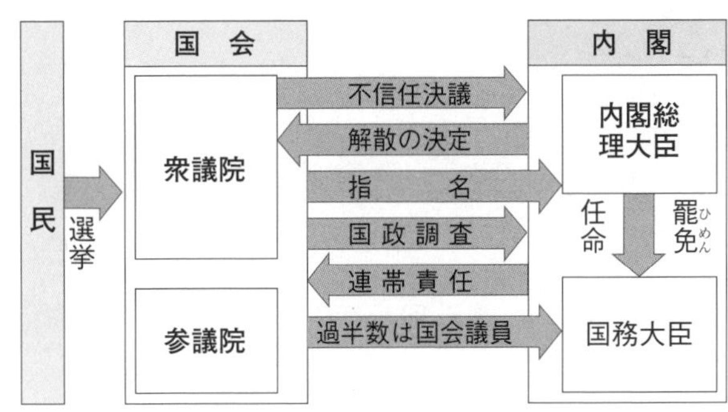

▲国会と内閣の関係

(3)　〔①　　　　　　〕が内閣不信任を決議した場合，内閣は10日以内に総辞職するか，①を〔②　　　　　　〕するかを選ぶ。

(4)　内閣が国会の〔①　　　　　　〕の上に成立し，国会に対して連帯して責任を負う仕組みを，〔②　　　　　　〕という。

｛国会　衆議院　参議院　信任　解散
議院内閣制　直接民主制　過半数　3分の2以上｝

4 国のおもな行政機関を示した右の図を見て，次の問いに答えなさい。

⇐チェック P.91③ (各５点×3　15点)

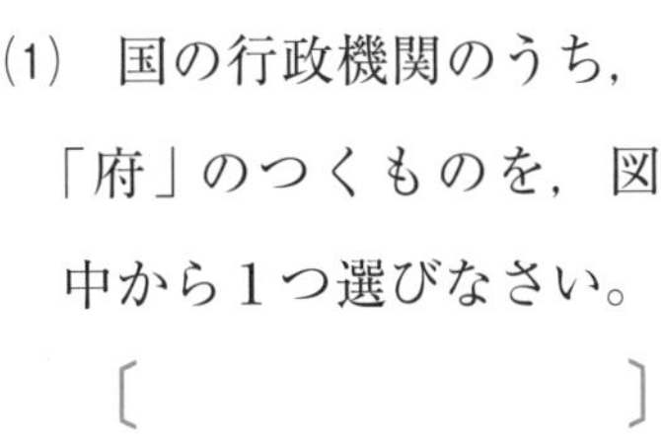

(1)　国の行政機関のうち，「府」のつくものを，図中から１つ選びなさい。

〔　　　　　　〕

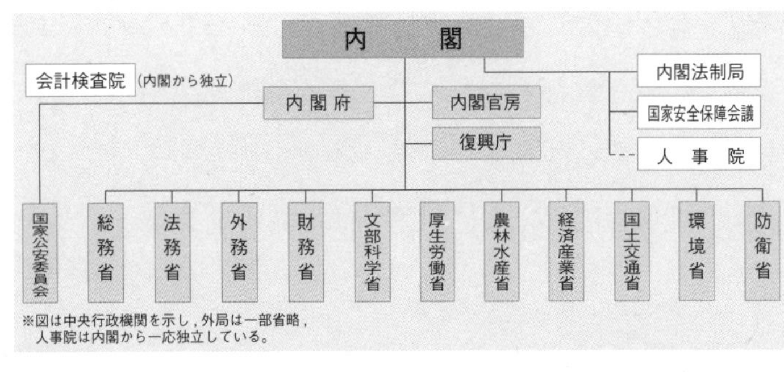

(2)　外交関係の処理にあたる省を，図中から１つ選びなさい。

〔　　　　　　〕

(3)　行政機関で働く人を何というか。次の｛　｝から選んで書きなさい。

｛委員　公務員｝　〔　　　　　　〕

① 行政と内閣

基本

1 次の文の｛　｝の中から，正しい語句を選んで書きなさい。

チェック P.90 ①（各６点×８　48点）

(1) 法律や予算に基づいて実際に政治を進めることを①｛　立法　行政　司法　｝といい，②｛　国会　内閣　最高裁判所　｝はその仕事全体を指揮・監督(かんとく)する。

①〔　　　　〕②〔　　　　〕

必出 (2) 内閣は，内閣総理大臣と｛　国務大臣　衆議院議員　参議院議員　｝で構成される。

〔　　　　〕

必出 (3) 内閣総理大臣は，｛　衆議院議員　参議院議員　国会議員　｝の中から国会が指名し，天皇(てんのう)が任命する。〔　　　　〕

必出 (4) 国務大臣は①｛　国会　内閣総理大臣　最高裁判所長官　｝が任命し，その②｛　３分の１以上　過半数　３分の２以上　｝は国会議員でなければならない。

①〔　　　　〕②〔　　　　〕

(5) 内閣総理大臣とすべての国務大臣が出席して開かれる会議を①｛　委員会　本会議　閣議　｝といい，②｛　全会一致(いっち)　多数決　合議制　｝により内閣の基本方針が決められる。①〔　　　　〕②〔　　　　〕

2 次の①～⑧のうち，内閣の仕事にあてはまらないものを二つ選び，その番号を書きなさい。

チェック P.90 ①③（各５点×２　10点）

① 法律を執行(しっこう)する　② 条約を締結(ていけつ)する　③ 予算を議決する
④ 法律案をつくる　⑤ 政令を制定する　⑥ 憲法改正の発議をする
⑦ 天皇の国事行為(こくじこうい)に助言と承認(しょうにん)を与える　⑧ 臨時会の召集(しょうしゅう)を決定する

〔　　〕〔　　〕

1 (2)財務大臣や外務大臣といった人たちが，これにあたる。(3)国会議員による投票で選出される。(5)内閣総理大臣が議長を務める。
2 国会の仕事と内閣の仕事をしっかり区別できるようにしておくこと。

学習日	得点
月　日	点

7 行政を行う内閣

スタートドリル　書き込みドリル1　書き込みドリル2　書き込みドリル3　まとめのドリル

発展

3 右の図は，日本国憲法の規定に基づいて新しい内閣がつくられるまでの過程を示したものである。これを見て，次の問いに答えなさい。 ⇦チェック P.90 1，P.91 2（各6点×4　24点）

(1) 図の［A］に共通してあてはまる語句を書きなさい。

〔　　　〕

(2) 図の［B］に共通してあてはまる語句を書きなさい。

〔　　　〕

(3) 図の［C］にあてはまる語句を書きなさい。

〔　　　〕

(4) 図の下線部の国会を何というか。

〔　　　〕

衆議院が［A］される。 → ［A］の日から40日以内に，衆議院議員の総選挙が行われる。
↓
解散後の総選挙の日から30日以内に国会が召集される。 → ［B］の指名が，他のすべての案件に先だって行われる。
↓
［B］が国務大臣を任命する。その過半数は［C］の中から選ばれる。 → 次の新しい内閣が成立する。

4 次の問いに答えなさい。 ⇦チェック P.90 1 3（各6点×3　18点）

(1) 法律を執行（しっこう）するために内閣が制定するきまりを何というか。

〔　　　〕

(2) 内閣が外国と結んだ条約を承認する機関はどこか。

〔　　　〕

(3) 内閣が必要と認めた場合などに召集される国会を何というか。

〔　　　〕

3 (1)衆議院だけにとり入れられている制度。(2)「指名」の語に着目する。総選挙の後には，新内閣が発足することになる。 **4** (1)法律の執行に必要な細則のこと。(2)立法機関の承認が必要となる。

② 国会と内閣

基本

必出 1 次の問いに答えなさい。

チェック P.90② (各7点×5 35点)

(1) 次の〔 〕にあてはまる語句を，あとの｛ ｝から選んで書きなさい。

内閣は国会の信任の上に成立しており，行政権を行使するにあたり，国会に対して〔① 〕して責任を負っている。もし内閣の行う行政に信頼(しんらい)がもてなければ，衆議院は内閣に対して〔② 〕の決議を行うことができる。②が議決された場合，内閣は10日以内に〔③ 〕するか，衆議院を〔④ 〕するかを選ぶ。

｛ 信任　不信任　連帯　召集(しょうしゅう)　解散　総辞職　総選挙 ｝

(2) 上の文で述べている仕組みを何というか。次の｛ ｝から選んで書きなさい。

｛ 立憲君主制　直接民主制　議院内閣制　大統領制 ｝

〔 〕

2 次の文の｛ ｝の中から，正しい語句を選んで書きなさい。

チェック P.90② (各5点×4 20点)

(1) アメリカでは，国民は，立法をになう①｛ 議員　首相(しゅしょう)　大統領 ｝と，行政の長である②｛ 議員　首相　大統領 ｝を，別々に選挙する。

①〔 〕②〔 〕

(2) 内閣が国会の信任の上に成り立つ日本では，①｛ 衆議院　参議院　貴族院 ｝の総選挙が行われると，必ず内閣は②｛ 召集　解散　総辞職 ｝し，選挙の結果をふまえて内閣総理大臣が指名され，新しい内閣がつくられる。

①〔 〕②〔 〕

1 (2)日本やイギリスなどでとられている制度である。

2 (1)アメリカでは，議会と大統領がたがいに独立した関係にある。(2)総選挙後に召集される国会では，必ず内閣総理大臣の指名が行われる。

学習日　月　日　得点　点

7 行政を行う内閣

スタートドリル　書き込みドリル①　書き込みドリル②　書き込みドリル③　まとめのドリル

発展

3 右の図は，国会と内閣のおもな関係を示したものである。これを見て，次の問いに答えなさい。

チェック P.90②（各５点×９　45点）

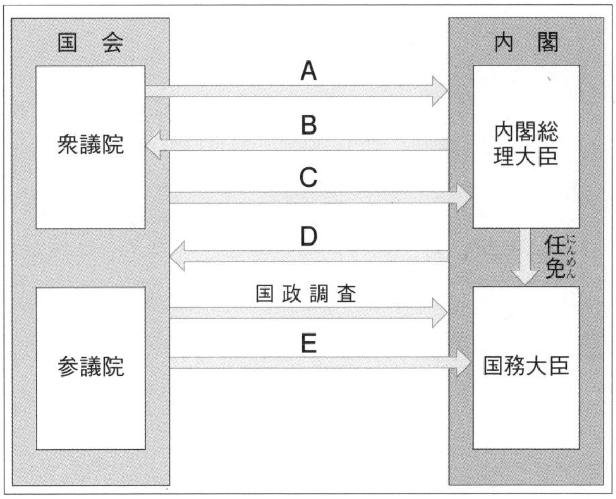

(1) 図中のAについて，衆議院が内閣［①］を決議した場合，内閣は10日以内に［②］をするか，衆議院を解散するかを選ぶ。［　］にあてはまる語句をそれぞれ書きなさい。

①〔　　　　〕
②〔　　　　〕

(2) 図中のBについて，内閣は衆議院の［　］を決定することができる。［　］にあてはまる語句を書きなさい。〔　　　　〕

(3) 図中のCについて，内閣総理大臣は，国会が［①］の中から指名し，［②］が任命する。［　］にあてはまる語句をそれぞれ書きなさい。

①〔　　　　〕②〔　　　　〕

(4) 図中のDについて，［①］は行政権の行使について，［②］に対して連帯して責任を負う。［　］にあてはまる語句をそれぞれ書きなさい。

①〔　　　　〕②〔　　　　〕

(5) 図中のEについて，国務大臣の過半数は［　］でなければならない。［　］にあてはまる語句を書きなさい。〔　　　　〕

(6) 図のような国会と内閣の関係を何というか。〔　　　　〕

得点UPコーチ

3 (1)①は衆議院だけがもっている権限である。(3)指名と任命のちがいにも注意する。(4)国会と内閣の関係について述べた文。どちらがどちらに対して連帯責任をもつのかを考えること。

③ 現代の行政

基本

1 次の図は，国のおもな中央行政機関を示したものである。これを見て，次の文の｛ ｝の中から，正しい語句を選んで答えなさい。⇦チェック P.91③（各6点×3 18点）

(1) 図中の機関のうち，内閣総理大臣が長となっているのは｛ 内閣府 総務省 内閣官房 ｝である。

〔　　　　　〕

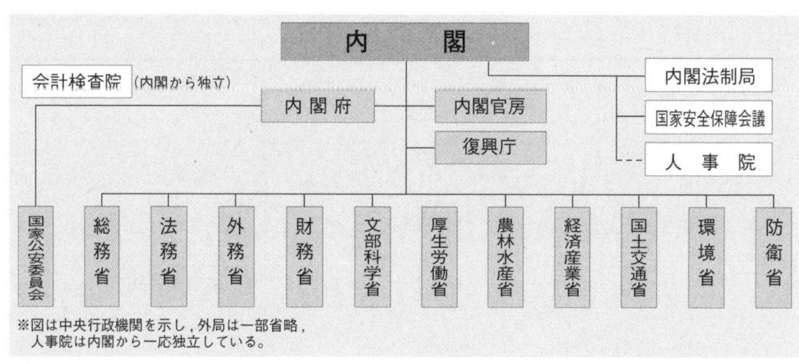

(2) (1)以外の図中の多くの機関は，｛ 衆議院議員 参議院議員 国務大臣 ｝を長としている。〔　　　　　〕

必出 (3) 図中の機関で働いている人々を｛ 国会議員 公務員 裁判官 ｝という。〔　　　　　〕

2 次の文の〔 〕にあてはまる語句を，下の｛ ｝から選んで書きなさい。

⇦チェック P.91③（各8点×4 32点）

必出 (1) 日本国憲法は，「すべて公務員は，〔①　　　　　〕の奉仕者であって，〔②　　　　　〕の奉仕者ではない」と定めている。

(2) 政治の範囲が大きくなり，政府の仕事が増えたことから，〔　　　　　〕権が拡大しているといえる。

必出 (3) 公営企業の民営化など，簡素で効率的な行政をめざす〔　　　　　〕が進められてきた。

｛ 立法 行政 全体 一部 国事行為 行政改革 ｝

得点upコーチ

1 (1)各省の仕事をまとめるほか，警察や消費者問題などに関わる庁を管轄している。(2)たとえば財務大臣は，財務省の長としての務めをはたしている。

2 (1)日本国憲法第15条2項に規定されている。

学習日　月　日　得点　点

7 行政を行う内閣
スタートドリル　書き込みドリル1　書き込みドリル2　書き込みドリル3　まとめのドリル

発展

3 行政機関について，次の問いに答えなさい。

チェック P.91 ③①（各6点×5　30点）

(1) 次の①～③の仕事を担当している国の行政機関の名称を書きなさい。

① 外交関係の処理などにあたっている。〔　　　〕

② 予算の作成や，税の徴収などの仕事を行う。〔　　　〕

③ 医療や社会保障，雇用の安定などの仕事を行う。〔　　　〕

(2) 次の文の（　）にあてはまる語句を書きなさい。

行政機関で働く公務員には，国の機関で働く（　①　）公務員と，都道府県や市（区）町村の機関で働く（　②　）公務員とがある。

①〔　　　〕②〔　　　〕

4 次の文の〔　〕にあてはまる語句を，下の｛　｝から選んで書きなさい。

チェック P.91 ③②（各5点×4　20点）

政府の仕事が増えるとともに，行政のになう役割が増大し，財源不足などの問題が生じてきた。また，公務員の仕事は，それぞれの部門の利益を全体よりも重視するたてわり行政や，機械的，形式的に仕事を行う〔(1)　　　〕主義などにおちいりやすい。さらに，退職した公務員が，それまでの仕事に関連する企業などに再就職する「〔(2)　　　〕」も問題となっている。こうした問題を解決するため，簡素で効率的な行政をめざす〔(3)　　　〕が進められ，公営事業の民営化や，許認可権を見直して企業の経済活動の範囲を広げようとする〔(4)　　　〕などが行われている。

｛　規制緩和　　行政改革　　財政の健全化　　官僚　　天下り　｝

3 (1)**1**の図も参考にして考えるとよい。

4 幼稚園と保育園の一元化をめざす，幼保一体の動きは，たてわり行政解消の例である。(2)待遇面などで民間企業との格差を象徴する問題となっている。(4)政策全体を表す言葉である。

行政を行う内閣

1 右の図は，国会と内閣の関係を示したものである。これを見て，次の問いに答えなさい。

チェック P.90 1 2（各８点×８　64点）

(1)　図中のあ，いは，それぞれ衆議院，参議院のどちらか。

あ〔　　　　　　〕

い〔　　　　　　〕

(2)　内閣の信任・不信任決議について述べた次の文のⓐ，ⓑにあてはまる語句の正しい組み合わせを，下のア～エから一つ選び，記号を書きなさい。

内閣不信任案が可決された場合，内閣は10日以内に［ⓐ］をするか，［ⓑ］を解散するかを選ぶ。〔　　　〕

国会：あ、い　／　内閣：う、国務大臣
内閣の信任・不信任決議（国会→内閣）
解散の決定（内閣→国会）
指　名（国会→内閣）
A（内閣→国会）
任命　罷免（ひめん）

（注）図中のあ，いは，それぞれ衆議院または参議院のいずれかである。

ア　ⓐ総選挙　ⓑ参議院　　イ　ⓐ総辞職　ⓑ参議院

ウ　ⓐ総選挙　ⓑ衆議院　　エ　ⓐ総辞職　ⓑ衆議院

(3)　図中のうにあてはまる内閣の長を何というか。〔　　　〕

(4)　(3)は，［　　］の中から国会が指名し，天皇（てんのう）が任命する。［　　］にあてはまる語句を｛　｝から選んで書きなさい。〔　　　〕

｛　国会議員　　衆議院議員　　参議院議員　　国務大臣　｝

(5)　(3)は国務大臣を任命するが，その［　　］は国会議員でなければならない。［　　］にあてはまる語句を書きなさい。〔　　　〕

(6)　(3)とすべての国務大臣が出席して開かれる，内閣の基本方針を決める会議を何というか。〔　　　〕

1　(1)矢印の向きや，どこからどこにつながっているかに注意する。(2)内閣信任・不信任の決議は，衆議院の優越事項（ゆうえつじこう）の1つ。また，信任案が否決されたり不信任案が可決されたりした場合のあつかいも，必ずおさえておくこと。

(7) 内閣は国会の信任のうちに成り立ち，図中のAにあるように，国会に対して連帯して責任を負う。このような仕組みを何というか。〔　　　〕

2 右の図を見て，次の問いに答えなさい。

チェック P.90 1 2 (各6点×6 36点)

- ・衆議院が解散される。
- ↓
- ・衆議院議員の総選挙が行われる。
- ↓
- ・国会①が召集(しょうしゅう)される。
- ↓
- ・内閣が総辞職する。
- ↓
- ・内閣総理大臣②が指名される。
- ↓
- ・国務大臣③が任命される。
- ↓
- ・内閣④が成立する。

(1) 下線部①の国会を，何というか。〔　　　〕

(2) 下線部②について，衆議院と参議院で指名が異(こと)なった場合のあつかいを次のア～エから一つ選び，記号を書きなさい。〔　　　〕

ア 衆議院が出席議員の３分の２以上の多数で再び指名すれば，衆議院の議決が国会の議決となる。

イ 両院協議会を開いても意見が一致(いっち)しない場合，衆議院の議決が国会の議決となる。

ウ 指名が一致するまで，投票をくり返す。

エ 両院の議長の話し合いで決定される。

(3) 下線部③は，ふつう各省庁の長を務める。各省庁など行政機関で働く人のことを何というか。〔　　　〕

(4) 下線部④について，内閣の仕事としてあてはまるものを次のア～カから三つ選び，記号を書きなさい。〔　　　〕〔　　　〕〔　　　〕

ア 憲法改正を発議する。　**イ** 予算を作成する。

ウ 衆議院の解散を決定する。　**エ** 弾劾(だんがい)裁判所を設置する。

オ 政令を制定する。　**カ** 条約を承認する。

2 (1)衆議院の解散にともなって行われる総選挙のあと，必ず開かれる国会である。(2)予算の議決などの場合と同じ手続きになる。(4)国会と内閣の仕事は確実におさえる。特に，予算と条約のあつかいに注意すること。

定期テスト対策問題

学習日　月　日　得点　点

国民を代表する国会／行政を行う内閣

1 次の文を読んで，あとの問いに答えなさい。

(各10点×7　70点)

唯一(ゆいいつ)の立法機関であるわが国のⓐ国会はⓑ衆議院とⓒ参議院で構成されている。

法律を制定する場合，法律案は，議員または内閣によってどちらかの議院に提出され，専門の［　　］で審議(しんぎ)されたのち，本会議で審議・議決される。本会議で可決された法律案は，他の議院に送られ，同じ手続きを経て，可決されれば，法律として成立するが，両議院の議決が異なるときにはⓓ衆議院の議決が優越(ゆうえつ)する。

(1)　文中の［　　］にあてはまる語句を書きなさい。〔　　　　〕

(2)　下線部ⓐのうち，毎年１月に召集(しょうしゅう)され，おもに予算の審議を行う国会を何というか。〔　　　　〕

(3)　下線部ⓑの議員の被(ひ)選挙権は，［　　］歳(さい)以上である。［　　］にあてはまる数字を書きなさい。〔　　　　〕

(4)　下線部ⓒの議員の任期は何年か。〔　　　　〕

(5)　下線部ⓓについて，次の問いに答えなさい。

①　このときの手続きを正しく述べた文を次から選び，記号を書きなさい。〔　　　　〕

ア　両議院の議長が話し合っても意見が一致(いっち)しないときは，法律となる。

イ　両院協議会を開いても意見が一致しないときは，法律となる。

ウ　衆議院が出席議員の過半数の賛成で再可決すれば，法律となる。

エ　衆議院が出席議員の３分の２以上の賛成で再可決すれば，法律となる。

②　法律の制定のほかに衆議院の議決が優越するものを正しく組み合わせたものを次から選び，記号を書きなさい。〔　　　　〕

ア　予算の議決，国政調査権，内閣総理大臣の指名

イ　予算の議決，国政調査権，弾劾(だんがい)裁判所の設置

ウ　予算の議決，条約の承認，内閣総理大臣の指名

エ　条約の承認，弾劾裁判所の設置，内閣総理大臣の指名

③　衆議院の優越が認められる理由を，簡潔(かんけつ)に書きなさい。

〔　　　　　　　　　　　　　　　　　　　　　　　　〕

2 国会と内閣の関係を示した右の図を見て，次の問いに答えなさい。

（各6点×5　30点）

(1)　右の図A・Bそれぞれにあてはまる語句の組み合わせとして適切なものを，次のア～エから選び，記号で答えなさい。〔　　　〕

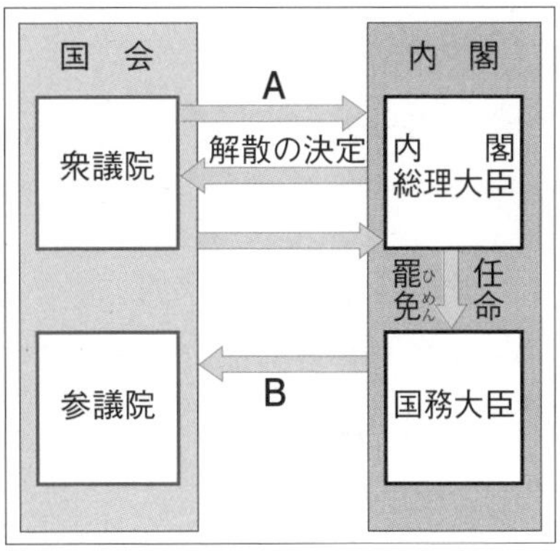

国会
衆議院
参議院
内閣
内閣総理大臣
国務大臣
A
解散の決定
罷免(ひめん)
任命
B

ア　Aは内閣総理大臣の指名
　　Bは弾劾裁判

イ　Aは内閣の信任・不信任決議
　　Bは連帯責任

ウ　Aは内閣の信任・不信任決議　　Bは国民審査(しんさ)

エ　Aは内閣総理大臣の任命　　Bは違憲(いけん)（立法）審査（法令審査）

(2)　内閣の仕事として正しいものを次から二つ選び，記号を書きなさい。

ア　憲法改正を発議する。

イ　政令を制定する。

ウ　裁判官をやめさせるかどうか決定する。

エ　予算を審議(しんぎ)する。

オ　外国と条約を結ぶ。〔　　　〕〔　　　〕

(3)　国務大臣は内閣総理大臣が任命するが，その際のきまりとして正しいものを次から選び，記号を書きなさい。〔　　　〕

ア　国務大臣は全員，国会議員でなければならない。

イ　国務大臣は全員，衆議院議員でなければならない。

ウ　国務大臣の過半数は，国会議員でなければならない。

エ　国務大臣の過半数は，衆議院議員でなければならない。

(4)　図のように，国会と内閣が密接に結びついている仕組みを何というか。

〔　　　　　　　　　　〕

8 法を守る裁判所

1 司法権と裁判所 ドリル➡P.108

① **司法（裁判）と司法権**

- **司法（裁判）**…法に基づいて事件や紛争を解決すること。
- **司法権**…裁判を行う権限。司法権は裁判所がもつ。

② **裁判所の種類**

- **最高裁判所**（東京に1か所）…司法権の最高機関で，最後の段階の裁判を行う裁判所。長官と14名の裁判官で構成。
- **下級裁判所**…高等裁判所（全国に8か所），地方裁判所（全国に50か所），家庭裁判所（全国に50か所），簡易裁判所（全国に438か所）の４種類。

③ **三審制**…同一の事件で３回まで裁判を受けられる仕組み。第一審➡第二審を**控訴**，第二審➡第三審を**上告**という。裁判を公正・慎重に行い，人権を守るための仕組み。

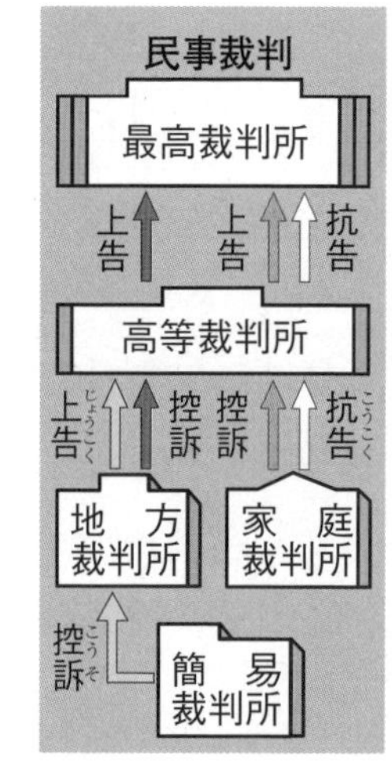

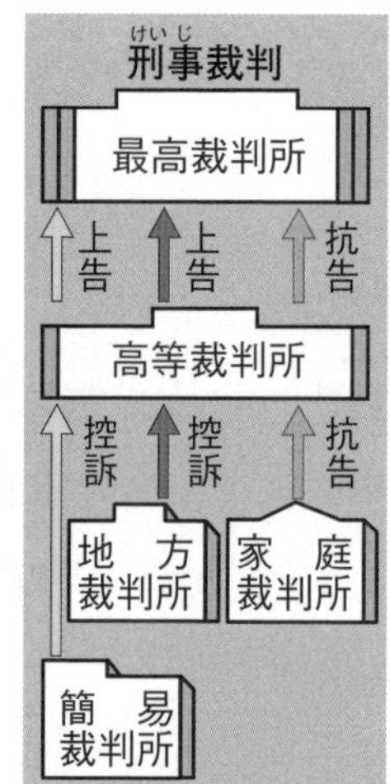

▲三審制の仕組み

※判決ではなく決定，命令の形で出されたものが不服の場合は抗告となる。

2 裁判の種類と人権 ドリル➡P.110

① **民事裁判**…私人の間の争いを裁く裁判。訴えた方を**原告**，訴えられた方を**被告**といい，裁判所は双方の主張をよく聞き，判決を下す。話し合いによる和解（示談ともいう）で解決する場合もある。

② **行政裁判**…国や地方自治体の権力の行使に関する裁判。

③ **刑事裁判**…犯罪を裁く裁判。事件の発生➡警察官が**被疑者**（容疑者ともいう）を逮捕・勾留➡**検察官**が取調べを行い，容疑が固まれば被疑者を**被告人**として**起訴**（裁判所に訴えること）する➡裁判所は被告人が有罪か無罪かを判断し，有罪の場合は刑罰をいいわたす。

覚えると得

地方裁判所
一般の民事および刑事事件の，おもに第一審を受けもつ。

家庭裁判所
家族間の争いや少年などのおこした事件を受けもつ。

簡易裁判所
量刑の軽い事件の第一審を受けもつ。

再審請求
判決の確定後，新しい証拠が出るなど，判決に重大な誤りが疑われる場合には，裁判のやり直し（再審）を求めることができる。

和解
民事裁判において，判決の出る前に当事者間で話し合いがつくこと。裁判所が仲立ちすることも多い。

抗告
裁判所で出されたものが判決でなく，「決定・命令」で，その内容に不服の際行うこと。

④ **人権の尊重**…逮捕や捜索には裁判所の出す令状が必要。**証拠主義**。自己に不利な供述は強要されない（黙秘権）。公正で迅速な公開の裁判を受ける権利など。

（令状 → 現行犯の場合は不要）
（証拠主義 → 自白のみを証拠とすることはできない）

③司法権の独立と違憲審査権 ドリル➡P.112

① **司法権の独立**…裁判所は，他の政治権力から干渉を受けずに裁判を行う➡裁判官は，自己の**良心**に従い独立して裁判を行い，**憲法**と**法律**にのみ拘束される。

② **裁判官の任命**…最高裁判所➡長官は内閣が指名し，天皇が任命。その他の裁判官は内閣が任命。下級裁判所➡内閣が任命。

③ **裁判官の身分保障**…心身の故障，**弾劾裁判**，国民審査による罷免の場合を除き，在任中の身分が保障される。

（国民審査 → 最高裁判所裁判官）

④ **違憲審査権**…法律などが憲法に違反していないかどうかを具体的な裁判を通して審査する裁判所の権限。合憲か違憲かを最終的に判断する最高裁判所は「憲法の番人」。

（違憲審査権 → 違憲立法審査権，法令審査権ともいう）

④司法改革と裁判員制度 ドリル➡P.114

① **司法制度改革**…人々が利用しやすい裁判制度にするため，総合法律支援の仕組みを整備するなどの改革が進められる。

（総合法律支援 → 法テラス（日本司法支援センター）で法律相談を行ったりする）

② **裁判員制度**…一般の国民が裁判員として刑事裁判に参加する制度。重大な刑事事件の第一審のみ。裁判員と裁判官はともに公判に出席し，議論を行い（**評議**），有罪か無罪かを決め（**評決**），裁判官が判決を言い渡す。

（裁判員制度 → 事件ごとに選ばれる）
（一般の国民 → 満20歳以上の国民から，くじと面接で選ばれ，原則辞退できない）
（裁判員 → 6名）（裁判官 → 3名）
（公判 → 審理ともいう）

⑤三権の抑制と均衡 ドリル➡P.116

① **三権分立**…国家権力を立法・行政・司法に分け，それぞれを独立した機関に受けもたせる仕組み。

（国会 → 国会が国権の最高機関）

② **三権分立のねらい**…権力の濫用を防ぎ，国民の自由や権利を守るため。

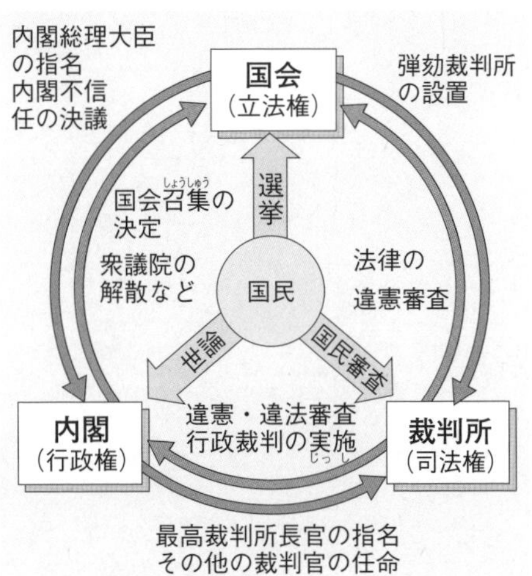

▲三権の抑制と均衡の関係

覚えると得

弁護人
原告・被告・被告人の利益のために活動する人で，ふつう弁護士がその任にあたる。刑事事件では，被告人は国選弁護人を依頼できる。

えん罪
無実の罪のこと。再審によって有罪判決が取り消され，無罪となった例がいくつかある。

国民審査
最高裁判所裁判官は，任命後初めてと，その後10年を経て行われる衆議院議員総選挙のときごとに，適任かどうかを国民の投票によって審査される。

検察審査会
検察官が起訴しなかった事件について，適切であったかを判断する。くじで選ばれた有権者11人が，検察審査員として6か月の任期で活動する。

被害者参加制度
法廷で被害者や遺族が，被告に質問したり意見を述べたりできる制度。

法を守る裁判所

1 右の図を見て，次の問いに答えなさい。

チェック P.104 1 (各8点×3 24点)

(1) 裁判によって事件や争いを解決する権限を何というか。次の｛ ｝から選びなさい。

｛ 立法権　　司法権 ｝

〔　　　　　　〕

(2) (1)は，□と下級裁判所に属している。□にあてはまる語句を，図中から選んで書きなさい。〔　　　　　　〕

(3) 図のように裁判は3回まで受けられることを何というか。次の｛ ｝から選びなさい。

｛ 三権分立　　三審制(さんしんせい) ｝

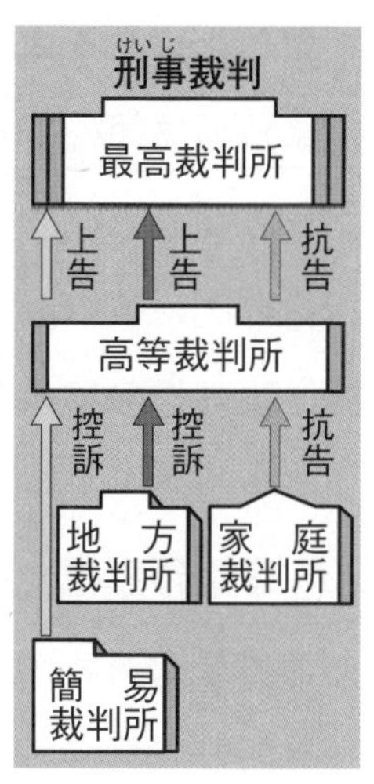

〔　　　　　　〕

2 裁判の仕組みを示した右の図を見て，次の問いに答えなさい。答えは，下の｛ ｝から選んで書きなさい。

チェック P.104 2 (各6点×5 30点)

(1) 私人(しじん)の間の争いを裁くAの裁判を何というか。

〔　　　　　　〕

(2) 犯罪行為(こうい)を裁くBの裁判を何というか。

〔　　　　　　〕

(3) 図中の①，②にあてはまる語句を，それぞれ書きなさい。

A

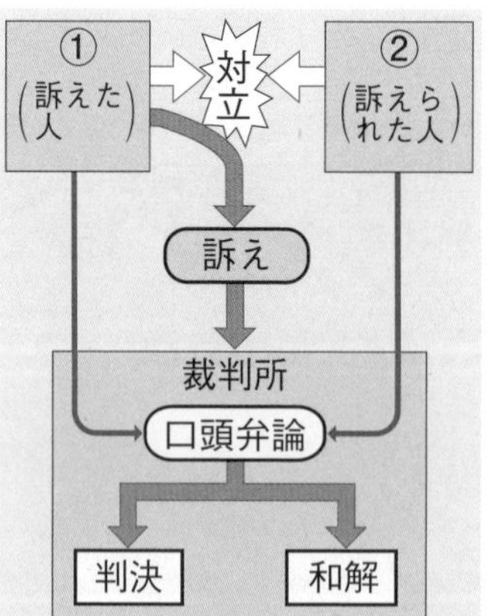

B

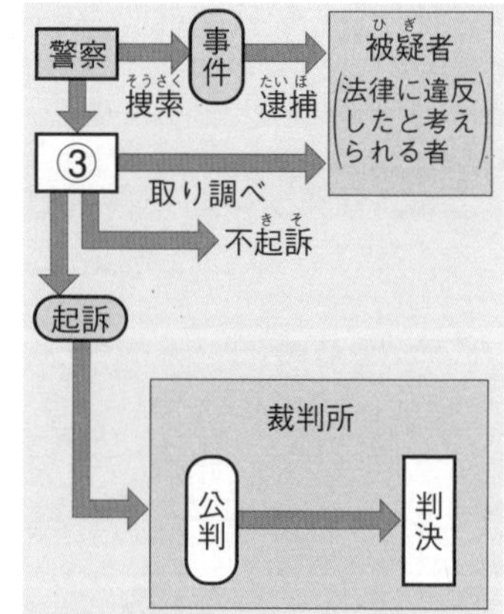

①〔　　　　　　〕　②〔　　　　　　〕

(4) 被疑者(ひぎ)を裁判所に訴える(うった)③の人を何というか。〔　　　　　　〕

｛ 刑事裁判(けいじ)　　民事裁判　　検察官　　原告(げんこく)　　被告(ひこく) ｝

3 右の図は，一般の国民が参加して行われる刑事裁判の第一審の法廷のようすを示した模式図である。これを見て，次の問いに答えなさい。　(各8点×2　16点)

チェック P.105 ④

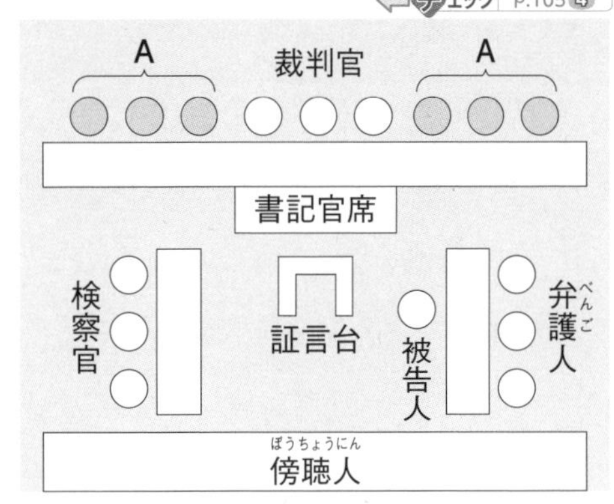

(1)　図中のAの人々を何というか。次の｛　｝から選びなさい。〔　　　　〕

｛　裁判員　　検察官　｝

(2)　このような裁判について正しく述べた文を次から一つ選び，記号を書きなさい。

ア　裁判官が評決を下す。

イ　Aが話し合って評決を下す。

ウ　Aと裁判官の全員で話し合って評決を下す。　〔　　　〕

4 右の図を見て，次の問いに答えなさい。

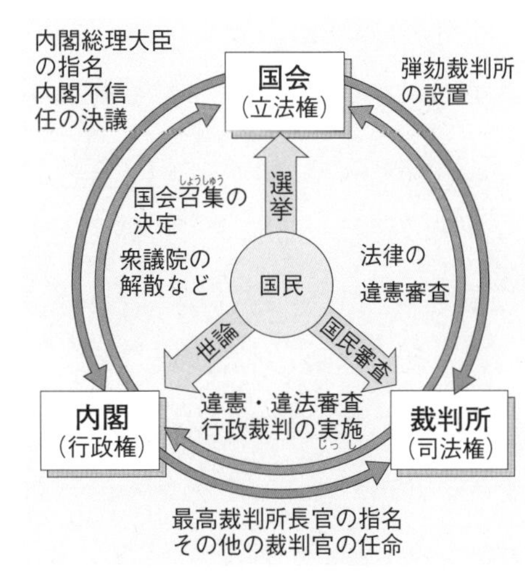

(1)　図のように，国の権力を三つに分け，それぞれを異なる機関に担当させる仕組みを何というか。次の｛　｝から選びなさい。

｛　三権分立　　議院内閣制　｝

〔　　　　〕

(2)　次の権限をもつ機関を，それぞれ図中から選んで書きなさい。

①　衆議院の解散を決定する。

〔　　　　〕

②　下級裁判所の裁判官を任命する。　〔　　　　〕

③　法律が憲法に違反していないかどうかを審査する。〔　　　　〕

(3)　最高裁判所裁判官は，任命後に初めて行われる衆議院議員総選挙のときと，その後10年を経てから行われる衆議院議員総選挙のときごとに，適任かどうかを国民の投票により審査される。この制度を何というか。　〔　　　　〕

① 司法権と裁判所

基本

1 次の文の｛　｝から，正しい語句を選んで書きなさい。

⇐チェック P.104 ①（各６点×６　36点）

(1)　法に基づいて紛争（ふんそう）を解決することを｛　立法　　行政　　司法　｝という。

〔　　　　　　　〕

(2)　ある行為（こうい）が法に適しているかどうかを裁判によって判断する権限を｛　立法権　　行政権　　司法権　｝という。〔　　　　　　　〕

(3)　全国に１か所だけある最後の段階の裁判を行う裁判所を｛　最高裁判所　　高等裁判所　　特別裁判所　｝という。〔　　　　　　　〕

(4)　全国に50か所置かれている，多くの場合，一般（いっぱん）の事件の第一審（だいいっしん）を行う裁判所は，｛地方裁判所　　家庭裁判所　　簡易裁判所｝である。〔　　　　　　　〕

(5)　全国に50か所置かれている，家族間の争いや少年事件をあつかう裁判所は｛　地方裁判所　　家庭裁判所　　簡易裁判所　｝である。〔　　　　　　　〕

(6)　全国に438か所置かれている，量刑（りょうけい）の軽い事件をあつかう裁判所は｛　地方裁判所　　家庭裁判所　　簡易裁判所　｝である。〔　　　　　　　〕

必出 **2** 次の文の〔　〕にあてはまる語句を，下の｛　｝から選んで書きなさい。

⇐チェック P.104 ①③（各６点×３　18点）

第一審の判決に不服のときは，上位の裁判所に〔(1)　　　　　　　〕することができ，第二審の判決に不服の場合は，さらに上位の裁判所に〔(2)　　　　　　　〕することができる。このように，同一の事件について３回まで裁判を受けられる仕組みを〔(3)　　　　　　　〕という。

｛　勝訴（しょうそ）　敗訴（はいそ）　控訴（こうそ）　上告（じょうこく）　三権分立制　三審制　｝

1　(2)裁判所がもつ権限である。(3)東京に置かれている。(4)(5)北海道に４か所，他の都道府県に１か所ずつの，計50か所に置かれている。

2　(3)裁判を慎重（しんちょう）に行い，人権を守るための仕組みである。

学習日　月　日　得点　点

8 法を守る裁判所

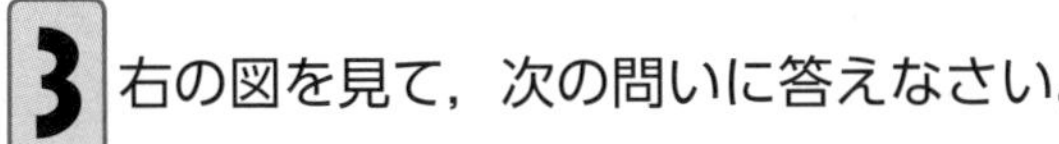

発展

3 右の図を見て，次の問いに答えなさい。

チェック P.104 1 (各5点×5　25点)

必出 (1) 裁判を公正・慎重に行い，裁判の誤りを防ぐために，右の図のように裁判は3回まで受けられる。この仕組みを何というか。〔　　　〕

(2) 図中のA，Bは，より上級の裁判所に第二審や第三審を求めることである。それぞれを何というか。

A〔　　　〕　B〔　　　〕

(3) 図中のCにあてはまる裁判所を何というか。〔　　　〕

(4) ある行為が法律に適しているか，あるいは違反(いはん)しているかを，裁判所が裁判によって決定する権限を何というか。〔　　　〕

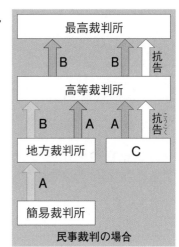

最高裁判所
B　B　抗告
高等裁判所
B　A　A　抗告(こうこく)
地方裁判所　C
A
簡易裁判所
民事裁判の場合

4 次の問いに答えなさい。

チェック P.104 1 (各7点×3　21点)

(1) 全国に8か所置かれている，一般に第二審の裁判をあつかう裁判所を何というか。〔　　　〕

(2) 簡易裁判所で第一審が行われた民事裁判の第二審は，何という裁判所で行われるか。〔　　　〕

(3) 判決の確定後，新たな証拠(しょうこ)が見つかり，判決に重大な疑いが生じたことから行われるやり直しの裁判のことを何というか。〔　　　〕

3 (2)名称(めいしょう)の違いをしっかりおさえる。

4 (1)札幌(さっぽろ)，仙台(せんだい)，東京，名古屋(なごや)，大阪，広島，高松(たかまつ)，福岡に置かれている。(2)刑事(けいじ)裁判の場合は，第二審は必ず高等裁判所で行われる。(3)請求(せいきゅう)が認められた場合に行われる。

② 裁判の種類と人権

基本

必出 1 次の文の〔　〕にあてはまる語句を，下の｛　｝から選んで書きなさい。

チェック P.104②①③ (各6点×6　36点)

金銭の貸借や代金の支払い(しはらい)をめぐる争い，あるいは家族間の争いなど，私人(しじん)間の争いを裁く裁判を〔(1)　　　　　〕裁判という。(1)裁判では，裁判所に訴え(うった)た方を〔(2)　　　　　〕，訴えられた方を〔(3)　　　　　〕といい，裁判官は双方(そうほう)の主張をよく聞いた上で判決を下す。

強盗(ごうとう)や殺人といった犯罪を裁くのが〔(4)　　　　　〕裁判である。この場合，警察官が事件を捜査(そうさ)し，証拠(しょうこ)を集め，被害者(ひぎしゃ)（容疑者）を逮捕(たいほ)する。そして，〔(5)　　　　　〕が取調べを行い，容疑が固まれば，被疑者（容疑者）を被告人(ひこくにん)として〔(6)　　　　　〕する。裁判所は証拠や証言などをよく吟味(ぎんみ)した上で，有罪か無罪かを判断し，有罪であれば刑罰(けいばつ)を言いわたす。

｛ 原告(げんこく)　被告(ひこく)　刑事(けいじ)　民事　起訴(きそ)　警察官　検察官　弁護士(べんごし) ｝

2 次の問いに答えなさい。答えは，下の｛　｝から選んで書きなさい。

チェック P.105②④ (各6点×3　18点)

(1) 被疑者には自己に不利な供述(きょうじゅつ)は強要されない権利が認められているが，この権利は一般(いっぱん)に何と呼ばれるか。〔　　　　　〕

(2) 現行犯以外で，逮捕・捜索(そうさく)などの強制処分を行うには，裁判官の交付する何が必要か。〔　　　　　〕

(3) 裁判所において，被告人は公平で速やかな，どのような裁判を受ける権利があるか。〔　　　　　〕

｛ 令状(れいじょう)　委任状　拒否権(きょひ)　黙秘権(もくひ)　公開裁判　刑事裁判　民事裁判 ｝

1 裁判には，私人（個人や企業(きぎょう)など）間の争いを裁くものと，犯罪（刑事事件）を裁くものがある。それぞれの裁判の手続きのちがいなどをおさえること。

2 (1)自己に不利益な質問などには答えなくてよい。

学習日　月　日　得点　点

8 法を守る裁判所

スタートドリル　書き込みドリル①　書き込みドリル②　書き込みドリル③　書き込みドリル④　書き込みドリル⑤　まとめのドリル

発展

3 右の図は，ある裁判のあらましを示したものである。この図を見て，次の問いに答えなさい。

チェック P.104②（各6点×5　30点）

(1) この図に示されているのは，何という裁判か。
〔　　　　〕

(2) 図中の□にあてはまる役職を答えなさい。
〔　　　　〕

(3) 図中の「被疑者」は，起訴されると何と呼ばれることになるか。〔　　　　〕

(4) 裁判の法廷（ほうてい）では，(3)の弁護（べんご）活動をする人も出席する。こうした活動のほか，訴訟（そしょう）の手続きなど，法律に関する問題解決の手助けなどを行う人を何というか。
〔　　　　〕

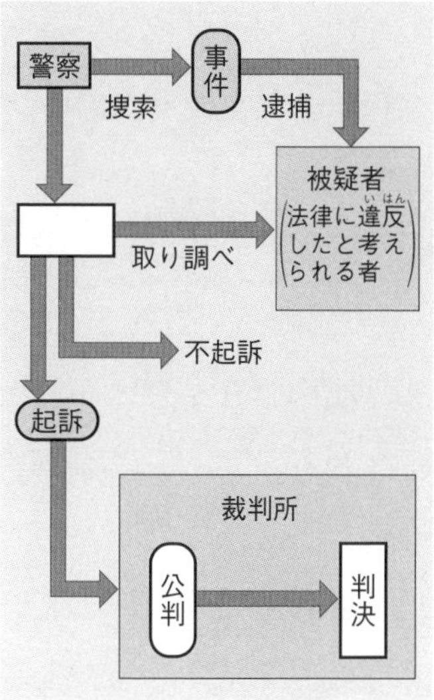

(5) (1)の裁判では，警察や検察の捜査や取り調べなどに誤りがあった場合，無実の人に有罪判決が下されてしまうおそれがある。このような「無実の罪」のことを何というか。〔　　　　〕

4 次の(1)～(8)の争いや裁判は，民事裁判と刑事裁判のどちらにあてはまるか。〔　〕に民事・刑事のいずれかを書きなさい。

チェック P.104②（各2点×8　16点）

(1) 検察官が被疑者を起訴する。〔　　　〕　(2) 原告と被告の争い。〔　　　〕
(3) 金銭の貸借関係の裁判。〔　　　〕　(4) 強盗事件の裁判。〔　　　〕
(5) 親族間の相続をめぐる争い。〔　　　〕　(6) 詐欺（さぎ）事件の裁判。〔　　　〕
(7) 殺人・放火などの裁判。〔　　　〕　(8) 離婚（りこん）問題の裁判。〔　　　〕

得点upコーチ

3 (1)警察が捜索しているということは，犯罪が発生したということである。(2)被疑者の取り調べを行い，容疑が固まれば裁判所に起訴する。

4 法律に違反する行為（犯罪）を裁くのが刑事裁判である。

③ 司法権の独立と違憲審査権

基本

1 右の図は，裁判所と国民，国会，内閣との関係を示したものである。これを見て，次の問いに答えなさい。

チェック P.105 ③⑤ (各6点×5　30点)

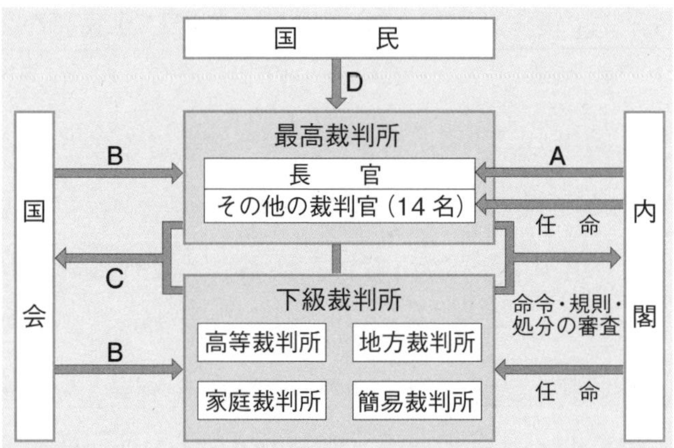

(1) 図中のAにあてはまる語句を，下の｛　｝から選んで書きなさい。

〔　　　　　　〕

｛ 認証　　指名　　承認 ｝

(2) 図中のB～Dにあてはまる語句を，下の｛　｝から選んで書きなさい。

B〔　　　　　　〕　C〔　　　　　　〕　D〔　　　　　　〕

｛ 国民審査　　司法権　　弾劾裁判所の設置　　法律の違憲審査 ｝

(3) 下級裁判所の裁判官を任命するのはどこか。図中から選んで答えなさい。

〔　　　　　　〕

2 次の文の｛　｝の中から，正しい語句を選んで書きなさい。

チェック P.105 ③ (各7点×2　14点)

(1) 裁判の公正を守るため，裁判官は自己の良心に従い，独立して裁判を行い，憲法と｛ 法律　　命令　　規則 ｝にのみ拘束されることが定められている。

〔　　　　　　〕

(2) 最高裁判所長官を任命するのは，｛ 国会　　内閣　　天皇 ｝である。

〔　　　　　　〕

1 (1)任命ではないことに注意する。(2)Bは国会が裁判所に対して，Cは裁判所が国会に対して，それぞれもっている権限。Dは，国民が最高裁判所裁判官を適任かどうかを判断するもの。

2 (1)憲法の司法権の独立に関する規定。

学習日	得点
月　日	点

8 法を守る裁判所

スタートドリル　書き込みドリル1　書き込みドリル2　書き込みドリル3　書き込みドリル4　書き込みドリル5　まとめのドリル

発展

必出 3 次の文の〔　〕にあてはまる語句を，下の｛　｝から選んで書きなさい。

チェック P.105③ (各7点×6　42点)

裁判の公正を守るため，裁判所は他の権力から圧力や干渉（かんしょう）を受けない仕組みになっている。そして，裁判官は裁判を行うにあたり，〔(1)　　　　　　〕と法律に拘束されるほかは，だれのさしずも受けず，自己の良心に従い，〔(2)　　　　　　〕して裁判を行うこととされている。

最高裁判所長官は〔(3)　　　　　　〕が指名し，天皇が任命する。その他の最高裁判所裁判官は，(3)が任命する。また，最高裁判所裁判官は，任命後，初めて行われる〔(4)　　　　　　〕総選挙と，その後10年を経過したあとの総選挙のときごとに，適任かどうかを国民の投票によって審査される。これを〔(5)　　　　　　〕という。

裁判官は，(5)以外では，心身の故障と，国会に設置される〔(6)　　　　　　〕所による裁判によらなければ罷免（ひめん）されないことが定められており，その身分は特に強く保障されている。

｛国会　内閣　憲法　天皇　独立　公平　衆議院議員
弾劾裁判　刑事（けいじ）裁判　国会議員　国民投票　国民審査｝

4 次の文の〔　〕にあてはまる語句を書きなさい。

チェック P.105③④ (各7点×2　14点)

裁判所は，法律や行政処分などが憲法に合っているかどうかを審査する権限をもっている。これを〔(1)　　　　　　〕といい，最高裁判所は合憲か違憲かの最終判断をする裁判所であることから，「〔(2)　　　　　　〕」と呼ばれる。

3 (5)投票で不適任とする票が過半数を占（し）めた裁判官は罷免（ひめん）される。

4 (1)法律や行政処分そのものを裁判の対象とするのではなく，具体的な裁判の中で，関連する法律や行政処分などが審査の対象となる。

④ 司法改革と裁判員制度

基本

1 次の文の｛ ｝から，正しい語句を選んで書きなさい。

チェック P.105④（各7点×5 35点）

(1) 人々が利用しやすい裁判制度にするために進められている改革を，｛ 立法　行政　司法 ｝制度改革という。〔　　　　〕

必出 (2) 一般(いっぱん)の国民が裁判の審理(しんり)に参加する制度を｛ 裁判官　裁判員　陪審員(ばいしんいん) ｝制度といい，日本では2009年に始まった。〔　　　　〕

必出 (3) 裁判員制度がとり入れられたのは，｛ 民事裁判　刑事(けいじ)裁判　弾劾(だんがい)裁判 ｝の第一審の審理である。〔　　　　〕

(4) 裁判員になるのは，｛ 20歳(さい)　25歳　30歳 ｝以上の国民の中からくじと面接で選ばれた人である。〔　　　　〕

(5) 裁判員が参加する裁判は，一つの事件を原則として｛ 3人　6人　9人 ｝の裁判員と3人の裁判官が担当し，意見がまとまらないときは，評決は多数決で行われる。〔　　　　〕

2 次の問いの答えを，下の｛ ｝から選んで書きなさい。

チェック P.105④①（各10点×2 20点）

(1) 司法制度改革の一環として全国に設けられた，誰もが身近に法律相談を受けられる所を何というか。〔　　　　〕

(2) 有権者の中からくじで選ばれた審査員(しんさいん)が，検察官が事件を起訴(きそ)しなかったことの是非(ぜひ)を審査する組織を何というか。〔　　　　〕

｛ 国家公安委員会　検察審査会　国選弁護人(べんごにん)　法テラス ｝

1 (2)陪審員制度はアメリカなどでとり入れられているもので，刑事事件の第一審を一般市民から選ばれた陪審員だけで行い，有罪か無罪かを判断する。
(4)選挙年齢は18歳以上だが，裁判員は当分の間変更しないとしている。

学習日	得点
月　日	点

8 法を守る裁判所

スタートドリル　書き込みドリル1　書き込みドリル2　書き込みドリル3　書き込みドリル4　書き込みドリル5　まとめのドリル

発展

3 裁判員制度による裁判の流れを示した次の図の□にあてはまる語句を，下の｛　｝から選んで，〔　〕に書きなさい。 ⇐チェック P.105④② (各6点×4　24点)

起訴	公判が始まる前に裁判官，検察官，弁護人が話し合い，争点を明確にしたり，証拠をしぼりこんだりする。(公判前整理手続) / 裁判員をくじと面接で選ぶ	① 検察官と弁護人が法廷でそれぞれの主張を述べる。裁判官と裁判員は双方の主張を聞き，質問したりする。	② と ③ 裁判官と裁判員は別室に移り，被告人が有罪かどうか，有罪であれば量刑をどうするか話し合い(②)，決定する(③)。	④ 裁判官と裁判員は法廷にもどり，裁判長が ④ を言いわたす。

｛　評議　　評決　　弁護　　公判　　判決　｝

①〔　　　　〕　②〔　　　　〕

③〔　　　　〕　④〔　　　　〕

4 裁判員制度について述べた次の文のうち，正しいものには○を，誤っているものには×をつけなさい。 ⇐チェック P.105④② (各3点×7　21点)

(1)　裁判員制度がとり入れられたのは，刑事裁判だけである。〔　　〕

(2)　裁判員制度の対象となるのは，軽い量刑が予想される事件である。〔　　〕

(3)　裁判員が出席するのは，第一審のみである。〔　　〕

(4)　裁判員に選ばれても，やりたくなければ断ってもよい。〔　　〕

(5)　原則として，一つの事件を裁判員6名と裁判官3名で担当する。〔　　〕

(6)　裁判員全員が有罪と主張すれば，裁判官全員が無罪と主張しても，被告人は有罪とされる。〔　　〕

(7)　裁判員の任期は1年である。〔　　〕

4　(4)重い病気や家族の介護など，特別の事情でない限り，辞退は認められない。(6)多数決で決める場合，多数側に裁判員と裁判官の両方が含まれていなければならない。(7)裁判員は，一つの裁判ごとに選ばれる。

5 三権の抑制と均衡

基本

必出 1 次の文の〔　〕にあてはまる語句を，あとの｛　｝から選んで書きなさい。

チェック P.105 5 ①（各８点×６　48点）

日本国憲法は，立法権を国会に，〔(1)　　　　　　〕権を内閣に，裁判所に〔(2)　　　　　　〕権というように国家権力を分散させて，それぞれ独立した機関に受けもたせている。わが国のような〔(3)　　　　　　〕制では，国会と内閣との間に密接なつながりをもちつつ，三権がたがいに抑制（よくせい）しあう形になっている。

裁判所は〔(2)〕権の独立の原則によって，裁判に外部の圧力がかからないようになっており，裁判官の身分は強く保障されているが，裁判官としてふさわしくない行為（こうい）があった場合は，国会は〔(4)　　　　　　〕を設けて裁判を行い，その裁判官を罷免（ひめん）することができる。

また，内閣は〔(5)　　　　　　〕長官を指名し，他の裁判官を任命する。一方では，裁判所は，国会に対して法律の〔(6)　　　　　　〕権をもって立法権を監視（かんし）し，また，内閣に対しては行政裁判で違法（いほう）な処分が行われることを抑制する仕組みになっている。

｛首相（しゅしょう）　立法　司法　衆議院　弾劾裁判所（だんがい）　違憲審査（いけんしんさ）
議会　行政　内閣　議院内閣　地方裁判所　最高裁判所｝

2 次の問いに答えなさい。(2)は□にあてはまる語句を書きなさい。

チェック P.105 5（各６点×２　12点）

必出 (1) 国の権力を立法・行政・司法の三つに分け，それぞれを別の機関に受けもたせて抑制と均衡（きんこう）をはかる仕組みを何というか。〔　　　　　　〕

(2) 衆議院は□の信任・不信任を決議することができる。〔　　　　　　〕

1 (1)実際に政治を行う権限。(2)裁判を行うことで争いを解決する権限。(3)内閣が国会の信任の上に成り立ち，国会に対して連帯して責任を負う仕組み。
2 (1)18世紀にフランスのモンテスキューが初めて主張した。

学習日	得点
月　日	点

8 法を守る裁判所

スタートドリル | 書き込みドリル1 | 書き込みドリル2 | 書き込みドリル3 | 書き込みドリル4 | 書き込みドリル5 | まとめのドリル

発展

3 次の問いに答えなさい。

チェック P.105 5（各8点×3　24点）

(1) 右の図は，わが国の国会・内閣・裁判所の相互(そうご)の関係を表したものである。図中のA・Bにあてはまる権力を，それぞれ答えなさい。

A〔　　　　〕

B〔　　　　〕

国会 A
① ②
内閣 B
裁判所 司法権

(2) 図中の①・②の抑制のはたらきにあたることがらの組み合わせとして正しいものはどれか。次のア～エから選び，記号で答えなさい。

ア ①衆議院の解散　②法律の違憲審査

イ ①内閣総理大臣の指名　②裁判官の指名・任命

ウ ①衆議院の解散　②弾劾(だんがい)裁判所の設置

エ ①内閣総理大臣の指名　②弾劾裁判所の設置　〔　　　〕

4 次のア～オの文のうち，三権分立の仕組みとして正しいものを二つ選び，記号で答えなさい。

チェック P.105 5（各8点×2　16点）

ア 国会は最高裁判所の長官を指名し，そのほかの裁判官を任命する。

イ 内閣に対する不信任の決議は，衆議院だけが行うことができる。

ウ 内閣は衆議院，参議院のそれぞれを解散することができる。

エ 国会は弾劾裁判所を設置し，裁判官を罷免することができる。

オ 内閣は天皇(てんのう)に対して，連帯責任を負う。　〔　　〕〔　　〕

3　(1)国会・内閣・裁判所のもつ三つの権力。裁判所は司法権をもつ。(2)図は内閣・国会・裁判所のつり合いを示している。それぞれの抑制関係を考える。

4　ア指名するのは内閣。ウ解散があるのは衆議院のみである。

法を守る裁判所

1 右の図を見て，次の問いに答えなさい。

チェック P.104 ❶ ❷（各7点×10　70点）

最高裁判所
C　C　抗告
高等裁判所
C　B　B　抗告
地方裁判所　A
B
簡易裁判所
民事裁判の場合

(1)　図中Aの裁判所の名称を書きなさい。

〔　　　　　　　〕

(2)　図中B・Cはより上級の裁判所に訴えることを表している。それぞれ何というか。

B〔　　　　　　〕　C〔　　　　　　〕

(3)　次の文を読み，文中の ⓐ ～ ⓓ にあてはまる語句を，下の｛　｝から選んで書きなさい。

民事裁判の第一審が ⓐ 裁判所で行われた場合，その判決に不服のときは，地方裁判所に ⓑ することができる。また，第二審でもその判決に不服のときは，さらに上位の ⓒ 裁判所に ⓓ することができる。

ⓐ〔　　　　　　〕　ⓑ〔　　　　　　〕
ⓒ〔　　　　　　〕　ⓓ〔　　　　　　〕

｛　家庭　　上告　　簡易　　控訴　　法務　　高等　　勝訴　｝

(4)　(3)のように3回まで裁判が受けられる制度を何というか。〔　　　　　　〕

(5)　裁判には，民事裁判と刑事裁判がある。民事裁判について述べているものを，次のア～オから一つ選び，記号で答えなさい。〔　　〕

ア　犯罪の疑いのある者を，検察官が裁判所に訴える。

イ　金銭の貸し借りや土地の売買の争いによる訴えをおこしたときに行われる。

ウ　被告人には必ず弁護人がつき，裁判が行われる。

エ　懲役・罰金などの刑罰を科すかどうかを決める。

オ　簡易裁判所の判決に不服の場合は，高等裁判所に控訴する。

1　(3)刑事裁判の控訴はすべて高等裁判所に対して行われる。(4)段階の異なる3回の裁判で，3回の審理を受けられる。(5)商品の売買や金銭の貸し借りなどの利害対立を裁くのが民事裁判である。

(6) 裁判官の説明として最も適切なものを，次の**ア**～**エ**から一つ選び，記号で答えなさい。〔　　〕

ア すべての裁判官は，任命された後，国民審査を受ける。

イ すべての裁判官は，良心に従い憲法と法律に基づいて裁判を行う。

ウ 最高裁判所の裁判官は，法律を制定する権限をもっている。

エ 下級裁判所の裁判官は，内閣によって指名され，国会によって任命される。

2 次の問いに答えなさい。

チェック p.105 ③④⑤ (各5点×6　30点)

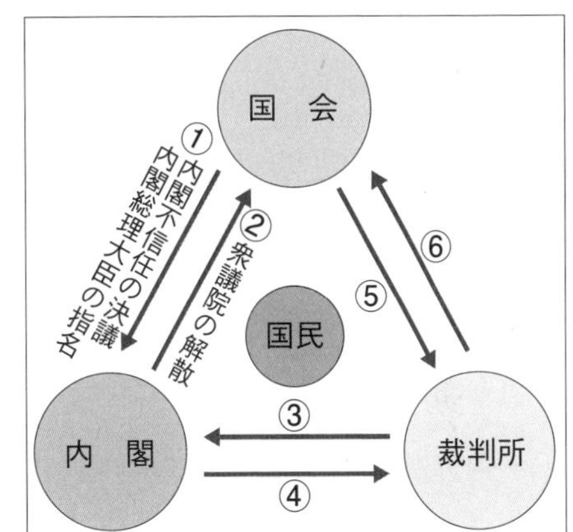

(1) 右図の①～⑥は，国会・内閣・裁判所のそれぞれの間のおもな関係を示している。①と②のような政治の仕組みを何というか〔　　〕

(2) 図中③～⑥のうち，弾劾(だんがい)裁判所の設置と行政裁判の実施を示しているのはどれか。その番号を書きなさい。弾劾裁判所の設置〔　　〕
行政裁判の実施〔　　〕

(3) 日本国憲法は，法律や行政処分が憲法に違反しているかいないかを判断する「違憲(立法)審査権(法令審査権)」を，国会・内閣・裁判所のうち，どこに与えているか書きなさい。〔　　〕

(4) 重大な刑事事件の第一審の公判に，くじと面接で選ばれた一般の有権者が参加する制度を何というか。〔　　〕

(5) 最高裁判所裁判官の適否を問う国民の投票を何というか。〔　　〕

2 (1)わが国の場合，国会と内閣の結びつきが特に強い仕組みを取り入れている。(2)弾劾裁判は，裁判官としてふさわしくない行いのあった裁判官をやめさせるかどうかを判断するものである。

9 地方の政治と自治

1 地方自治の意義 ドリル➡P.124

① **地方自治**…地域の政治はその地域の住民自身の手によって行われるという原則。日本国憲法や**地方自治法**(1947年に制定)によって保障される。民主政治の原点でもあることから「地方自治は**民主主義の学校**である」といわれる。

② **地方公共団体**

- **地方公共団体(地方自治体)**…地方自治の単位。**都道府県**と**市町村**，特別区(東京23区。市とほぼ同じ権限を持つ)などがある。
- **おもな仕事**…学校・図書館・公園などの設置と維持，ごみの収集，上下水道の整備，消防，保健所の設置，社会福祉対策，雇用対策，災害防止と復旧など。**行政サービス**という。

2 地方自治の仕組み ドリル➡P.126

① **議決機関**…地方議会。

- **種類**…都道府県議会と市(区)町村議会。
- **地方議会議員**…被選挙権は25歳以上。任期は4年。
- **地方議会の仕事**…予算の議決や**条例**の制定など。

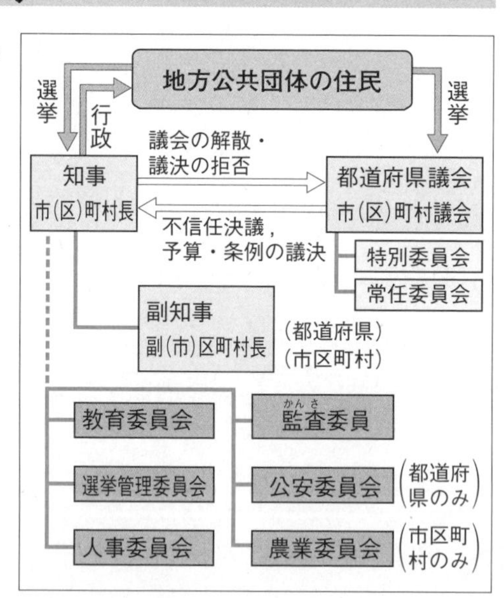

▲地方自治の仕組み

② **執行機関**

- **首長**(議案の提出や予算の執行などを行う)…**都道府県知事**と市(区)町村長。被選挙権は，都道府県知事が**30歳以上**，市(区)町村長が**25歳以上**。任期はともに4年。
- **首長の補佐機関**…副知事，副市(区)町村長。
- **その他の機関**…教育委員会，公安委員会(警察の仕事)，監査委員など。

覚えると得

条例
地方議会が法律の範囲内で制定する，その地方公共団体の中だけで適用されるきまり。

首長と議会の関係

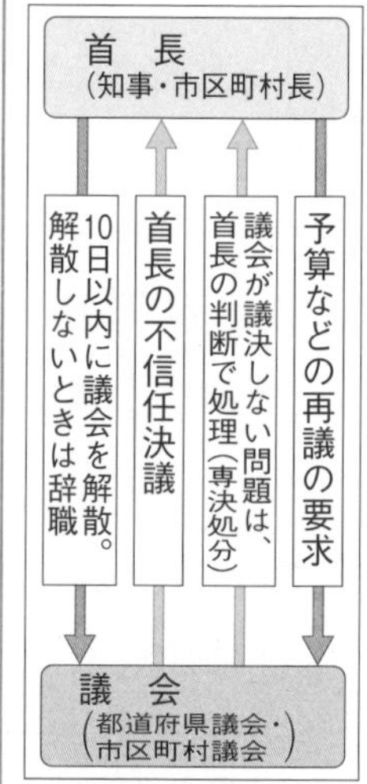

二元代表制
地方公共団体の首長と地方議員は住民の直接選挙で選ばれる。国の仕組みと異なり，二種類の代表を選ぶ制度である。

● **首長と議会の関係**…首長は議会の解散権や，議決に対する**拒否権**(きょひ)をもち，議会は首長に対して**不信任**を決議できる。
（拒否権：議会に対して再議を求めることができる）
（不信任：3分の2以上の出席でその4分の3の賛成）

③ 地方分権 ドリル➡P.128

① **地方財政の歳入**(さいにゅう)

● **自主財源**…**地方税**など。不足する場合には**地方債**(ちほうさい)を発行する。
（地方債：地方公共団体の借金）

● **国からの補助金**…**国庫支出金**と**地方交付税交付金**。
（国庫支出金：使いみちが指定されている）
（地方交付税交付金：使いみちは指定されていない）

② **地方財政の歳出**…**民生費**の割合が増えている。
（民生費：福祉のための費用）

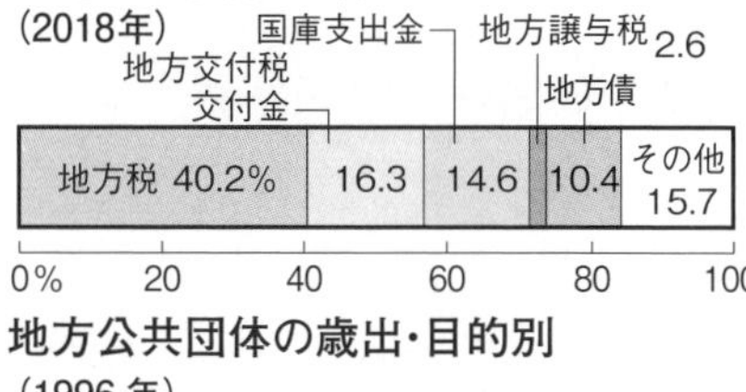

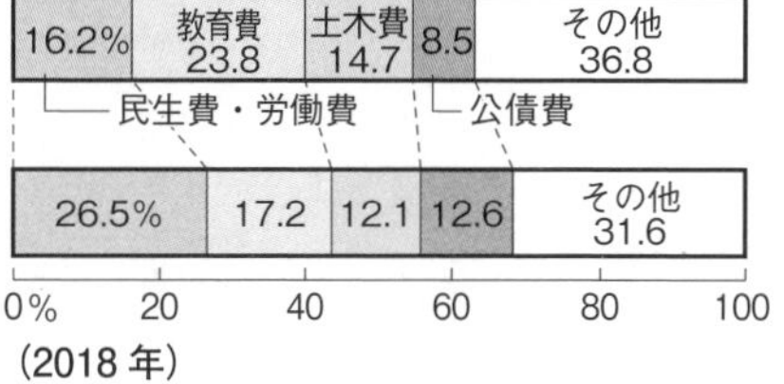

（「地方財政白書」令和2年版ほか）

③ **地方分権**…それぞれの地方公共団体が地域の実情に合った独自の活動ができるように，仕事や財源を国から地方に移すことが進められている➡1999年に地方分権一括法(いっかつ)が成立。

④ **市町村合併**(がっぺい)…重複する人員や施設(しせつ)を整理することなどで仕事の効率を高め，財政の安定化を図ることがねらい。
（市町村合併：2000年代にさかんに進められる）

④ 住民参加 ドリル➡P.130

① **直接請求権**(せいきゅう)…一定数の署名を集めることで，条例の制定，**議会の解散**，**首長や議員の解職**などを請求できる。
（首長や議員の解職：リコールともいう）

請求の種類		法定署名数	請求先
条例の制定・改廃(かいはい)の請求		有権者の50分の1以上	首　長
監査(かんさ)請求		有権者の50分の1以上	監査委員
議会の解散請求		※有権者の3分の1以上	選挙管理委員会
解職請求	首長・議員	※有権者の3分の1以上	選挙管理委員会
解職請求	主な役職員	※有権者の3分の1以上	首長

▲直接請求の内容

※有権者が40万人を超える…40万×$\frac{1}{3}$＋超えた数×$\frac{1}{6}$以上
有権者が80万人を超える…40万×$\frac{1}{3}$＋40万×$\frac{1}{6}$＋超えた数×$\frac{1}{8}$以上

② **住民参加**…住民運動への参加（環境保護活動など），情報公開制度の活用，オンブズマン制度，ボランティア活動，NPOの活動など。
（NPO：非営利組織）

③ **住民投票**

● 特定の地域だけに適用される**特別法**の承認。
（その地域の住民の過半数の賛成が必要）

● 議会の解散や首長・議員の解職についての賛否を問うもの➡過半数が賛成すれば，解散や解職が成立する。

● 特定の問題について住民の意思を問うもの。
（市町村合併の是非や原子力発電所の建設の是非など）

覚えると得

国庫支出金
国が地方公共団体に委任している事業に対し，国が経費の一部を負担するもの。

地方交付税交付金
地方公共団体の財源格差をおさえるため，地方公共団体に交付される国からの補助金。

市町村合併
1999年に約3200あった全国の市町村は，2016年には約1700にまで減少した。

オンブズマン
行政に対する住民の苦情を受けつけ，調査結果を公表したり，地方公共団体に改善を要求したりする人または組織。オンブズパーソンともいう。

特定の問題についての住民投票
投票結果に法的拘束(こうそく)力はないが，地域の重要な問題については住民投票を行うことを条例で定める自治体が増えている。

請求後の動き
議会の解散，首長・議員の解職は住民投票で過半数の賛成を得ると成立する。

地方の政治と自治

1

地方の政治の仕組みを表した右の図を見て，次の文の｛ ｝から，正しい語句を選んで書きなさい。

⇦チェック P.120①②（各８点×５　40点）

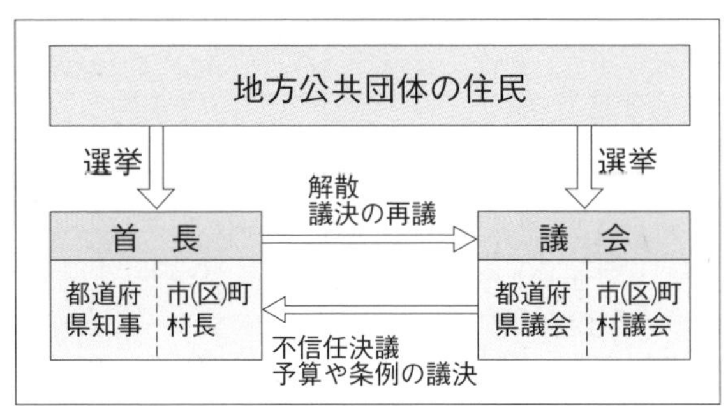

(1)　地域の政治は住民の手によって行われるという原則を｛　地方自治　地方主義　｝という。

〔　　　　　　〕

(2)　(1)が行われる単位である都道府県と市（区）町村を，｛　政党　　地方公共団体　｝という。

〔　　　　　　〕

(3)　(2)の長である都道府県知事と市（区）町村長は，｛　住民　　議会　｝による直接選挙で選ばれる。

〔　　　　　　〕

(4)　議会が首長（しゅちょう）（都道府県知事や市（区）町村長）の方針に反対のとき，議会は首長に対して①｛　辞職　　不信任　｝を決議することができる。この場合，首長は10日以内に議会を②｛　召集（しょうしゅう）　　解散　｝することができるが，そうしない場合には，辞職しなければならない。

①〔　　　　　　〕　②〔　　　　　　〕

2

次の文の〔　〕にあてはまる数字を書きなさい。なお，答えは右の表から選びなさい。

⇦チェック P.120②（各５点×４　20点）

		選挙権	被選挙権	任期
首長	都道府県知事	18歳以上	30歳以上	4年
	市（区）町村長	18歳以上	25歳以上	4年
地方議会議員		18歳以上	25歳以上	4年

(1)　都道府県知事，市（区）町村長，地方議会議員ともに選挙権は〔　　　　〕歳（さい）以上である。

(2)　都道府県知事の被（ひ）選挙権は〔①　　　　〕歳以上，市（区）町村長と地方議会議員の被選挙権は〔②　　　　〕歳以上である。

(3)　都道府県知事，市（区）町村長，地方議会議員ともに，任期はすべて〔　　　　〕年である。

3 次の問いに答えなさい。

チェック P.121③ (各５点×４ 20点)

(1) 地方財政の歳入（さいにゅう）のうち，地方公共団体の自主財源の中心となるものを，右のグラフ中から選んで書きなさい。 〔　　　　〕

(2) 地方財政の歳入のうち，国から地方公共団体へ支給されるものを，右のグラフ中から二つ選んで書きなさい。 〔　　　　〕 〔　　　　〕

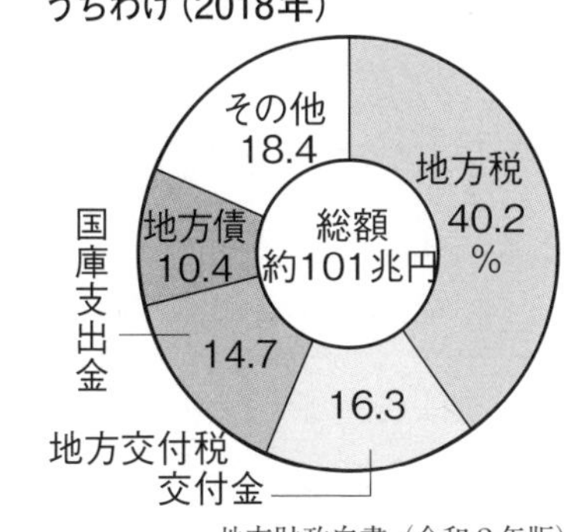

地方財政白書（令和２年版）

(3) 次の文の｛ ｝から，正しい語句を選んで書きなさい。

国からの補助金にできるだけ頼（たよ）らず，地域の実情に合った政治を行うため，仕事や財源を国から地方に移す｛ 地方分権　三権分立 ｝が進められている。 〔　　　　〕

4 地方の住民に認められている権利についてまとめた右の表を見て，次の文の｛ ｝から正しい語句を選んで書きなさい。

チェック P.121④ (各５点×４ 20点)

(1) □にあてはまる地方公共団体のきまりを｛ 政令　条例 ｝という。 〔　　　　〕

請求の種類	請求先	必要な署名数
□の制定や改廃（かいはい）の請求	首　長	有権者の$\frac{1}{50}$以上
監（かん）査（さ）請求	監査委員	有権者の$\frac{1}{50}$以上
議会の解散請求	選挙管理委員会	有権者の$\frac{1}{3}$以上
首長・議員の解職請求	選挙管理委員会	有権者の$\frac{1}{3}$以上

(2) 議会の解散の請求（せいきゅう）には，有権者の｛ 50分の１　３分の１ ｝以上の署名が必要である。 〔　　　　〕

(3) 首長の解職請求が成立すると，｛ 住民投票　国民審査 ｝が行われ，過半数が賛成すれば，首長は解職される。 〔　　　　〕

(4) 表にあるように，住民が一定数の署名を集めることでいくつかの請求ができる権利を｛ 請願権（せいがんけん）　直接請求権 ｝という。 〔　　　　〕

1 地方自治の意義

基本

1 次の文の｛ ｝から，正しい語句を選んで書きなさい。

チェック P.120 1（各6点×5　30点）

必出 (1) 地域の政治はその地域の住民の手によって行われるという原則を，｛ 地方自治　地方主義　権力分立 ｝という。〔　　　　〕

(2) (1)は，日本国憲法や｛ 教育基本法　地方自治法　環境基本法 ｝によって保障されている。〔　　　　〕

必出 (3) (1)は民主政治の原点であり，地域の実情に合わせて行われることから「｛ 平和主義　基本主義　民主主義 ｝の学校」といわれる。〔　　　　〕

(4) (1)が行われる単位を｛ 地方公務員　地方公共団体　圧力団体 ｝といい，都道府県と市（区）町村がこれにあたる。〔　　　　〕

(5) 東京23区は｛ 特別区　独立区　地方区 ｝と呼ばれ，市とほぼ同様の権限をもっている。〔　　　　〕

2 次の文の〔 〕にあてはまる語句を，下の｛ ｝から選んで書きなさい。

チェック P.120 1 2（各5点×3　15点）

地方公共団体の仕事には，ごみの収集や〔(1)　　　　〕の整備，消防などのように，人々の生活に密接に結びついたものが多い。わたしたちの身の回りにも，〔(2)　　　　〕などの教育施設（しせつ）をはじめ，公園，公民館，図書館，病院など，都道府県立や市（区）町村立の施設が数多く見られる。

また，少子高齢化（こうれいか）の進行にともない，〔(3)　　　　〕対策の仕事の重要性がますます高まってきている。

｛ 学校　銀行　上下水道　電気　失業　社会福祉（ふくし） ｝

1 (2)1947年に制定された。なお，日本国憲法は，その第8章を「地方自治」としている。(3)イギリスの政治学者ブライスの言葉である。

2 (2)「教育施設」から考える。(3)「少子高齢化」との関連から考える。

学習日　月　日　得点　点

発展

3 次の問いに答えなさい。

チェック P.120 1 (各6点×5　30点)

(1) 次の文の〔　〕に，あてはまる語句を書きなさい。

地域の政治はその地域の〔①　　　　　〕自身の手によって行われるべきであるという原則を〔②　　　　　〕という。民主主義の原点であるということや，地域の実情に沿った形で進められることから，②は「民主主義の〔③　　　　　〕である」といわれる。②の行われる単位が〔④　　　　　〕であり，都道府県と市（区）町村などがこれにあたる。□は特別区と呼ばれ，市とほぼ同様の権限を認められている。

(2) (1)の文中の□にあてはまる語句を，下の｛　｝から選んで書きなさい。

｛ 北海道　　横浜市　　東京23区 ｝　〔　　　　　〕

4 次の問いに答えなさい。

チェック P.120 1 (各5点×5　25点)

(1) 次の**ア**～**ク**のうち，地方公共団体の仕事としてあてはまるものを四つ選び，記号を書きなさい。　〔　　〕〔　　〕〔　　〕〔　　〕

ア 上下水道を整備する。　**イ** 電話事業を行う。

ウ 地方裁判所を設置する。　**エ** ごみを収集し，処分する。

オ 消防署を設置し，消防活動を行う。　**カ** 郵便事業を行う。

キ 高速道路を建設する。　**ク** 保健所を設置する。

(2) 1947年に制定された，地方公共団体の組織や運営について定めた法律を何というか。　〔　　　　　〕

3 (2)特別地方公共団体ともいう。

4 (1)国の仕事と地方公共団体の仕事をしっかり区別する。**ア**～**ク**の中には，かつては国の事業として行われ，現在は民営事業となっているものもある。

② 地方自治の仕組み

基本

1 次の文の〔　〕にあてはまる語句を，下の｛　｝から選んで書きなさい。

チェック P.120②（各6点×5　30点）

住民の〔(1)　　　　　〕によって選ばれた地方公共団体の長である都道府県〔(2)　　　　　〕と市（区）町村長は，議会の召集，議案の提出，〔(3)　　　　　〕の執行（しっこう）や，地方公共団体を代表して政府や他の地方公共団体との交渉（こうしょう）にあたるなどの重要な役割をもっている。

これに対し，議決機関である地方〔(4)　　　　　〕は，(3)の議決や決算の承認，〔(5)　　　　　〕の制定・改廃（かいはい）などを行う。

｛ 住民投票　条例　法律　予算　間接選挙　議会　知事　直接選挙 ｝

必出 **2** 次の問いに答えなさい。

チェック P.120②（各4点×5　20点）

(1) 右の表は，地方公共団体の首長（しゅちょう）と議会の議員の，選挙権・被（ひ）選挙権・任期を示したものである。A～Dにあてはまるものを｛　｝から選んで書きなさい。｛ 18歳（さい）　25歳　30歳　35歳　4年　5年 ｝

		選挙権	被選挙権	任期
首長	都道府県知事	18歳以上	（B）以上	4年
	市（区）町村長	（A）以上	（C）以上	4年
議会の議員		18歳以上	25歳以上	（D）

A〔　　　〕　B〔　　　〕　C〔　　　〕　D〔　　　〕

(2) 次の文で，地方自治の仕組みを正しく述べているものを選び，記号で答えなさい。

ア　議会は，首長に対して不信任の議決をすることができる。

イ　首長は政府によって任命され，行政は国の指導でなされる。

ウ　都道府県の執行機関は議会である。〔　　　〕

1 (4)都道府県議会と市（区）町村議会がある。(5)地方公共団体のきまり。法律は国のきまりである。

2 (1)都道府県知事の被選挙権は参議院議員と同じ。市（区）町村長の被選挙権は衆議院議員と同じである。

学習日　　月　　日　得点　　　点

3 次の図を見て，あとの問いに答えなさい。

チェック P.120② (各4点×9 36点)

(1) 右の図は，地方公共団体の執行機関と議会との関係を示したものである。図中のA～Hにあうものを，ア～コから選び，記号で書きなさい。

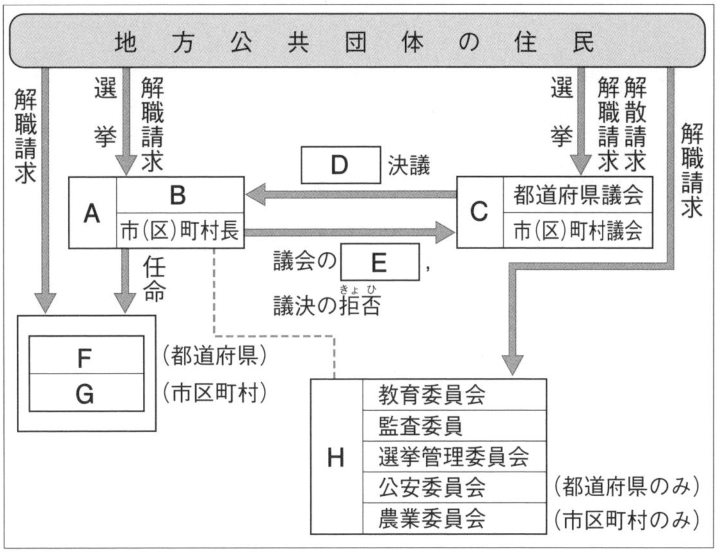

地方公共団体の住民
解職請求
選挙
解職請求
選挙
解職請求
解散請求
解職請求
A
B
市(区)町村長
D 決議
C
都道府県議会
市(区)町村議会
任命
議会の E，
議決の拒否
F (都道府県)
G (市区町村)
H
教育委員会
監査委員
選挙管理委員会
公安委員会 (都道府県のみ)
農業委員会 (市区町村のみ)

A［　　］
B［　　］
C［　　］
D［　　］E［　　］F［　　］G［　　］H［　　］

ア 首長　**イ** 首相　**ウ** 副市(区)町村長　**エ** 不信任　**オ** 行政委員会および委員
カ 知事　**キ** 解散　**ク** 副知事　**ケ** 地方議会　**コ** 公聴会および委員

(2) 都道府県の公安委員会は，どのような職務か。［　　］

4 次の問いに答えなさい。なお，(1)は漢字5字，(2)は漢字5字でそれぞれ答えなさい。

チェック P.120②② (各7点×2 14点)

(1) 国の仕組みと異なり，地方公共団体の首長と地方議員はそれぞれ直接選挙で選ばれる。このような二種類の代表を選ぶ制度を何というか。［　　］

(2) 議会が首長をやめさせたいときに行う決議を何というか。［　　］

3 (1)Aは地方自治体の行政の責任者の総称。Cは議決機関。Dは衆議院が内閣にもつ権限と同じ。EはDの議決にAがとる処置。FとGは自治体の長を補佐する職。

③ 地方分権

基本

1 次の文の｛　｝から，正しい語句を選んで書きなさい。

チェック P.121 ③①②④（各7点×5　35点）

(1) 地方公共団体の自主財源といわれるものに，住民から徴収する｛ 地方債　国税　地方税 ｝がある。〔　　　　〕

(2) 地方公共団体の財源には，おもな財源である(1)のほかに，地方公共団体が発行する｛ 国債　地方債　株券 ｝がある。〔　　　　〕

必出(3) 国の委任事業の経費の一部として，使いみちを指定して地方公共団体に支給されるものを｛ 地方交付税交付金　地方債　国庫支出金 ｝という。〔　　　　〕

(4) 地方公共団体の歳出を目的別に見ると，福祉関連の費用である｛ 民生費　総務費　公債費 ｝や，道路，公園，港湾などの整備にかかる費用である土木費などの占める割合が高くなっている。〔　　　　〕

(5) 重複する人員や施設を整理し，財政を安定化させるために，｛ オンブズマン　市町村合併　行政サービス ｝が進められた。〔　　　　〕

2 次の問いに答えなさい。答えは，下の｛　｝から選んで書きなさい。

チェック P.121 ③（各6点×2　12点）

必出(1) 地方財政の不均衡を解消するために，収入の少ない地方公共団体に国が支給する使いみちが指定されていない補助金を何というか。〔　　　　〕

(2) それぞれの地域の実情に合った政治を行うため，仕事や財源を国から地方に移すことを何というか。〔　　　　〕

｛ 中央集権　地方分権　国庫支出金　地方交付税交付金　地方債 ｝

1 (2)地方公共団体が住民などに対して行う借金である。(3)義務教育や道路整備など，特定の事業にかかる費用について，全部または一部を国が負担するもの。

2 (2)中央政府に権力を集中させるやり方が中央集権である。

学習日	得点
月　日	点

9 地方の政治と自治

スタートドリル　書き込みドリル❶　書き込みドリル❷　書き込みドリル❸　書き込みドリル❹　まとめのドリル

発展

3 右のグラフを見て，次の問いに答えなさい。

チェック P.121❸（各８点×４　32点）

地方財政の歳入のうちわけ（2018年）

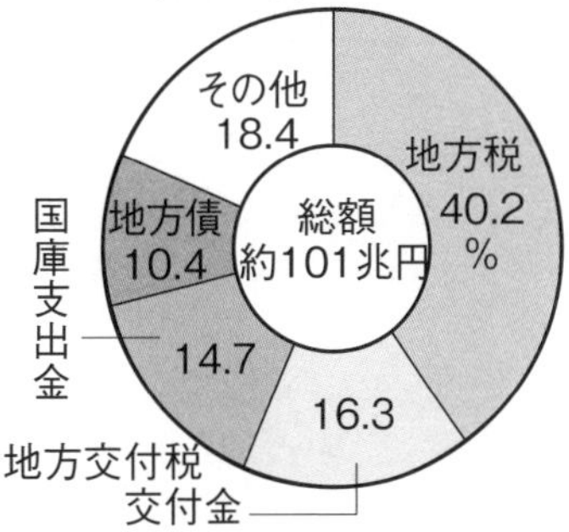

項目	割合（%）
地方税	40.2
地方交付税交付金	16.3
国庫支出金	14.7
地方債	10.4
その他	18.4

総額 約101兆円

地方財政白書（令和２年版）

(1) 次の①～③にあてはまる歳入の項目を，グラフ中から選んで書きなさい。

① 地方財政の歳入の中心。〔　　　〕

② 収入の少ない地方公共団体に国から支給される補助金である。〔　　　〕

③ 国が地方に委託している事業の費用として，国から使いみちを指定して地方公共団体に支給される。〔　　　〕

(2) グラフ中の歳入項目（「その他」は除く）のうち，国に依存する財源が占める割合は何%になるか。小数第１位を四捨五入して答えなさい。〔　　　〕

4 次の文の〔　〕にあてはまる語句を，下の｛　｝から選んで書きなさい。

チェック P.121❸④（各７点×３　21点）

2000年代に入り，各地で市町村〔(1)　　　〕がさかんに進められた結果，1999年には約3200あった全国の市町村が，2016年には約〔(2)　　　〕にまで減少した。このように〔(1)〕が進められたのは，〔(1)〕により重複する人員や施設を整理するなどして，〔(3)　　　〕の安定化を図ろうとする自治体が多くあったことによる。しかしながら，住民の中には，役所の統廃合により生活が不便になってしまった人々もいるなどの問題も生じた。

｛ 合同　合併　協力　予算　財政　1700　2500 ｝

3 (1)②使い道は自由である。(2)国に依存する財源は何かを考える。

4 (1)二つ以上の市町村が一つになることをいう。市町村側の事情に加え，補助金の増大が国の財政を圧迫しているという国側の事情も背景にある。

④ 住民参加

基本

1 必出 次の文の｛ ｝の中から，正しい語句を選んで書きなさい。

チェック P.121 ④①③（各５点×５ 25点）

(1) 地域の住民が一定数の署名を集め，地方公共団体の政治に関して，直接，首長(しゅちょう)や選挙管理員会などに請求(せいきゅう)する権利を｛ 直接請求　間接請求　住民請求 ｝権という。〔　　　　〕

(2) ①｛ 条約　政令　条例 ｝の制定や改正あるいは廃止(はいし)の請求先は，②｛ 選挙管理委員会　首長　監査(かんさ)委員 ｝である。

①〔　　　　〕　②〔　　　　〕

(3) 地方議会の解散を請求する先は｛ 選挙管理委員会　首長　監査委員 ｝である。〔　　　　〕

(4) 地方議会の解散請求が成立したあと，住民投票を実施(じっし)し，｛ ３分の１以上　過半数　50分の１以上 ｝の賛成があれば解散される。〔　　　　〕

2 次の問いに答えなさい。答えは，下の｛ ｝から選んで書きなさい。

チェック P.121 ④②③（各６点×３ 18点）

(1) 近年，各地で行われるようになった，特定の問題に賛成か反対かについて住民の意思を問うための投票を何というか。〔　　　　〕

(2) 行政についての住民の苦情を受けつけ，調査結果を公表したり，地方公共団体に対して改善を求めたりする人や組織を何というか。〔　　　　〕

(3) 住民運動などで活躍(かつやく)する，利益目的ではなく，公共の利益を達成するために人々がつくった団体を何というか。〔　　　　〕

｛ オンブズマン　バリアフリー　住民投票　国民投票　PKO　NPO ｝

1 (1)住民が直接，自分たちの意思を表明できる権利。(2)①地方公共団体が定めるきまり。(3)議員や首長の解職請求も同様の流れとなる。

2 (2)「行政監視人」という意味。(3)「非営利組織」の英語の略称(りゃくしょう)。

学習日　月　日　得点　点

9 地方の政治と自治
スタートドリル　書き込みドリル❶　書き込みドリル❷　書き込みドリル❸　書き込みドリル❹　まとめのドリル

発展

3 右の表は，直接請求の仕組みをまとめたものである。次の問いに答えなさい。

チェック P.121④① (各６点×７　42点)

(1) 表中のA～Eにあてはまる語句を書きなさい。

A〔　　〕
B〔　　〕
C〔　　〕
D〔　　〕
E〔　　〕

請求の種類	法定署名数	請求先
① A の制定・改廃(かいはい)請求	有権者の B 以上	C
②監査(かんさ)請求	有権者の D 以上	監査委員
③議会の解散請求	有権者の３分の１以上	選挙管理委員会
④首長・議員の解職請求	有権者の３分の１以上	E

(2) ④の請求はカタカナで何といわれるか書きなさい。〔　　〕

(3) ③・④の請求のあと行われる住民の意思を問う投票を何というか書きなさい。

〔　　〕

4 次の①～⑧の文から，地域住民の権利を示したものを三つ選び，番号で答えなさい。

チェック P.121④ (各５点×３　15点)

① 予算の議決や決算の承認をする。
② 地方公共団体の長や地方議会議員の解職請求をする。
③ 地方議会が不信任の議決を行った場合，10日以内に地方議会を解散する。
④ 条例の制定・改廃などを請求する。
⑤ 条例の制定・改廃などを行う。
⑥ 地方税を徴収(ちょうしゅう)する。
⑦ 地方議会に再議を要求する。
⑧ 地方議会の解散を請求する。〔　　〕〔　　〕〔　　〕

得点upコーチ

3 (1)Aは地方公共団体が定めるきまり。Cは行政の執行(しっこう)機関の責任者。Eは議会の解散請求と同じで，他の請求より必要な署名数が多い。選挙をつかさどるところ。 **4** ①議会，③首長，⑤議会，⑥首長，⑦首長の権限である。

地方の政治と自治

1 次の問いに答えなさい。

チェック P.120 ❶❷（各５点×６　30点）

⑴　右の図は，地方公共団体の執行(しっこう)機関と住民の関係を示したものである。図中の［　　］A～Eにあてはまるものを，下の｛　｝から選び，記号で答えなさい。

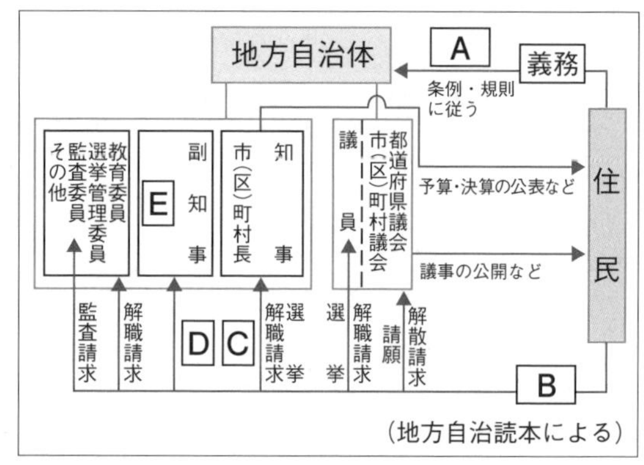

（地方自治読本による）

A〔　　　　〕B〔　　　　〕

C〔　　　　〕D〔　　　　〕

E〔　　　　〕

｛ア　執行(しっこう)　イ　控訴(こうそ)　ウ　法律の制定　エ　条例の制定または改廃(かいはい)の請求(せいきゅう)
オ　権利　カ　納税　キ　副市(区)町村長　ク　解職請求　ケ　地方議会｝

⑵　地方自治の仕組みや仕事について，くわしく定めている法律を何というか。

〔　　　　〕

2 次の文を読んで，あとの問いに答えなさい。

チェック P.121 ❸❹（各10点×７　70点）

地方自治は，住民の意思に基づく住民のための政治である。そのため住民には，ⓐ一定数の署名を集めることでさまざまな請求を行う権利が認められており，その中には，［　　］の制定や改廃，ⓑ議会の解散，ⓒ首長(しゅちょう)や議員の解職などがある。

首長と議員は，ともに住民による直接選挙によって選ばれ，ⓓたがいに抑制(よくせい)と均衡(きんこう)を保つしくみがとられている。また，地方公共団体が地域の実情に合った政治を進めるためには，それを支える財源が必要となるが，多くの自治体が収入不足に直面しており，ⓔ国からの補助金に頼(たよ)る割合が高いことが課題となっている。

1　⑴Aは国民の三大義務の一つ。Bは「義務」に対するものである。Cは，住民が首長に請求できるものとしては，解職請求のほかに何があるかを考える。Eは首長を補佐する補助機関である。
⑵1947年に制定された。

(1) ［　　］にあてはまる地方公共団体のきまりを何というか。〔　　　　〕

(2) 下線部ⓐの権利のことを何というか。〔　　　　〕

(3) 下線部ⓑの請求を行うためには，有権者のどれだけの署名が必要か。次の｛　｝から一つ選んで書きなさい。〔　　　　〕

｛ 50分の１以上　4分の１以上　3分の１以上　2分の１以上 ｝

(4) 下線部ⓒについて，首長の解職を求める署名が必要数集まった場合の取りあつかいについて正しく述べた文を次の**ア**～**エ**から選び，記号を書きなさい。〔　　〕

ア 首長はただちに解職される。

イ 議会で出席議員の過半数が賛成すれば，首長は解職される。

ウ 議会で出席議員の３分の２以上が賛成すれば，首長は解職される。

エ 住民投票が行われ，解職に賛成する票が過半数に達すれば，首長は解職される。

(5) 下線部ⓓについて，次の①，②に答えよ。

① 首長と議会の関係について正しく説明している文を次の**ア**～**エ**から選び，記号を書きなさい。〔　　〕

ア 首長は，議会議員の中から選ばれる。

イ 首長は，議会の議決には必ず従わなければならない。

ウ 議会は，首長の提出した議案には必ず賛成しなければならない。

エ 議会は，首長の提出する予算を審議し，承認する。

② 議会が首長の方針に反対であるとき，議会はどのような決議を行うことができるか。次の｛　｝から一つ選んで書きなさい。〔　　　　〕

｛ 議会の解散　再議の請求　不信任　監査（かんさ）請求 ｝

(6) 下線部ⓔについて，地方公共団体間の財政不均衡（ふきんこう）の解消を目的として使いみちを指定せず国が支給する補助金を何というか。〔　　　　〕

2 (1)その地方公共団体の中だけで適用される。(2)地方政治にだけ認められた制度で，直接民主制の仕組みをとり入れたものということができる。(3)条例の制定・改廃などと比べて，必要な署名数が多くなっている。

定期テスト対策問題

学習日　月　日　得点　点

法を守る裁判所／地方の政治と自治

1 次の(1)～(8)の文の下線部が正しければ○を，誤っていれば正しい語句に直して，〔　〕に書きなさい。　(各5点×8　40点)

(1) 裁判は原則として，一つの事件について3回まで受けることができる。これを<u>議院内閣制</u>という。〔　　　〕

(2) 第一審(しん)の判決に不服の場合，より上級の裁判所に第二審を求めることを<u>上告</u>(じょうこく)という。〔　　　〕

(3) 私人(しじん)間の争いを裁く裁判を民事裁判といい，訴(うった)えた方を<u>原告</u>(げんこく)，訴えられた方を被告(ひこく)という。〔　　　〕

(4) 犯罪を裁く裁判を刑事(けいじ)裁判といい，<u>警察官</u>が被疑者(ひぎしゃ)を被告人(ひこくにん)として裁判所に起訴(きそ)する。〔　　　〕

(5) 逮捕(たいほ)や捜索(そうさく)には，<u>警察署</u>が発行する令状(れいじょう)が必要である。〔　　　〕

(6) 裁判官は，自己の良心に従い，独立してその職権を行い，憲法と<u>法律</u>にのみ拘束(こうそく)される。〔　　　〕

(7) 最高裁判所長官は，<u>国会</u>が指名し，天皇が任命する。〔　　　〕

(8) 最高裁判所裁判官は，国民の投票によって適任かどうかを審査(しんさ)される。これを<u>国民投票</u>という。〔　　　〕

2 国会・内閣・裁判所の関係を示した右の図を見て，次の問いに答えなさい。　(各5点×5　25点)

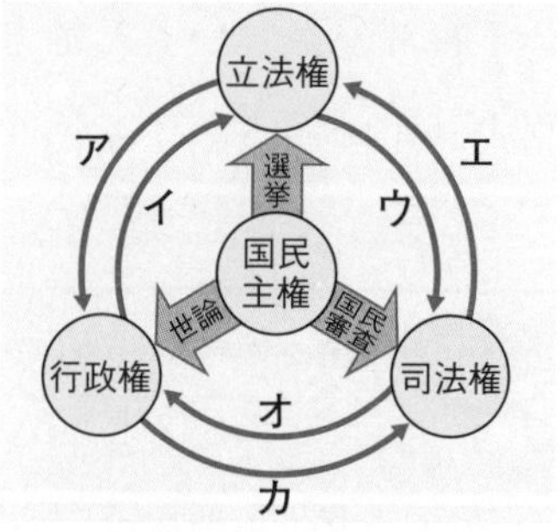

(1) 次の①～④の語句は，図中の**ア**～**カ**のうちのどれにあたるか。記号で答えなさい。

① 衆議院の解散　② 裁判官の弾劾(だんがい)

③ 内閣不信任決議　④ 行政裁判の実施(じっし)

①〔　　〕 ②〔　　〕

③〔　　〕 ④〔　　〕

(2) 国の権力を図のように三つに分けて，たがいに抑制(よくせい)と均衡(きんこう)をはかるようにした仕組みのことを何というか。 〔　　　　　〕

3 次の問いに答えなさい。

(各5点×7 35点)

(1) 右の図は地方公共団体の仕組みである。図を見て，次の①～⑤にあてはまる語句を書きなさい。

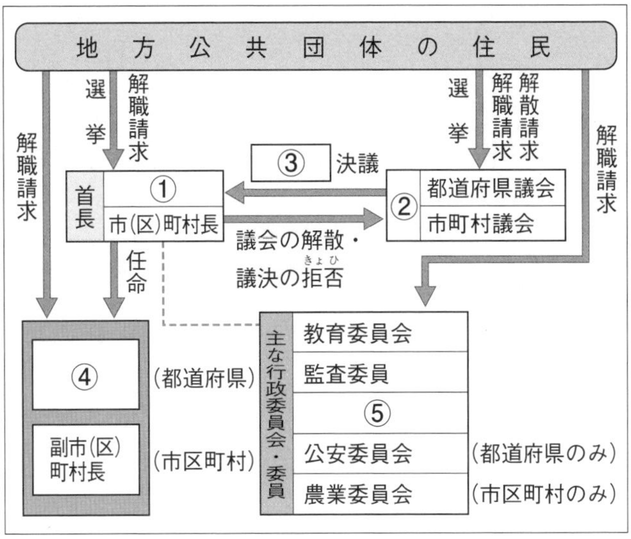

地方公共団体の住民
選挙
解職請求
選挙
解職請求
解散請求
解職請求
解職請求
③ 決議
首長 ①
市(区)町村長
② 都道府県議会
市町村議会
議会の解散・議決の拒否(きょひ)
任命
④ (都道府県)
副市(区)町村長 (市区町村)
主な行政委員会・委員
教育委員会
監査委員
⑤
公安委員会 (都道府県のみ)
農業委員会 (市区町村のみ)

① 都道府県における行政の責任者。 〔　　　　　〕

② 議決機関である。 〔　　　　　〕

③ 議会は，首長の方針に反対であれば，首長に対して議会がもつ権限を行使する。 〔　　　　　〕

④ 都道府県において知事を補佐する人である。 〔　　　　　〕

⑤ 議会の解散請求や首長・議員の解職請求の請求先。〔　　　　　〕

(2) 地方公共団体では，首長も地方議員も選挙で選ぶ。住民が2種類の代表を選ぶような制度を何というか書きなさい。 〔　　　　　〕

(3) 地方の住民がもつ直接請求権について正しく述べた文を次から選び，記号を書きなさい。 〔　　　〕

ア 条約の制定や改廃(かいはい)の請求には，有権者の3分の1以上の署名が必要である。

イ 議会の解散の請求(せいきゅう)には，有権者の50分の1以上の署名が必要である。

ウ 議会の解散の請求が成立した場合は，住民投票が行われ，過半数の賛成票があれば，議会は解散される。

エ 首長に対する解職請求が成立した場合，首長はただちに解職される。

総合問題

学習日　月　日　得点　点

入試問題①

1 次のメモは人権について書かれたものの一部である。これを見てあとの各問に答えなさい。

（(5)Ⅱのみ20点　ほかは各16点×5＝80点）石川県改題

・①フランス人権宣言では，すべての人間が生まれながらにして人権をもつと宣言された。
・20世紀初頭には，②社会権が規定されるようになった。
・日本国憲法は，犯罪の捜査（そうさ）や③裁判などにおいて，身体の自由を保障している。
・日本では，④主権者が政治に参加する権利が保障されている。
・国連で女子差別撤廃（てっぱい）条約が採択され，⑤日本では1985年に男女雇用（こよう）機会均等法が成立した。

(1)　次の**ア**～**エ**のうち，下線部①が出される以前におこったできごとをすべて選び，記号で答えなさい。〔　　　〕

ア　アメリカ独立宣言が出された。

イ　イギリスで名誉（めいよ）革命がおこった。

ウ　世界人権宣言が採択された。

エ　ロシア革命がおこった。

(2)　下線部②について，1919年に世界で初めてこの権利を規定したドイツの憲法を何というか，書きなさい。〔　　　〕

(3)　下線部③について，日本では，三審制（さんしんせい）がとられている。三審制によって当事者の人権を守ることができると考えられているのはなぜか，書きなさい。

〔　　　〕

(4)　下線部④について，有権者60000人のＡ市で条例の制定を請求（せいきゅう）する際に，必要となる有権者の署名数とその請求先の組み合わせとして正しいものを，次の**ア**～**エ**から1つ選び，記号で答えなさい。〔　　　〕

ア　署名数―1200　請求先―市長

イ　署名数―1200　請求先―選挙管理委員会

ウ　署名数―20000　請求先―市長

エ　署名数―20000　請求先―選挙管理委員会

(5) 下線部⑤について，次のⅠ・Ⅱに答えなさい。

Ⅰ　この法は制定後，改正が繰り返されている。次のア～エのうち，現行の法にもとづいて作られた求人広告の内容として，適切なものを１つ選び，その記号を書きなさい。〔　　〕

ア　営業職　募集 募集人数　男性２人 女性２人	イ　看護婦　募集 募集人数　４人
ウ　保育士　募集 募集人数　４人	エ　バスの運転手　募集 募集人数　男性４人

Ⅱ　この法の制定後，企業では**資料１**のような取り組みが進んでいる。こうした取り組みは，女性が働きやすくなるだけでなく，企業の利点にもつながると考えられる。企業の利点とはどのようなことか，**資料２**と**資料３**を関連づけて書きなさい。

〔　　〕

資料１　企業の取り組み
・育児のための短時間勤務を認める。　・社員のための託児所を設置する。
・出産や育児が理由で退職した従業員を，退職前の役職のまま再雇用する。

資料２　日本の生産年齢人口の推移と予測

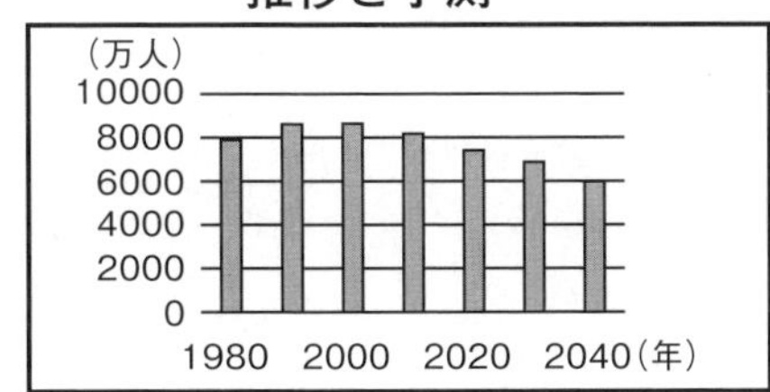

※生産年齢人口は15歳から64歳までの人口を指す。
（総務省ホームページより作成）

資料３　出産・育児で仕事を辞めた女性の再就職に関する希望調査の結果

すぐに働きたい。	26.7%
子どもがある程度の年齢になったら働きたい。	23.9%
時期は決めていないが働きたい。	43.0%
再び働きたいとは思わない。	4.8%
その他	1.6%

（厚生労働省資料より作成）

総合問題

学習日　月　日　得点　点

入試問題②

1 次は，ある中学生が日本国憲法について書いたレポートの一部である。あとの(1)～(6)の問いに答えなさい。答えを選ぶ問いについては1つ選び，その記号を書きなさい。　((6)各30点×2＝60点　その他　各8点×5＝40点) 鹿児島県改題

> ⓐ日本国憲法は，第二次世界大戦後，大日本帝国(ていこく)憲法を改正する手続きをへて成立しました。この憲法は，欧米(おうべい)の近代の憲法と同じようにⓑ立憲主義の考え方にもとづいて作られており，政治が人の支配によってではなく，法の支配にもとづいて行われることが求められています。
>
> 前文には，この憲法が制定された理由や目的が書かれており，国民主権，基本的人権の尊重，平和主義の三つの基本原理から成り立っていることがわかります。基本的人権は，平等権，自由権，ⓒ社会権，参政権などに分けることができ，侵(おか)すことのできない永久の権利とされています。
>
> また，政治の仕組みについては，国の権力は立法，行政，ⓓ司法の三権に分けられ，それぞれ国会，ⓔ内閣，裁判所が担当する三権分立を採用しています。この中でも国会は，国民がⓕ選挙によって選んだ，国民の代表者である国会議員によって構成されており，国権の最高機関と位置づけられています。私たち国民が，主権者として選挙で投票し，自分の意見や考えを政治に反映させていくことが大切だと思います。

(1)　ⓐに関して，次の条文の□にあてはまる同一の言葉を漢字で書け。

〔　　　　〕

> 第１条　天皇は，日本国の□であり日本国民統合の□であって，この地位は，主権の存する日本国民の総意にもとづく。

(2)　ⓑに関して，**資料１**は，人の支配と法の支配を模式的に示したものである。**資料１**を参考にして，法の支配について述べた次の文の［X］に適することばを補い，これを完成さ

資料１

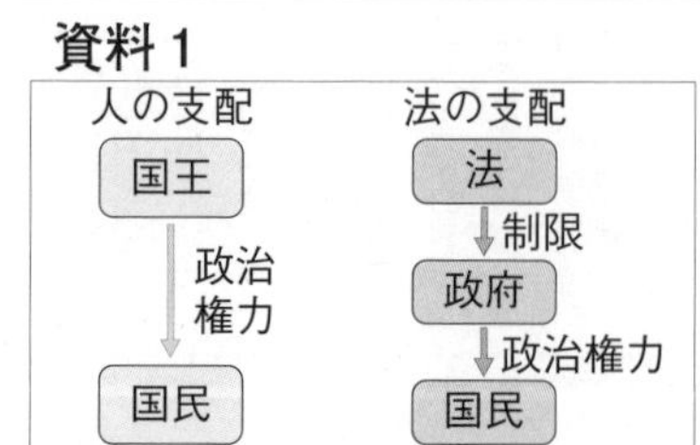

せよ。〔　　　　　　　　　　　　　〕

> 法の支配における法の役割は，［　X　］ために政府の権力を抑制(よくせい)することである。

(3) ⓒについて，社会権が含(ふく)まれる権利の１つとして最も適当なものはどれか。

ア　財産権　　イ　団結権　　ウ　請願(せいがん)権　　エ　黙秘(もくひ)権　〔　　〕

(4) ⓓに関して，日本の司法制度について述べた文として正しいものはどれか。〔　　〕

ア　下級裁判所として，地方裁判所，家庭裁判所，簡易裁判所の３種類が設置されている。

イ　国民から不適任であると訴(うった)えられた国会議員について，弾劾(だんがい)裁判を行うことができる。

ウ　三審制(さんしんせい)がとられており，判決に不服があれば，控訴(こうそ)し，さらに上告(じょうこく)することができる。

エ　国民が参加して民事裁判や刑事(けいじ)裁判を行う裁判員制度が，2009年から行われている。

(5) ⓔに関して，わが国では議院内閣制が採用されている。議院内閣制とはどのような仕組みかを，30字以上40字以内で書け。ただし，信任，責任ということばをつかうこと。

〔　　　　　　　　　　　　　　　　　　　　〕

(6) ⓕに関して，**資料２**は，比例代表制の仕組みを理解するために作成したものである。ドント式で議席を配分した場合，Ｂ党の当選者数は何人か。また，小選挙区制と比較(ひかく)した比例代表制の特徴(とくちょう)を，「小選挙区に比べ」の書き出しに続けて書け。ただし，票，意見ということばを使うこと。

資料２　定数４人の選挙区の各政党の得票数

政党名	Ａ党	Ｂ党	Ｃ党
候補者数	４人	３人	２人
得票数	1200 票	900 票	480 票

当選者数〔　　　　　〕

小選挙区に比べ〔　　　　　　　　　　　　　　〕

総合問題

学習日	得点
月　日	点

入試問題③

1 次の図は，ある生徒が「三権分立」についてまとめたものである。あとの(1)～(4)に答えなさい。

(各10点×6＝60点) 青森県改題

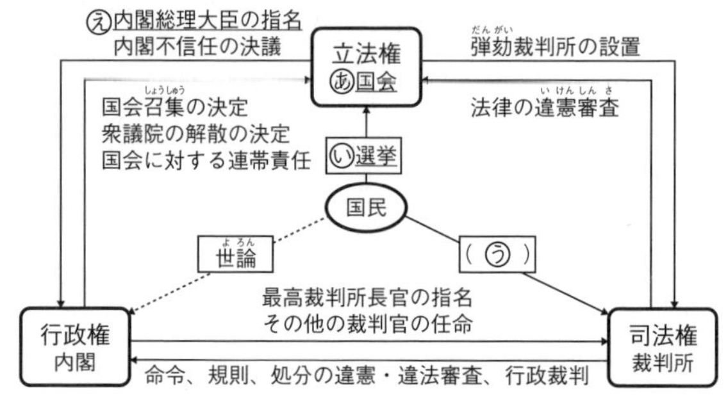

(1) ㋐____について，次の①，②に答えなさい。

① 内閣が必要と認めたとき，または衆議院，参議院いずれかの議員の４分の１以上の要求があった場合に召集される国会を次の１～４の中から１つ選び，番号を書きなさい。

１．常会（通常国会）　　２．特別会（特別国会）　　〔　　　〕

３．臨時会（臨時国会）　４．参議院の緊急集会

② 証人を議院に呼んで質問したり，政府に記録の提出を要求したり，政治全般について調査することができる，衆議院と参議院が持つ権限を何というか，書きなさい。　〔　　　〕

(2) ㋑____について，得票に応じて各政党の議席数を決める選挙制度を何というか，書きなさい。　〔　　　〕

(3) 最高裁判所の裁判官の任命が適切かどうか，直接国民が判断する（㋒）の制度を何というか，書きなさい。　〔　　　〕

(4) ㋓____について，次の資料は，衆議院と参議院での投票結果である。この投票結果にもとづいて，衆議院と参議院が異なる国会議員を指名し，両院協議会を開いても意見が一致しなかった場合に，内閣総理大臣として指名される議員を，資料中のａ～ｄ議員の中から１人選び，その記号を書きなさい。また，その理由も書きなさい。

資料

	a 議員	b 議員	c 議員	d 議員
衆議院	151 票	233 票	63 票	18 票
参議院	150 票	65 票	17 票	10 票

議員：〔　　　〕

理由：〔　　　〕

2 次の文章を読み，あとの(1)～(3)の問いに答えなさい。

((1)・(2)各10点×2＝20点　(3)20点) 千葉県改題

ⓐ日本国憲法は，わが国の最高法規で，ⓑ基本的人権や政治の仕組みなどが定められています。これにもとづいて，立法権を持つ国会，行政権を持つ内閣，ⓒ司法権を持つ裁判所による三権分立がなされ，日本の政治が行われています。

(1) 下線部ⓐに関して，次の文章は，ただしさんが日本国憲法について調べたことをまとめたレポートの一部である。文章中の□に共通してあてはまる適当な語を漢字4字で書きなさい。　〔　　　〕

日本国憲法は，□，平和主義，基本的人権の尊重の三つを基本原理としています。このうち，□とは，国の政治のありかたを最終的に決定する力が私たちにあることを意味します。

(2) 下線部ⓑに関連して，次の**ア**～**ウ**のうち，人権思想に関連することがらを正しく述べているものはどれか。最も適当なものを1つ選び，その符号を書きなさい。　〔　　　〕

ア　フランス人権宣言は,「すべての人は平等につくられ，生命・自由・幸福の追求の権利が与(あた)えられている」と宣言し，アメリカ独立宣言に影響(えいきょう)を与えた。

イ　ドイツのワイマール憲法は,「個人として尊重され，自由に生きる権利」である自由権を，世界で初めて取り入れた憲法である。

ウ　世界人権宣言は,「すべての人間は，生まれながらにして自由であり，かつ，尊厳と権利について平等である。」と宣言し，これを具体化するために，国際人権規約が採択(さいたく)された。

(3) 下線部ⓒに関連して，次の文章は，2009年に始まった，裁判員制度の仕組みの一部について述べたものである。文章中の□にあてはまる適当なことばを,「刑事裁判(けいじさいばん)」「被告人(ひこくにん)」の二つの語を用いて20字以内で書きなさい。

〔　　　〕

裁判員制度は，国民が裁判員として□が有罪か無罪かを判断し，刑罰(けいばつ)の内容を決める制度である。裁判員制度とは，国民の感覚や視点が裁判に反映されると同時に，裁判に対する国民の意識が高められると期待されている。

10 わたしたちの消費生活

1 家計と消費生活 ドリル➡P.146

① **家計**…家庭を単位に営まれる**収入**と**支出**の経済活動のこと。

➡お金が入ることを収入，使うことを支出という。

② **家計の収入の種類**

- **給与収入**(きゅうよ)…勤労者が会社や官庁で働いて得る収入。
- **事業収入**…自営業者や経営者の得る収入。
- **財産収入**…持っている財産を貸すなどして得る収入。

③ **家計の支出の種類**

- **実支出**…消費支出と非消費支出➡財産が減少する支出。
  - 消費支出→生活に必要な商品に使う支出
  - 非消費支出→税金・社会保険料など
- **貯蓄**(ちょちく)…収入から支出を引いたもの。財産の形で残る。
- **選択**…限られた時間と収入から，必要な商品を決めること。
- **支払い方法の多様化**(しはら)…現金ではなくキャッシュレスが普及(ふきゅう)。
  - クレジットカードで支払い…便利だが消費者にとって落とし穴もある。（落とし穴→無計画に買い物をすると返済に苦しむ）
  - 電子マネーの普及…ＩＣ(アイシー)カードやスマートフォンを利用して，現金を持ち歩かなくても買い物ができる。

2 消費者の権利 ドリル➡P.148

① **消費者主権**…消費者が，自分の意見・判断で商品を購入(こうにゅう)する。

- **契約**(けいやく)…売り手と買い手との間の**合意**➡契約を守る義務が発生。
  （契約→契約自由の原則（契約する相手，内容，方法は基本的に自由である））
  契約により消費生活が成り立つ。
- **消費者主権の地位の低下**…近年は，商品の多様化や製品の仕組みの複雑化，不当な宣伝・広告➡消費者が自分の意思と判断によって商品を購入することが難しくなっている。
  （不当な宣伝・広告→マスメディア（テレビ・新聞など）による）
- **消費者問題の増加**…商品の購入などをめぐって発生。
- **消費者運動**…消費者団体をつくって，商品の安全や表示の適正化などを求めて活発に活動。

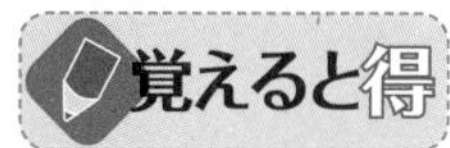

経済
お金のやり取りを通じて，生産と消費を結び付け，くらしを豊かにしていく仕組みのこと。生産されたものを商品といい，形のある商品を財，形のない商品をサービスという。また，求める量に対して商品が少ない状態を希少性があるという。

キャッシュレスの種類
①クレジットカード(代金後払い)②電子マネー③プリペイドカード(代金前払い)など。①は，利用者，お店，クレジットカード会社のやりとりを通じて支払いが行われる。

ミスに注意

★貯蓄…株式や証券の購入，火災保険や生命保険の保険料（かけ金）なども一種の貯蓄である。

② 消費者の権利と保護

- **消費者の地位**…企業に比べて弱い。売る側と買う側の情報の差により，買う側が不利益をこうむるケースが多い。
  ↳正しい情報が提供されないことがある
- **消費者の権利**…安全を求める権利，知らされる権利，選択する権利，意見を反映させる権利➡**ケネディ大統領**が明文化。
  ↳「消費者の四つの権利」 ↳アメリカの大統領。1962年に明文化
- **消費者の保護**…**消費者基本法**，**製造物責任法**，**消費者契約法**。
  2004年施行。消費者の自立を支援↲ ↳1995年施行。PL法ともいう ↳2001年施行
  - 消費者庁…2009年に消費者行政を一元化。
- **クーリング・オフ制度**…訪問販売や電話勧誘などで商品を購入した際，購入後8日以内であれば，消費者が契約を解除できる制度。
- **自立した消費者**…環境への理解・配慮を深める必要がある。
  ↳自分で情報を集め，適切に判断する

③ 消費生活を支える流通 ドリル➡P.150

① 流通の仕組み

- **流通**…商品が生産者から消費者の手元に届くまでの流れのこと。

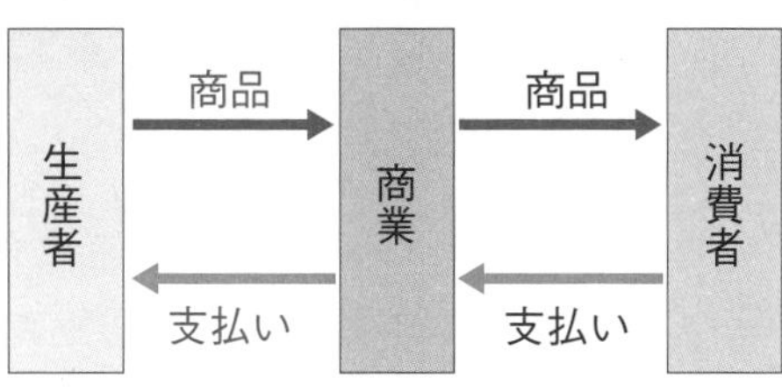

- **流通関連業**…商業が主。流通を助ける多くの産業。
  ↳運輸業・倉庫業・保険業・広告業など
- **流通の経路**…商品によってさまざまな経路がある。

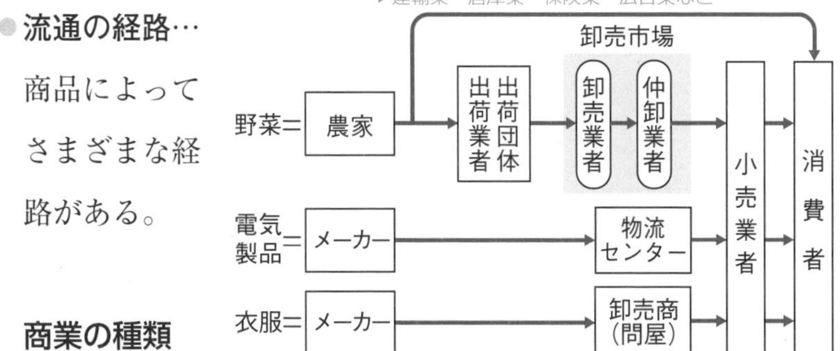

② 商業の種類

- **商業**…流通内での商品の売買で利益を上げること。消費者に直接売る**小売業**と生産者と小売業を結ぶ**卸売業**がある。
  ↳肉屋，コンビニエンスストアなど ↳仲買商，問屋など

③ 流通の合理化

- **流通費用の削減**…生産者から商品の直接仕入れ。商品の一括仕入れ。
  ↳デパートやスーパーマーケットなど ↳フランチャイズ店やチェーン店など
- **流通経路の短縮**…情報通信技術（ICT）の発達➡インターネット・ショッピングなどの普及。
  ↳売り手と買い手を直接結ぶ。在庫費用も大幅に節約

消費者基本法
1968年に制定された**消費者保護基本法**を改正して，2004年6月に施行された。消費者の六つの権利を定め，権利を守るための法整備をするなどし，消費者の自立を支援する法律。六つの権利とは，①安全の確保，②選択の機会の確保，③必要な情報の提供，④教育の機会の提供，⑤消費者の意見の反映，⑥消費者被害の救済である。

製造物責任法（PL法）
欠陥商品による被害について，消費者が商品を作った企業の過失を証明できなくても，損害賠償を受けられることを定めた法律。

消費者契約法
消費者に不利益な情報を伝えないなど，要件にあてはまる契約を一定期間取り消せる法律。契約に不当な項目があった場合も，その部分は無効になる。

わたしたちの消費生活

1 次の文の｛ ｝の中から，正しい語句を選んで書きなさい。

チェック P.142 1，2，P.143 3（各６点×５　30点）

(1) それぞれの家庭が営む経済活動を｛ 家計　消費 ｝という。
［　　　　　］

(2) 支出のうち，食料品，衣服，娯楽，教育，医療などに関する支出を｛ 貯蓄　消費支出 ｝という。［　　　　　］

(3) ICカードやスマートフォンを利用して，現金を持ち歩かなくても買い物ができるのは，｛ 株式や証券　電子マネー ｝が普及したからである。
［　　　　　］

(4) 消費者主権とは，経済の主権者が｛ 企業　消費者 ｝であるということ。
［　　　　　］

(5) 商品が生産者から消費者の手元に届くまでの流れのことを｛ 流通　契約 ｝という。［　　　　　］

2 次の文にあてはまる法律や制度名を，下の［　］から選んで書きなさい。

チェック P.143 2（各６点×４　24点）

(1) 安全・選択の機会の確保，情報や教育の機会の提供，消費者の意見の反映と被害の救済などを消費者の権利とし，国や地方公共団体が支援する。
［　　　　　］

(2) 製品の欠陥による被害は，消費者が製品を使った会社の過失を証明しなくても，企業は消費者に責任を負わなければならない。［　　　　　］

(3) 訪問販売などで商品を購入した際，購入後８日以内であれば，理由にかかわらず契約を解除できる。［　　　　　］

(4) 訪問販売に限らず，業者側の不適切な勧誘があった場合などは，(3)の答えより長い期間で契約の取り消しができる。［　　　　　］

クーリング・オフ制度　　消費者基本法　　消費者契約法　　製造物責任法

3 右のグラフを見て，次の問いに答えなさい。

チェック P.142❶ (各５点×５ ㉕点)

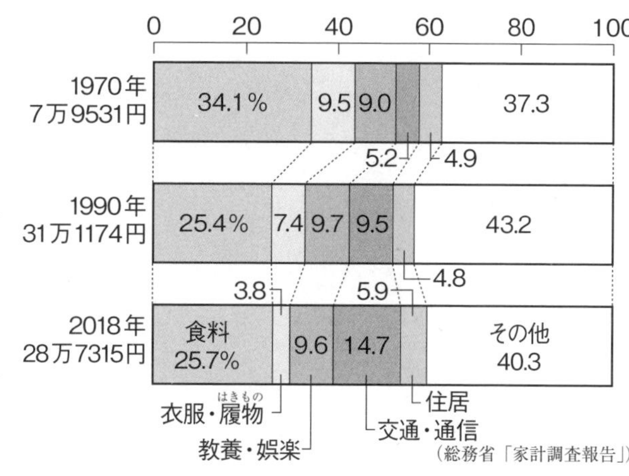

（総務省「家計調査報告」）
▲消費支出の内訳の推移

(1) 消費支出の額が最も多かったのは，何年か。

〔　　　　〕

(2) 消費支出の中で，最も割合が大きいものは何か。

〔　　　　〕

(3) 年々割合が減っているものは何か。

〔　　　　〕

(4) 2018年の割合が，1970年の割合の２倍以上になっているものは何か。

〔　　　　〕

(5) (4)の理由として考えられるものを，｛　｝の中から選んで書きなさい。

｛ スマートフォンの普及(ふきゅう)　　カラーテレビの普及 ｝ 〔　　　　〕

4 右の二つのグラフを見て，次の問いに答えなさい。

チェック P.142・143❷ (各７点×３ ㉑点)

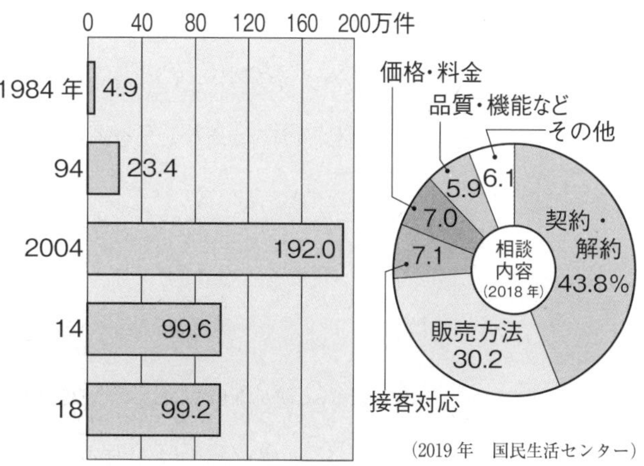

（2019年　国民生活センター）
▲消費者からの相談の受付件数の推移（左）とその内訳（右）

(1) 相談件数が一番多かった年は何年か。

〔　　　　〕

(2) 相談の内訳として，最も多いものは何か。

〔　　　　〕

(3) 経済の主権者は，企業と消費者のどちらか。

〔　　　　〕

1 家計と消費生活

基本

1 次の文の｛　｝の中から，正しい語句を選んで書きなさい。

チェック P.142 1（各６点×５　30点）

(1)　家計とは，家庭を単位に営まれる｛　販売　　経済　　生産　｝活動のことである。
〔　　　　　　〕

(2)　会社や官庁で働いて得る収入は，｛　事業収入　　給与収入　　財産収入　｝である。
〔　　　　　　〕

(3)　農業を営んだり，商店や工場を経営したりして得るのが，｛　事業収入　　給与収入　　財産収入　｝である。
〔　　　　　　〕

(4)　土地や家屋の地代・家賃，および，銀行などに預金した利子などは，｛　事業収入　　給与収入　　財産収入　｝である。
〔　　　　　　〕

(5)　家計の支出のうち，食料費や住居費などに要した支出を｛　消費支出　　生活支出　　所得支出　｝という。
〔　　　　　　〕

2 家計の支出の内訳を示した下の表を見て，次の問いに答えなさい。

チェック P.142 1（各７点×３　21点）

◇　表中のA～Cにあてはまる語句を，下の［　］から選んで書きなさい。

A〔　　　　　　〕

B〔　　　　　　〕

C〔　　　　　　〕

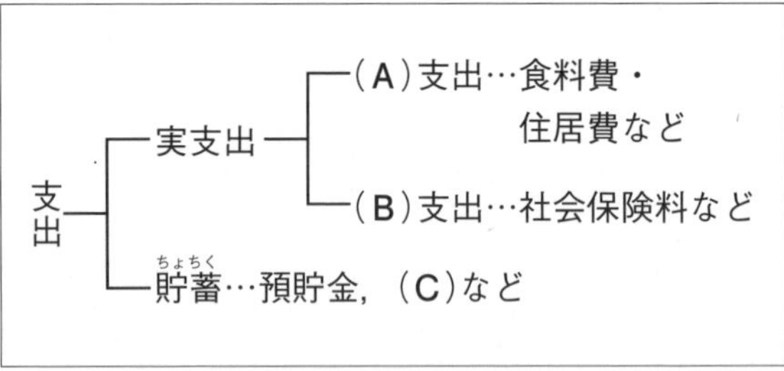

消費　　税金　　非消費　　電子マネー　　被服費　　保険料

1　(2)会社や官庁で働く人がもらう給料，賃金など。　(3)自営業者や経営者の得る収入で，事業所得とも呼ばれる。

2　A，Bとも財産が減少する支出である。C預貯金だけが貯蓄ではないことに注意。

学習日	得点
月　日	点

10 わたしたちの消費生活

スタートドリル　書き込みドリル❶　書き込みドリル❷　書き込みドリル❸　まとめのドリル

発展

3 右の図は収入の種類を示したものである。次の問いに答えなさい。

⇦チェック P.142❶（各5点×5　㉕点）

(1) 文中の［　］㋐・㋑にあてはまる語句を書きなさい。

［ ㋐ ］とは，家庭を単位に営まれる収入と支出の［ ㋑ ］活動のことである。

収入
- A …会社や官庁で働いて得る収入
- B …自営業者や経営者の得る収入
- C …地代・家賃・利子・配当金などの収入

㋐〔　　　　〕　㋑〔　　　　〕

(2) 図中のA～Cにあてはまる所得の種類名を書きなさい。

A〔　　　　〕　B〔　　　　〕　C〔　　　　〕

4 次の文を読んで，あとの問いに答えなさい。

⇦チェック P.142❶（各8点×3　㉔点）

生活の仕方が変わるにつれて，家計の支出の内容も変化して，食費などの［ ㋐ ］支出以外の支出も増えてきている。また，買い物の支払い（しはら）方法もⓐクレジットカードなどが普及（ふきゅう）して，ⓑ多様化している。

(1) ［ ㋐ ］にあてはまる語句を書きなさい。

〔　　　　〕

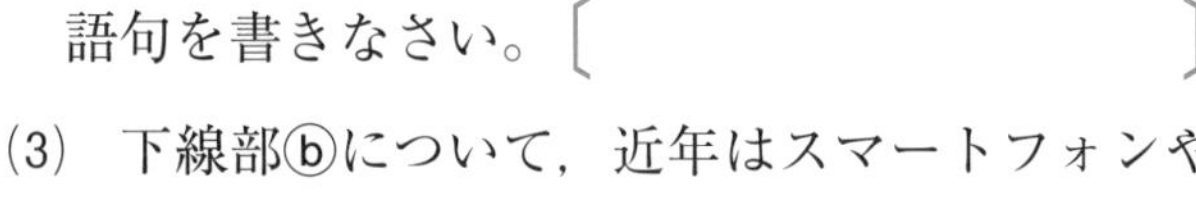

(2) 下線部ⓐについて，右の図のAにあてはまる語句を書きなさい。〔　　　　〕

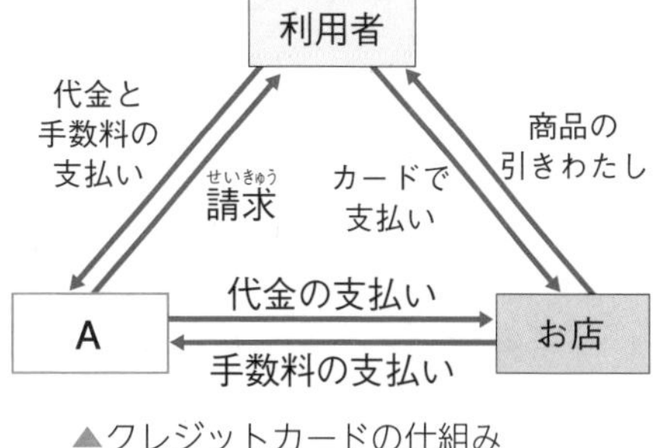

▲クレジットカードの仕組み

(3) 下線部ⓑについて，近年はスマートフォンやＩＣカードを利用して，現金を持たなくても買い物ができる。これを何というか答えなさい。〔電子　　　　〕

得点upコーチ

3 (2)収入には，勤労で得る収入，自営業者や経営者の得る収入，財産などを貸して得る収入の三種類がある。

4 (1)支出には社会保険料などの非消費支出と，もう一つある。

② 消費者の権利

基本

1 次の文の｛　｝の中から，正しい語句を選んで書きなさい。

チェック P.142②（各7点×5　35点）

(1) 消費者が，自分の判断で商品を選択，購入できることを｛ 消費者主権　国民主権　平和主義 ｝という。〔　　　　　〕

(2) 売り手と買い手との間の合意を｛ 貯蓄　契約　流通 ｝という。〔　　　　　〕

(3) 現金を使わずに｛ クレジットカード　プリペイドカード ｝を利用すれば，後払いで商品を購入できる。〔　　　　　〕

必出 (4) 訪問販売などで商品を購入した場合，8日以内であれば違約金なしで契約を解除できる制度を｛ クーリング・オフ制度　キャッチセールス　マルチ商法 ｝という。〔　　　　　〕

必出 (5) 製品の欠陥により消費者が被害を受けたとき，消費者が企業の過失を証明できなくても，損害賠償を受けられることを定めた法律が｛ 消費者救済法　製造物責任法　消費者基本法 ｝である。〔　　　　　〕

2 次の文の〔　〕にあてはまる語句を，下の｛　｝から選んで書きなさい。

チェック P.143②（各7点×3　21点）

消費者が消費者としての権利を持つことを初めて明文化したのは，アメリカ大統領の〔(1)　　　　　〕である。彼が1962年にかかげた「〔(2)　　　　　〕を求める権利」「知らされる権利」「〔(3)　　　　　〕する権利」「意見を反映させる権利」の四つの権利は，諸外国に影響を与えた。

｛ 選択　解約　ケネディ　安全　購入　ルーズベルト ｝

1 (2)書面などを交換しなくても成立する。(5)製品を製造した企業に消費者救済を義務づけた法律。

2 (1)1962年という年代に注目。(2)消費者にとって最も重要なことである。

学習日	得点
月　日	点

発展

3 次の文の〔　〕に，あてはまる語句を書きなさい。

チェック P.142②（各６点×４　24点）

〔(1)　　　　　　〕とは，消費者は自分の意見と判断で自由に商品を購入してよいということである。また，〔(2)　　　　　　〕とは，お互（たが）いの合意は内容，方法などに関して基本的に自由であることを示す。

しかし，近年は，商品が多様化し，製品の仕組みも複雑になって，消費者が商品の質や性能を判断することが難しくなってきている。また，不当な広告・宣伝で衝動（しょうどう）買いに走らされるなど，(1)は弱まってきている。そのような消費者を保護するため，2009年に〔(3)　　　　　　〕が設立され，消費者行政が一元化された。また，商品の製造者の責任を明確にした〔(4)　　　　　　〕（PL法）の施行（しこう）など，消費者保護のさまざまな策がこうじられている。

必出

4 消費者問題について，次の問いに答えなさい。

チェック P.143②（各５点×４　20点）

(1)　消費者行政を一元的に行う役所名を書きなさい。〔　　　　〕

(2)　消費者保護の確立をめざして，国や地方公共団体が支援（しえん）することを定めた法律名を書きなさい。〔　　　　〕

(3)　製品の欠陥によって消費者がこうむった被害は，企業の過失の有無にかかわらず，企業が責任を負うとする法律名を書きなさい。〔　　　　〕

(4)　訪問販売や電話勧誘（かんゆう）などで商品を購入した場合，購入後８日以内であれば理由にかかわらず契約を解除できる制度を答えなさい。

〔　　　　〕制度

3　(3)食品の表示基準，悪質な商法の予防と被害者救済などが業務。
(4)1995年施行の法律。

4　(4)原則として８日間である。自動車など商品によっては対象外となる。

③ 消費生活を支える流通

基本

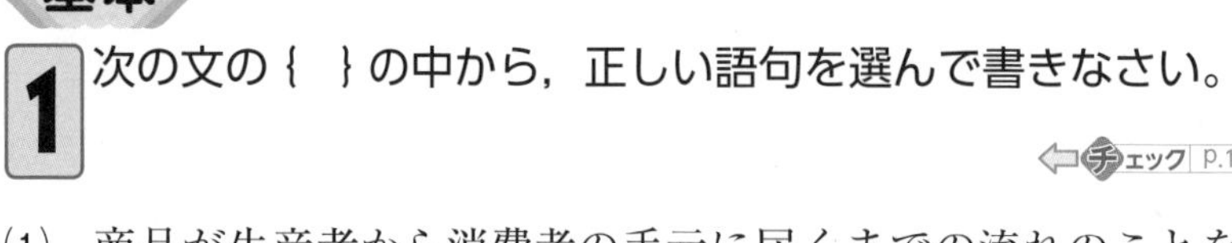

1 次の文の｛　｝の中から，正しい語句を選んで書きなさい。

チェック P.143③（各5点×4　20点）

(1) 商品が生産者から消費者の手元に届くまでの流れのことを｛ 流通　金融（きんゆう）　サービス ｝という。〔　　　〕

(2) 流通業の中心は｛ 建設業　製造業　商業 ｝である。〔　　　〕

(3) 商業は卸売業（おろしうりぎょう）と｛ 小売業　製造業　畜産業（ちくさん） ｝に分けられる。〔　　　〕

(4) 卸売業には，仲買商や｛ デパート　スーパーマーケット　問屋 ｝がある。〔　　　〕

2 商品の基本的な流通経路を示した右の図を見て，次の問いに答えなさい。

チェック P.143③（各6点×5　30点）

(1) 図中のA～Dにあてはまる語句を，あとの［　］から選んで書きなさい。

A〔　　　〕
B〔　　　〕
C〔　　　〕
D〔　　　〕

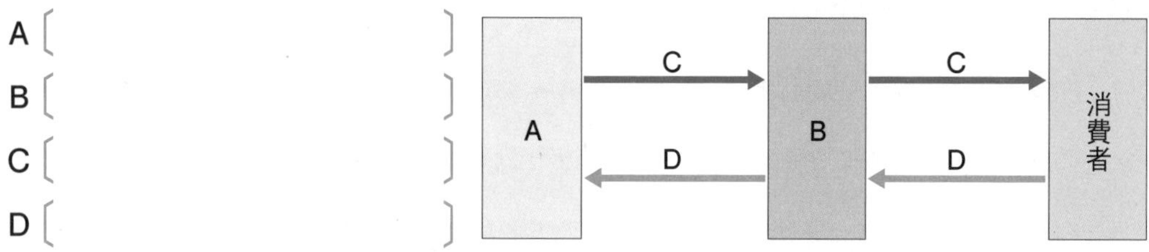

税金　消費支出　商品　生産者　銀行　商業　利子　支払い（しはら）

(2) 図中のCの流通を助ける企業（きぎょう）を次から一つ選び，記号で答えなさい。〔　　〕

ア　旅館やホテルを経営する企業　　イ　乗用車を製造する企業

ウ　魚介類（ぎょかいるい）を冷凍車（れいとうしゃ）で運送する企業　　エ　プロスポーツを経営する企業

得点upコーチ

1 (3)商業は品物を売って利益を得る。(4)卸売業は生産者や輸入業者から品物を買い，小売店に売って利益を得る。

2 (1)Aは農業や魚介類の養殖（ようしょく）業者などが，Bは問屋やデパートなどが相当する。

学習日　月　日　得点　点

発展

3 右の図を見て，次の問いに答えなさい。

チェック P.143③ (各6点×5　30点)

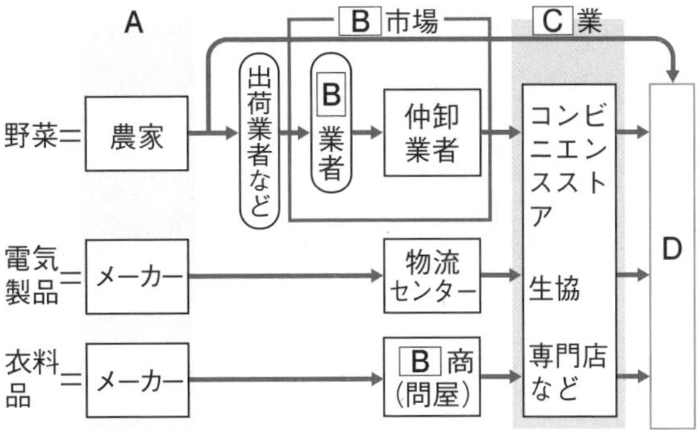

必出 (1) 図中のA，Dにあてはまる語句を書きなさい。

A〔　　　　〕

D〔　　　　〕

(2) 図中のB，Cにあてはまる語句を書きなさい。

B〔　　　　〕

C〔　　　　〕

(3) 図のような，商品が生産者から消費者の手元に届くまでの流れを何というか書きなさい。〔　　　　〕

4 次の問いに答えなさい。

チェック P.143③ (各5点×4　20点)

(1) 次の①，②の説明にあてはまることばを書きなさい。

① 流通内で，生産者と小売業を結ぶ商業のこと。〔　　　　〕

② 流通経路の短縮を可能にし，インターネットショッピングの普及(ふきゅう)などにも貢献(こうけん)した技術のこと。〔　　　　〕

(2) 商品の流通を助ける次の産業を何というか。

① 商品をトラックや船などを使って運ぶ。〔　　　　〕

② 商品を建物内などに保管する。〔　　　　〕

3 (3)近年，AとDが直接取引をすることも増えている。

わたしたちの消費生活

1 家計の収入と支出について，下の文を読んで，あとの問いに答えなさい。

チェック P.142 1（各8点×4　32点）

家計の収入は，三つの種類に分けられる。これらの収入は，いろいろな目的で支出される。なかでも消費支出が大きな割合を占めている。このほかにも，非消費支出や実支出以外の支出もある。

(1) 下線部について，次の①，②にあてはまる所得の種類を書きなさい。

① 農業経営によって得た収入。〔　　　　〕収入

② 預金や株式による利子・配当の収入。〔　　　　〕収入

(2) 家計の実支出にあたるものを，ア～カから二つ選び，記号で答えなさい。〔　　〕〔　　〕

ア 翌月へのくりこし金　イ 株式の買い入れ金　ウ 税金

エ 火災保険のかけ金　オ 社会保障費の負担金　カ 生命保険のかけ金

2 右の図を見て，次の問いに答えなさい。

チェック P.143 3（各8点×4　32点）

(1) 図のように，商品が生産者から消費者の手元に届くまでの流れを何というか答えなさい。〔　　　　〕

(2) 図中の⟶は，何の流れをしめしたものか答えなさい。〔　　　　〕

(3) 図中のAにあてはまる商業の種類名を書きなさい。〔　　　　〕

(4) 図中の小売業にあてはまらないものを，次のア～エから選び，記号で答えなさい。〔　　〕

ア 生活協同組合　イ 問屋　ウ コンビニエンスストア　エ 肉屋

1 (1)①事業所得ともいう。②家を貸したり，株の配当など，財産を他人に貸して得た収入。(2)財産が減る支出。保険のかけ金などは貯蓄の一種。

2 (3)生産者と小売業者の間に入る。

3 消費者の権利について，次の問いに答えなさい。

チェック P.142 2 (各9点×4 36点)

現代の社会は，消費社会と呼ばれるほど，消費はわたしたちの生活に浸透(しんとう)している。この日常生活で使うサービスのほとんどが企業(きぎょう)で生産されている。商品もそれにつれて多様化，複雑化し，①消費者が品質や性能を判断することが困難になっている。

また，激しい市場競争の中で営まれる，今日の経済活動は，宣伝や販売(はんばい)活動も活発で，なかには誇大(こだい)広告や，②街頭での強引(ごういん)な勧誘(かんゆう)・販売が行われており，被害(ひがい)も少なくない。

消費者運動の先進国アメリカ合衆国のケネディ大統領は，③消費者の四つの権利を明文化した。日本でも2004年に④消費者の利益を守る法律が施行(しこう)された。

(1) 下線部①に関連して，製品の欠陥(けっかん)によって被害を受けた消費者に対して，消費者が企業の過失を証明しなくても，企業はその賠償(ばいしょう)責任を負うと定めた法律が，1995年に施行された。この法律名を書きなさい。 〔　　　　　〕

(2) 下線部②に関連して，訪問販売などで結んだ契約(けいやく)は，一定期間内であれば無条件で解除(かいじょ)できるという制度の名前を書きなさい。 〔　　　　　〕

(3) 下線部③に関して，消費者の四つの権利にあてはまらないものを，ア～エから選び，記号で答えなさい。 〔　　〕

ア　安全を求める権利

イ　被害の救済を受ける権利

ウ　意見を反映させる権利

エ　知らされる権利

(4) 下線部④の法律名を書きなさい。 〔　　　　　〕

3 (1)製造した物の責任は企業にある。(2)(3)消費者にとっては，当然の権利と考えられるもの。(4)消費者を保護する法律。

11 生産の仕組みとはたらき

1 生産と企業 ドリル➡P.158

① **生産する主体**

- **生産**…商品を，人の労働を通じて作り出すこと。
- **企業**…生産を行う組織体のこと。企業の生産活動は，**土地・資本・労働力**という三つの要素で決まる。企業は，生産で商品を生みだし，商品を販売して**利潤（利益）**を得ていくことが目的。

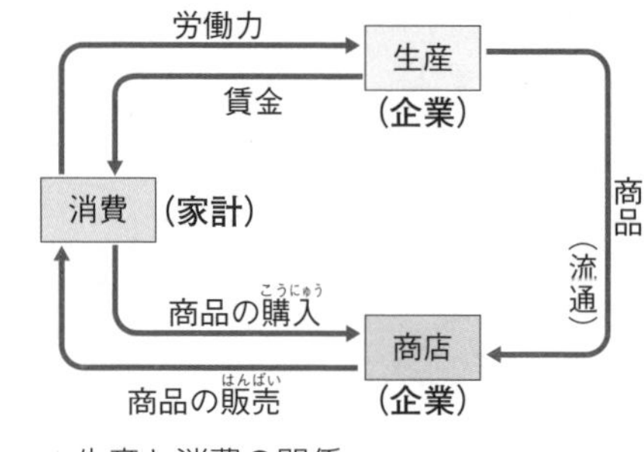

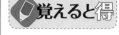

▲生産と消費の関係

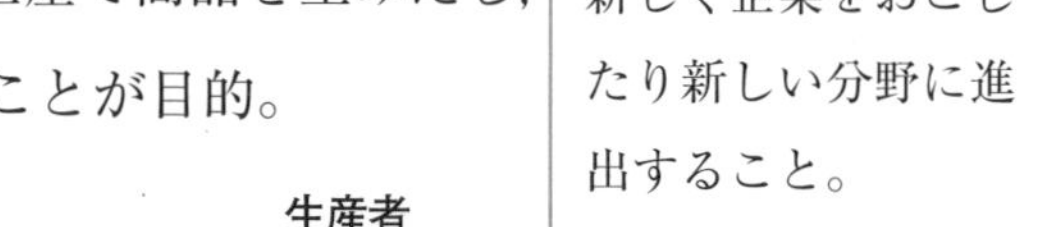

② **資本主義経済**…個人や企業が行う，利潤を目的とした活動を通じて営まれる経済のこと。

- **分業**…得意な分野の生産を担当する，または分け合うこと。
  └▶生産性の向上が図れる

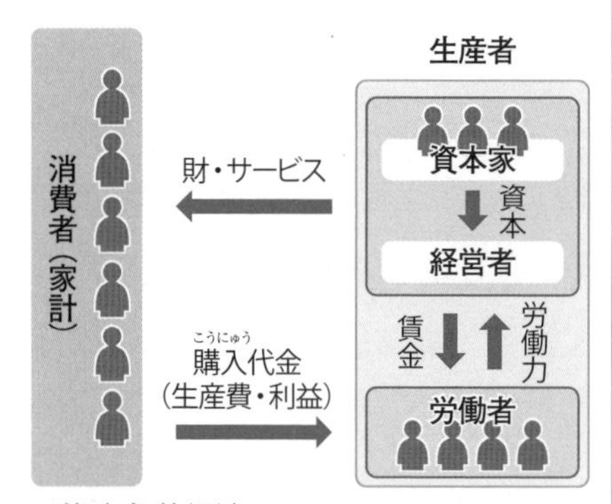

▲資本主義経済

- **資本**…企業が持っている資金や原材料・道具など。
- **技術革新**…企業は利潤を得るため，効率的な生産方法や，消費者の求める商品を開発する。その過程で生まれた画期的な研究成果のこと。

覚えると得

利潤
商品を売り上げた金額から，生産にかかった費用などを引いて残るもうけのことをさす。

起業
新しく企業をおこしたり新しい分野に進出すること。

資本
企業が持つ設備，原材料，道具などをさす。

③ **企業の種類**

- **私企業（民間企業）**…利潤を目的とする企業のこと。
- **公企業**…国や地方公共団体の資金をもとに，社会のために，運営される企業のこと。

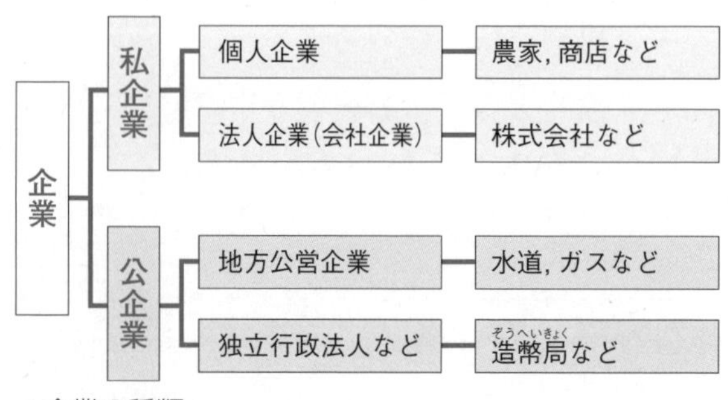

▲企業の種類

- **中小企業と大企業**…日本の企業は，資本金や従業員数などで，中小企業（建設業・卸売業に多い）と大企業（流通・金融業に多い）に分類される。
- **ベンチャー企業**…革新的な商品やサービスを提供する企業のこと。

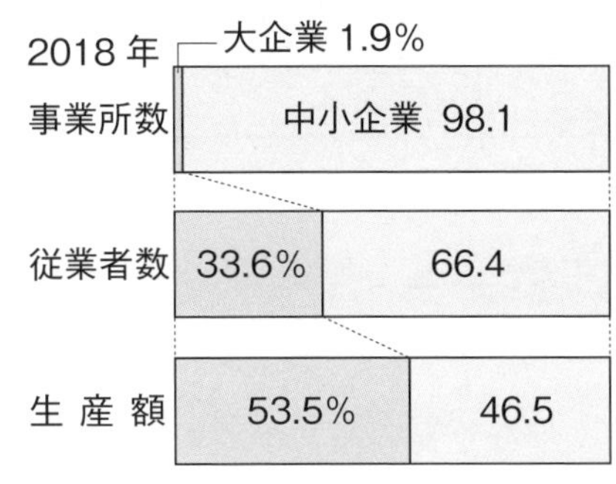

▲大企業と中小企業の割合

中小企業と大企業

中小企業は下請けとして大企業の仕事をにない，日本の経済の基礎を支えてきた。世界に誇る技術をもつ企業が多い一方，後継者に悩む企業も増えてきている。

② 株式会社の仕組み ドリル➡P.160

① **株式会社**…株式を発行し，それを購入してもらうことで資金を集める会社のこと。

- **株主**…株式会社から発行された**株式**を購入（投資という）した個人や法人のこと。
- **株主総会**…株主が出席し，経営方針や役員の決定を行う。株式会社の最高の議決機関。
- **配当**…株主が受け取る，利潤の一部のこと。

株主（個人，法人）
出席　配当　株式　出資
株主総会　証券会社
説明　議決　配当　株式　出資
取締役会　具体的方針の決定
利益　資金　生産
役員　社員　労働力
株式会社

▲株式会社の仕組み

- **有限責任**…株主は，株式を持っている企業が倒産しても，投資した金額の範囲内で責任を負えばよい。

② **株式の売り買い**

- **証券取引所**…株式が売買されているところ。
- **株価**…株式の値段のこと。利潤が多くでた企業や，よい商品を開発して多くの利潤が見込めそうな企業の株式は人気が高くなり，株価が上がる。逆にその企業にとって悪いことがおきると，株価が下がる。また，株価は実際の利潤によらず，人々の過度の期待で大きく変動することもある。

覚えると得

企業の社会的責任（CSR）

企業の活動は社会に大きな影響を与えるため，環境の保守，人権の保護，地域への貢献など社会的な責任を果たすべきであるという経営の理念。

生産の仕組みとはたらき

1 次の文の｛　｝の中から，正しい語句を選んで書きなさい。

チェック P.154 1 (各4点×5　20点)

(1) 財やサービスを，人の労働を通じて生み出すことを｛ 生産　消費 ｝という。〔　　　〕

(2) 商品を生み出し，利潤(りじゅん)を得ることを目的とした組織体を｛ 企業(きぎょう)　公共団体 ｝という。〔　　　〕

(3) 利潤を得ることを目的とした活動を通じて，さまざまなものが循環(じゅんかん)する経済のことを｛ 社会主義　資本主義 ｝経済という。〔　　　〕

(4) 国や地方公共団体の資金をもとに運営されるのは｛ 公企業　私企業 ｝である。〔　　　〕

(5) 効率的な生産方法や，商品を開発するために研究を重ね，その結果生み出された画期的な成果のことを｛ 技術革新　産業革命 ｝という。〔　　　〕

2 次の文の〔　〕にあてはまる語句を，□から選んで書きなさい。

チェック P.155 2 (各5点×7　35点)

(1) 株式を発行し，それを購入(こうにゅう)してもらうことで資金を集める会社のことを①〔　　　〕といい，株式を購入した個人や法人のことを②〔　　　〕という。

また，(②)は，利潤の一部を③〔　　　〕として受けとったり，会社の経営方針や役員の決定を行う④〔　　　〕に出席したりできる。

(2) 株式は，①〔　　　〕などで売買されている。株式の値段である②〔　　　〕は，売買により変動する。

(3) 近年，企業は利潤を求めるだけでなく，環境の保護や地域貢献(こうけん)などの〔　　　〕を果たすことも求められている。

株主総会　企業の社会的責任　株式会社　株価
配当　株主　証券取引所

3 次の二つの図を見て，あとの問いに答えなさい。

チェック P.155 2 (各6点×5　30点)

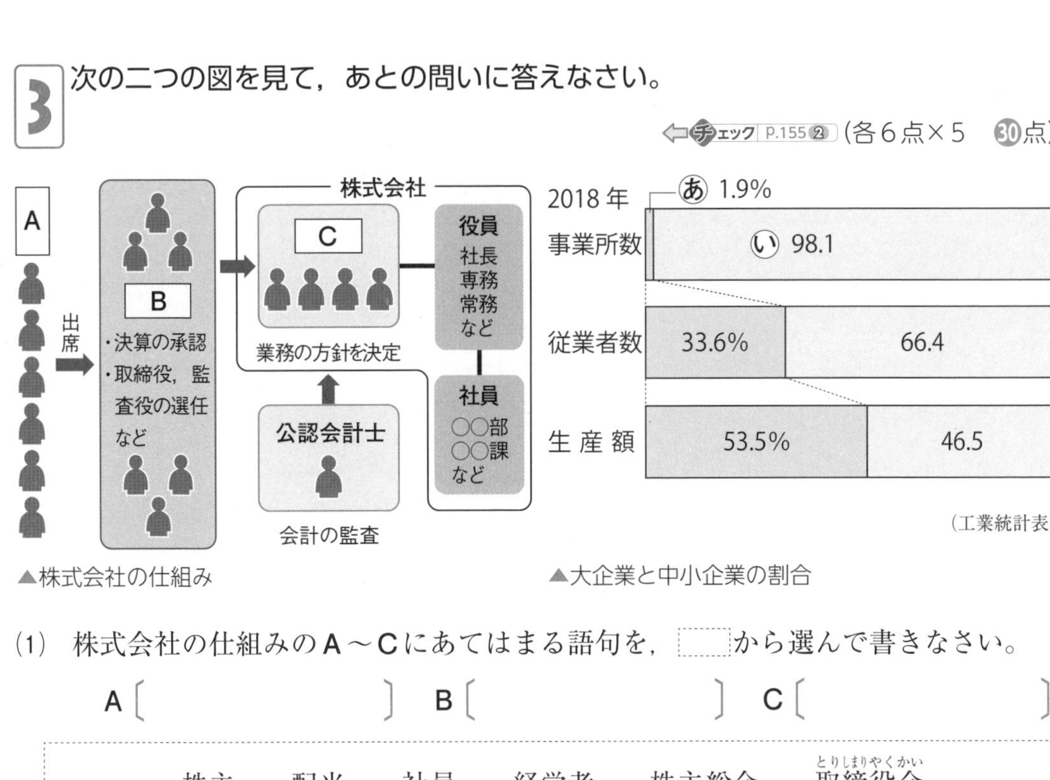

▲株式会社の仕組み

▲大企業と中小企業の割合

(1) 株式会社の仕組みのA～Cにあてはまる語句を，[　　]から選んで書きなさい。

A〔　　　　〕　B〔　　　　〕　C〔　　　　〕

株主　　配当　　社員　　経営者　　株主総会　　取締役会（とりしまりやくかい）

(2) 大企業と中小企業の割合のグラフで，ある一定の従業員数，資本金規模を境に大企業と中小企業を分ける。あ・いはそれぞれ何企業となるか書きなさい。

あ〔　　　　〕　い〔　　　　〕

4 次の文にあてはまる企業の種類を，右の表のア～エから一つずつ選び，記号で答えなさい。

チェック P.154 1 (各5点×3　15点)

(1) 農家や個人商店がこの形をとることが多い。〔　　〕

(2) 水道，バスなどを運営する企業。〔　　〕

(3) 造幣局（ぞうへいきょく），国立科学博物館など。〔　　〕

私企業	ア　個人企業
	イ　法人企業(会社企業)
公企業	ウ　独立行政法人など
	エ　地方公営企業

1 生産と企業

基本

1 次の文の｛　｝の中から，正しい語句を選んで書きなさい。

チェック P.154 1（各5点×4　20点）

(1)　生産活動を支える三つの要素は，土地・資本・｛　労働力　　法律　　株式　｝である。〔　　　　〕

(2)　財やサービスを生産する企業を新しく作ったり，新しい分野の事業に乗り出すことを｛　起業　　倒産　　投資　｝という。〔　　　　〕

(3)　革新的な商品やサービスを提供する企業を｛　ベンチャー企業　　中小企業　　独立行政法人　｝という。〔　　　　〕

必出 (4)　企業が環境保護や地域貢献などの社会的責任を果たすべきであるという経営理念を｛　CSR　　EU　　ICT　｝という。〔　　　　〕

2 次の文の〔　〕にあてはまる語句を，下の［　］から選んで書きなさい。

チェック P.154 1（各5点×4　20点）

(1)　企業は，商品の〔　　　　〕や，その商品の流通をになっている経済活動の重要な主体である。

(2)　利潤を第一の目的とする企業を〔　　　　〕という。

(3)　得意で専門的な分野の生産を担当する仕組みを〔　　　　〕という。

(4)　日本の企業数の99%以上を占める〔　　　　〕は，主に下請けとしての仕事をにない，日本経済を支えている。

中小企業　　私企業　　生産　　分業　　公企業　　サービス

1　(2)事業を起こすことである。
(4)Corporate Social Responsibilityの略。

2　(4)大企業・中小企業の境界は，業種によって違うので注意。

学習日　月　日　得点　点

11 生産の仕組みとはたらき

スタートドリル　書き込みドリル❶　書き込みドリル❷　まとめのドリル

発展

3 企業の種類を示した右の図を見て，次の問いに答えなさい。

チェック P.154 ❶③（各8点×5　40点）

(1) 図中の①～④にあてはまる語句を書きなさい。

①〔　　〕
②〔　　〕
③〔　　〕
④〔　　〕

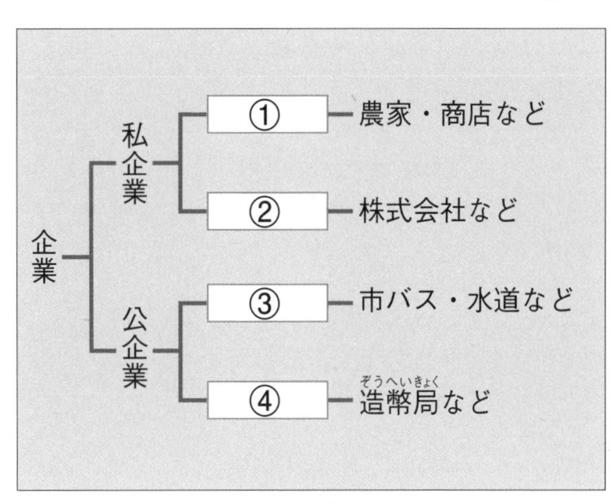

(2) 図中の私企業は何を求めて営まれているか，答えなさい。〔　　〕

必出

4 次の文章を読んで，あとの問いに答えなさい。

チェック P.155 ❶（各10点×2　20点）

企業は大企業と中小企業に分類されます。大企業は大量生産や大量（　①　）を行います。中小企業は，大企業の（　②　）として部品をつくるなど，日本の生産を支えています。

(1) ①，②にあてはまる語句として，正しいものを次の**ア**～**ウ**から選び，記号で答えなさい。〔　　〕

ア　①販売（はんばい）　②元請け　　**イ**　①販売　②下請け　　**ウ**　①消費　②元請け

(2) 日本で数が多いのは，大企業ですか，中小企業ですか。〔　　〕

3　(1)公企業とは，公共の利益や財政収入を目的に営まれる企業のこと。③地方公共団体が経営する企業である。

4　(2)中小企業には高い技術力を売りにしている所もある。

② 株式会社の仕組み

基本

1 次の文の｛　｝の中から，正しい語句を選んで書きなさい。

チェック P.155② (各4点×5　20点)

(1) 株式会社は｛ 資本金　法人　株式 ｝を発行して，それを購入(こうにゅう)してもらうことで資金を集めている。〔　　　　〕

必出 (2) 株主が出席し，経営方針や役員の決定を行う会を｛ 株主総会　株式会社　公聴会 ｝という。〔　　　　〕

(3) 株が売買されるところを｛ 株主　証券　株式 ｝取引所という。〔　　　　〕

(4) 株主が責任を負うのは，投資した金額の範囲(はんい)内でよいということを｛ 無限　有限　時効 ｝責任という。〔　　　　〕

必出 (5) 企業(きぎょう)は，利益を上げる以外にも，社会に対して責任を持つべきだという考え方を，｛ CSR(シーエスアール)　WHO(ダブリューエイチオー)　WPO(ダブリューピーオー) ｝という。〔　　　　〕

2 次の文の〔　〕にあてはまる語句を，下の□から選んで書きなさい。

チェック P.155② (各5点×4　20点)

(1) 利潤(りじゅん)が多く出た企業や良い商品を開発した企業の株価は〔　　　　〕。

(2) 株式会社は，利潤の一部を〔　　　　〕という形で株主に配る。

(3) 個人や法人が株式を購入することを，〔　　　　〕という。

(4) 企業は社会に大きな影響(えいきょう)を与えるため，人権の保護，〔　　　　〕の保守，地域への貢献(こうけん)など，企業の社会的責任を果たすべきである。

資本　配当　売買　上がる　下がる　投資　環境

1 (3)ここで自社の株式が取引されることが認められることを上場という。

2 (3)購入した株価が上がったときに売れば，差額を利潤とすることが出来る。

学習日　月　日　得点　点

発展

3 次の文を読んで，あとの問いに答えなさい。

チェック P.155② (各6点×5　30点)

資金を集めるために(　①　)を発行し，その資金で作られる企業を株式会社という。株式を持つ人を(　②　)といい，企業の利潤の一部を受け取る(　③　)や，株式を(　④　)で売買することで利益を得る。

(1) ①～④にあてはまることばを書きなさい。

①[　　　　] ②[　　　　]

③[　　　　] ④[　　　　]

(2) 株式の値段のことを何というか書きなさい。 [　　　　]

必出 4 株式会社の仕組みを示した右の図を見て，次の問いに答えなさい。

チェック P.155② (各6点×5　30点)

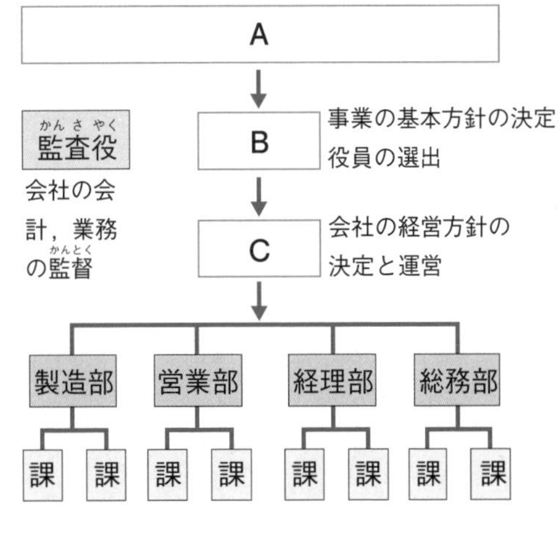

(1) A～Cにあてはまる語句を答えなさい。

A[　　　　]

B[　　　　]

C[　　　　]

(2) A～Cのうち，株式会社の最高の議決機関を記号で答えなさい。 [　　]

(3) 利潤の一部からAに分配されるお金を何というか。

[　　　　]

3 (2)株式の値段はその企業への評価だけでなく，自然災害や世界の情勢などさまざまな要因で決まる。

4 (1)A株式の所有者のこと。C代表取締役(社長)が議長となって開かれる会。

生産の仕組みとはたらき

1 次の文を読んで，下の問いに答えなさい。

チェック P.154①，P.155②（(3)は完答，各10点×6　60点）

資本主義経済のもとでは，ⓐ企業は商品やサービスをできるだけ安くつくってたくさん売り，利潤を大きくしようと競争し，生産のくり返しが行われている。このため，規模の大きいすぐれた生産設備が必要となり，巨額の資金を集めることが求められるようになった。その方法の一つとして，ⓑ株式を発行して個人や法人に購入してもらうことで，資金を集める仕組みがある。株式を購入した株主は，会社から，利潤の一部を受け取ることができる。また，その会社のⓒ株価が上がったときに株式を売却すれば，利益を得ることもできる。

(1)　下線部ⓐの種類を示した右の図のA～Dにあてはまる語句を書きなさい。

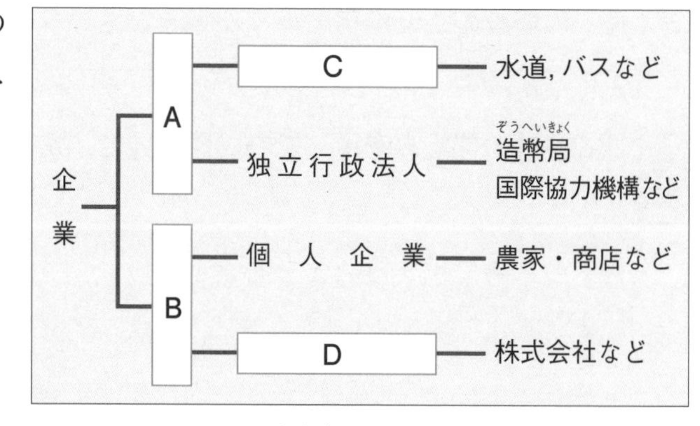

A〔　　　　　　〕
B〔　　　　　　〕
C〔　　　　　　〕
D〔　　　　　　〕

(2)　下線部ⓑのような仕組みで運営されている会社の名称を書きなさい。〔　　　　　　〕

(3)　下線部ⓒについて株価が上がると考えられるときを，次のア～エからすべて選び，記号で答えなさい。〔　　　　　　〕

ア　会社の不正が見つかった。　　イ　会社が作った商品が売れた。

ウ　良い商品が開発された。　　エ　配当金が前回より減少した。

1　(3)企業の株価が上がるということは，その企業の株式を購入したい人が増えるということである。

2 次の文を読んで，下の問いに答えなさい。

チェック p.154 1，p.155 2 (各8点×5 40点)

人が労働することにより商品を作り出すことを（ ① ）といい，(①)の組織体を企業という。(①)をするためには，労働力の他に，土地や㋐資本が必要で，企業はこの三つの要素を効率的に使うことが求められる。また，企業は利潤を追求する一方で，㋑企業の社会的責任についても考える必要がある。

(1) ①にあてはまることばを書きなさい。〔 〕

(2) 右の図のA，B，Cは，大企業と中小企業の事業所数，従業者数，生産額の割合のいずれかを示している。A，Cはそれぞれ何の割合を示しているか。

A〔 〕

C〔 〕

2018年

	大企業	中小企業
A	33.6%	66.4
B	1.9%	98.1
C	53.5%	46.5

（工業統計表）

▲大企業と中小企業の割合

(3) 下線部㋐について，資本にあてはまらないものを｛ ｝から選んで書きなさい。

｛ 工場 設備 原材料 作業員 ｝ 〔 〕

(4) 下線部㋑について，正しく説明したものを次のア～エから一つ選び，記号で書きなさい。〔 〕

ア 他の企業の良い点を学び，経営に生かすべきだという考え方。

イ 他の企業にまねできない技術や商品を開発すべきだという考え方。

ウ 経営者の意見が正しく社員に伝わる仕組みをつくるべきだという考え方。

エ 地域の教育の発展や，環境(かんきょう)の保守などに貢献(こうけん)すべきだという考え方。

2 (4)企業の社会的責任を考えず，企業の活動が社会に悪影響(あくえいきょう)をもたらした一例として，公害があげられる。

12 働きやすい職場

1 労働者の権利と生活 ドリル➡P.168

① **労働基本権**

● **規定**…日本国憲法で**社会権**の一つとして保障。

● **内容**
- **勤労の権利**…勤労の機会の保障を国に要求する権利。（→憲法第27条）
- **労働三権**…労働者の立場と生活を守るために保障。（→憲法第28条）

② **労働三権**

● **団結権**…労働者が団結して労働組合を結成できる権利。

● **団体交渉**（こうしょう）**権**…労働者が使用者と対等に交渉できる権利。（→労働時間や賃金などの労働条件について）

● **団体行動権**…労働者が争議などを行うことのできる権利。（→争議権ともいう）（争議→ストライキ（団結して仕事をしない）など）

③ **労働三法**

● **労働基準法**…賃金・労働時間，その他の労働条件の最低基準を規定。監督（かんとく）機関に労働局と労働基準監督署を設置。（賃金→最低賃金法でも規定）（労働局→各都道府県ごと）（労働基準監督署→都道府県内各地）

● **労働組合法**…労働三権を細かく具体的に規定。不当労働行為（こうい）の禁止。

● **労働関係調整法**…労働争議の円満解決をめざす。労働委員会を設置。（→国と各都道府県に）

日本国憲法第27条
（労働条件の基準は，法律で決めなくてはならない）

⇩

労働基準法
（人たるに値する生活（憲法第25条）を営む労働条件決定の原則）

〔おもな内容〕
・労働者と使用者は対等
・男女同一賃金の原則
・労働時間は週40時間，一日８時間以内
・休日は毎週少なくとも一日

▲労働基準法の仕組み

④ **労働の意義**

● **労働者**…働く（労働をする）人々のこと。

● **労働契約**（けいやく）…企業（きぎょう）で働く人々が企業と結ぶ基本的な労働条件の取り決め。仕事の内容，勤務時間，賃金，休日，休暇（きゅうか），社会保険などの条件を確認する。

● **労働の意義**…お金を得るためという目的の人の割合が多いが，生きがいを見つけたり，才能を発揮するために労働をする人も多い。

覚えると得

不当労働行為
使用者が労働三権を侵害（しんがい）するなど，労働組合または組合員に加える不当・違法（いほう）な妨害（ぼうがい）行為のこと。

働き方改革
長時間労働による自殺者や過労死をなくし，多様な働き方を認める仕組みをつくろうとしている。

失業
働く能力や意思があっても，仕事を得ることができない状態のこと。経済的な不安に備えた雇用保険などのセーフティーネットが整備されている。

フレックスタイム
一定の時間内であれば，労働者が出社と退社の時刻を決められる制度。

テレワーク
インターネットなどを使って場所や時間にとらわれず仕事をすること。

⑤　**仕事と個人の生活の両立**

- **長時間労働**…心身の病気の原因になるだけでなく，子育てをしにくくなり，少子化の原因だともいわれている。
- **ワーク・ライフ・バランス**…仕事と生活の両立。人々がやりがいを持ちながら働くことができ，身の回りの状況に合わせて多様な生き方を選択できるという考え方。
- **フレックスタイム，テレワーク**…多様な働き方の仕組み。

2 労働環境の変化と課題 ドリル➡P.170

①　**これまでの一般的な労働環境**

- **終身雇用**…定年まで一つの企業で働き続けること。
- **年功序列賃金**…勤続年数に応じて，賃金も増える仕組み。

②　**雇用の多様化**

- **能力給（能力主義）**…個人の能力や成果に応じて，賃金などの労働条件を決める。
- **非正規労働者（非正社員）**…パート，アルバイト，契約社員（短期間の労働契約），派遣社員（人材派遣会社と契約し，他社に派遣される。）。非正規労働者の割合は年々増えており，2019年では，約４割を占める。

③　**労働環境の課題**

- **サービス残業**…適切な賃金が支払われない残業（契約の時間をこえて働くこと）のこと。
- **経済格差**…正規労働者（正社員）と非正規労働者との間で経済的格差が広がっている。生活保護などのセーフティーネット（失業などの不安に備えた制度）や職業訓練ができる施設の整備などが必要。
- **外国人労働者**…グローバル化にともない，外国人労働者（中国人が多く，ベトナムやインドネシアの人々の増加率が高い）の数が増えている。労働環境の整備が急務。
- **女性労働者**…日本の労働力の約半数は女性だが，採用や昇進（女性の管理職の割合が低い），育児後の復帰などで不利にあつかわれる例がある。

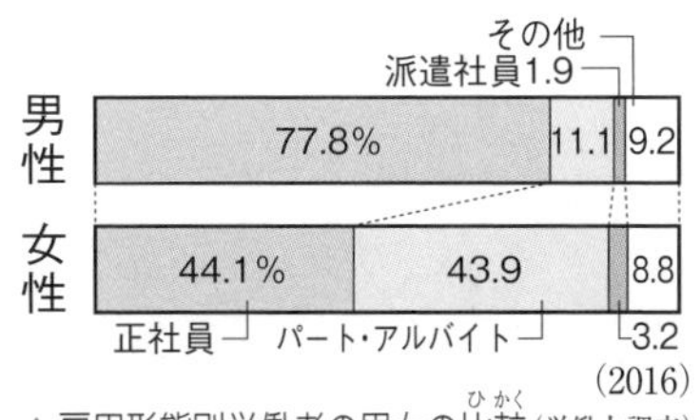

▲雇用形態別労働者の男女の比較（労働力調査）

過労死
働き過ぎが原因で突然死亡してしまうこと。原因は長時間労働と不規則勤務，ストレスなどで，過労が原因の自殺も過労死と認められている。

公共職業安定所
愛称はハローワーク。厚生労働省の下部機関で，職業のあっせんと紹介を行う。

終身雇用制
定年まで従業員の雇用を保障する制度。生涯雇用制ともいい，日本独特の雇用制度。

年功序列賃金
一つの企業において勤務年数が長くなるほど賃金が高くなること。これは終身雇用制を採用する日本独特のもの。能力給と比べられる。

非正規労働者
期間を定めた短期の契約で雇用される労働者。福利厚生などの対象にならない場合が多い。

働きやすい職場

1 次の文の｛　｝の中から，正しい語句を選んで書きなさい。

チェック P.164①，P.165②（各6点×5　30点）

(1) 労働者は団結して｛ 自治体　労働組合 ｝を結成する団結権を認められている。
〔　　　　〕

(2) 労働者は｛ ストライキ　テレワーク ｝などの労働争議を行うことのできる団体行動権を認められている。
〔　　　　〕

(3) 労働時間，休日，賃金などの労働条件について，最低基準を定めた法律を｛ 労働基準法　労働組合法 ｝という。
〔　　　　〕

(4) これまでの日本の社会では，就職してから定年まで同一の企業(きぎょう)で働く｛ 終身雇用(こよう)　能力主義 ｝が一般的(いっぱんてき)であった。
〔　　　　〕

(5) 年齢(ねんれい)とともに賃金が上がっていくことを｛ 能力給　年功序列賃金 ｝という。
〔　　　　〕

2 次の文にあてはまる語句を，下の［　　］から選んで書きなさい。

チェック P.164①，P.165②（各6点×5　30点）

(1) 一定の時間内であれば，労働者が出社と退社の時刻を決められる制度。
〔　　　　〕

(2) 個人の成果に応じて，賃金などの労働条件を決めるという考え方。
〔　　　　〕

(3) パート，アルバイト，契約(けいやく)社員，派遣(はけん)社員などの雇用形態で働く労働者のこと。
〔　　　　〕

(4) やりがいを持ちながら働いたり，状況(じょうきょう)に合わせて生き方を選択できるという考え方。
〔　　　　〕・バランス

(5) 長時間労働をなくし，多様な働き方を認める仕組みづくりのこと。
〔　　　　〕

非正規労働者　働き方改革　フレックスタイム　ワーク・ライフ　能力主義

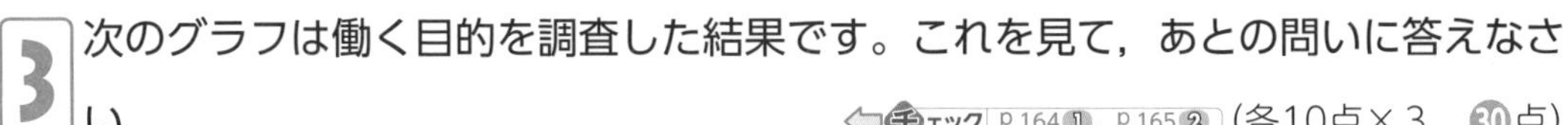

学習日
月　日
得点
点
12 働きやすい職場
スタートドリル
書き込みドリル1
書き込みドリル2
まとめのドリル

3 次のグラフは働く目的を調査した結果です。これを見て，あとの問いに答えなさい。

チェック P.164 1，P.165 2 (各10点×3　30点)

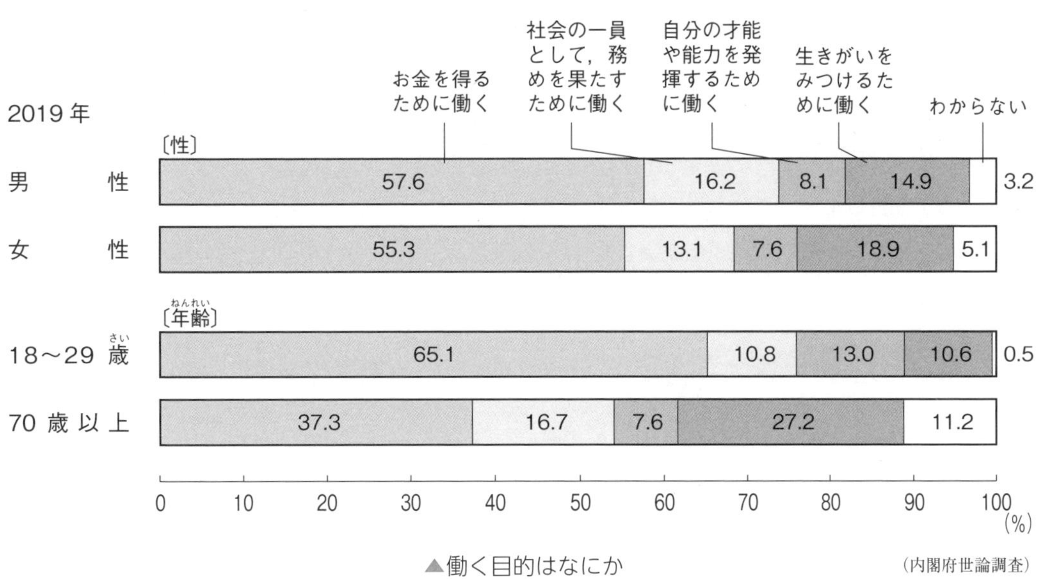

▲働く目的はなにか

(1) 男性より，女性の方が大きな割合を占めている項目を「わからない」以外で1つ書きなさい。〔　　　　〕

(2) 18歳～29歳にくらべて，70歳以上になると増えている項目を「わからない」以外で二つ書きなさい。〔　　　　〕〔　　　　〕

4 右のグラフを見て，次の問いに答えなさい。

チェック P.165 2 (各5点×2　10点)

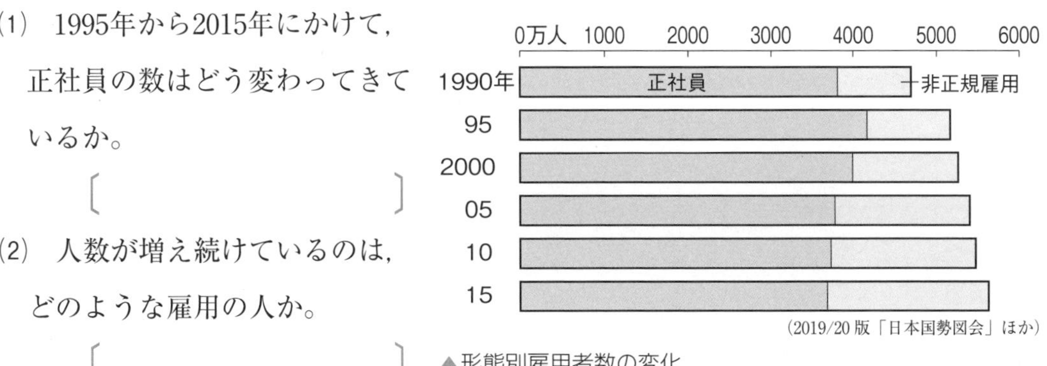

▲形態別雇用者数の変化

(1) 1995年から2015年にかけて，正社員の数はどう変わってきているか。〔　　　　〕

(2) 人数が増え続けているのは，どのような雇用の人か。〔　　　　〕

1 労働者の権利と生活

基本

1 次の文の〔　〕にあてはまる語句を，下の　　から選んで書きなさい。

チェック P.164 1（各5点×4　20点）

必出 (1) 日本国憲法は，労働基本権を基本的人権のうちの〔①　　　　　　　〕の一つとして保障している。そして，労働基本権には〔②　　　　　　　〕の権利と労働三権の二つが含(ふく)まれている。

必出 (2) 労働条件の最低基準を決めている〔①　　　　　　　〕，労働者の権利を保障するために具体的な規定が書かれてある〔②　　　　　　　〕，労働争議の解決のための調整や予防について定められた労働関係調整法を労働三法という。これにより，労働三権が守られている。

勤労　　生存　　自由権　　社会権　　労働基準法　　労働組合法

2 次の文の｛　｝の中から，正しい語句を選んで書きなさい。

チェック P.164 1（各5点×4　20点）

必出 (1) 長時間労働による過労死をなくし，多様な働き方を認める｛ 働き方　　労働者　　勤労 ｝改革が進められている。〔　　　　　　〕

(2) 働く能力や意思があるにもかかわらず，仕事を得ることができない状態のことを｛ 失業　　廃業(はいぎょう)　　残業 ｝という。〔　　　　　　〕

(3) 多様な状況(じょうきょう)に合わせた生活の仕方を選択できるという考え方を｛ ワーク・ライフ　　セーフティー ｝・バランスという。〔　　　　　　〕

(4) 労働者が一定の時間内であれば出社と退社の時間を決められることを｛ フレックスタイム　　パートタイム ｝という。〔　　　　　　〕

1 (1)①20世紀になって実現した基本的人権である。(2)労働三法と労働三権の関係を整理しよう。

2 (2)経済的な不安を抱(かか)えた人などのための仕組みをセーフティーネットという。

学習日　月　日　得点　点

12 働きやすい職場

スタート ドリル　書き込み ドリル1　書き込み ドリル2　まとめの ドリル

発展

3 右の図を見て，次の問いに答えなさい。

チェック P.164 1 (各6点×5　30点)

(1) 次の文を参考に，図のA～Cの法律名を書きなさい。

A　労働条件の最低の基準を定めた法律。

B　労働三権を細かく具体的に定めた法律。

C　労働争議を調整するための法律。

A〔　　　〕 B〔　　　〕

C〔　　　〕

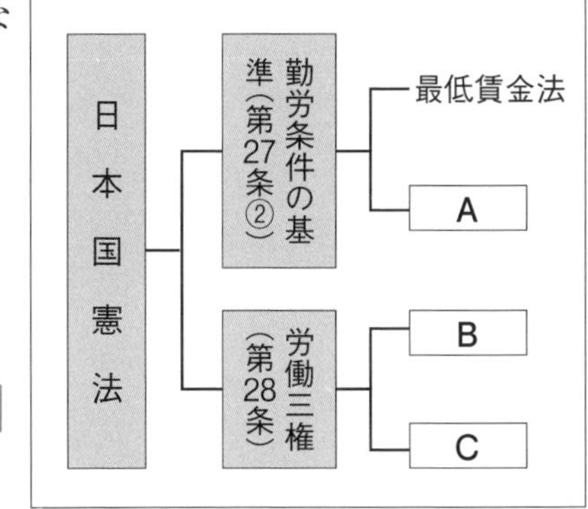

(2) 図のA，B，Cの法律を合わせて，ふつう何と呼ばれているか。

〔　　　〕

(3) 労働三権や勤労の権利は，日本国憲法の中では何の権利の一つとして保障されているか書きなさい。〔　　　〕

4 次の文の〔　〕にあてはまる語句を書きなさい。

チェック P.165 1 (各10点×3　30点)

(1) 労働者が長時間労働をすることは，子育てのしにくさにつながるため，〔　　　〕の原因の一つといわれている。

(2) 多様な働き方の例として，出社や退社の時刻を自由に決められるフレックスタイムや，場所や時間にとらわれずに仕事ができる〔　　　〕がある。

(3) 働きすぎが原因で突然(とつぜん)死んでしまったり，長時間勤務やストレスで自殺をしてしまうことを〔　　　〕という。

3 (1)B労働組合の結成手続きなどを定めた法律。C労働委員会によるあっせん・調停・仲裁などを定めた法律。

4 (3)日本は年間労働時間が多いといわれる。

② 労働環境の変化と課題

基本

1 次の文の〔　〕にあてはまる語句を，下の［　］から選んで書きなさい。

チェック P.165②（各5点×5　25点）

(1)　これまでの日本は，入社してから定年まで一つの企業(きぎょう)で働き続けることが特徴(とくちょう)だった。これを〔①　　　　〕という。また，賃金においても，勤続年数に応じて賃金が増える〔②　　　　〕という仕組みが主流であった。

(2)　近年〔①　　　　〕が進み，海外から優秀(ゆうしゅう)な人材が入ってくるようになると，これまでの労働に関する特徴に変化がうまれた。例えば賃金や労働条件は，個人の能力や成果に応じて決められる〔②　　　　〕が取り入れられるようになった。また，パートや〔③　　　　〕などの非正規労働者の割合が増え，全労働者の4割近くにまで達するようになってきている。

アルバイト　　終身雇用(こよう)　　グローバル化　　能力主義　　年功序列賃金

2 次の労働環境の課題を説明した文の｛　｝の中から，正しい語句を選んで書きなさい。

チェック P.165②（各7点×4　28点）

労働環境の問題点としてA｛　長時間労働　　フレックスタイム　　能力給　｝の問題があげられる。また，B｛　非正規　　正規　｝労働者の割合が増えることも，経済C｛　損失　　人口　　格差　｝がひろがる原因だと指摘(してき)されている。失業した場合に備えたD｛　セーフティー　　防護　　生活　｝ネットの整備も大切である。

A〔　　　　〕　B〔　　　　〕

C〔　　　　〕　D〔　　　　〕

得点upコーチ

1　(2)③経営者の視点では，勤務時間や勤務日などが柔軟(じゅうなん)な人材配置が可能なため，人件費がおさえられるという利点がある。

2　B賃金や待遇(たいぐう)に差があることが問題である。

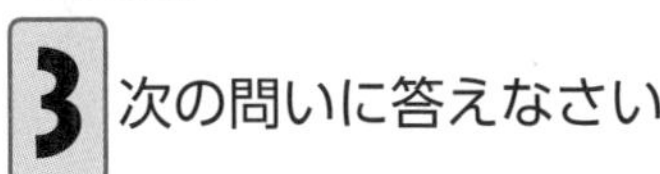

学習日　月　日　得点　点

12 働きやすい職場

スタートドリル　書き込みドリル①　書き込みドリル②　まとめのドリル

発展

3 次の問いに答えなさい。

チェック P.165② ((4)は完答，各８点×４　32点)

(1) 年齢(ねんれい)とともに賃金が上がる従来の仕組みに対して，成果や能力に応じて賃金などの条件が決められることを何というか書きなさい。〔　　〕

(2) 少子高齢化の日本にとって大切な人材であり，グローバル化にともない数が増加している労働者を何というか書きなさい。〔　　〕

(3) 労働者の中で，期間の定めのない労働契約(けいやく)を結んでいる労働者のことを何というか書きなさい。〔　　〕

(4) 非正規労働者として働く理由として考えられるものを次の**ア**～**エ**からすべて選び，記号で答えなさい。〔　　〕

ア　賃金が高く，安定した生活が送りやすい。

イ　自分の都合のいい時間に働くことができる。

ウ　家庭の事情に合わせて働きやすい。

エ　企業の業績に左右されずに働くことができる。

4 次の文の〔　〕にあてはまる語句を書きなさい。

チェック P.165② (各５点×３　15点)

これまでのわが国は，従業員の雇用を定年まで保障する〔(1)　　〕と，その企業での勤務年数が長くなるほど賃金が高くなる〔(2)　　〕とがとられてきたが，近年ではそれらに変化が生じてきている。

また，近年はパート，アルバイト，派遣(はけん)労働者（派遣社員），契約労働者（契約社員）といった〔(3)　　〕が増えている。

3　(2)このような人々にも労働基準法などの労働者を守る法律や，雇用保険などが適用される。

4　(2)年数が長くなることを年功という。(3)正社員に比べ賃金や労働条件にも差がある。

働きやすい職場

1 次の文を読んで，下の問いに答えなさい。

チェック P.164 1 (各５点×10　50点)

日本国憲法は，第27条２項で「a 賃金，就業時間，休息その他の勤労条件に関する基準は，法律でこれを定める。」と記し，さらに第28条では「勤労者の〔① 〕する権利および〔② 〕その他の〔③ 〕をする権利は，これを保障する。」と，いわゆる b 労働三権を認めている。また，このほか c 労働者と使用者の間の紛争(ふんそう)の解決を促進(そくしん)するための〔④ 〕や，労働者の賃金の最低額を保障するための〔⑤ 〕といった法律が定められている。

(1) 文中の〔 〕の①～③には憲法上の用語を，④・⑤には法律名を［ ］から選んで書きなさい。

団体交渉(こうしょう)　団結　団体行動　労働関係調整法　最低賃金法

(2) 文中の下線部 a に基づいて制定されているのは何という法律か。また，都道府県内の各地に置かれているこの法律の監督(かんとく)機関（役所）を何というか。

法律名〔 〕　機関名〔 〕

(3) 文中の下線部 b を，細かく具体的に定めた法律を何というか。

〔 〕

(4) 文中の下線部 c に関して，労働者が，使用者との交渉で解決できないとき，要求を通すために団結して仕事をしないことをカタカナで何というか。

〔 〕

(5) 労働基本権の根幹にある，人間らしい生活をおくる権利を何というか。

〔 〕

1 (1)①労働組合を結成してもよい権利。②労働条件などで，使用者と対等に交渉できる権利。③結束して行動する権利。(2)都道府県ごとの労働局の下に置かれる機関。

2 次の問いに答えなさい。

チェック P.165 1，2 (各5点×10　50点)

(1) 次の文の〔　〕にあてはまる語句を書きなさい。

1960年代，日本は高度経済成長という時代に入ると，景気が良くなり，企業(きぎょう)の業績も上がった。そんな中，日本の労働者は〔① 　　〕という一つの会社で定年まで働き続ける制度や，〔② 　　〕という賃金制度のもとで働いた。しかし，近年では〔③ 　　〕化が進み国際競争が激しくなると，能力や成果で労働条件をきめる企業も現れた。また，正社員ではなく〔④ 　　〕労働者という立場で働く人も増えてきており，経済格差が広がるという懸念(けねん)がある。また，近年では，障がいのある人々や女性，外国人労働者もいきいきと働けるように環境を整えることも課題となっている。一方，働き方の多様化も進み，〔⑤ 　　〕という出社や退社の時刻を調整できる制度や，〔⑥ 　　〕という時間や場所を選ばずに仕事をする仕組みも推奨(すいしょう)されるようになった。多様な働き方を認めつつ，仕事と個人の生活を両立する〔⑦ 　　〕を実現することが大切である。

(2) 次の①～③の問いに答えなさい。

① ふだん健康と見られる人が，働き過ぎが原因で突然(とつぜん)死亡してしまうことを何というか。〔　　〕

② ①のようなことを防ぐために労働条件や環境を改善しようとする政策を何というか。〔　　〕

③ 生活保護や，失業をしたときの雇用(こよう)保険など，不測の事態に備えた制度を何というか。〔　　〕

2 (1)女性や障がいがある人々は，採用や昇進(しょうしん)で不利にあつかわれる例がある。(2)①働き過ぎで突然死亡することがある。労働災害として認定されている。③職業訓練や就職相談の制度もある。

定期テスト対策問題

学習日　月　日　得点　点

わたしたちの消費生活／生産の仕組みとはたらき／働きやすい職場

1 次の問いに答えなさい。

チェック P.142 ❶，❷，P.143 ❸，P.155 ❷ (各6点×5　30点)

(1) 家計の消費支出にあたるものを，次のア～エから選び，記号を書きなさい。〔　　　〕

ア　郵便局に貯金をした。　　イ　生命保険の保険料を払(はら)った。

ウ　ガス会社の株式を購入(こうにゅう)した。　　エ　映画館の入場料を払った。

(2) 家計の収入や支出について述べた文として，正しいものを，次のア～ウから選び，記号を書きなさい。〔　　　〕

ア　農家や個人商店などの自営業者の収入は，給与(きゅうよ)収入と呼ばれる。

イ　収入から税金や郵便貯金，株式の購入などを除いた残りが貯蓄(ちょちく)となる。

ウ　家賃，株主への配当や預金の利子による収入は，財産収入と呼ばれる。

(3) わが国では，消費者の権利を守るため，消費者基本法などさまざまな法律が，定められている。1995年に施行(しこう)された製造物責任法の内容にあたるものを，次のア～エから選び，記号を書きなさい。〔　　　〕

ア　企業(きぎょう)の利益を守るために独占(どくせん)価格を認める法律。

イ　一定期間内なら消費者は結んだ契約(けいやく)を解除できる法律。

ウ　欠陥(けっかん)商品による被害(ひがい)を受けた消費者の損害賠償(ばいしょう)について定めた法律。

エ　独占を禁止し企業の自由な競争を確保することに関する法律。

(4) 現代の代表的な企業である，株式会社についての一般的(いっぱんてき)な説明として，あてはまらないものを次のア～エから選び，記号を書きなさい。〔　　　〕

ア　株式を発行し，それを購入してもらうことで資金を集める。

イ　公企業として，利潤(りじゅん)の追求よりも公共の利益を優先した経営を行う。

ウ　経営の基本方針は株主総会で決定し，選出された取締役(とりしまりやく)が会社を運営する。

エ　持株数に応じて，配当を受ける権利や株主総会での議決を株主に認める。

(5) 商業の種類として，生産者から商品を大量に仕入れて，小売業に販売(はんばい)する商業を何というか書きなさい。〔　　　　　〕

2 次の問いに答えなさい。

チェック P.155 1 (各10点×4　40点)

(1) 企業は，利潤を求めるだけでなく，教育，文化，環境などの面でも社会に貢(こう)献(けん)すべきだという理念を何というか書きなさい。〔　　　　　〕

(2) 大企業と中小企業の割合のグラフについて，A・B・Cにあてはまる語句をあとの□から選んで書きなさい。

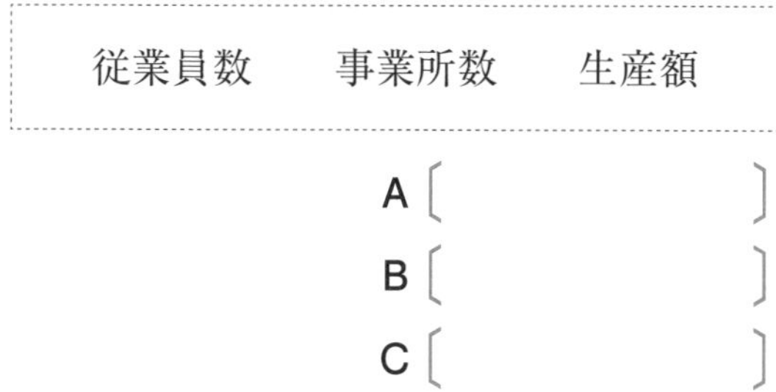

従業員数　　事業所数　　生産額

A〔　　　　〕
B〔　　　　〕
C〔　　　　〕

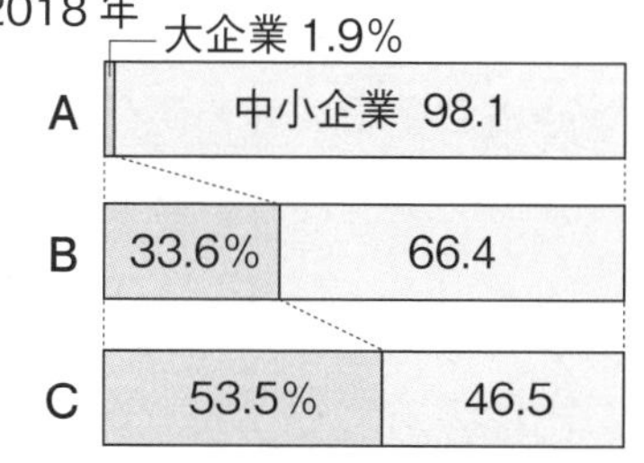

▲大企業と中小企業の割合(工業統計表)

3 次の問いに答えなさい。

チェック P.164 1 (各6点×5　30点)

(1) 右図のA～Cにあてはまる法律名を，次の文を参考にして書きなさい。

A　労働条件の最低基準を定めた法律。

B　労働三権を細かく具体的に定めた法律。

C　労働争議を調整するための法律。

A〔　　　　〕　B〔　　　　〕
C〔　　　　〕

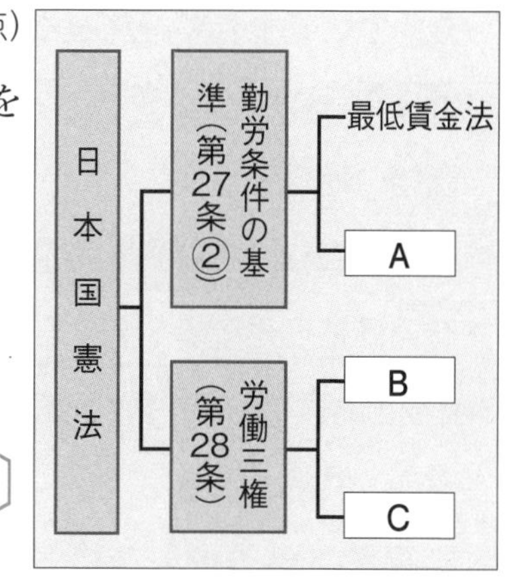

(2) 多様な働き方の一つとして，一定の時間内であれば，出退勤時刻を労働者が決められる制度を何というか書きなさい。

〔　　　　　〕

(3) 長時間労働による自殺などを防ぐため，勤務時間や環境を改善しようとする政策を何というか，下の｛　｝から選んで書きなさい。

〔　　　　　〕

｛ 働き方改革　　成果主義　　終身雇(こ)用(よう)制 ｝

13 価格のはたらきと金融

1 市場経済 ドリル➡P.180

① 経済の仕組み

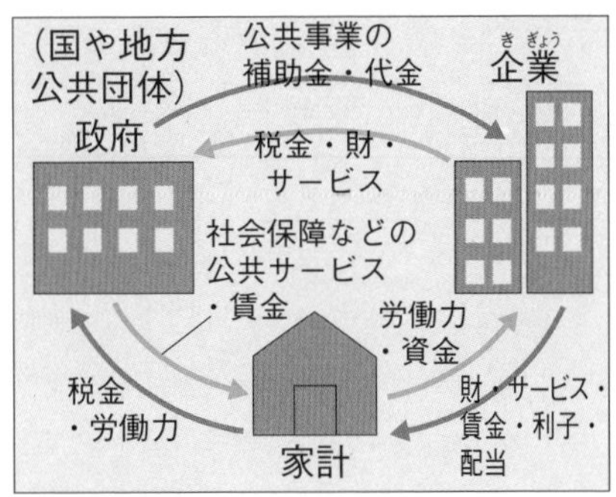

▲経済の循環

- **経済**…生活に必要な商品(財やサービス)の生産と消費を中心とした人間の活動。
  - └→教育・医療・運輸・娯楽など
- **経済の循環**…経済主体の間を，貨幣と商品が絶えまなく交流する活動のこと。
  - 家計・企業・政府(地方公共団体も含む)

② 市場経済

- **市場**…商品が売り買いされる場を市場という。消費者が買いたい量を**需要量**，生産者が売りたい量を**供給量**といい，そのつり合いで取り引きされる価格（**市場価格**）が決まる。市場を中心に営まれる経済を**市場経済**という。
  - └→労働市場という具体性をもたない市場もある

2 価格のはたらき ドリル➡P.182

① 価格の仕組み

- **生産者価格**…生産費＋利潤
- **卸売価格**…生産者価格＋諸経費＋利潤
- **小売価格**…卸売価格＋諸経費＋利潤

② 需要・供給と価格

- **需要量＞供給量**…価格が上がる。
  - └→希少性が高い
- **需要量＜供給量**…価格が下がる。
  - └→希少性が低い
- **需要量＝供給量**…需要と供給が一致したとき，価格が安定。**均衡価格**という。
  - └→市場価格がずれていると，売れ残りや品不足が起こりやすくなる

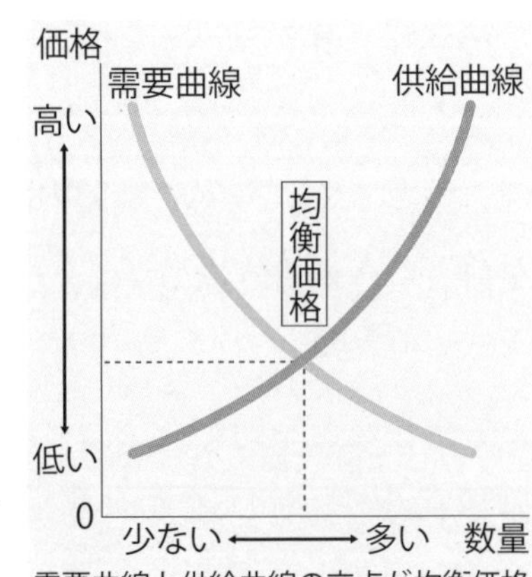

需要曲線と供給曲線の交点が均衡価格

▲需要・供給と価格の関係

覚えると得

公共料金
電気やガスなど，生活に欠かせないものの価格は，国や地方公共団体が認可をする。

需要曲線と供給曲線
需要と価格の関係，供給と価格の関係をそれぞれグラフで示したもの。

需要が高まる

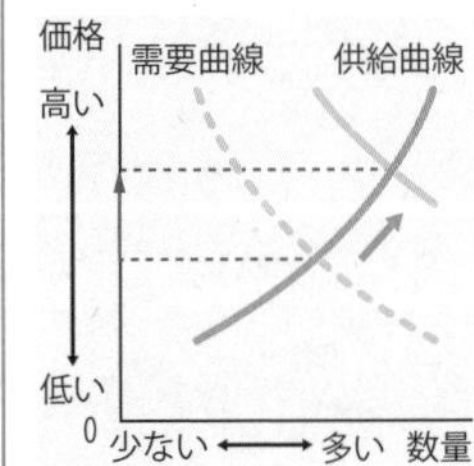

需要曲線が右へ
→均衡価格が上がる

供給が過剰になる

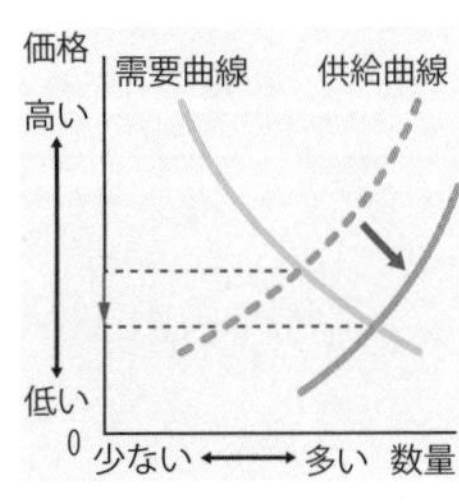

供給曲線が右へ
→均衡価格が下がる

③ **独占と寡占**

- **独占と寡占**…ある市場で生産を行う企業が１社だけの状態のことを独占，数社だけの状態を寡占という。
- **独占価格**…独占状態の企業の中で決まる価格のこと。寡占状態で決まる価格は寡占価格という。
- **独占禁止法**…競争が行われない状態をおさえるための法律。**公正取引委員会**がこの法律に基づき監視を行う。

③ 金融のはたらき

ドリル➡P.184

① **貨幣のはたらき**

- **商品の価値の基準**…財・サービスの価値を価格で示す。
- **保管機能**…貨幣は保管できるので，いつでも交換できる。

② **金融**…経済活動にともなう資金の貸し借りのこと。直接お金を借りることを**直接金融**，金融機関が間に入って行われる金融を**間接金融**という。

└代表的な金融機関は銀行

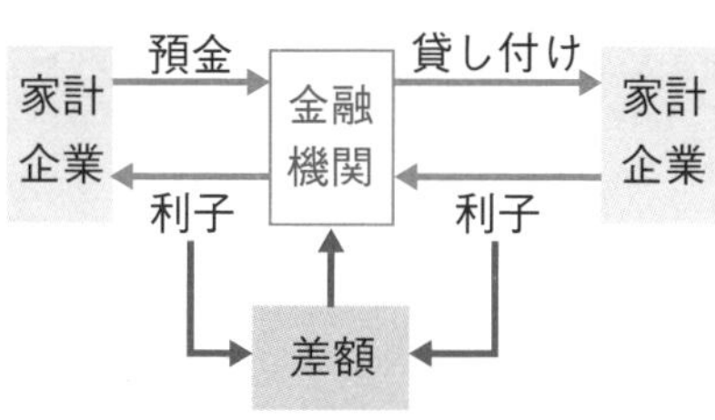

▲金融の仕組み

③ **日本銀行の役割**

└日本の中央銀行

- **発券銀行**…日本銀行券発行。
  └管理通貨制度
- **政府の銀行**…国庫金の出納。
  └政府資金
- **銀行の銀行**…銀行への融資と預金の受け入れ。

日本銀行

発券銀行 ｜ 政府の銀行 ｜ 銀行の銀行

日本銀行券の発行 ｜ 政府資金の取りあつかい ｜ 資金の貸し出し／預金の受け入れ

政府 ｜ 一般の銀行

▲日本銀行の役割

④ **銀行**

- **金融機関**…人々の貯蓄を集め，家計や企業に貸す役割。
- **預金通貨**…現在の社会では，銀行の預金で取引が行われている。

⑤ **金融のグローバル化**

└世界各国との貿易や投資などで，通貨交換の必要性

- **為替相場**…通貨の交換比率。
- **円高**…外国通貨より円の価値が相対的に高くなる。
  └1ドル＝100円→1ドル＝90円
- **円安**…外国通貨より円の価値が相対的に低くなる。
  └1ドル＝100円→1ドル＝110円

覚えると得

通貨
一国の経済の中で流通している貨幣を通貨という。かつてわが国では，金を基本の貨幣と定めて，金貨や金と交換できる紙幣（兌換紙幣）を通貨とする仕組みをとっていた。ここでは，通貨の量は日本銀行が持つ金の量によって決められていた。現在は金と交換できない紙幣（不換紙幣）である。

管理通貨制度
日本銀行券（紙幣）の発行額を，経済全体のようすを見ながら国が決める制度。

利子
金を借りたことに対する支払いのこと。借りた金額に対する利子の割合を利子率という。金融機関は，貸し付け利子率を預金利子率より高くすることで利潤を得る。

為替
離れた場所でも，支払いができる仕組み。

価格のはたらきと金融

1 次の文の｛　｝の中から，正しい語句を選んで書きなさい。

チェック P.176 1，2，P.177 3（各6点×5　30点）

(1) 生活に必要な財やサービスの生産と消費を中心とした人間の活動を｛　家計　経済　｝という。［　　　　］

(2) 商品が自由に売り買いされる場を｛　市場　貨幣　｝という。［　　　　］

(3) 卸売価格に諸経費と利潤を合わせたものを，｛　生産者価格　小売価格　｝という。［　　　　］

(4) 買い手がある価格で買おうとする商品の数量を｛　需要量　供給量　｝という。［　　　　］

(5) 経済活動にともなう資金の貸し借りのことを｛　金融　為替　｝という。［　　　　］

2 次の文にあてはまる語句を，下の[　　]から選んで書きなさい。

チェック P.176 1，2，P.177 3（各6点×5　30点）

(1) 商品が売り買いされる場である市場を中心に営まれる経済のこと。［　　　　］

(2) 市場の中で，需要量と供給量を一致させる価格のこと。［　　　　］

(3) 寡占化が進んで価格競争が弱まり，少数の企業が足なみをそろえて決める価格のこと。［　　　　］

(4) 国民生活に与える影響が大きいため，国や地方公共団体が決定や認可をする価格のこと。［　　　　］

(5) 発券銀行・政府の銀行・銀行の銀行である，日本の金融の中心となっているもの。［　　　　］

均衡価格　公共料金　市場経済　寡占価格　日本銀行

3 右の図を見て，次の問いに答えなさい。

チェック P.176 2 (各5点×4　20点)

(1) 右の図のA・Bにあてはまる語句を，次の［　］から選んで書きなさい。

需要曲線　供給曲線　販売(はんばい)曲線

A〔　　　〕

B〔　　　〕

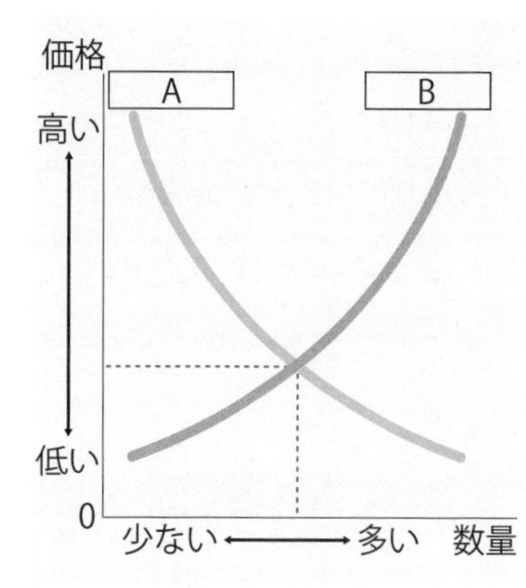

▲需要・供給と価格の関係

(2) AとBの曲線の交点の価格を何というか書きなさい。〔　　　〕

(3) 需要曲線が右にずれた場合，(2)の価格は，上がりますか，それとも下がりますか。〔　　　〕

4 日本銀行のはたらきについて，次の図を参考にして，あとの問いに答えなさい。

チェック P.177 3 (各5点×4　20点)

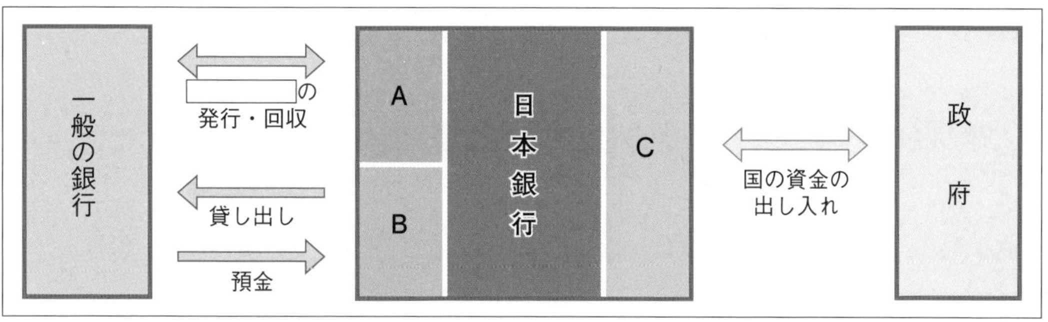

▲日本銀行のはたらき

(1) 次のA～Cの日本銀行の役割を示す言葉を書きなさい。

A　日本の紙幣である日本銀行券を唯一(ゆいいつ)発行している。〔　　　〕

B　一般(いっぱん)の銀行に資金を貸し出し，預金を受け入れる。〔　　　〕

C　国の資金の出し入れを管理。政府への貸し出しも行う。〔　　　〕

(2) 図の［　］にあてはまる語句を書きなさい。〔　　　〕

1 市場経済

基本

1 次の文の｛　｝の中から，正しい語句を選んで書きなさい。

チェック P.176 1 (各5点×4　20点)

(1) 経済とは，｛ 生産と流通　生産と消費　流通と消費 ｝を中心とする人間の活動のことである。〔　　　　〕

(2) 経済の循環（じゅんかん）は，家計・企業（きぎょう）・政府の三つの経済主体の間を｛ 貨幣（かへい）・資源・サービス　貨幣・財・サービス　貨幣・生産・サービス ｝が絶えず活動することである。〔　　　　〕

(3) 資本主義経済では，商品は｛ 市場　工場　農場 ｝で自由に売り買いされる。ここで決まる価格を市場価格という。〔　　　　〕

(4) 商品の生産も消費も(3)における売り買いを通して行われる。(3)を中心として営まれる経済を｛ 社会経済　生活経済　市場経済 ｝という。〔　　　　〕

2 経済の循環について，右の図を見て，次の問いに答えなさい。

チェック P.176 1 (各4点×5　20点)

必出 (1) 図中のA～Cにあてはまる経済主体の名称（めいしょう）を書きなさい。

A〔　　　　〕

B〔　　　　〕

C〔　　　　〕

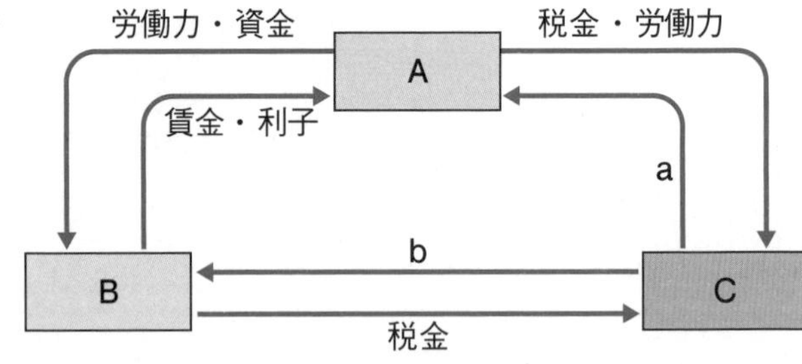

(2) 図中のa，bにあてはまるものを，ア～ウから一つずつ選び，記号で答えなさい。

ア 社会保障　イ 配当金　ウ 公共事業の補助金　a〔　　〕 b〔　　〕

1 (1)日常生活は，商品の生産と消費を中心としたうえに成り立つ。 (4)市場において自由な商取り引きが行われる。

2 Aは消費を中心とした家庭の経済。Bは商品を生産したり，流通をになったりしている経済主体。

学習日 月 日 得点 点

13 価格のはたらきと金融

スタートドリル 書き込みドリル1 書き込みドリル2 書き込みドリル3 まとめのドリル

発展

3 次の文の〔 〕にあてはまる語句を書きなさい。

チェック P.176 1 (各6点×6 36点)

経済の循環は，〔(1) 〕・企業・政府の三つの〔(2) 〕の間を貨幣・〔(3) 〕・サービスが絶えず活動して行われており，このようにして国民全体の経済活動が形成されている。

ところで，消費者は生活に必要な商品を購入(こうにゅう)して，毎日のくらしをたてている。また，企業も生産に必要な労働力を家計から買い入れている。このように現代社会では，さまざまな商品が売買されている。この商品が売り買いされるところを，〔(4) 〕という。(4)は価格を決める場所でもあり，ここで決まる価格を〔(5) 〕という。自由な競争のもとで商品を生産し，売り買いする(4)を中心とする経済を〔(6) 〕と呼ぶ。

4 経済の循環について，次の文の□にあてはまる語句を，下の□から選んで書きなさい。

チェック P.176 1 (各8点×3 24点)

(1) 家計は企業に対し，代金を支払(しはら)い，財や□を受けとる。
〔 〕

(2) 企業は家計から労働力を受けとり，□を支払う。
〔 〕

(3) 家計は国や地方公共団体に税金を納めた場合，□を受けとる。
〔 〕

税金　サービス　賃金　利子　公共サービス

3 (4)商品が売り買いされる場のこと。(6)自由競争下で，(4)で商品の売り買いをする経済の仕組み。

4 (1)企業から商品を買ったということである。

② 価格のはたらき

基本

1 流通段階別の価格の内訳を示した右の図を見て，次の問いに答えなさい。

チェック P.176 ② (各5点×5　25点)

(1) 図中のA～Cにあてはまる価格を，下の[　　]から選んで書きなさい。

A〔　　　　〕
B〔　　　　〕
C〔　　　　〕

生産費	D	諸経費	D	諸経費	D

（A：生産費～最初のD，B：～2番目のD，C：～3番目のD）

卸売(おろしうり)価格　標準価格　小売価格　希望価格　生産者価格　公定価格

(2) 図中のDに共通する語句を書きなさい。〔　　　　〕

(3) 図中のB・Cの諸経費に含(ふく)まれないものを，｛ ｝から選んで書きなさい。

｛ 運送費　通信費　原材料費　広告費 ｝〔　　　　〕

必出 **2** 次の文の〔 〕にあてはまる語句を，下の[　　]から選んで書きなさい。

チェック P.176 ② (各5点×5　25点)

(1) 供給が一定のとき，需要(じゅよう)が増えれば，価格は〔　　　　〕。

(2) 価格が上がれば，需要は〔　　　　〕。

(3) 需要が一定のとき，供給が増えれば，価格は〔　　　　〕。

(4) 価格が上がれば，供給は〔　　　　〕。

(5) 需要と供給が同時に同じ割合で増えれば，価格は〔　　　　〕。

増える　減る　変わらない　苦しくなる　上がる　下がる

1 (1)Aは農家や漁師，工場などの商品の売り渡し価格。Cは家庭で購入(こうにゅう)する価格。(2)商業は営利を目的とする。

2 (2)価格が上がると，消費者は買い控(ひか)える。(3)くだものや野菜・魚などの豊作・豊漁のときの価格の動きである。

学習日	得点
月　日	点

13 価格のはたらきと金融

スタートドリル　書き込みドリル❶　書き込みドリル❷　書き込みドリル❸　まとめのドリル

発展

必出 **3** 次の文の〔　〕にあてはまる語句を書きなさい。

チェック P.176② (各5点×5　25点)

商品の価格は，市場で上がったり下がったりして，経済の動きを調節している。商品の価格が〔(1)　　　　〕と消費者は買う品物の量を減らし，生産者は生産量を〔(2)　　　　〕とする。

また，反対に価格が〔(3)　　　　〕と，消費者は品物をこれまでより多く買うようになるが，生産者は生産量を〔(4)　　　　〕とする。

このように，価格は市場を通して，需要と〔(5)　　　　〕の量を等しくするようなはたらきをもっている。

4 次の文を読んで，下の問いに答えなさい。

チェック P.176② (各5点×5　25点)

自由競争のもとで，生産者価格を基礎(きそ)に需要と供給の関係で決まる価格を(A)という。例えば，野菜やくだものなどの出盛り期には市場への(B)量が増えるので価格は下がる。少数の企業(きぎょう)が市場を支配している場合，それらの企業が独自に決める価格が(C)である。さらに，鉄道やバスの運賃，電気やガスの料金などは，決定・改定に国や地方公共団体の許認可が必要なので(D)と呼ばれる。

必出 (1)　文中のA～Dにあてはまる語句を書きなさい。

A〔　　　　〕　B〔　　　　〕

C〔　　　　〕　D〔　　　　〕

(2)　文中の下線部のような状態のことを何というか，〔　〕にあうように書きなさい。

〔　　　　性が低い。〕

3　(1)～(4)消費者は安ければ買い，高ければ買わないという消費行動をとる。生産者はこれとは反対の立場をとる。

4　(1)D鉄道やバス，電気・ガスなどはいずれも生活に欠かせない商品である。

③ 金融のはたらき

基本

1 次の文の〔　〕にあてはまる語句を，下の[　]から選んで書きなさい。

チェック P.177③（各５点×４　20点）

資金が余っている家計や企業と，不足している家計や企業とが資金を融通し合う金融の仲立ちをするのが，〔(1)　　　　　〕を中心とする金融機関である。

金融機関は，〔(2)　　　　　〕よりも〔(3)　　　　　〕のほうを高くして，その差額を利益としている。

現在の社会は，実際の紙幣や硬貨を用いるよりも〔(4)　　　　　〕で取引が行われていることが多い。

貸し付け利子率　　配当金　　預金通貨　　銀行　　預金利子率

2 日本銀行について，次の問いの答えを下の｛　｝から選んで書きなさい。

チェック P.177③（各５点×４　20点）

必出 (1)　日本銀行のような，その国の金融の中心であり，特別な働きをする銀行を何と呼ぶか。〔　　　　　〕

(2)　日本銀行は，日本銀行券を発行することから，何銀行と呼ばれているか。〔　　　　　〕

必出 (3)　日本銀行は，銀行とだけ取り引きをすることから，何の銀行と呼ばれているか。〔　　　　　〕

必出 (4)　日本銀行は，国の資金を出し入れしていることから，何の銀行と呼ばれているか。〔　　　　　〕

｛発券銀行　　中央銀行　　政府の銀行　　銀行の銀行　　全国銀行　　都市銀行｝

1　(1)江戸時代の両替商からおこったもので，私企業である。

2　(1)各国に一つずつおかれている世界共通の名称である。(4)国の資金は，ことばをかえれば政府の資金となる。

学習日	得点
月　日	点

13 価格のはたらきと金融

スタートドリル　書き込みドリル❶　書き込みドリル❷　書き込みドリル❸　まとめのドリル

発展

3 為替(かわせ)相場の仕組みについて，次の文の〔　〕にあてはまる語句を，┌┐から選んで書きなさい。(同じ語句を何度使ってもよい。) ⇦チェック P.177③ (各6点×5　30点)

通貨と通貨を交換(こうかん)する比率を為替相場という。例えば，1ドル＝100円のように，通貨の価値を比較(ひかく)するものである。この為替相場は，経済の状況(じょうきょう)で変わる。1ドル＝100円だったものが，1ドル＝80円などになることを〔①　　　　〕という。この場合，日本からアメリカに旅行をすると〔②　　　　〕だが，アメリカへものを輸出する企業は〔③　　　　〕になる。逆に，1ドル＝120円などになることを，〔④　　　　〕といい，アメリカへものを輸出する企業は〔⑤　　　　〕になる。このように為替相場は貿易に大きな影響(えいきょう)を与えている。

円高　　円安　　有利　　不利

4 次の文の〔　〕にあてはまる語句を書きなさい。

⇦チェック P.177③ (各6点×5　30点)

わが国で，ふつう紙幣とかお札とか呼ばれている〔(1)　　　　〕は日本銀行で発行しているが，どれだけ発行するかは，日本経済全体のようすを見ながら国が決める〔(2)　　　　〕という仕組みがとられている。

日本銀行は，(1)を発行するので〔(3)　　　　〕と呼ばれている。また，日本銀行は，銀行とのみ取り引きを行うことから〔(4)　　　　〕といわれ，銀行への融資と預金の受け入れを行っている。

また，現在の企業間の取引は実際の貨幣を用いるよりも，〔(5)　　　　〕で行われることが多く，金融機関の役割が大きい。

3　円の価値が上がるか下がるかで考える。単純な数の上下にまどわされないこと。

4　(1)日本銀行が発券する銀行券。
(4)金融機関を対象とした銀行。

価格のはたらきと金融

1 次の文の□にあてはまる語句を書きなさい。

チェック P.176 1，2，P.177 3 (各7点×4 28点)

(1) 商品が売り買いされる場を中心に営まれる経済を□という。 [　　　　]

(2) 生産費に利潤を加えた価格を□価格という。 [　　　　]

(3) 1ドルが100円と交換できるというような通貨の交換比率のことを□という。 [　　　　]

(4) 金融機関の代表である銀行は，集めた預金の□率より高い□率で企業などに貸し付けを行い，その差額を銀行の利益とする。(□に同じ語句が入る。) [　　　　]

2 家計・企業・政府の結びつきを示している右の図を見て，次の問いに答えなさい。

チェック P.176 1 (各8点×3 24点)

(1) 図の①と②に入る語句の組み合わせにあたらないものを，下のア〜エから選び，記号で答えなさい。 [　　　　]

ア 労働力と賃金　　イ 預金と利子

ウ 資金と財・サービス

エ 株式と配当

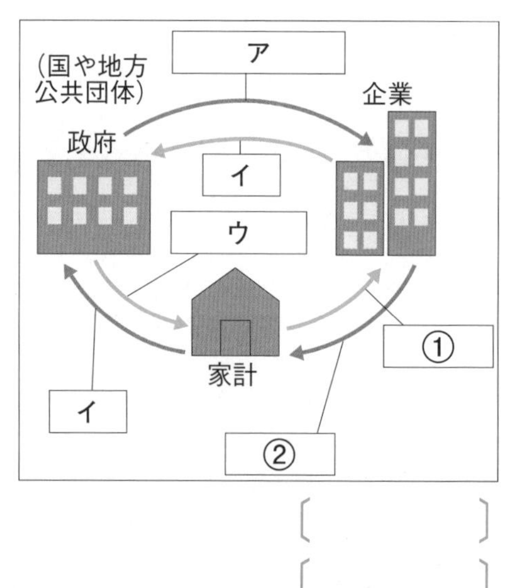

(2) a，bにあてはまるものを，図のア〜ウからそれぞれ選んで，記号で答えなさい。

a 社会保障などの公共サービスを受ける。 [　　　　]

b 税金を納める。 [　　　　]

1 (1)反対の仕組みは，計画経済である。 2 (1)企業と家計の関係であることに注目。(2)a 公共サービスは政府が行うこと。b 税金は国や地方公共団体に納める。

3 次の文は，市場でどのように商品の価格が決まるかについて述べたものである。これを読み，あとの問いに答えなさい。 チェック P.176② (各8点×3　24点)

市場における価格について，一般的(いっぱんてき)には，商品の需要(じゅよう)量が供給量を上まわっているときには価格は［ A ］する。価格が［ A ］すると，やがて供給量は［ B ］するが，需要量は［ C ］する。このように，価格には需要量と供給量を調整するはたらきがある。

(1) 文中の［　］A～Cにあてはまる組み合わせを，次のア～エから選び，記号で答えなさい。〔　　〕

ア　A　上昇(じょうしょう)，B　増加，C　減少　　イ　A　上昇，B　減少，C　増加

ウ　A　低下，B　増加，C　減少　　エ　A　低下，B　減少，C　増加

必出 (2) 文中の下線部に関連して，需要と供給の関係で決まる価格を何というか，次のア～エから選び，記号で答えなさい。〔　　〕

ア　独占(どくせん)価格　　イ　卸売(おろしうり)価格　　ウ　均衡(きんこう)価格　　エ　小売価格

必出 (3) 国や地方公共団体が決定・認可する料金を何というか。〔　　〕

4 次の文の［　］①～③にあてはまる語句を書きなさい。

チェック P.177③ (各8点×3　24点)

日本銀行には，おもに，［ ① ］と呼ばれる紙幣(しへい)を発行する「発券銀行」，銀行に資金を貸し出したり，銀行の預金を受け入れたりする「［ ② ］の銀行」，［ ③ ］の資金の取りあつかいをする「［ ③ ］の銀行」としてのはたらきがある。さらに日本銀行には中央銀行として，景気を安定させるために金融政策を行う役目もある。

①〔　　〕　②〔　　〕　③〔　　〕

3 (1)買い手が多ければ，価格は上がり，売り手は供給を増やす。価格が上がり，供給が増えると，需要は少なくなる。(3)電気・ガス料金などがある。

4 ①紙幣は正式には何と呼ばれているか。

14 政府の経済活動

1 財政のはたらき ドリル➡P.192

① **政府（国・地方公共団体）の仕事**

- **公共サービスの提供**…社会保障
  （└▶私企業では生産されていないもの）
  - 社会資本（インフラ）など
    （└▶道路，水道など，生活の基盤となる公共施設）
- **所得の再分配**…社会保障などで所得の不公平さの是正と，豊かな福祉の実現をめざす。

② **財政**…政府の経済活動のこと。**予算**に基づいて運営する。

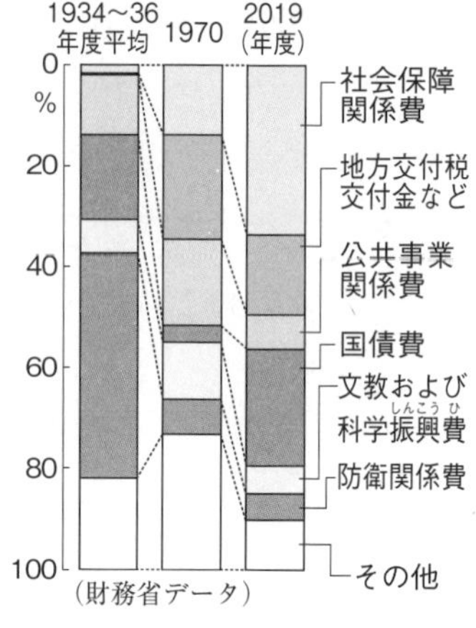

▲国の歳出の移り変わり

③ **さまざまな予算**

- **一般会計予算**…政府の通常の活動に関する計画。
- **特別会計予算**…特定の事業をおこなうための計画。
  （└▶復興予算・財政投融資など）

2 財政収入と税金 ドリル➡P.194

① **財政収入**…大半が**税金（租税）**，ほかに**公債**など。
（税金 └▶国税）

② **税金（租税）の種類**

- **直接税**…納税義務者と負担者が同じ。**累進課税**で税負担の公平をはかる。
- **間接税**…納税義務者と負担者が異なる。

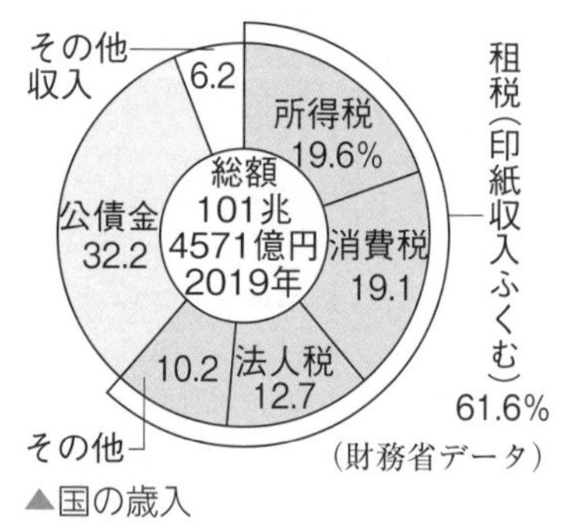

▲国の歳入

- **租税の種類** ▶

	国税	地方税（(都)道府県税）	地方税（市町村税）
直接税	所得税 法人税 相続税	道府県民税 事業税 自動車税	市町村民税 固定資産税 事業所税
間接税	消費税 酒税 揮発油税 たばこ税 関税	道府県たばこ税 ゴルフ場利用税 地方消費税	市町村たばこ税 入湯税

※東京都は市町村税にあたる税に一部課税している。

③ **公債**…政府の借金証書。税収入をこえて資金を必要とするときに**国債**として発行➡利子の支払いなどで財政を圧迫。
（└▶地方公共団体の公債は地方債という）

覚えると得

予算
政府の一年間の収入（歳入）と支出（歳出）の見積もりのこと。

財政投融資
国が財投債という債券を発行し，その資金をもとに行う経済活動のこと。

累進課税
税負担の能力に応じて，課税する方法。所得や財産が多い人ほど税率が高くなる。国税の所得税と相続税，地方税の住民税（都道府県民税・市町村民税）に対して採用されている。

公債
国や地方公共団体が，収入以上の資金を必要とするとき，不足分を補うために発行する債券。国が発行する債券を国債，地方公共団体が発行する債券を地方債という。

③ 景気変動と財政政策 ドリル➡P.196

① 景気変動（景気循環）

- **景気変動**…好景気と不景気とが交互にくりかえされること。（好景気→好況，不景気→不況）
- **特色**…資本主義経済は景気変動をくりかえしながら発展。

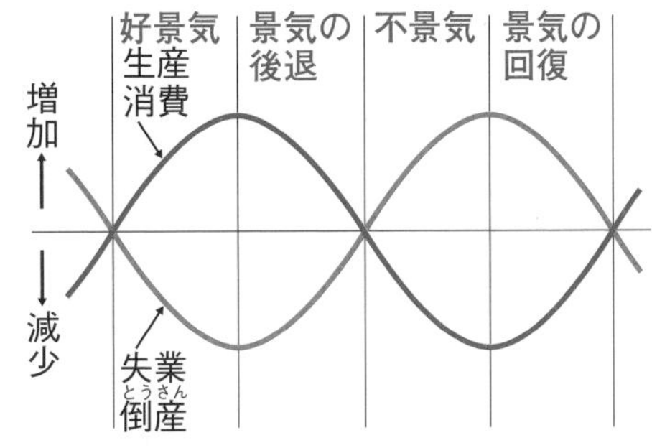

- **好景気**…国民全体の経済活動が活発になる状態。物価も上昇し，インフレーション（インフレ）が進む。
- **不景気**…国民全体の経済活動がにぶる状態。所得が低下し，生活が不安定。物価が上がらず，ときにはデフレーション（デフレ）になることもある。（不景気→急速に進むことを恐慌（きょうこう）という。）

② 財政政策

- **財政政策とは**…景気の状態をみて，財政支出などを行って景気を調整する，**政府の景気調整政策**のこと。
- **不景気のとき**…社会資本の整備などを行い財政支出を増やしたり（公共投資），減税を行って景気回復をはかったりする。
- **好景気のとき**…公共投資を減らし，増税を行う。

③ 金融政策

- **金融政策とは**…政府の財政政策と同様に，**日本銀行が行う景気調整政策**のこと。**公開市場操作**が中心。
- **公開市場操作**…銀行などの金融機関と国債などを売買して銀行の資金量を操作。
  - 好景気…国債を売って流通している資金を回収。
  - 不景気…国債を買って，流通する資金量を増やす。

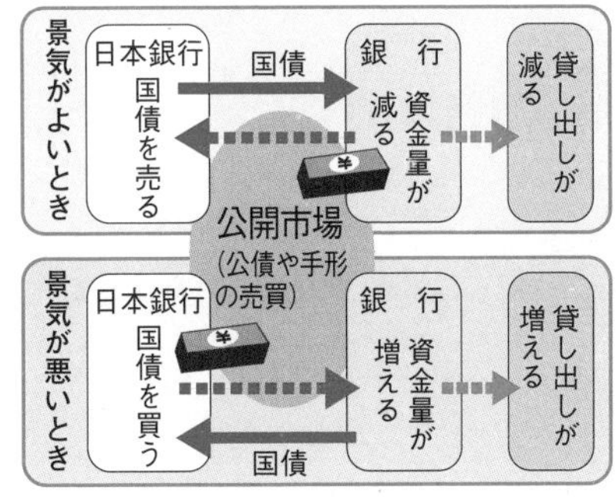

▲公開市場操作の仕組み

覚えると得

物価
個々の商品の価格をひとまとめにして，平均化したもの。物価の動きをみると，商品の価格が全体としてどれだけ変化しているかわかる。

インフレーション
物価が上がり続け，貨幣価値が下がる状態をいう。

デフレーション
物価が下がり続け，貨幣価値が上がる。その結果，経済活動がおとろえること。

スタグフレーション
不景気の中でインフレが進む状態。

量的緩和政策
不景気のとき，銀行が持つ国債を日本銀行が買うことで，銀行が日本銀行に預けている預金を増やす政策。

重要 テストに出る

財政の役割は，資産配分の調整，所得の再分配，景気の安定化，公正さの確保である。

政府の経済活動

1 次の文の｛　｝の中から，正しい語句を選んで書きなさい。

チェック P.188 ①，② (各6点×5　30点)

(1) 政府が収入を得て，それを支出する経済活動のことを｛ 財政　予算 ｝という。
〔　　　　〕

(2) 私企業(しきぎょう)では生産されない社会保障や社会資本などを｛ 公共サービス　公共料金 ｝という。
〔　　　　〕

(3) 税金を納める義務のある人と，税金を実際に負担する人が同じ税金を｛ 間接税　直接税 ｝という。
〔　　　　〕

(4) 税金だけでは必要な収入を得ることができない場合，国は｛ 国債(こくさい)　地方債 ｝を発行して不足を補う。
〔　　　　〕

(5) 所得税のように，所得が多い人ほど税率が高くなる制度を｛ 累進課税(るいしん)　公共投資 ｝という。
〔　　　　〕

2 次の文にあてはまる語句を，下の［　］から選んで書きなさい。

チェック P.189 ③ (各5点×5　25点)

(1) 資本主義経済では，不景気（不況(ふきょう)）と好景気（好況）が交互(こうご)にくり返される。
〔　　　　〕

(2) 物価が継続的(けいぞくてき)に上昇(じょうしょう)して，貨幣(かへい)の価値が下がること。一定の収入しか得られない人の生活を圧迫(あっぱく)する。
〔　　　　〕

(3) 物価が継続的に下落して，貨幣の価値が上がること。企業の倒産(とうさん)が増え，失業者が増加する。
〔　　　　〕

(4) 日本銀行が行う景気調整政策のこと。公開市場操作などがある。
〔　　　　〕

(5) 景気の状態をみて，財政支出や税の増減などを行って景気を調整する，政府の景気調整政策のこと。
〔　　　　〕

金融(きんゆう)政策　景気変動　財政政策　デフレーション　インフレーション

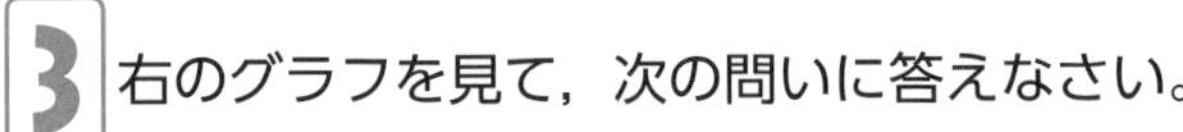

3 右のグラフを見て，次の問いに答えなさい。

チェック P.188 1（各5点×5　25点）

(1) 次の文を参考にして，あ～うにあてはまる語句を，下の［　］から選んで書きなさい。

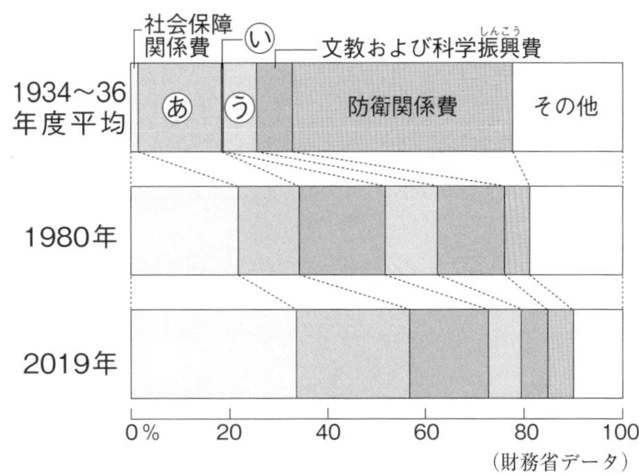

▲国の歳出の移り変わり

あ　国が発行する公債に関する元金の返済や利子の支払い。

［　　　　　　］

い　国から税収入の一定割合を地方にわたす。

［　　　　　　］

う　道路や港湾の整備，上下水道，公園などをつくる。［　　　　　　］

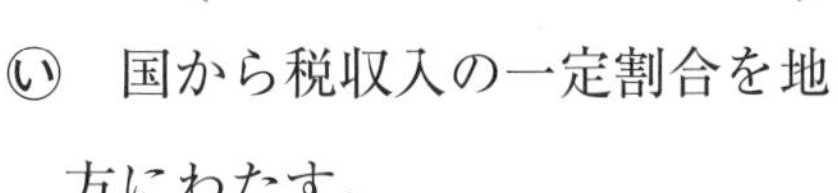

国債費　　公共事業関係費　　地方交付税交付金など

(2) 太平洋戦争前（1934～36年度平均）で，予算額の最も多かった項目は何か。

［　　　　　　］

(3) 2019年で，予算額の最も多い項目は何か。［　　　　　　］

4 右の図のA～Dにあてはまる語句を，下の［　］から選んで書きなさい。

チェック P.189 3（各5点×4　20点）

A［　　　　　　］
B［　　　　　　］
C［　　　　　　］
D［　　　　　　］

好景気　　景気の回復
不景気　　景気の後退

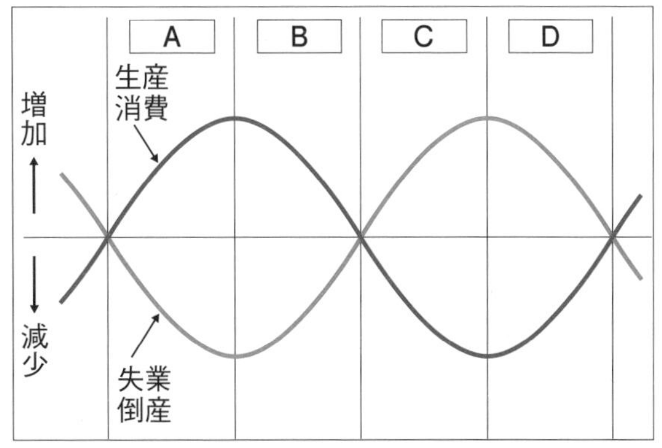

1 財政のはたらき

基本

1 次の文の｛ ｝の中から，正しい語句を選んで書きなさい。

チェック P.188 1（各6点×3　18点）

(1) 政府は国益や国民の福祉の向上などをはかるため，政府の仕事として，港湾・道路・上下水道などの社会資本や国内の治安・教育・医療などの｛ 公共サービス　経済サービス　施設のサービス ｝を提供している。〔　　　〕

必出 (2) 政府の営む経済活動のことを｛ 税制　財政　融資 ｝といい，一年ごとの予算にもとづいて運営される。〔　　　〕

(3) 政府が財投債(国債)を発行するなどして，財政を通じて投資や融資を行うことを｛ 政府投資　開発投資　財政投融資 ｝という。〔　　　〕

2 次の文の〔 〕にあてはまる語句を，下の｛ ｝から選んで書きなさい。

チェック P.188 1（各8点×5　40点）

国や地方公共団体が，国民や住民などから〔(1)　　　〕などを集め，さまざまな仕事のために支出する経済活動を財政という。政府の経済活動は，家計や〔(2)　　　〕とならんで，国民経済の中で重要な主体となっている。

財政は，一年ごとの歳入と歳出を見積もった，〔(3)　　　〕にもとづいて運営される。財政にはいろいろな役割があるが，その第一は，社会保障や社会資本などのいわゆる〔(4)　　　〕の提供である。そして第二は，社会保障などの仕事を通じて，所得の多い人から少ない人に資金を回して，所得の不公平を是正するための〔(5)　　　〕である。

｛ 税金　予算　企業　決算　配当金　公共サービス　所得の再分配 ｝

得点UPコーチ

1 (1)公のサービス。(2)国家の収入や支出を行う行為のこと。

2 財政の役割は問題文に加えて，景気の安定化や，市場経済の公正性のチェックなどもある。

学習日　月　日　得点　点

14 政府の経済活動

スタートドリル　書き込みドリル1　書き込みドリル2　書き込みドリル3　まとめのドリル

発展

3 右の図を見て，次の問いに答えなさい。

チェック P.188 1 (各6点×4　24点)

(1)　この図は，国または地方公共団体の歳出の内訳を表しているが，どちらにあてはまるか書きなさい。〔　　　　〕

(2)　次の①～③にあてはまるものを図から選び，図中の語句で答えなさい。

①　教育関係の費用。〔　　　　〕

②　治山・治水や国土開発などの費用。〔　　　　〕

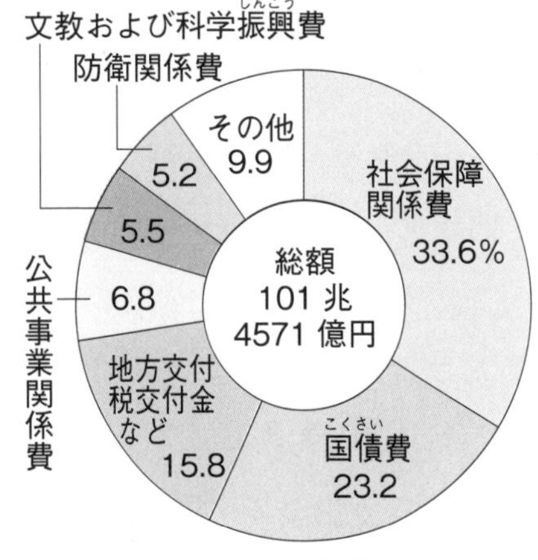

2019年度（財務省データ）

③　高齢化により占める割合が増えている，国民が，健康で文化的な最低限度の生活を営めるようにするための費用。〔　　　　〕

4 次の文の〔　〕にあてはまる語句を，　　から選んで書きなさい。

チェック P.188 1 (各6点×3　18点)

国の予算はさまざまな種類がある。〔(1)　　　　〕予算は，政府の通常の活動に基づく予算である。それに対して〔(2)　　　　〕予算は，特定の事業を行うためのものである。例えば，東日本大震災に対応するためなど，災害がもたらした被害に対する〔(3)　　　　〕予算がこれにあたる。

一般会計　特別会計　復興　財政投融資

3 (1)国債費と防衛関係費に着目する。
(2)③憲法が定める基本的人権のうちの社会権を保障するための費用である。

4 (2)財政投融資もあてはまる。

② 財政収入と税金

基本

1 次の文の｛　｝の中から，正しい語句を選んで書きなさい。

チェック P.188 ② (各７点×５　35点)

必出 (1)　税金を納める義務のある人が，直接負担する税のことを｛　国債（こくさい）　直接税　間接税　｝という。　〔　　　　〕

必出 (2)　税金を納める義務のある人と負担する人が違（ちが）う税のことを｛　国債　直接税　間接税　｝という。　〔　　　　〕

(3)　(2)の税金として代表的なものは｛　所得税　消費税　相続税　｝・酒税・たばこ税がある。　〔　　　　〕

(4)　政府が収入以上の資金を必要とするときに，不足分を補うために発行するものを｛　国庫支出金　公債　交付金　｝という。　〔　　　　〕

(5)　酒税の実際の負担者は，｛　酒造製造業者　酒類小売業者　消費者　｝である。　〔　　　　〕

2 次の問いの答えを，下の｛　｝から選んで書きなさい。

チェック P.188 ② (各５点×４　20点)

必出 (1)　税負担の能力が高いほど，税率を高くする課税の方法を何というか。　〔　　　　〕

必出 (2)　次の①〜③の税をそれぞれ何というか。

①　個人の所得にかかる税。　〔　　　　〕

②　会社や団体などの収入にかかる税。　〔　　　　〕

③　相続した財産にかかる税。　〔　　　　〕

｛　所得税　累進（るいしん）課税　相続税　関税　固定資産税　法人税　｝

1　(3)商品の販売などの取引に対して課される税。消費者が負担し，事業者が納める。

2　(2)①所得とは生産に対する報酬（ほうしゅう）のこと。②会社や団体は，個人に対して法人とよばれる。

学習日	得点
月　日	点

14 政府の経済活動

スタートドリル　書き込みドリル①　書き込みドリル②　書き込みドリル③　まとめのドリル

発展

3 右の図のA～Cは，国税と地方税をそれぞれ直接税と間接税に分類したものである。これを見て，次の問いに答えなさい。 チェック P.188② (各6点×5　30点)

必出 (1) A～Cにあてはまる語句を，下の｛　｝から選んで書きなさい。

A〔　　　　〕

B〔　　　　〕

C〔　　　　〕

A	B	C
所得税 法人税 相続税	ゴルフ場利用税 地方消費税	消費税 酒　税 関　税

｛ 国税で直接税　　国税で間接税　　地方税で直接税　　地方税で間接税 ｝

必出 (2) 図の税の中から，個人にかけられている税で累進課税がとられているものを二つ選んで書きなさい。〔　　　　〕〔　　　　〕

4 右の歳入(さいにゅう)のグラフを見て，次の問いに答えなさい。

チェック P.188② (各5点×3　15点)

(1) 国の歳入の中で，租税(そぜい)と公債ではどちらが多いか。〔　　　　〕

必出 (2) 右のX税は，2019年現在，わが国の租税収入の1位を占(し)めるものである。この税の名前を書きなさい。〔　　　　〕

(財務省データ)

(3) グラフの説明として，正しい文を選んで記号で答えなさい。〔　　　　〕

ア　公債金は，社会保障費からまかなわれている。

イ　消費税は累進課税の方法がとられていて，税金の負担のつりあいをとっている。

ウ　公債金は，租税収入の不足を補うもので，政府の借金である。

3 (1)Aは納税義務者と負担者が同じ。B・Cは納税義務者と負担者が異なる。(2)累進課税は個人の所得にかけられる。

4 (2)個人の収入によってかけられる税。(3)累進課税の方式がとられる税と公債の意味に注意。

③ 景気変動と財政政策

基本

1 次の文の｛ ｝の中から，正しい語句を選んで書きなさい。

チェック P.189③（各６点×３　18点）

⑴　財政政策とは，政府が景気の状態をみて，財政支出・税の増減などを行う，｛ 不況調整政策　景気調整政策　通貨調整政策 ｝のことをいう。

〔　　　　　〕

⑵　政府は景気の状態を判断して，不景気のときは公共事業を行って財政支出を増やしたり，｛ 減税　増税　節税 ｝を行ったりする。逆に景気の行きすぎのときは，財政支出を減らし，増税を行う。〔　　　　　〕

⑶　日本銀行の実施する｛ 財政政策　金融政策　財政投融資 ｝は，金融機関に対して国債を売買し，銀行のもっている資金量を調節する公開市場操作や，銀行が日銀に預けている預金を調節する量的緩和政策などがある。〔　　　　　〕

2 景気の波と経済の状態を示した右の図を見て，次の⑴，⑵の問いに合う語句を，下の｛ ｝から選んで答えなさい。

チェック P.189③（各６点×５　30点）

⑴　A～Dにあてはまる語句を書きなさい。

A〔　　　　　〕

B〔　　　　　〕

C〔　　　　　〕

D〔　　　　　〕

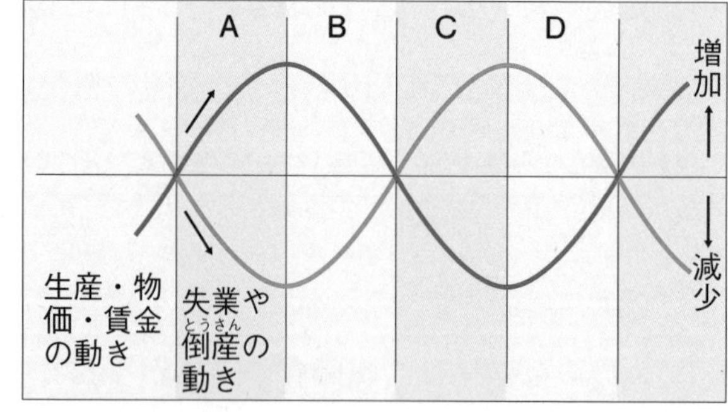

⑵　急速にCの状況が進むことを何というか，書きなさい。〔　　　　　〕

｛ 不景気　景気の回復　好景気　恐慌　景気循環　景気の後退 ｝

1　⑴財政政策とは，財政支出を増減して，景気の調節を行うこと。　⑶財政政策に対して日本銀行が行う政策。

2　⑴Aは生産・物価・賃金が上昇し，Cは失業や倒産が増加している。

学習日 月 日 得点 点

14 政府の経済活動

スタートドリル　書き込みドリル1　書き込みドリル2　書き込みドリル3　まとめのドリル

発展

必出 **3** 次の問いに答えなさい。

⇦チェック P.189③（各8点×3 24点）

(1) 物価が長期間上がり続けることを何というか。カタカナで書きなさい。

〔　　　　〕

(2) 日本銀行が公開市場操作で，次のことを行うのは日本の景気がどんなときか答えなさい。

① 国債などを売って流通している資金を回収する。〔　　　　〕

② 国債などを買って流通する資金量を増やす。〔　　　　〕

4 次の文は，政府の財政政策について述べたものである。文中の□A～Dにあてはまる語句を，下の□から選んで書きなさい。

⇦チェック P.189③（各7点×4 28点）

不景気のとき，公共事業への財政支出を［A］させたり，［B］を実施したりして，消費や生産を活発にしようとする。景気が行きすぎるとインフレーションがおこりやすいので，公共事業への財政支出を［C］させたり，［D］を実施したりして物価の安定をはかる。

▲公共事業の例（道路の建設）

A〔　　　〕 B〔　　　〕 C〔　　　〕 D〔　　　〕

減税　直接税　増税　増加　減少

3 (1)景気が過熱して，通貨量がだぶついたときにおこる現象。 (2)景気が悪いときには資金量をどうするとよいか考える。

4 AとBは，不景気のときの財政支出と租税（そぜい）の関係。CとDは好景気のときである。

まとめのドリル 政府の経済活動

1 次の問いに答えなさい。

チェック P.188 ② (各4点×7 28点)

(1) 次の文を読んで，［　］①，②にあてはまる語句を書きなさい。

税金は納める方法の違いで，［①］税と［②］税とに分けられる。［①］税は，納税者が実際に税金を負担するものをいう。例えば，所得税や法人税などがそれである。［②］税は納税者と税金の負担者が異なるもので，消費税や酒税などがある。

①〔　　　〕 ②〔　　　〕

(2) わたしたちが文房具やバックなどを購入したときには，商品の値段のほかに税金が加算される。この税金の名称を書きなさい。〔　　　〕

(3) 次の①～③の税を何というか。名称を書きなさい。

① 会社・団体などの収入にかかる税。〔　　　〕

② 給与収入にかかる税。〔　　　〕

③ 相続した財産にかかる税。〔　　　〕

必出 (4) 国税の所得税・相続税には，課税対象の金額が多くなるほど税率が高くなる仕組みになっている。この仕組みの名称を書きなさい。〔　　　〕

2 右の景気の変動を表した図を見て，次の問いに答えなさい。

チェック P.189 ③ (各8点×2 16点)

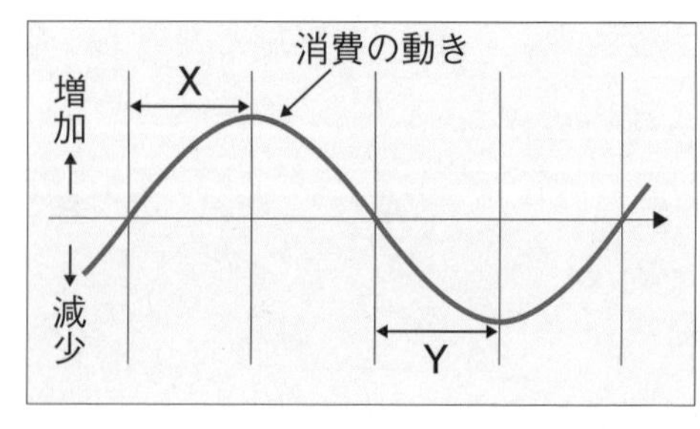

(1) 図のXのときに見られる現象を選び，記号で答えなさい。〔　　　〕

ア 失業者が増えてくる。

イ デフレーションがおこる。

ウ 商品の売れ行きがよくなる。

1 (1)租税の種類があげられているので，これをもとに判断する。 (3)①会社や団体は，個人に対して法人と呼ばれている。

2 (1)消費が増加していることに注目。

(2) Yで示した期間に，経済の原則からすると，減少するものは何か。次のア～エから選んで，記号で答えなさい。〔　　〕

ア　消費と在庫　　イ　投資と失業　　ウ　消費と生産　　エ　在庫と倒産(とうさん)

3 次の文を読んで，あとの問いに答えなさい。

チェック P.188 1，P.189 3 (各7点×8　56点)

政府は，［㋐］政策によって，日本経済の安定をはかっている。例えば，不景気のときは，［㋑］事業費などの［㋐］支出を［㋒］したり，減税を行って通貨量を増やしたりする。反対に景気が行きすぎたときは，［㋐］支出を減らしたり，［㋓］を行ったりする。また，これと同時に日本銀行も［ⓐ］政策を実施(じっし)し，<u>不景気のときには，銀行がもつ国の借金である［ⓑ］などの債権(さいけん)を買い，代金を支払うことで銀行の資金量を増やす</u>。

(1) 文中の［　］㋐～㋓にあてはまる語句を，次の｛　｝から選んで書きなさい。

㋐〔　　〕 ㋑〔　　〕 ㋒〔　　〕 ㋓〔　　〕

｛ 経済　公共　国家　財政　増税　減ら　増や ｝

(2) (1)の㋐の支出には，社会保障などを通して，所得の多い人から少ない人へ所得の［　］を行うという役割がある。［　］にあてはまる語句を，｛　｝から選んで書きなさい。

〔　　〕

｛ 再投資　再分配　再利用 ｝

(3) 文中の［　］ⓐ，ⓑにあてはまる語句を書きなさい。

ⓐ〔　　〕 ⓑ〔　　〕

(4) 下線部のことは何と呼ばれているか。〔　　〕

3 (1)㋐政府の営む経済活動のこと。㋑道路の補修工事などが，これにあたる。㋓不況(ふきょう)のときは減税。好況時は逆になる。

(3)，(4)は，日本銀行が行う景気対策。好況時は逆になる。

15 国民生活と福祉

1 社会保障の仕組み ドリル➡P.204

① 社会保障と日本国憲法

- **国民に対して**…「健康で文化的な最低限度の生活を営む権利」（→社会権の中の生存権）を保障（第25条①）。
- **国に対して**…「社会福祉，社会保障および公衆衛生の向上および増進」に努めるのが社会的使命であると規定（第25条②）。

② 日本の社会保障制度のあらまし

- **構成**…公的扶助（→生活保護），社会保険，社会福祉，公衆衛生の四つが柱。
- **制度の中心**…社会保険➡国民全員が加入の義務。
- **発達**…日本国憲法制定後から。現代は総合的制度として発展。

種類	公的扶助	社会保険	社会福祉	公衆衛生
仕事の内容	生活保護 （生活扶助・住宅扶助 教育扶助・医療扶助 など）	医療保険 年金保険 雇用保険 労災保険 介護保険	高齢者福祉 障がい者福祉 児童福祉 母子・父子・寡婦福祉	感染症対策 上・下水道整備 廃棄物処理 公害対策など
目的	貧困で生活が困難な人に生活保護法に基づいて，生活費などを給付する。	加入者や事業主がかけ金を積み立てておいて，必要が生じたときに給付を受ける。	障がいのある人々や高齢者，子どもなどを支援し，自立をはかるために行われる。	感染症の予防や上・下水道などの生活環境を改善し，健康や安全を守る。

- 社会保険…**年金保険**（→障がいや一定の年齢になると支給される）➡厚生年金・国民年金。
  医療保険（→病気などの治療費を支給）➡健康保険・国民健康保険（→自営業者とその家族など）・共済組合保険（→公務員など）。
  雇用保険（失業や事故時の保障）。労災保険（→労働者災害補償保険。業務中の負傷などを保障）。介護保険。

③ 持続可能な社会保障の考え方

- **自助**…自分で守る。預金や民間の保険など。
- **共助**…共に支える。社会保険など。
- **公助**…みんなで助ける。社会福祉，公的扶助，公衆衛生。

社会保障制度
国民の生活をおびやかす病気・失業・老齢・障がい・死亡など，個人の力だけでは解決が困難なので，国や地方公共団体が，現金やサービスを給付して，国民の生活を保障する制度。

公的扶助（生活保護）
生活保護法に基づいて，生活に困っている人を対象に国が行う扶助。福祉事務所であつかい，民間の民生委員が協力する。

働き方による年金保険の違い
企業に勤める人々や公務員などは，国民全員が加入する国民年金の他に，厚生年金に加入する。

重要 テストに出る
社会保障の土台となっている生存権は，基本的人権の一つである社会権に含まれている。

② 少子高齢化と財政 ドリル➡P.206

① **少子高齢化**…出生率の低下と平均寿命(じゅみょう)ののびにより，2007年に65歳(さい)以上が21％以上を占(し)める**超**(ちょう)**高齢社会**となった。
（平均寿命→男性81.41歳，女性87.45歳(2019年)）（65歳以上→老年人口という）（超高齢社会→高齢者の割合28.1％(2018年)）

② **少子高齢化の中の社会保障**

- **介護保険制度**・後期高齢者医療(いりょう)制度の導入。
（介護保険制度→2000年4月から実施。あらかじめ保険料を負担し，要介護のとき給付を受ける）
- **主な介護サービス**…居宅サービス，施設(しせつ)サービス，地域密着型サービス。
（居宅サービス→訪問介護，デイサービスなど）（施設サービス→介護福祉施設サービスなど）（地域密着型サービス→グループホームなど）
- **崩**(くず)**れる社会保険のバランス**…保険料を納める働く世代が減少する一方で，年金保険や医療保険給付を受ける高齢者が増加。

③ 公害問題と環境保全 ドリル➡P.208

① **公害問題**

▲四大公害病が発生した地域

- **発生**…高度経済成長期に経済の発展の一方で深刻化。
（高度経済成長期→1960年代）
- **原因**…企業の責任，国や地方公共団体の対策のおくれ。
- **種類**…大気汚染(おせん)，水質汚濁(おだく)，土壌(どじょう)汚染，騒音(そうおん)，地盤沈下(じばんちんか)など。
（種類→他に悪臭・振動も）（水質汚濁→湖沼や河川など）（土壌汚染→ダイオキシン）
- **おもな公害病**…四日市(よっかいち)ぜんそく，水俣病(みなまた)，イタイイタイ病など。
（おもな公害病→新潟水俣病を加えて四大公害病という）（水俣病→原因はメチル水銀，新潟も同じ）（イタイイタイ病→原因はカドミウム）

② **環境保全**

- **環境省**…公害対策や自然環境の保護をあつかう省庁。
（環境省→2001年，環境庁から移行）
- **環境基本法**…公害対策基本法を発展させたもの。環境保全に対する社会全体の責務を明らかにした。
（環境基本法→1993年に制定）（公害対策基本法→1967年制定，1993年に廃止）

③ **持続可能な社会**

- **循環型**(じゅんかんがた)**社会**…**リデュース**，**リユース**，**リサイクル**の試み(3R(アール))。
（リデュース→ごみを減らす）（リユース→再使用）（リサイクル→再生利用）
- **国内総生産（GDP）**…国や地域で生産された財やサービスの付加価値の合計で，経済的豊かさを示す一つの指標。➡一定の水準をこえると，GDPの値が高くても豊かさの指標が自然や文化などの満足度に移る傾向(けいこう)がある。
- **人口減少**…急速な進行により，**地域経済**に大きな影響(えいきょう)を与える。将来，消滅(しょうめつ)する地方公共団体があると指摘(してき)されている。
（人口減少→日本の直面する課題の１つ）

覚えると得

介護保険制度
介護が必要になったとき，在宅介護または施設介護のサービスなどが受けられる制度。介護を社会全体でになうことが目的。

大きな政府と小さな政府
アメリカのような，国民の負担は軽いが，保険や福祉のサービスも低い政府を小さな政府という。北欧(ほくおう)の国のような，国民の負担は高いが保険や福祉のサービスが高い政府を大きな政府という。(91ページも参照)

後期高齢者医療制度
2008年より，75歳以上の高齢者は加入中の医療保険から脱会し，独自の保険に加入する。

エシカル消費
社会の課題を解決するためや，社会の課題を解決する事業者を応援するためにする消費のこと。国連のSDGs(エスディージーズ)のゴール12に関連する取り組み。

国民生活と福祉

1 次の文の｛　｝の中から，正しい語句を選んで書きなさい。

チェック P.200 1，P.201 2，3 (各6点×5　30点)

(1) 社会保障制度のもとになっているのは，日本国憲法の｛ 生存権　自由権 ｝である。
〔　　　　　　〕

(2) 出生率の低下と平均寿命ののびにより，｛ 少子高齢化　ドーナツ化 ｝となった。
〔　　　　　　〕

(3) 寝たきりなど介護が必要なとき，在宅介護や施設介護などのサービスが受けられるのが｛ 介護保険　年金保険 ｝である。
〔　　　　　　〕

(4) 社会保険の考え方で，共に支え合うというものを｛ 公助　共助 ｝という。
〔　　　　　　〕

(5) 3Rのうち，使い捨ての商品を使わずごみを減らすという考えを｛ リデュース　リユース ｝という。
〔　　　　　　〕

2 次の文にあてはまる語句を，下の[　　]から選んで書きなさい。

チェック P.200 1 (各6点×5　30点)

(1) 障がい者や高齢者，子どもなど，社会的に弱い立場になりやすい人々への支援を通し，自立をはかるために行われる。
〔　　　　　　〕

(2) 貧困で生活が困難な人に生活費などを給付する。
〔　　　　　　〕

(3) 加入者や事業主がかけ金を積み立てておいて，必要が生じたときに給付を受ける。
〔　　　　　　〕

(4) 感染症の予防や上・下水道などに関する仕事。
〔　　　　　　〕

(5) 社会保険の中で，病気になったときなどに治療費の一部を負担する保険。
〔　　　　　　〕

公衆衛生　公的扶助　社会福祉　社会保険　医療保険

3 次の二つのグラフを見て，あとの問いに答えなさい。

チェック P.200 ❶ (各５点×３　⑮点)

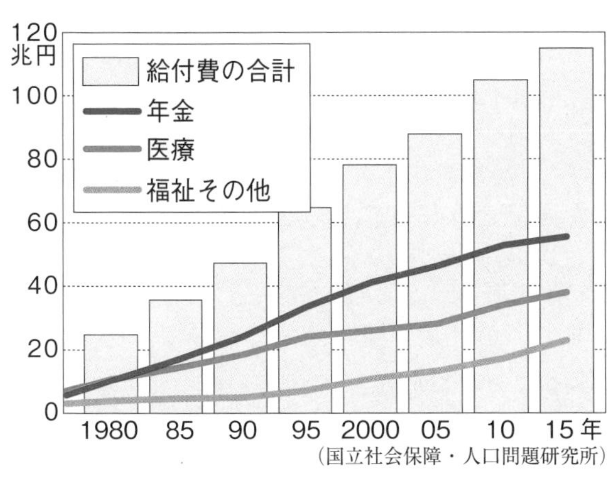

▲社会保障給付費の推移

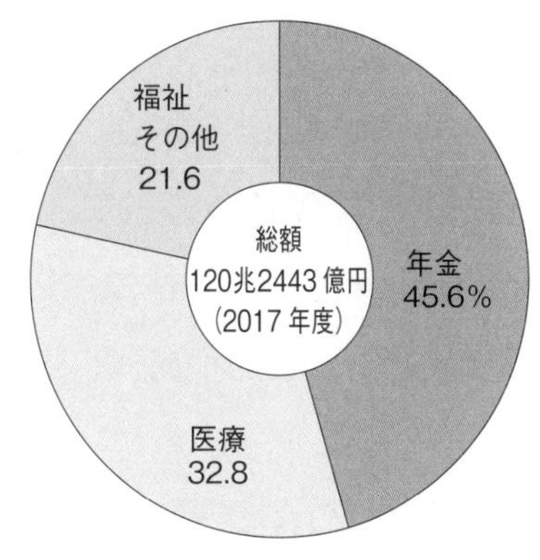

▲社会保障給付費の制度別の内訳

(1)　社会保障給付費は，どのように変わってきているか。　〔　　　　〕

(2)　年金・医療・福祉その他で，最ものび率が高いのは何か。〔　　　　〕

(3)　社会保険のうち，金額が最も多いのは何か。　〔　　　　〕

4 右の地図を見て，次の問いに答えなさい。

チェック P.201 ❸ (各５点×５　㉕点)

(1)　地図中のA～Dにあてはまる公害病の名前を，下の□から選んで書きなさい。

A〔　　　　〕

B〔　　　　〕

C〔　　　　〕

D〔　　　　〕

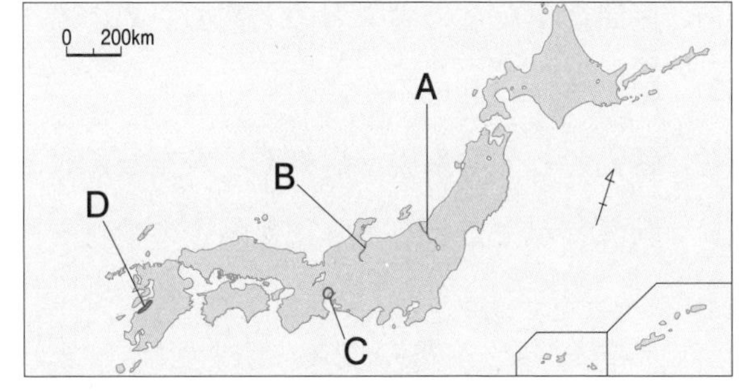

▲四大公害が発生した地域

イタイイタイ病　　新潟水俣病（みなまた）　　水俣病　　四日市（よっかいち）ぜんそく

(2)　地図中の四つの公害病を合わせて，何というか。　〔　　　　〕

1 社会保障の仕組み

基本

1 必出 次の文の｛ ｝の中から，正しい語句を選んで書きなさい。

チェック P.200 1 (各5点×4 20点)

(1) 社会保障の土台となっているのは，日本国憲法が定める｛ 参政権 生存権 自由権 ｝である。 〔 〕

(2) 社会保障制度の柱で，貧困で生活が困難な人に生活費などを給付するのが｛ 社会扶助(ふじょ) 公的扶助 福祉(ふくし)扶助 ｝である。 〔 〕

(3) 社会保障制度の柱で，加入者や事業主がかけ金を積みたてておいて，必要が生じたときに給付を受けるのが｛ 社会保険 生命保険 積立保険 ｝である。

〔 〕

(4) 社会保障制度の柱で，高齢者(こうれいしゃ)や児童など生活力の弱い人を保護し，支援(しえん)するのが｛ 民生福祉 公共福祉 社会福祉 ｝である。 〔 〕

2 次の文にあてはまる語句を，下の[ ]から選んで書きなさい。

チェック P.200 1 (各6点×5 30点)

(1) 農家や商店などの自営業者とその家族などが，病気やけがをしたときのもの。

〔 〕

(2) 民間企業(きぎょう)などの勤労者の老後のためのもの。 〔 〕

(3) 国民共通の老後のためのもの。 〔 〕

(4) 勤労者とその家族が病気やけがをしたときのもの。 〔 〕

(5) 勤労者が失業したときに保険金の給付を受けるもの。 〔 〕

国民年金 雇用(こよう)保険 健康保険 国民健康保険 労災保険 厚生年金

1 (1)労働基本権などとともに，同じ範囲(はんい)に含(ふく)まれるもの。 (2)生活保護とも呼ばれ，福祉事務所と関係の深いもの。

2 (1)(4)医療保険の区別をつけておくこと。 (3)基礎(きそ)年金と呼ばれる。

学習日　月　日　得点　点

15 国民生活と福祉

スタートドリル　書き込みドリル1　書き込みドリル2　書き込みドリル3　まとめのドリル

発展

3 次の問いに答えなさい。

チェック P.200 1 (各5点×6　30点)

(1) 国民が病気や失業，老齢などで生活が困難になったとき，国や地方公共団体が生活を保障する仕組みを何制度というか。

［　　　　］

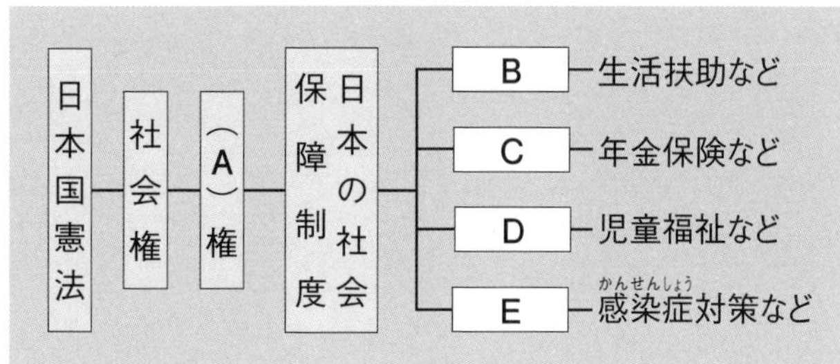

必出 (2) 上の図のA～Eにあてはまる語句を書きなさい。

A［　　　　］　B［　　　　］

C［　　　　］　D［　　　　］

E［　　　　］

4 次の問いに答えなさい。

チェック P.200 1 (各5点×4　20点)

(1) 健康保険と国民健康保険など，病気などの治療費の一部を負担する保険を何というか。

［　　　　］

(2) 厚生年金と国民年金など，障がいや一定の年齢になると支給される保険を何というか。

［　　　　］

(3) 勤労者の仕事上での病気・負傷・死亡に対して適用される保険を何というか。

［　　　　］

(4) 失業にそなえて，勤労者と使用者がかけ金を積み立てておく保険を何というか。

［　　　　］

得点upコーチ

3 (1)国民が生活をおびやかされたとき，国が生活を保障する制度。 (2)A日本国憲法第25条1項で定めている。

4 (1)どちらも病気やけがなどで医療行為を受けるときに使う保険。 (2)国民年金は基礎年金とも呼ばれる。

② 少子高齢化と財政

基本

1 次の文の｛　｝の中から，正しい語句を選んで書きなさい。

チェック P.201②（各６点×５　30点）

(1) 現在のわが国の｛ 平均寿命の長さ　出生率の高さ　死亡率の高さ ｝は，男女とも世界有数である。〔　　　　　　〕

(2) 少子高齢化になると，働く世代の負担は｛ 増えていく　減っていく　変わらない ｝。〔　　　　　　〕

(3) 政府は2000年から｛ 養護　介護　保護 ｝保険制度をスタートさせた。これは，介護が必要になった国民に対して，在宅や施設などで介護サービスを提供するものである。〔　　　　　　〕

(4) 国や地方公共団体が，高齢者や障がい者に対して福祉の｛ 衛生　支援　個人 ｝サービスをすることが重要である。〔　　　　　　〕

(5) 少子高齢化になると，保険料を納める働く世代が減少し，｛ 教育扶助　年金　退職金 ｝や医療給付を受ける高齢者が増加する。〔　　　　　　〕

2 次の文の〔　〕にあてはまる語句を，下の［　］から選んで書きなさい。

チェック P.201②（各５点×３　15点）

今日わが国では，高齢者の中の病人や身体の不自由な人の身の回りのことを，家族で〔(1)　　　　　〕をすることがむずかしくなってきている。また，(1)をする人の半数以上は65歳以上の〔(2)　　　　　〕である。このような状況のため(1)から共倒れになるケースもある。そのため，国や〔(3)　　　　　〕による社会福祉の支援サービスの役割が，いっそう大切になっている。

ボランティア活動　地方公共団体　介護　高齢者　働き手

1 (2)2018年の総人口に占める老年人口は28.1％である。 (3)老後，必要時に身の回りの世話をこの制度で受けられる。

2 (1)核家族化などで病人の世話ができない。 (3)福祉行政を行うのはどこか。

学習日　月　日　得点　点

15 国民生活と福祉

スタートドリル　書き込みドリル①　書き込みドリル②　書き込みドリル③　まとめのドリル

発展

3 次の文の□にあてはまる語句や数字を，下の｛　｝から選んで書きなさい。

チェック P.201②（各７点×５　35点）

わが国は老年人口の総人口に占める割合が，2007年に21％をこえ，超高齢社会となった。右のグラフを見ると，2018年の値では，全体のおよそ［(1)］人に１人以上を老年者が占めている。

わが国の［(2)］化の原因は，平均寿命がのびたことや［(3)］の低下によるところが大きい。

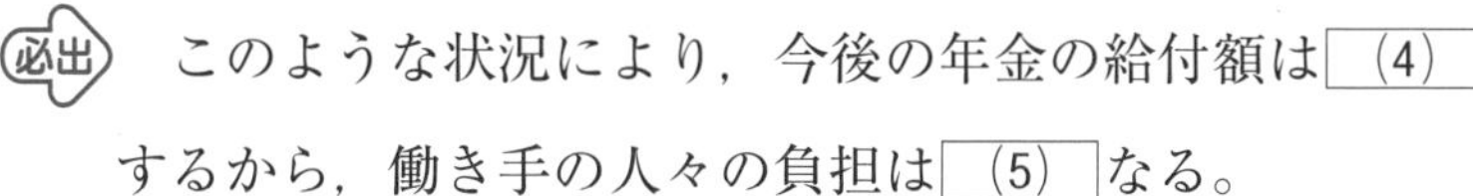

必出　このような状況により，今後の年金の給付額は［(4)］するから，働き手の人々の負担は［(5)］なる。

4000万人（国勢調査による。）　40%
老年人口
総人口に占める割合
3500　3000　2500　2000　1500　1000　500　0
35　30　25　20　15　10　5　0
1995　2000　05　10　15　18年

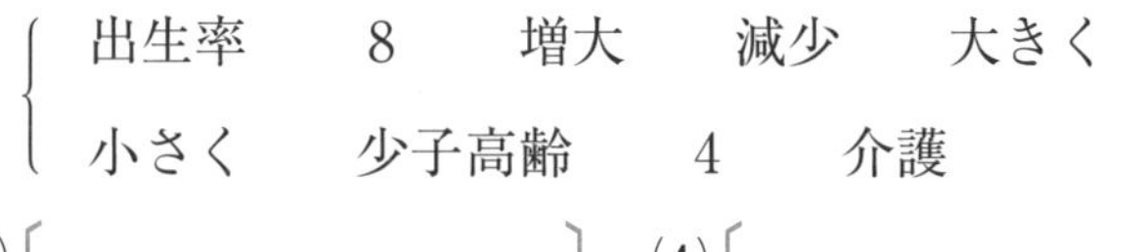

｛出生率　8　増大　減少　大きく　小さく　少子高齢　4　介護｝

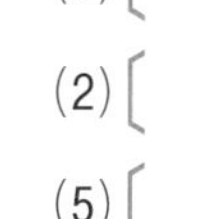

(1)［　　］
(2)［　　］
(3)［　　］　(4)［　　］　(5)［　　］

4 次の問いに答えなさい。

チェック P.201②（各５点×４　20点）

(1)　高齢者などが在宅，施設などの介護サービスを受けられる制度ができ，2000年から実施された。この制度の名称(めいしょう)を書きなさい。［　　］

(2)　2008年の医療保険の改正で，75歳以上の高齢者を対象に新しい医療保険制度が導入された。この制度の名称を書きなさい。［　　］

(3)　少子高齢化が進むと，社会保険のうち，何の給付を受ける高齢者が増えるか。二つ書きなさい。［　　］［　　］

3　(2)2018年の老年人口の割合は28.1％。(3)少子化も要因の一つ。(5)負担増になる。

4　(1)老後に，身のまわりの世話を要請(ようせい)できる保険制度。(3)社会保険に入っている制度。

③ 公害問題と環境保全

基本

1 次の文の｛　｝の中から，正しい語句を選んで書きなさい。

チェック P.201③（各６点×４　24点）

(1)　工場や鉱山の廃水，家庭の排水などで河川や湖沼の水をよごす公害の種類を｛　大気汚染　　水質汚濁　　土壌汚染　｝という。〔　　　　　　〕

必出 (2)　九州の八代海沿岸で，工場廃液で汚染された魚を食べたことが原因でかかった公害病を｛　水俣病　　イタイイタイ病　　四日市ぜんそく　｝という。〔　　　　　　〕

必出 (3)　三重県で，コンビナートが排出した亜硫酸ガスが原因で起こった公害病を｛　水俣病　　イタイイタイ病　　四日市ぜんそく　｝という。〔　　　　　　〕

(4)　公害対策や，自然環境の保護をあつかう省庁を｛　環境省　　総務省　　外務省　｝という。〔　　　　　　〕

2 次の問いの答えを，下の｛　｝から選んで書きなさい。

チェック P.201③（各７点×４　28点）

必出 (1)　環境対策をさらに進めるため，1993年に制定された法律は何か。〔　　　　　　〕

(2)　社会の課題解決のためや，社会の課題解決をする事業者を応援するための消費を何というか。〔　　　　　　〕

(3)　3Rのうち，ごみの発生をおさえるという考え方を何というか。〔　　　　　　〕

(4)　3Rのうち，原材料や部品を資源として再生利用することを何というか。〔　　　　　　〕

｛　エシカル消費　　リデュース　　リユース　　リサイクル　　環境基本法　｝

1　(2)熊本県水俣市の周辺に発生した四大公害病の一つ。　(3)四日市市の住民が被害を受けた，四大公害病の一つ。

2　(1)公害対策基本法から発展して制定。(3)(4)リフューズ（断る）を入れて4Rとする考え方もある。

学習日	得点
月　日	点

15 国民生活と福祉

スタートドリル　書き込みドリル❶　書き込みドリル❷　**書き込みドリル❸**　まとめのドリル

発展

3 次の文にあてはまる語句を，下の□から選んで書きなさい。

チェック P.201③（各９点×２　18点）

(1)　経済的豊かさの基準の一つで，ある国や地域で生産された商品の付加価値をあわせた数値を何というか。〔　　　　〕

(2)　3Rを心がけた社会を何というか。〔　　　　〕

GDP　　NPO　　循環型社会　　多文化社会

4 次の問いに答えなさい。

チェック P.201③（各６点×５　30点）

必出 (1)　四大公害病の発生地の地図を見て，次の問いに答えなさい。

①　図のA，Bの地域で発生した公害病の名を書きなさい。

A〔　　　　〕

B〔　　　　〕

0　200km

A　B　C　D

▲日本の四大公害病の発生地

②　図のC，Dの地域で発生した公害病の原因を，下の□の中から選んで書きなさい。

C〔　　　　〕　D〔　　　　〕

水質汚濁　　騒音　　振動　　土壌汚染　　大気汚染　　悪臭

(2)　自然環境や生活環境を守るために設けられている，内閣の機関（役所）の名称を書きなさい。〔　　　　〕

3　(1)家事やボランティアなど市場で取り引きしないものは入らない。

4　(1)①Aは新潟県の阿賀野川流域，Bは富山県神通川流域でおこった公害病。②Cは亜硫酸ガス，Dはメチル水銀が原因。　(2)2001年に省となった役所。

国民生活と福祉

1 次の文を読んで，あとの問いに答えなさい。

⇦チェック P.200①，P.201②（各５点×９　45点）長野県改題

憲法第25条の，「すべて国民は，健康で文化的な最低限度の生活を営む権利を有する」に基づいて，公的扶助，社会福祉，社会保険，公衆衛生の四つの面から社会保障制度が整備された。特に，1960年代から1970年代にかけて，ⓐ社会保険制度や高齢者医療制度が整えられてきた。しかし，それにともなって社会保障費が増えたため，1980年代に高齢者医療制度が手直しされた。今後，高齢化がいっそう進むなかでⓑ高齢者の社会保障を充実させていくために，働き手の負担が増えていくと予想されている。

(1)　右の「社会保障関係費の内訳」グラフを参考に，次の問いに答えなさい。

①　グラフ中で一番大きな割合を占めているのは何か。〔　　　　　　〕

②　グラフ中の「福祉」の例を，次のア～ウから選び，記号で答えなさい。

ア　感染症の予防　　イ　高齢者の生活支援

ウ　上下水道の整備　〔　　　　〕

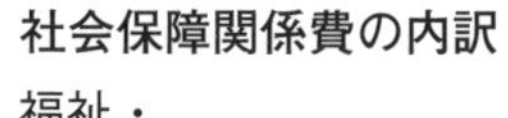

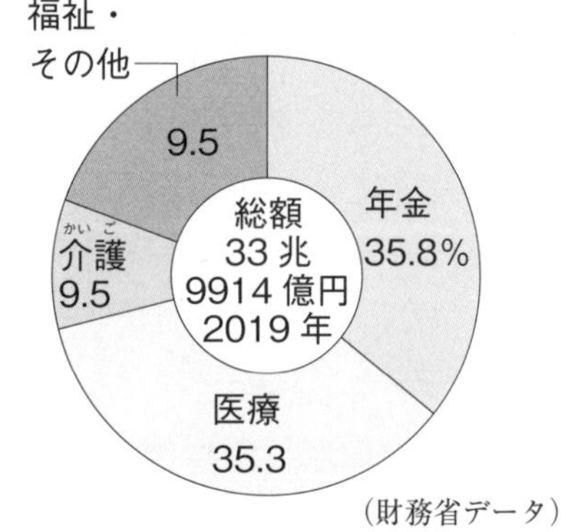

（財務省データ）

(2)　下線部ⓐの内容で，一定の年齢になると国民が受けられるものは何か。〔　　　　　　〕

(3)　社会保険の仕組みの一部を示した右の図のA～Eにあてはまる語句を書きなさい。ただし，Eは勤労者が失業時に給付を受ける保険である。

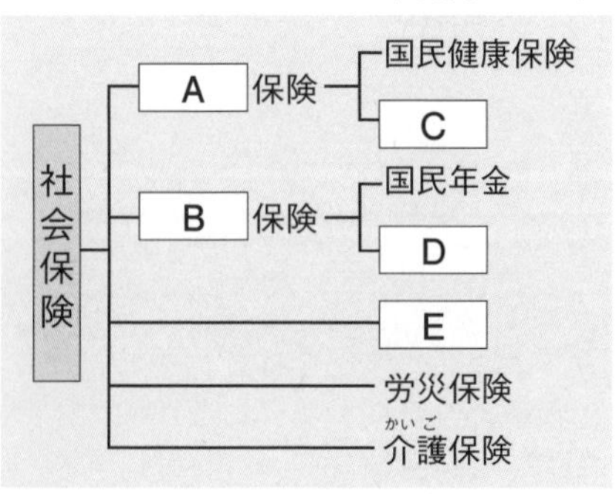

1　②児童福祉や母子福祉なども社会福祉である。　(2)国民全体に，老後の生活安定策がとられている。　(3)A病気やけがなどのときに使う保険の総称。

A〔　　　　〕 B〔　　　　〕 C〔　　　　〕
D〔　　　　〕 E〔　　　　〕

(4) 下線部ⓑの趣旨（しゅし）に沿って，2000年4月から実施（じっし）された制度は何か。次のア～エから選び，記号で答えなさい。〔　　〕

ア　介護保険制度　　イ　老人保健制度
ウ　退職者医療制度　　エ　雇用（こよう）保険制度

2 次の問いに答えなさい。

チェック P.201③（各11点×5　55点）

(1) 右の図は3R（アール）を説明したものである。図中のA・Bにあてはまる語句を書きなさい。

A〔　　　　〕
B〔　　　　〕

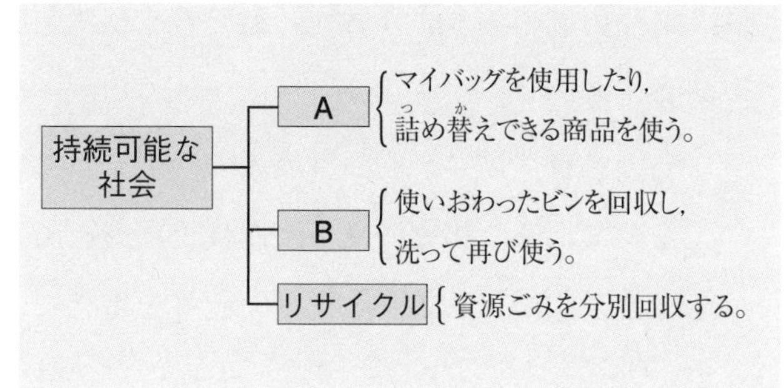
持続可能な社会
A
マイバッグを使用したり，
詰め替えできる商品を使う。
B
使いおわったビンを回収し，
洗って再び使う。
リサイクル
資源ごみを分別回収する。

(2) 次の①～③は，四大公害病のうちの三つについて，その原因を述べたものである。それぞれの公害病の名を書きなさい。

① コンビナートが排出（はいしゅつ）した亜硫酸（ありゅうさん）ガスによって発生。〔　　　　〕

② 鉱山から流出したカドミウムによって発生。〔　　　　〕

③ 工場廃液（はいえき）中のメチル水銀によって八代（やつしろ）海沿岸で発生。〔　　　　〕

得点up コーチ

(4)高齢者などが，必要に応じて身のまわりの世話を受けられる制度。

2 (1)身近な具体例もあわせて覚えると良い。 (2)①三重県，②富山県。③熊本県で発生。

定期テスト対策問題

学習日	得点
月　日	点

価格のはたらきと金融／政府の経済活動／国民生活と福祉

1 次の問いに答えなさい。

チェック P.176①，P.177③，P.188②（各５点×９　45点）

(1)　右の図は，わが国の家計・企業・政府（国や地方公共団体）の経済活動の結びつきを示したものである。これを見て，A，Bにあてはまる語句を書きなさい。

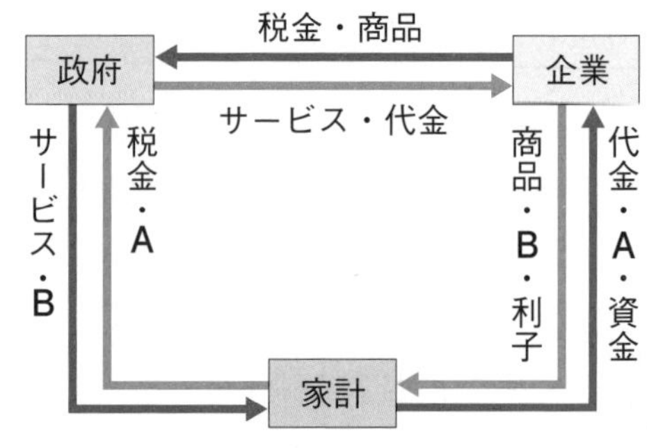

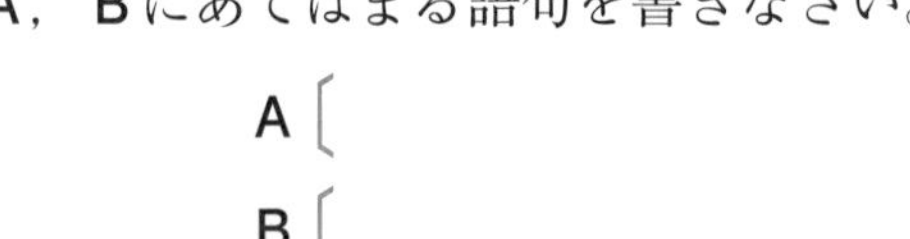

A〔　　　　　　〕
B〔　　　　　　〕

(2)　商品の価格のきまり方で，需要量と供給量の関係で決まる価格を何というか書きなさい。〔　　　　　　〕

(3)　右のグラフは，一般会計歳入の内訳を示したものである。租税のうち，間接税にあたるものを，次のア～エから選び，記号を書きなさい。〔　　　〕

ア　消費税　　　イ　法人税
ウ　相続税　　　エ　所得税

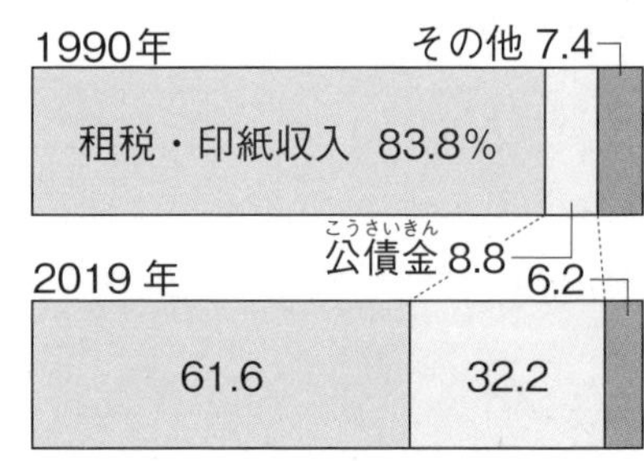

（2019/20「日本国勢図会」）

(4)　所得が多くなると税率が高くなる課税方法を何というか書きなさい。〔　　　　　　〕

(5)　日本銀行の役割について，次の問いに答えなさい。

①　次の文中の［　　］A～Cにあてはまる語句を書きなさい。

日本銀行は，わが国の金融の中心となる［ A ］銀行で，日本銀行券（紙幣）を発行できるただ一つの［ B ］銀行である。また，政府の資金をあつかうので［ C ］の銀行とも呼ばれる。

A〔　　　　〕　B〔　　　　〕　C〔　　　　〕

②　日本銀行が通貨を発行し，その供給量を景気や物価など経済の状態に応じて調整する制度の名称を書きなさい。〔　　　　　　〕

2 右の景気の波と経済状態を示した図を見て，次の問いに答えなさい。

チェック P.189③ (各6点×5　30点)

(1) 図中のAとBの経済状態について，あてはまる語句を書きなさい。

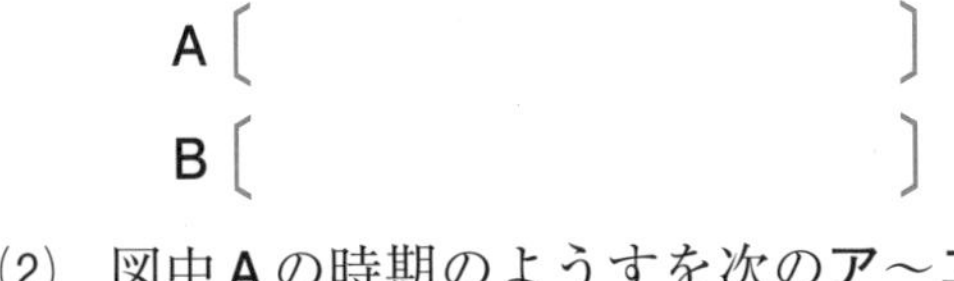

A〔　　　　　　　　〕

B〔　　　　　　　　〕

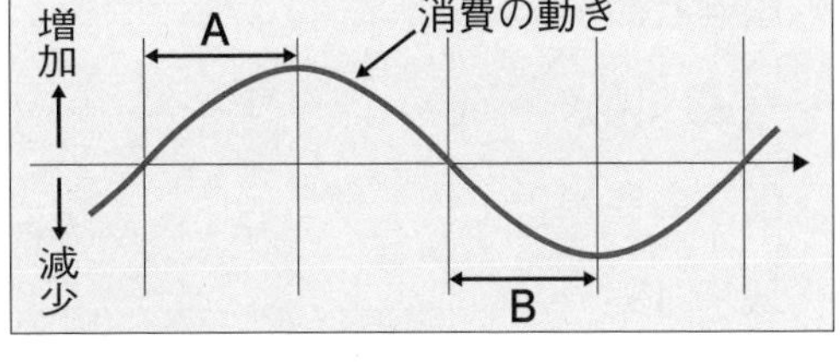

(2) 図中Aの時期のようすを次のア～エから選び，記号を書きなさい。

〔　　　　〕

ア　消費は活発で，商品がよく売れる。　　**イ**　企業の雇用(こよう)が少なくなる。

ウ　企業が生産を減らそうとする。　　**エ**　デフレーションがおこる。

(3) 好景気と不景気が交互(こうご)にくり返されることを何というか書きなさい。

〔　　　　　　　〕

(4) 図中のBの時期のようすを，「生産」「失業」「倒産(とうさん)」の三つの語句を使って簡潔に書きなさい。

〔　　　　　　　　　　　　　　　　　　　　　　〕

3 社会保障について，次の問いに答えなさい。

チェック P.200①，P.201② (各5点×5　25点)

(1) 子どもの割合が減り，高齢者の割合が増えることを何化というか。その名称を書きなさい。　〔　　　　　　　〕

(2) 社会保険のうち，次の①～③にあてはまる保険の名称を書きなさい。

①　自営業者が病気などをしたときの保険。　〔　　　　　　　〕

②　企業に勤める人などの老後のための保険。　〔　　　　　　　〕

③　失業したときに給付を受ける保険。　〔　　　　　　　〕

(3) 自宅や施設(しせつ)などで医療(いりょう)・福祉サービスなどが総合的に受けられることを目的に，2000年から実施された制度の名称を書きなさい。

〔　　　　　　　〕

16 国家と国際社会

1 主権国家 ドリル➡P.218

① **国際社会**

- **構成**…国家が単位。
- **国家の要素**…主権・領域・国民。
- **国家数・人口**…190か国以上・約76億人。
  ↳2018年

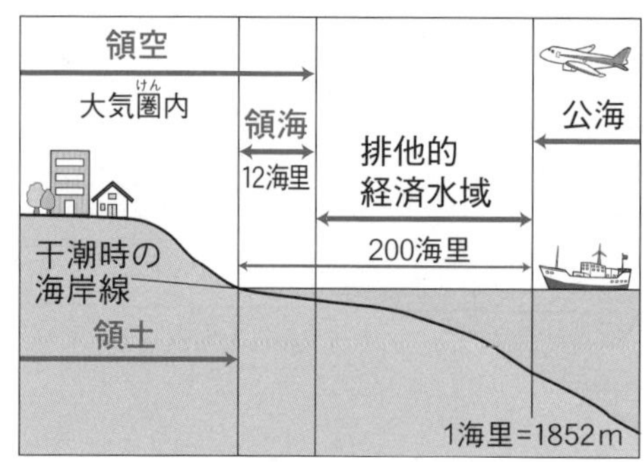

▲領土・領海・領空

② **主権国家の原則**
↳対外的に独立権をもっている国のこと。独立国家ともいう

- **内政不干渉の原則**…他国から支配や干渉をされない権利。
- **主権平等の原則**…他の主権国と対等である権利。

③ **国家領域**
↳国家の主権がおよぶ範囲，三領域で構成

- **領土**…国家主権のおよぶ範囲の地域。
- **領海**…国家主権のおよぶ範囲の海域。排他的経済水域の外側の水域では**公海自由の原則**。
  ↳ふつう，海岸線から12海里
  ↳公海は，どこの国の船でも自由に航行ができる原則
- **領空**…国家主権のおよぶ範囲の上空➡領土・領海の上空の大気圏内。

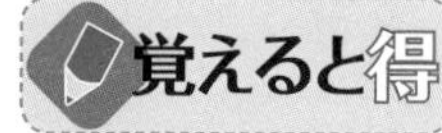

国家の独立
第二次世界大戦後にアジア・アフリカで多数の独立国家が誕生した。また，社会主義体制の崩壊で，旧ソ連，東ヨーロッパで多くの国が独立した。

国際法
条約と国際慣習法で構成。条約は国家間の文書で取り決められた約束で，憲章・条約・協定・宣言など。一方，国際慣習法は長年の慣行が法となったもので，公海自由の原則など。

④ **国際関係**

- **国際法**…国際社会で国家が守るべききまり。条約と国際慣習法。
- **排他的経済水域**…沿岸から200海里水域内での，水産・鉱産資源に沿岸国の権利を認める。
  ↳1982年成立の国連海洋法条約に規定
- **国旗と国歌**…国を象徴するもので，国際的な集まりの場で国旗や国歌が平等にあつかわれるのは，主権平等の表れ。
  ↳日本の国旗は「日章旗（日の丸）」，国歌は「君が代」。

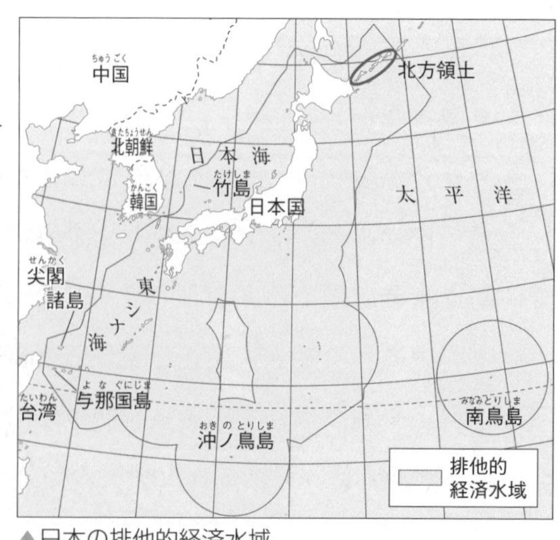

▲日本の排他的経済水域

⑤ **日本の領土について**

- **北方領土**…択捉島，国後島，色丹島，

歯舞群島をさし，ロシアが不法に占拠。

- **竹島**…日本固有の領土だが，韓国が不法に占拠。
  ↳島根県に属する
- **尖閣諸島**…日本政府は，尖閣諸島は日本固有の領土で，領有権をめぐる問題は存在しないとしているが，中国や台湾が権利を主張している。
  ↳沖縄県に属する

② 世界の多様性 ドリル➡P.220

① 文化の多様性の尊重

- **世界各地にある文化遺産**…UNESCOが世界遺産条約を制定し，人類が共有すべき世界遺産として登録，保護。
  ↳国連教育科学文化機関のこと
  ↳自然遺産と文化遺産
- **失われる文化遺産**…バーミアン石仏の破壊。
  ↳バーミヤンとも。2001年，当時のイスラム政権によって破壊
- **失われる世界の言語**…かつては7000前後の言語➡約2500の言語が消滅の危機に直面。
- **進む文化の画一化**…グローバル化の進展により，同じ文化が世界各地で受け入れられ，文化同士が似てくる。
  ↳アメリカのハンバーガーショップが中国に進出など
- **文化の多様性に関する世界宣言**…文化の多様性を「人類共通の遺産」であり，一つの権利であると宣言。
  ↳ユネスコが2001年に採択
- **人間の安全保障**…一人一人の生命や権利を大切にする考え方。

② 宗教の多様性

- **世界の宗教**…キリスト教，イスラム教，仏教，ヒンドゥー教，ユダヤ教。そのほかにもさまざまな宗教がある。宗教やその土地の人々の生活習慣にも大きく影響する。
  ↳世界三大宗教といわれる
  ↳特定の地域や民族と結びつく

▲キリスト教の寺院（サン・ピエトロ大聖堂／バチカン市国）

▲イスラム教の寺院（イスファハンのイマームモスク／イラン）

▲仏教の寺院（法隆寺／奈良県斑鳩町）

- **異なる宗教や宗派での対立**…地域紛争やテロリズム（テロ）が発生➡教えの違いや相互理解の不足。
  ↳異なる一方を弾圧

覚えると得

バーミアン遺跡
アフガニスタンにある仏教遺跡。2001年に遺跡の大半がときのイスラム政権によって破壊された。2003年に世界遺産に登録され，ユネスコや日本などが協力して修復と保存が進められている。

▲バーミアン遺跡

各宗教の人口に占める割合
キリスト教は約33%，イスラム教は約24%，ヒンドゥー教は約14%，仏教は約7%。

テロリズム（テロ）
ある集団が，政治目的を果たすために行う暴力・威嚇行為。一般の人々を無差別に攻撃することもある。

国家と国際社会

1 次の文の｛　｝の中から，正しい語句を選んで書きなさい。

チェック P.214①，P.215②（各6点×5　30点）

(1) 領海の外側で，沿岸から200海里までの水域を｛ 領域　排他的経済水域 ｝という。　〔　　〕

(2) 国と国とが結ぶ条約や，長い間の慣行が法となった国際慣習法などを｛ 憲法　国際法 ｝と呼んでいる。　〔　　〕

(3) 歯舞群島，色丹島，国後島，択捉島を｛ 北方領土　尖閣諸島 ｝といい，日本固有の領土としてロシアに返還を求めている。　〔　　〕

(4) ヨーロッパなどで多くの人に信仰されている｛ キリスト教　ヒンドゥー教 ｝は，世界の三大宗教の一つである。　〔　　〕

(5) イランのイスファハンのイマームモスクは，｛ 仏教　イスラム教 ｝の寺院である。　〔　　〕

2 次の文にあてはまる語句を，下の□から選んで書きなさい。

チェック P.214①，P.215②（各6点×5　30点）

(1) ある国が他国に支配されたり，干渉されたりしない権利。

〔　　〕の原則

(2) 他の国々と対等である権利。

〔　　〕の原則

(3) 国際社会を構成する中心となっている，主権を持つ国々。

〔　　〕

(4) 排他的経済水域の外側の水域は，どこの国の船でも自由に航行できる。

〔　　〕の原則

(5) グローバル化の進展によって生まれた，一人一人の生命や権利を守ることが重要だとする考え方。　〔　　〕

公海自由　主権平等　主権国家　内政不干渉　人間の安全保障

3 多様性について書かれた次の文を読み, [ ]①～④にあてはまる語句を[ ]から選んで書きなさい。

チェック P.215② (各５点×４ 20点)

現在の国際社会では，さまざまな民族がくらし，多様な文化を築いている。例えば，宗教では，キリスト教，[①]教，仏教の三大宗教のほかに，数多くの宗教が信仰されている。また，国連の専門機関である[②]は，1972年に[③]を採択（さいたく）し，2001年に「文化の多様性に関する世界宣言」を採択するなどして，文化の多様性を守る活動もしている。これらのように，文化の多様性を尊重するという考えは，一人一人の生命・権利を大切にする「[④]の安全保障」という考えとともに，平和な社会を築くための重要な視点となっている。

①[　　] ②[　　]
③[　　] ④[　　]

UNESCO（ユネスコ）　UNICEF（ユニセフ）　人間　文化の多様性　世界遺産条約　イスラム

4 右の地図を見て，次の問いに答えなさい。

チェック P.214① (各５点×４ 20点)

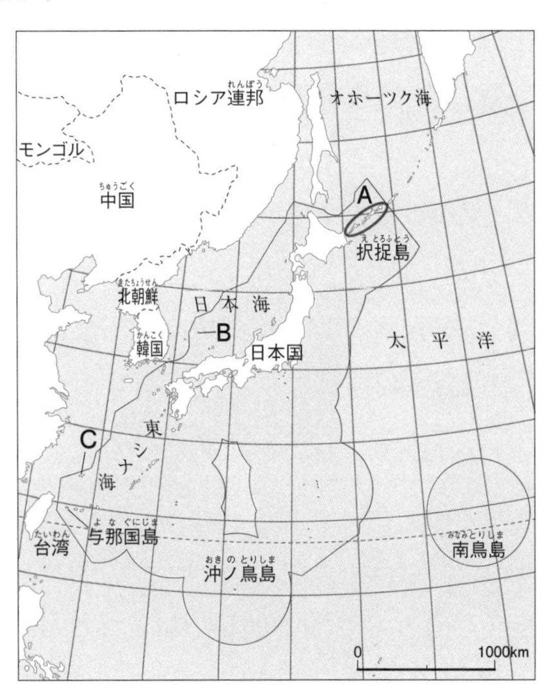

(1) 領土をめぐる問題がある，地図中のA～Cの名前を，下の｛ ｝から選んで書きなさい。

A[　　]
B[　　]
C[　　]

｛竹島（たけしま）　尖閣諸島　北方領土｝

(2) 地図中の⬭で示した，水産，鉱産資源の権利が日本にも認められている水域を何というか。

[　　]

1 主権国家

基本

1 次の文の｛　｝の中から，正しい語句を選んで書きなさい。

チェック P.214 1（各5点×4　20点）

(1) 国家領域とは，国家の｛ 命令　主権　法律 ｝がおよぶ範囲(はんい)の三領域をいう。

〔　　　　〕

必出 (2) 領海は，ふつう，海岸線から｛ 3海里　10海里　12海里 ｝までの海域(水域)をいう。

〔　　　　〕

必出 (3) 排他的(はいたてき)経済水域は，領海の外側で，沿岸から｛ 100海里　200海里　300海里 ｝をこえない水域とされている。

〔　　　　〕

(4) 国際法は，｛ 協定　条約　憲章 ｝と国際慣習法からなっている。

〔　　　　〕

2 次の文の〔　〕にあてはまる語句を，下の[　　]から選んで書きなさい。

チェック P.214 1（各5点×4　20点）

(1) 太平洋戦争で日本が降伏(こうふく)したのち，当時のソ連が〔① 　　　　〕を占領(せんりょう)した。今でもロシアに不法に占拠(せんきょ)されている，歯舞群島(はぼまいぐんとう)，色丹島(しこたんとう)，択捉島(えとろふとう)，〔② 　　　　〕の返還(へんかん)を日本政府は求めている。

(2) 竹島(たけしま)は日本固有の領土であるが，〔　　　　〕が警備隊を置くなど，不法に占拠する状態が続いている。

必出 (3) 主権国家の間には，他国から支配や干渉(かんしょう)をされない〔　　　　〕不干渉の原則と，主権平等の原則とがある。

尖閣諸島(せんかくしょとう)　主権　北方領土　中国　韓国(かんこく)　アメリカ　内政　国後島(くなしりとう)

1 (2)1海里は約1.85kmで，22km余りの距離(きょり)。(3)およそ370kmの距離。(4)国家間の取り決め文書。

2 (1)四つの島々はしっかり書けるようにしておこう。

学習日　月　日　得点　点

16 国家と国際社会

スタートドリル　書き込みドリル①　書き込みドリル②　まとめのドリル

発展

3 次の問いに答えなさい。

チェック P.214 ① (各5点×4　20点)

(1) 次の①，②の問いにあてはまる地域を，右の地図中のA～Dから選び，その記号を書きなさい。

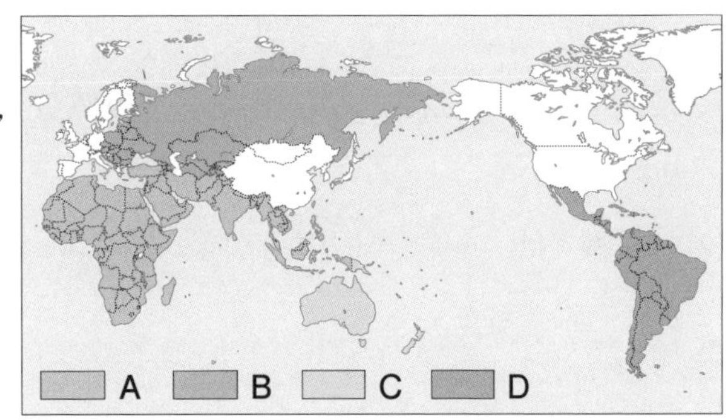

① 第二次世界大戦後に，新しい独立国が多く生まれた地域。

〔　　　〕

② 社会主義体制の崩壊(ほうかい)で，多くの国が独立した地域と民主化が進んだ地域。

〔　　　〕

必出 (2) 主権国家の間には，どのような原則があるか。二つ書きなさい。

〔　　　〕の原則　〔　　　〕の原則

4 次の問いに答えなさい。

チェック P.214 ① (各8点×5　40点)

必出 (1) 右の図のA～Cは，国家の三つの領域を表したものである。あてはまる語句を書きなさい。

A〔　　　〕　B〔　　　〕

C〔　　　〕

C
大気圏(けん)内
200海里
B
12海里
D
A

必出 (2) 図のDの水域にはどのような原則があるか。

〔　　　〕の原則

(3) 国際法を構成するものは，条約とあと一つは何か。〔　　　〕

得点upコーチ

3 (1)① Aの地域はおもに欧米(おうべい)諸国の植民地だった。
②1991年にソビエト連邦が崩壊した。

4 (1)主権のおよぶ範囲は，国土と海と空である。 (2)どこの国の船でも自由に航行ができる原則である。

② 世界の多様性

基本

1 次の文の｛　｝の中から，正しい語句を選んで書きなさい。

チェック P.215②（各8点×3　24点）

⑴ 国連の｛ユニセフ　ユネスコ　安全保障理事会｝は，世界遺産条約を採択し，人類が共有すべき文化遺産や自然を世界遺産として登録して，その保護に取り組んでいる。〔　　　　〕

⑵ 日本では，知床，小笠原諸島などが｛自然遺産　文化遺産｝として世界遺産に登録されている。〔　　　　〕

⑶ 世界にはさまざまな宗教がある。イスラム教と仏教と｛ユダヤ教　ヒンドゥー教　キリスト教｝は世界三大宗教と呼ばれている。（必出）〔　　　　〕

2 次の文の〔　〕にあてはまる語句を，下の□から選んで書きなさい。

チェック P.215②（各8点×4　32点）

⑴ 2001年に国連で採択した「文化の多様性に関する世界宣言」では，文化の多様性を「〔①　　　　〕の遺産」であり，一つの〔②　　　　〕であると宣言している。

⑵ 文化遺産保護が行われる一方で，失われつつある貴重な文化がある。アフガニスタンでは，2001年に当時のイスラム政権によって〔①　　　　〕遺跡の石仏が破壊された。また，全世界で7000前後あるといわれている〔②　　　　〕のうち，約2500の〔②〕が消滅の危機に直面している。

宗教　権利　バーミアン　遺産　言語　人類共通　イスラム

1 ⑴国連で教育・科学・文化などについてたずさわる専門機関。
⑶ヨーロッパやアメリカに信者が多い。

2 ⑵①貴重な仏教遺跡。たくさんの石窟に寺院がつくられた。
②日本のアイヌ語もその一つ。

学習日	得点
月　日	点

16 国家と国際社会

スタートドリル　書き込みドリル①　書き込みドリル②　まとめのドリル

発展

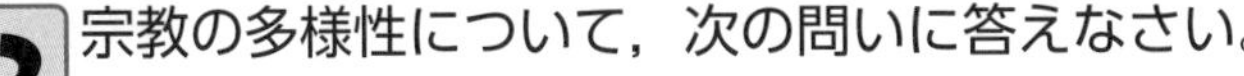

3 宗教の多様性について，次の問いに答えなさい。

チェック P.215② (各６点×５　30点)

(1) 右の写真は世界の三大宗教の寺院である。それぞれの寺院の宗教名を書きなさい。　①〔　　　　〕

②〔　　　　〕　③〔　　　　〕

(2) 次の文の[　　]ア，イにあてはまる語句を書きなさい。

世界には多くの宗教や民族が存在するが，教えの違いや，相互理解の不足から，[ア]紛争がおこったり，ときには無差別に敵対勢力を攻撃する[イ]などもおこっている。

① [ア]にあてはまる語句を書きなさい。

〔　　　　〕

② [イ]にあてはまる語句をカタカナ二字で書きなさい。

〔　　　　〕

4 次の問いに答えなさい。

チェック P.215② (各７点×２　14点)

(1) 2001年に文化の多様性を「人類共通の遺産」であり，一つの権利であるとして採択された宣言を何というか。　〔　　　　〕

(2) グローバル化が進むなかで，世界各地で同じ文化が受け入れられて，文化が似てくるという現象が生まれている。これを何と呼んでいるか。｛　｝から選んで書きなさい。　〔　　　　〕

｛ 文化の多様化　　文化の画一化　　文化の拡散 ｝

3 (1)イスラム教の寺院はモスク，キリスト教の寺院は教会。建物の形に注目。(2)②一般人もまきこまれることが多い。

4 (1)ユネスコが採択。(2)背広やネクタイ姿が世界各地のどこでも見られるようになった。

国家と国際社会

1 次の文を読んで，下の問いに答えなさい。

チェック P.214 1 (各5点×13 65点)

世界には190余りの国家があり，その成立には［ ⓐ ］，ⓑ領域，主権の三つがそろうことが必要である。主権とは，ⓒ他国に支配されたり干渉（かんしょう）されたりしない権利や，ⓓ他国と対等である権利などを持つことを指す。国際平和を維持（いじ）するためには，世界の国々がこれらの原則を基本に，ⓔ国際社会で守らなければならないきまりを守り，行動することが必要である。また，主権国家には，その国を象徴（しょうちょう）するⓕ国旗や国歌がある。国同士がお互（たが）いに，相手の国旗や国歌を尊重することも国際協調には大切である。

(1) ［ ⓐ ］にあてはまる語句を，次の｛ ｝から選んで書きなさい。

〔　　　　〕

｛ 元首　国民　貨幣（かへい）　国会 ｝

(2) 下線部ⓑの国家の領域について，右の図のA～Cにあてはまる語句を書きなさい。

A〔　　　　〕　B〔　　　　〕

C〔　　　　〕

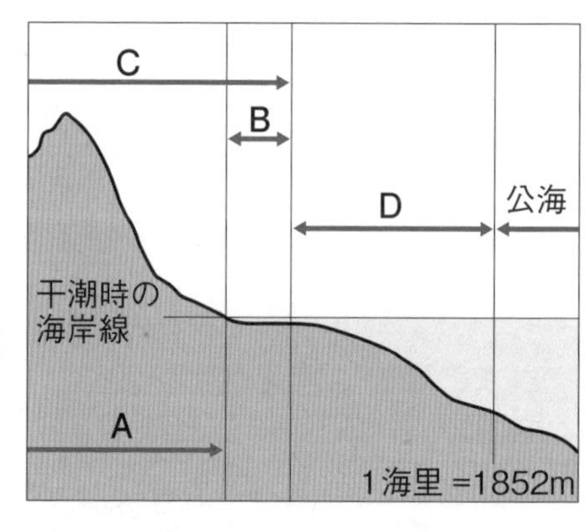

(3) 右の図のBは，海岸線から何海里までの海域（水域）とされているか。数字を書きなさい。

〔　　　　〕海里

(4) 右の図のDは，沿岸国に水産資源や鉱産資源の権利が認められている水域である。この水域の名称（めいしょう）を書きなさい。また，その範囲（はんい）は沿岸から何海里までか。数字を書きなさい。〔　　　　〕水域　〔　　　　〕海里

(5) 右の図のDの外側にある水域についての原則は何か書きなさい。

〔　　　　〕の原則

1 (2)国家領域に含（ふく）まれる国土，海域，空域のこと。(3)約22.2km。(4)国連海洋法条約に定められた水域。(5)どこの国でも航行が自由にできるという原則。

(6) 下線部ⓒ，ⓓは，国際社会の何という原則か。あてはまる語句を書きなさい。

ⓒ〔　　　　　　〕　ⓓ〔　　　　　　〕

(7) 下線部ⓔのきまりを何というか。名称を書きなさい。

〔　　　　　　〕

(8) 下線部ⓕについて，日本の国旗と国歌を書きなさい。

国旗〔　　　　　　〕　国歌〔　　　　　　〕

2 次の問いに答えなさい。

チェック P.215 2 (各７点×５　35点)

ア

イ

ウ

エ

(1) 次の①と②に合う写真をア～ウの写真から選び，記号を書きなさい。

① 日本を代表する文化遺産。〔　　〕

② 世界の三大宗教の一つであるキリスト教の寺院。〔　　〕

(2) 上の写真の建物や遺跡(いせき)は人類が共有する文化遺産として，何に登録されているか。その名称を書きなさい。〔　　　　〕

(3) 現在，写真エの遺跡の修復と保存が行われている。この修復と保存を行っている国連の専門機関の名称をカタカナで書きなさい。〔　　　　〕

(4) 現在，グローバル化によって，同じ文化が世界各地で受け入れられて，文化同士が似てくる傾向(けいこう)がある。これを「文化の□化」という。□に合う語句を書きなさい。〔　　　　〕

(6)ⓒは干渉，ⓓは対等という語句に注目すること。(7)明文化されていないきまりもある。

2 (3)国連教育科学文化機関のこと。(4)アメリカのハンバーガーショップが中国に進出するなど，グローバル化が進展。

17 国際政治の仕組みと動き

1 国際連合の仕組み ドリル➡P.228

① **国際連盟の失敗**
↳アメリカ合衆国大統領ウィルソンが提案

- **設立**…第一次世界大戦への反省と世界平和への願い。
  ↳1920年
- **失敗**…日本・イタリア・ドイツの侵略行為を防止できなかった。
  ↳ファシズム
- **結果**…1939年に第二次世界大戦が起こった。

② **国際連合成立までの歩み**
↳加盟国数193か国(2020年8月末)

- **大西洋憲章**…戦後の国際平和組織の設置をめざす。
  ↳1941年，米英首脳会談で発表
- **連合国共同宣言**…大西洋憲章に合意。
  ↳1942年，ワシントンで開く
- **国際連合の発足**…サンフランシスコ会議で連合国50か国が，国際連合憲章に調印。本部はニューヨーク。
  ↳1945年10月 ↳1945年4～6月 ↳国連の仕組みや運営を定めてある ↳原加盟国は51か国

③ **国連の目的**…世界の平和と安全を維持すること。

④ **国連の仕組み**

▲国際連合のおもな仕組み

- **主要機関**…六つ。
  ↳右図参照 ↳総会➡国連の最高機関
- **専門機関**…国際通貨基金，国際復興開発銀行など多数。

2 国際連合のはたらき ドリル➡P.230

① **世界の平和と安全の維持**

- **機関**…安全保障理事会。**5常任理事国**と**10非常任理事国**。
  米・英・仏・ロ・中に拒否権 ↳総会で選出，任期2年
- **方法**…経済封鎖や軍事的措置などの共同制裁，紛争地域での**平和維持活動(PKO)**。
  ↳集団安全保障という ↳停戦や選挙

② **経済，社会，文化，環境，人権などの国際協力の促進**
↳世界の人々のくらしを向上させるため

- **機関**…経済社会理事会と多くの専門機関や補助機関。
- **分野**…女性の地位向上，難民の保護，環境破壊の防止，発展途上国の貧困の解消や経済開発の促進，資源の保護など。

覚えると得

総会
国連の最高機関。全加盟国で構成。国際連合憲章のすべての問題を討議。加盟国や安全保障理事会に勧告。毎年1回，通常総会，必要に応じて特別総会や緊急特別総会。1国1票制で議決は過半数，重要事項は3分の2以上の賛成が必要。

安全保障理事会
五大国一致の原則により5常任理事国に拒否権(重要な議題は1か国でも反対したら決定できない)。重要事項の議決は5常任理事国をふくむ9か国以上。

SDGs
日本語訳で,「持続可能な開発目標」という。17の目標(ゴール)を設定し，それを2030年までに達成することを目指す。2015年に国連で加盟国193か国すべてが賛成した。

③　**専門機関や補助機関のはたらき**

- **国際労働機関(ILO)**…労働者の地位向上・労働問題の解決。
- **世界保健機関(WHO)**…各国の保健分野の研究の促進と指導。感染症などへの保健政策。
- **国連教育科学文化機関(UNESCO)**…教育・科学・文化面での国際協力を促進。
- **国連児童基金(UNICEF)**…発展途上国の児童への直接援助を行う総会の補助機関。

③ 地域主義(地域統合)の動き ドリル➡P.232

①　**国家の枠をこえたEU(ヨーロッパ連合)**…27か国(2020年8月現在)

- **国境のない経済**…パスポートなしでの移動や，共通の製品規格，関税がかからないなど。政治的な統一を目指す。
- **共通通貨(ユーロ)**…1999年より統一通貨として発行。

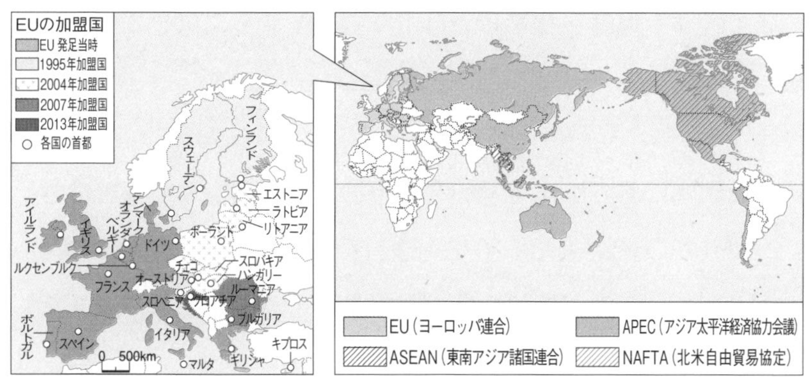

▲EUの加盟の歴史
2020年，イギリス離脱

▲世界のおもな地域統合

②　**その他の地域主義**

- **ASEAN(東南アジア諸国連合)**…政治・経済の地域的協力。
  └▶加盟国10か国(2020年8月現在)→ASEAN10
- **NAFTA(北米自由貿易協定)**…アメリカ合衆国，カナダ，メキシコ。
  └▶2020年7月新NAFTA(USMCA)が発効
- **APEC(アジア太平洋経済協力会議)**…地域的な経済協力。
  └▶加盟21か国・地域(オーストラリアが中心となり結成)の組織(2020年8月現在)

③　**広がるFTA(自由貿易協定)・EPA(経済連携協定)**

- **FTA**…特定の国や地域の間で，関税の撤廃など貿易の規制をなくし，自由な貿易をする協定。
- **EPA**…FTAを発展させた協定。
  └▶技術協力や人の移動，投資など幅広い分野をあつかう

覚えると得

地域主義
特定の地域でまとまり，協力関係を強める働き。加盟国の経済格差の問題などにより，近年は自分の国の利益を優先する動きもみられる。

EUのあゆみとイギリスの離脱
EUは，EC(ヨーロッパ共同体)からフランス・ドイツなどで発足して以降，2013年には28か国まで加盟国が増えていった。イギリスは2016年国民投票により，EU離脱を決定した。2020年1月31日，正式にEUから離脱した。

TPP
環太平洋経済連携協定という。アメリカが途中で協定を離脱したため，日本をふくむ11か国で2018年12月30日に発効した。日本にとっては自動車などの輸出の増加が期待される一方，農業分野での影響が懸念される。

国際政治の仕組みと動き

1 次の文の｛ ｝の中から，正しい語句を選んで書きなさい。

チェック P.224 ①，P.225 ③（各6点×5 30点）

(1) 1941年，戦後の国際平和組織の設置をめざし，米英首脳会談で発表されたのが，｛ 大西洋憲章　連合国共同宣言 ｝である。〔　　〕

(2) 国際連合の仕組みや運営を定めているものを，｛ 国際連合憲章　サンフランシスコ憲章 ｝という。〔　　〕

(3) 国際連合の本部は，｛ ジュネーブ　ニューヨーク ｝に置かれている。〔　　〕

(4) ＥＵ(イーユー)内の多くの国で利用できる統一通貨は｛ ポンド　ユーロ ｝である。〔　　〕

(5) 特定の国や地域の間で貿易の規制をなくし，自由な貿易をする協定を｛ ＦＴＡ(エフティーエイ)　ＥＰＡ(イーピーエイ) ｝という。〔　　〕

2 次の国際連合に関する説明にあてはまる語句を，下の□から選んで書きなさい。

チェック P.224 ①，②（各5点×5 25点）

(1) すべての加盟国からなり，年１回定期的に開かれ，世界のさまざまな問題を話し合い，決議をする。〔　　〕

(2) 世界の平和と安全を維持(いじ)することを目的としている。常任理事国は拒否権(きょひけん)を持っている。〔　　〕

(3) 女性の地位向上，難民の保護，環境破壊(はかい)の防止，資源の保護などを行っている。〔　　〕

(4) 文化の面から世界平和に貢献(こうけん)することを目的に，世界遺産などの文化財の保護や，識字教育などの活動をしている。〔　　〕

(5) 子どもの権利を確立し，子どもたちの生存と健(すこ)やかな成長を守るために活動している。〔　　〕

総会　ユネスコ　ユニセフ　安全保障理事会　経済社会理事会

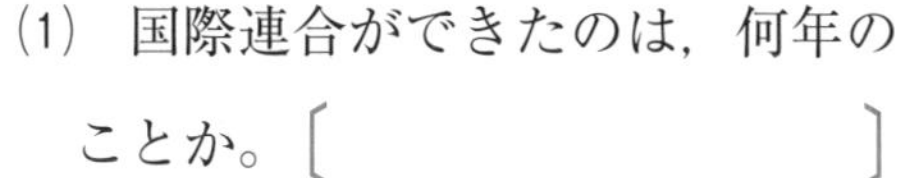

3 右の国際連合の加盟国数の推移のグラフを見て，次の問いに答えなさい。

チェック P.224 1 (各7点×3　21点)

(1) 国際連合ができたのは，何年のことか。〔　　　　〕

(2) 1960年から1978年の間に最も加盟数が増えた地域はどこか。

〔　　　　〕

(3) 2011年に南スーダンが加盟したが，どの地域にあるか。

〔　　　　〕

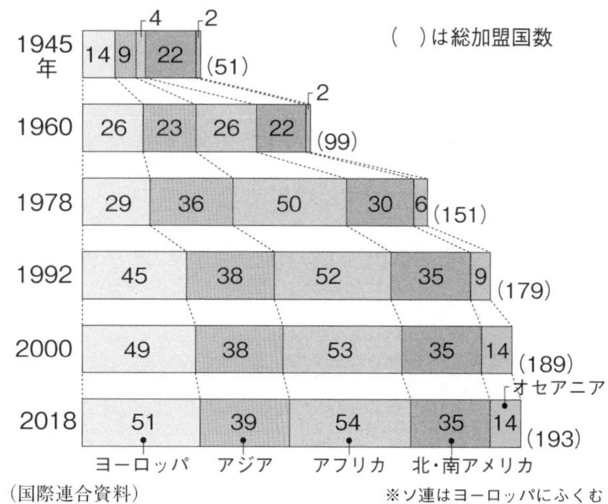

4 次の地図中のA～Dの地域統合は何と呼ばれるか。アルファベットかカタカナで書きなさい。

チェック P.225 3 (各6点×4　24点)

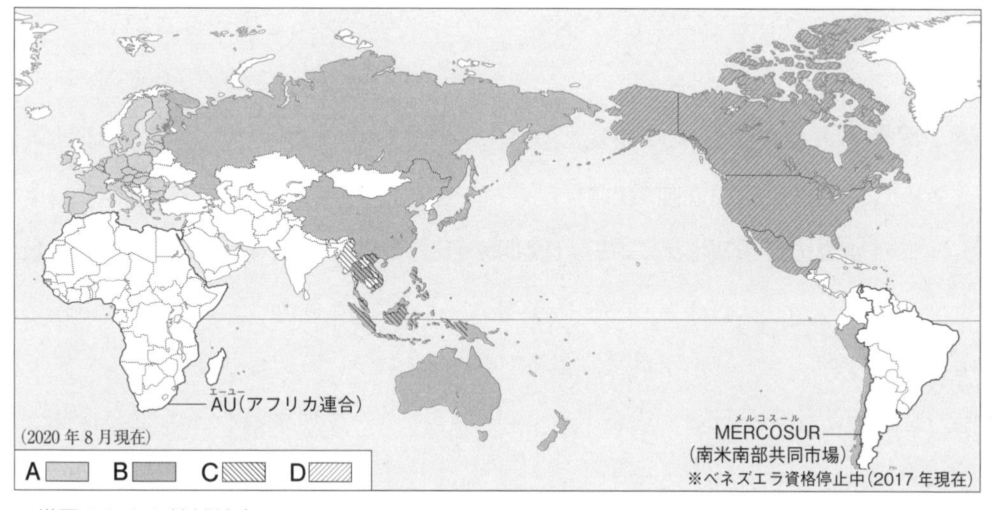

▲世界のおもな地域統合

A…ヨーロッパ連合　〔　　　　〕

B…アジア太平洋経済協力会議　〔　　　　〕

C…東南アジア諸国連合　〔　　　　〕

D…北米自由貿易協定　〔　　　　〕

1 国際連合の仕組み

基本

1 次の文の｛　｝の中から，正しい語句を選んで書きなさい。

チェック P.224 1（各5点×4　20点）

(1) 第一次世界大戦への反省と世界平和への願いから設立された国際連盟は，領土を拡大しようとする日本・イタリア・｛ロシア　ドイツ　フランス｝で生まれた軍国主義のファシズムによる侵略行為を阻止できなかった。〔　　　〕

(2) 第二次世界大戦中の1941年，アメリカ合衆国と｛ソ連　中国　イギリス｝の首脳が会談して大西洋憲章を発表した。〔　　　〕

(3) 1942年には｛連合国　同盟国　枢軸国｝の首脳がワシントンに集まって共同宣言を出した。〔　　　〕

必出 (4) 1945年に50か国の代表が，サンフランシスコ会議で国際連合憲章に調印し，国際連合が誕生した。国際連合の本部は｛ワシントン　ニューヨーク　ロンドン｝に置かれた。〔　　　〕

必出 **2** 次の文の〔　〕にあてはまる語句を，下の［　］から選んで書きなさい。

チェック P.224 1（各6点×5　30点）

第二次世界大戦後まもなく発足した〔(1)　　　〕の本部はニューヨークにあり，現在の加盟国数は〔(2)　　　〕以上におよんでいる。(1)はすべての加盟国で構成され，毎年1回開かれ，(1)のあらゆる仕事について討議する〔(3)　　　〕，世界の平和と安全を維持することを目的とする〔(4)　　　〕理事会，世界の人々のくらしに関係する問題について，国際協力を進める仕事を行っている〔(5)　　　〕理事会などの主要機関がある。

総会　国際連盟　190　経済社会　国際連合　大会　210　安全保障

1 (1)ナチスのヒトラーを指導者とした国。(4)アメリカ合衆国の東海岸にある都市。

2 (2)2020年8月現在で193か国。(4)5常任理事国と10非常任理事国で構成される理事会。

学習日　月　日　得点　点

発展

3 国際連合が成立するまでの歩みを示した右の年表を見て，次の問いに答えなさい。

チェック P.224 1 (各５点×４　20点)

(1) 表中のAは，1919年のパリ講和会議のとき，ある国の代表の提案によって設立されたものである。その人物名を書きなさい。〔　　〕

(2) 表中のA～Cにあてはまる語句を書きなさい。

A〔　　〕
B〔　　〕
C〔　　〕

西暦	できごと
1920	〔A〕発足（世界最初の国際機構）
1939	第二次世界大戦始まる
1941	米英首脳会議—〔B〕を発表
1942	ワシントン会議—連合国共同宣言
1945	サンフランシスコ会議 —〔C〕調印（６月） 第二次世界大戦終わる（８月） 国際連合発足（10月）

4 国際連合の主要機関を示した右の図を見て，次の問いに答えなさい。

チェック P.224 1 (各６点×５　30点)

(1) 図のA，Bは何という機関か，名称(めいしょう)を書きなさい。

A〔　　〕
B〔　　〕

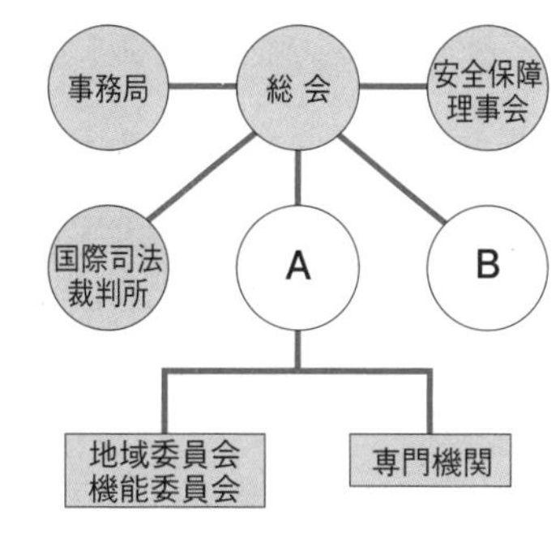

(2) 次の文の〔　〕にあてはまる数字や語句を書きなさい。

図の安全保障理事会は〔①　　〕か国で構成され，そのうち，常任理事国であるアメリカ合衆国，イギリス，フランス，〔②　　〕，中国の５か国には，〔③　　〕と呼ばれる特別な権利が認められている。

3 (1)アメリカ合衆国の大統領である。(2)A本部はスイスのジュネーブにおかれた。

4 (1)Aは多くの専門機関と結ばれている点に着目。(2)①非常任理事国数を加える。②旧ソ連を引きついだ国。

②国際連合のはたらき

基本

1 次の文の｛　｝の中から，正しい語句を選んで書きなさい。

チェック P.224②（各５点×４　20点）

(1) 国際連合のはたらきの一つは，世界の｛ 平和　統一　格差 ｝と安全を維持することである。〔　　　〕

必出 (2) 国連には現在およそ｛ 50　100　190 ｝か国が加盟している。〔　　　〕

必出 (3) 侵略などの行為に対しては，国連の｛ 安全保障理事会　総会　国際司法裁判所 ｝の決定にもとづき，経済封鎖や軍事的措置も含む制裁を加えることができる。〔　　　〕

必出 (4) 国連は，世界で発生している紛争地域で，停戦の監視・維持・公正な選挙実施の監視などの｛ ＰＫＯ　ＩＬＯ　ＩＭＦ ｝と呼ばれる活動を行っている。〔　　　〕

2 次の文の〔　〕にあてはまる語句を，下の□から選んで書きなさい。

チェック P.224②（各５点×４　20点）

国際連合のはたらきには，各分野で，世界の人々のくらしを向上させるために国際協力を進める仕事もある。それらの仕事には，〔(1)　　　〕理事会が多くの専門機関と協力しながら取り組んでいる。基本的人権の確立，戦争や迫害による〔(2)　　　〕の保護，環境破壊の防止，〔(3)　　　〕の貧困の解消や経済開発の促進，鉱産物などの〔(4)　　　〕の保護，女性の地位の向上などの分野で活動が行われている。

全世界	信託統治	難民	経済社会	自由貿易	発展途上国	先住民	資源

1 (2)ほとんどの国が国連に加盟。(3)５常任理事国に拒否権がある機関。

2 (1)多くの地域委員会や機能委員会をもつ機関。(2)戦火を避けて国外に逃れた人々。

学習日	得点
月　日	点

17 国際政治の仕組みと動き

スタートドリル　書き込みドリル①　書き込みドリル②　書き込みドリル③　まとめのドリル

発展

3 国連の世界平和と安全を維持するはたらきの仕組みを示した右の図を見て，次の問いに答えなさい。

チェック P.224② (各８点×５　40点)

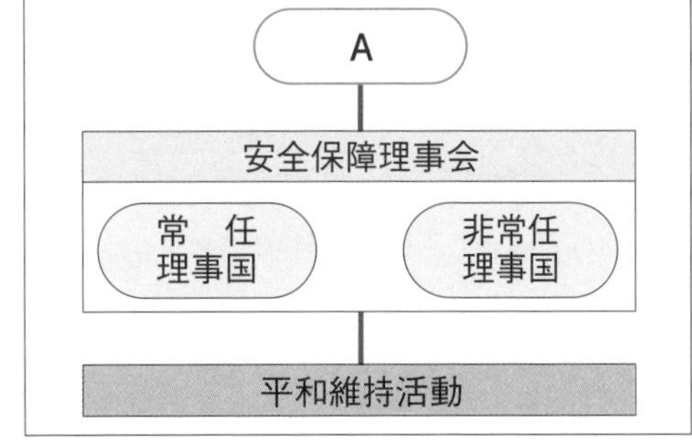

必出 (1) 図の非常任理事国を選出するAの機関名を書きなさい。〔　　　　〕

(2) 図の常任理事国は何か国か。また，「大国一致の原則」に基づいて，これらの国に認められている権利の名称を書きなさい。

〔　　　〕か国　〔　　　　〕

(3) 図の平和維持活動などは重要であるが，その決定には全常任理事国を含む何か国以上の賛成が必要か。また，平和維持活動の略称をアルファベットで書きなさい。

決定〔　　　〕か国　　略称〔　　　　〕

4 国連の，世界の人々のくらしを向上させるために国際協力を進めるはたらきを示した右の図を見て，次の問いに答えなさい。

チェック P.224② (各５点×４　20点)

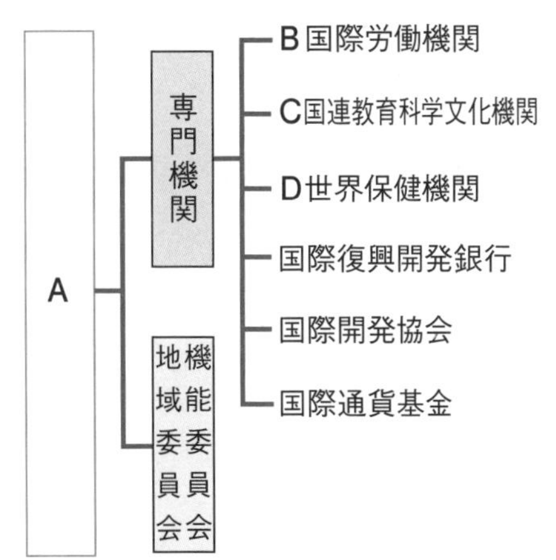

(1) 図のAは，国連の六つある主要機関のうちの一つである。この名称を書きなさい。

〔　　　　〕

(2) 図のB～Dはふつうどのような略称で呼ばれているか。アルファベットで書きなさい。

3 (1)全加盟国で構成され，国連の中心をなす機関。　(2)１か国でも反対すれば決定できない権利。　(3)構成は15か国。

4 (1)経済・社会・文化・環境・人権などの分野の国際問題に取り組む機関。　(2)B，Dは３文字。Cは６文字。

③ 地域主義(地域統合)の動き

基本

1 次の文の｛　｝の中から，正しい語句を選んで書きなさい。

チェック P.225③ (各８点×４　32点)

必出 (1) 2020年８月現在，ヨーロッパの27か国が加盟し，国際統合による超(ちょう)国家的組織をめざしている組織を｛ GATT(ガット)　EU(イーユー)　COMECON(コメコン) ｝という。

〔　　　　　　　　〕

(2) 1994年に，北米大陸の３か国が加盟し，北米大陸間の関税制限を撤廃(てっぱい)することをおもなねらいとして結成された組織を｛ OECD(オーイーシーデー)　NAFTA(ナフタ)　ILO(アイエルオー) ｝という。

〔　　　　　　　　〕

必出 (3) 東南アジアの10か国が加盟し，政治・経済の協力を進めている組織を｛ WTO(ダブリューティーオー)　UNICEF(ユニセフ)　ASEAN(アセアン) ｝という。

〔　　　　　　　　〕

(4) 太平洋をとりまく21か国・地域が経済協力のためにつくっている組織を｛ AU(エーユー)　APEC(エイペック)　OPEC(オペック) ｝という。

〔　　　　　　　　〕

2 次の文の〔　〕にあてはまる語句を，下の［　］から選んで書きなさい。

チェック P.225③ (各６点×３　18点)

第二次世界大戦後，ヨーロッパでは，ふたたび戦争をおこさないために，経済関係を中心にヨーロッパの統合をめざす動きがおこった。1967年にEC(イーシー)(ヨーロッパ共同体)ができ，1993年にはEU(〔(1)　　　　　　　　〕)となった。EU内では自由に行き来できる国が多く，輸入品に〔(2)　　　　　　　　〕がかからない等の利点がある。1999年から共通の通貨として〔(3)　　　　　　　　〕が使われている。

ポンド　ユーロ　国籍(こくせき)　関税　ヨーロッパ連合　北大西洋条約機構

1 (1)ヨーロッパ連合。　(2)北米自由貿易協定。　(3)東南アジア諸国連合。　(4)アジア太平洋経済協力会議。

2 (1)EUは略称(りゃくしょう)である。EUのEはある地域の頭文字。　(3)加盟国だが，流通させない国もある。

学習日 月 日 得点 点

発展

3 次の問いに答えなさい。

チェック P.225③ (各8点×4 32点)

必出 (1) 右の地図のAとBにあてはまる地域的国際組織の名称(めいしょう)を略称で書きなさい。 A〔　　〕 B〔　　〕

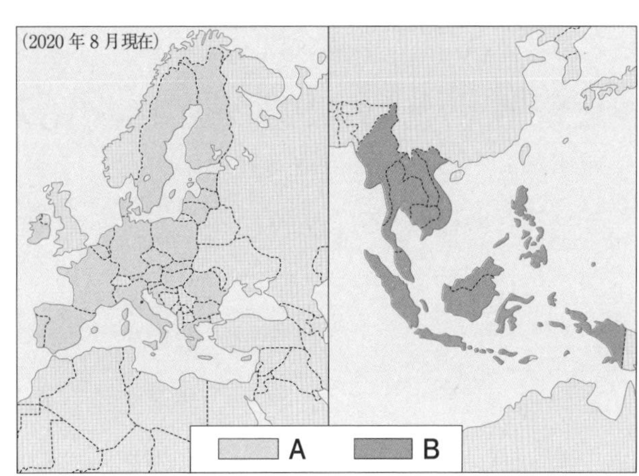

(2) NAFTAの加盟国は，アメリカ合衆国，カナダとあと一つはどこか。国名を書きなさい。〔　　〕

(3) 日本，アメリカ合衆国など，アジア太平洋地域の各国が経済協力のために政府間でつくっている組織を何というか。略称で書きなさい。〔　　〕

4 次の問いに答えなさい。

チェック P.225③ (各6点×3 18点)

(1) 特定の国や地域の間で貿易の規制をなくし，自由な貿易をする協定を何というか。その名称を書きなさい。〔　　〕

(2) ASEAN，MERCOSUR，APECのうち，日本も加盟している組織はどれか。一つ選んで，組織名を書きなさい。〔　　〕

(3) EUは2004年から加盟国数が拡大した。これはおもにどこの地域の国々が加盟したからか。｛　｝から選んで書きなさい。〔　　〕

｛ 北欧(ほくおう)の国々　東ヨーロッパの国々　北アフリカの国々 ｝

3 (1)Aドイツ，フランスなど27か国で結成。(2020年8月現在) (2)ラテンアメリカに含(ふく)まれる国。

4 (1)「自由な貿易」という語句に注目。(2)太平洋に面した国の集まり。(3)旧社会主義体制だった国々。

国際政治の仕組みと動き

1 国際連合のおもな仕組みを示した下の図を見て，次の問いに答えなさい。

チェック P.224 ①，②（各7点×8　56点）

(1) 図のA～Cはおもな機関である。ただし，Aは全加盟国で構成され，B，Cはいずれもある理事会である。それぞれの機関を何というか，名称を書きなさい。

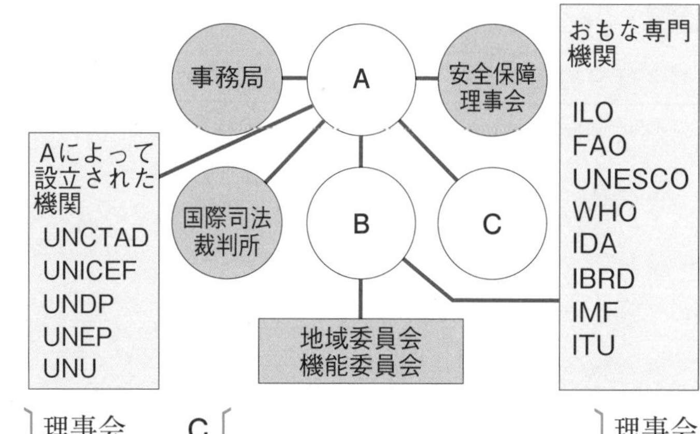

A〔　　　　　　〕

B〔　　　　　　〕理事会　　C〔　　　　　　〕理事会

(2) 次の①，②の文にあてはまるものを，図の両側の□の中から選んで書きなさい。

① 世界の平和を維持する目的で，各国民の教育水準を高め，相互の理解を深め，文化の国際交流を進める機関。〔　　　　　　〕

② おもに発展途上国の子どもへ援助を行う総会の補助機関。〔　　　　　　〕

(3) 図の安全保障理事会は5常任理事国と10非常任理事国とで構成されている。これについて，次の①～③の問いに答えなさい。

① 「五大国一致の原則」に基づき，常任理事国だけに認められている特別の権利を書きなさい。〔　　　　　　〕

② 常任理事国のうち，4か国はアメリカ合衆国，イギリス，ロシア，中国であるが，あと1か国はどこか。国名を書きなさい。〔　　　　　　〕

③ 安全保障理事会の重要問題の決定には5常任理事国を含む何か国以上の賛成が必要か。数字を書きなさい。〔　　　　〕か国以上

1 (1)Aは，国連の最高機関。Bは，多くの専門機関と連携する。(3)①重要議案で，常任理事国のうち1か国でも反対すると決定できない。この同意を拒む権利。

2 次の文を読んで，あとの問いに答えなさい。

チェック P.225❸ ((1)～(3)各6点×6　(4)8点　44点)

第二次世界大戦後，ヨーロッパでは経済関係を中心にⓐ地域統合の動きがおこった。この地域統合の動きはⓑアジア・太平洋地域でも活発になっている。こうした動きは，加盟国間で関税を撤廃（てっぱい）したり，自由投資が行えるようにしたり，共通の市場をつくる努力がなされている。今や世界の経済は「＿＿＿のない経済」をめざしている。

(1) 文中＿＿＿にあてはまる語句を，｛　｝から選んで書きなさい。

〔　　　　〕

｛ 国境　地域　統合 ｝

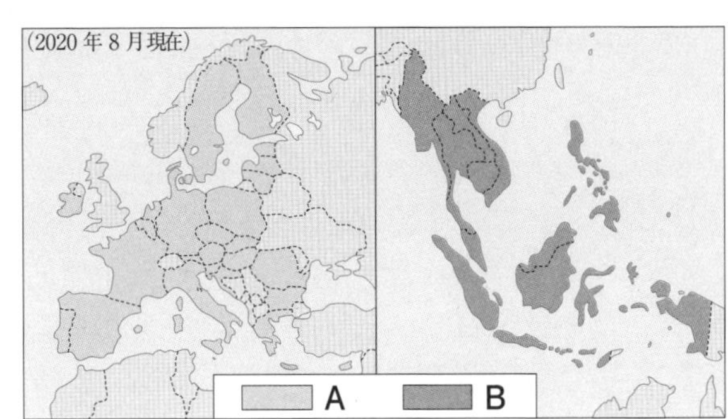

(2) 下線部ⓐに関連して，次の問いに答えなさい。

① 右の地図のAとBは地域的国際組織を示したものである。それぞれの日本語の正式名称を書きなさい。

A〔　　　　〕　B〔　　　　〕

② ①のAの国際組織で使われている共通通貨名を書きなさい。〔　　　　〕

(3) 下線部ⓑについて，オーストラリアが中心となって結成された組織の略称を書き，その日本語の名称を示すものを下の＿＿＿から選び，記号で答えなさい。

略称〔　　　　〕　記号〔　　　　〕

ア　北米自由貿易協定　イ　石油輸出国機構　ウ　アジア太平洋経済協力会議

(4) 特定の国や地域の間で貿易の規制をなくし，自由な貿易をする協定を何というか。アルファベットで書きなさい。〔　　　　〕

2 (1)国と国の境界のこと。
(2)① Aはヨーロッパ，Bはアジア地域。
(4)自由貿易協定ともいう。

定期テスト対策問題

学習日　月　日　得点　点

国家と国際社会／国際政治の仕組みと動き

1 次の問いに答えなさい。

チェック P.214 1 (各6点×5　30点)

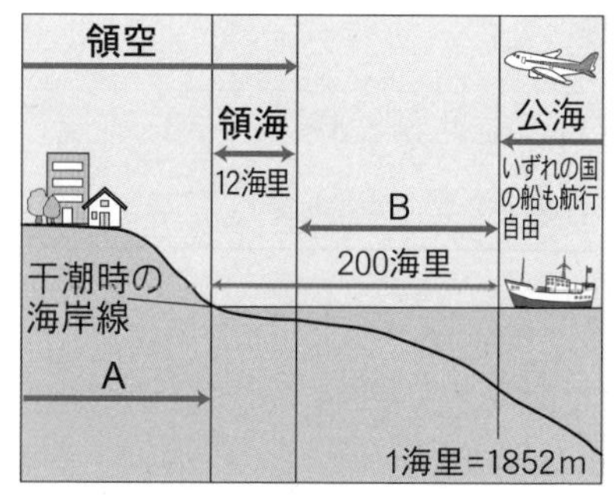

(1) 右の図のAは国家の主権がおよぶ範囲の地域である。この地域を何というか書きなさい。

〔　　　　〕

(2) 右の図のBは，この水域の水産・鉱産資源に沿岸国の権利を認めている。この水域を何というか書きなさい。

〔　　　　〕

(3) 次の文の〔　〕にあてはまる語句を書きなさい。

国際法には，大きく分けて二つの種類がある。一つは，国家間の文書で取り決められた〔①　　　　〕である。もう一つは，国際社会の長年の慣行である〔②　　　　〕であり，これには，Bの外側の水域に設けられた〔③　　　　〕の原則や，外交官の治外法権がある。

2 右の地図を見て，次の問いに答えなさい。

チェック P.225 3 (各7点×5　35点)

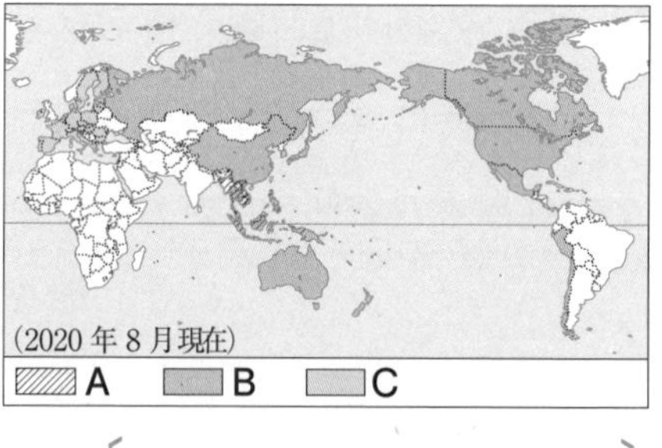

(1) 地図中AとBの国際組織の略称をアルファベットで書きなさい。

A　東南アジアの10か国が集まり，政治・経済の地域的協力を行っている。

〔　　　　〕

B　太平洋をとりまく21か国・地域が加盟して，経済協力を行っている。

〔　　　　〕

(2) 地図のCの地域統合について，次の問いに答えなさい。

① この組織名の略称をアルファベットで書きなさい。〔　　　　〕

② この組織内で発行している統一通貨の名称を書きなさい。

〔　　　　〕

③　この組織について，正しい文を選んで記号を書きなさい。〔　　　　　〕

ア　この組織は，フランス・ドイツ・カナダが中心となってつくった。

イ　この組織の加盟国間では，農産物の移動が自由である。

ウ　この組織の加盟国間での労働者の移動は，まだ自由になっていない。

3 次の問いに答えなさい。

チェック P.215②，P.224①② (各7点×5　35点)

(1)　国際連合の仕組みについて，次の①～③の問いに答えなさい。

①　全加盟国からなり，年1回定期的に開催(かいさい)される機関名を書きなさい。

〔　　　　　　　〕

②　常任理事国だけに認められている「拒否権(きょひけん)」は，どのような原則にもとづいて認められているか書きなさい。〔　　　　　　　〕

③　平和維持(いじ)活動などの重要な問題の決定には，5常任理事国をふくむ何か国以上の賛成が必要か書きなさい。〔　　　　　　　〕

(2)　次の文を読んで，あとの問いに答えなさい。

> 「世界遺産条約」にもとづき，国をこえた人類共通の財産としてさまざまなものが<u>世界遺産に登録</u>されている。この条約は□総会で採択(さいたく)された国際条約で，2020年1月現在日本を含(ふく)む193の国がこの条約を結んでいる。□は「戦争は人の心の中で生まれるものであるから，人の心の中に平和のとりでを築かなければならない」という文で有名な□憲章を宣言し，教育や文化の面から世界平和をめざすことを目的にしている。

①　下線部について，自然遺産として世界遺産に登録されている地域を，｛　｝から選んで書きなさい。〔　　　　　　　〕

｛ 法隆寺(ほうりゅうじ)　種子島(たねがしま)　伊豆半島(いずはんとう)　小笠原諸島(おがさわらしょとう)　姫路城(ひめじじょう) ｝

②　三つの□には共通にあてはまる国際連合の専門機関名が入る。この機関名をカタカナで書きなさい。〔　　　　　　　〕

18 世界平和のために

1 絶えない地域紛争 ドリル➡P.242

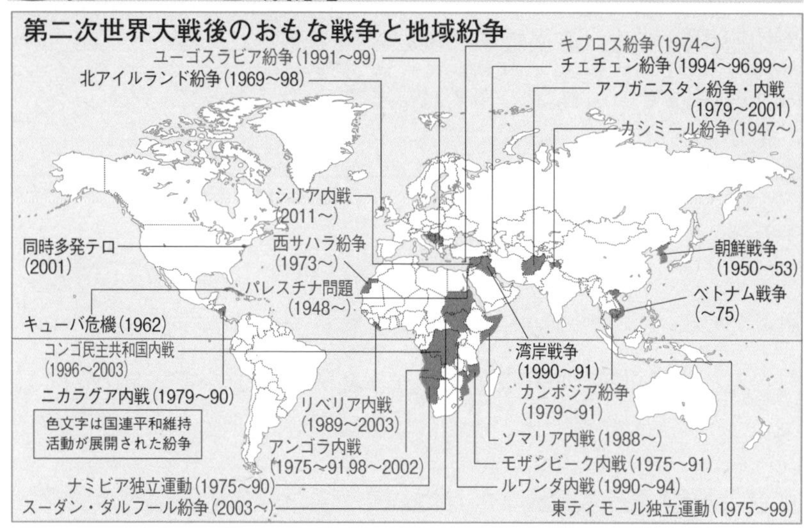

① **第二次世界大戦後の東西冷戦のもとでの戦争や紛争**

- **東西冷戦のもとで**…アメリカとソ連が共に核兵器を増やす軍備拡張競争が続き，両国の支援を受けた戦争がおこった。
  ➡朝鮮戦争・ベトナム戦争・キューバ危機など。
  └▶北ベトナムは中国・ソ連の支援を，南ベトナムはアメリカの支援を受けた

② **冷戦後の地域紛争**…地域紛争という形をとることが多い。

- **紛争の原因**…国内の民族対立や宗教対立，政治対立，また民主化運動の広がりや，国家間，地域間の経済格差も原因。
- **内容**…ユーゴスラビア紛争，パレスチナ問題，アフガニスタン紛争，ルワンダの内戦など。
  └▶旧ユーゴスラビアは「七つの国境，六つの共和国，五つの民族，四つの言語，三つの宗教，二つの文字，一つの連邦国家」といわれた
  └▶ツチ族とフツ族が対立によって内戦となり，多くの難民がでた

③ **テロリズム(テロ)**
└▶地域紛争やテロリズムを「新しい戦争」ともいう

- **テロ攻撃**…特定の集団が武器などをもって，敵対する国々の軍隊や警察を突然攻撃する行為。自爆テロなどによって多数の民間人が犠牲になる無差別テロが増えている。
- **アメリカの同時多発テロ事件**…イスラム教徒がアメリカ政府によって迫害されていると考えるイスラム急進派がおこした。
  └▶2001年9月，テロリストが乗っ取った飛行機が，ニューヨークのビルなどに突入
  ➡アメリカ大統領は「これはもはや戦争である」といって，テロを支援していると思われる政府を倒す戦争を始めた。
  └▶アフガニスタンのタリバン政権，イラクのフセイン政権

覚えると得

冷戦
アメリカ合衆国とソ連(現ロシア)は，第二次世界大戦中は連合国で味方同士だったが，大戦直後から東西陣営に分かれて対立。この実際の戦争にはならない国際緊張状態を冷戦という。1989年，米ソ両首脳はマルタ会談で冷戦終結を宣言し，1989年の「ベルリンの壁の崩壊」，1991年の「ソ連の解体」をもって冷戦は終結した。

ユーゴスラビア紛争
連邦として一つにまとまっていた共和国が，冷戦後，連邦から独立するようになり，連邦政府と各民族間で紛争となった。ボスニア・ヘルツェゴビナとコソボでは民族対立が激化し，内戦状態になった。民族対立が紛争となった一つの例である。

④ 戦争の被害と人権

- **難民の発生**…地域紛争などにより，国外に逃れる人々が出る。
  ↳食料不足や弾圧（だんあつ）など
- **国連難民高等弁務官事務所**…難民保護のため設立。
  ↳1950年，UNHCR

⑤ 地域紛争の解決のために

- **協調**…宗教の違いや民族の違いを理解しあい，受け入れる。
- **根本の問題の解決**…軍事力を使うだけでなく，**貧困問題**など，紛争がおこる根本の問題を解決する。

2 軍縮の動き ドリル➡P.244

① 核軍縮の動き

- **情勢**…米ソは冷戦終結へ進む中で，核兵器の部分的廃棄の交渉を始めた。核戦争の危機は遠のいたが，大量の核兵器は蓄積されており，廃棄を含む核廃絶の見通しはたっていない。

② 核軍縮の内容

- **部分的核実験禁止条約**…地下核実験以外の核実験を禁止。
  ↳1963年，米・英・ソの3国
- **核拡散防止条約(NPT)**…非保有国への核兵器の委譲，核兵器の生産を禁止。日本は1976年に批准した。
  ↳1968年。未加盟国→インド・パキスタン・イスラエル
- **中距離核戦力(INF)全廃条約**…米ソ間で調印。核軍縮の進展。
  ↳1987年，全廃を約束したもので，画期的な意味をもつ。冷戦終結の契機
- **戦略兵器削減条約(START)**…米ソ間で調印。
  ↳1991年，冷戦の終結時
- **包括的核実験禁止条約**…爆発をともなう核実験の禁止。
  ↳1996年，国連採択。略称CTBT（未発効）
- **新戦略兵器削減条約(新START)**調印。
  ↳1991年のSTARTの期限が切れることから，米ロ間で調印。2010年調印
- **核兵器禁止条約**…核保有国を中心に参加しない国が多い。
  ↳2017年，国連採択

③ 通常兵器の軍縮
↳軍事大国でもある先進工業国から発展途上国への武器の輸出が行われている

- **情勢**…核兵器ばかりではなく，通常兵器の威力も強化され，その被害も大きくなっている。
  地雷やクラスター爆弾は戦争が終わったあとも一般市民にも被害を与える
- **対人地雷全面禁止条約**…地雷の使用・製造・備蓄・移転の禁止。NGO（非政府組織）が地雷禁止国際キャンペーンなどの運動を行い，それらの運動がみのって成立した。➡アメリカなどは不参加。
  ↳地雷は人にけがをさせることを目的とした兵器。「悪魔の兵器」とも呼ばれる

▲地雷の撤去作業

覚えると得

難民
人種・宗教・政治的意見の違いを理由に本国に戻ると迫害を受けるおそれのある人や，戦争などで自国から他国へ避難した人々をさす。

地域別の難民の割合（2018年）

アジア・オセアニア	38.3%
アフリカ	36.4
北アメリカ・南アメリカ	17.2
ヨーロッパ	8.1

（2019/20「世界国勢図会」）

難民の多い国は，パレスチナ難民を除くと，アフガニスタン，イラク，ソマリアなどである。

核軍縮の問題点
条約に未加入のインド・パキスタンが，1998年，相ついで核実験を強行した。2006年からは北朝鮮が核実験を行っている。核軍縮が進まないと，今後，核が拡散し，テロリストにわたる可能性がある。

スタートドリル 世界平和のために

1 地図中①～③にあてはまる地名を，下の[　　]から選んで書きなさい。

チェック P.238 1 (各5点×3　15点)

チェチェン紛争
ユーゴスラビア紛争
② 戦争
1975年まで南北間で戦争が行われていた
① 同時多発テロがおきる
モザンビーク内戦
③ 問題
イスラエルとパレスチナの抗争が続いている
ソマリア内戦

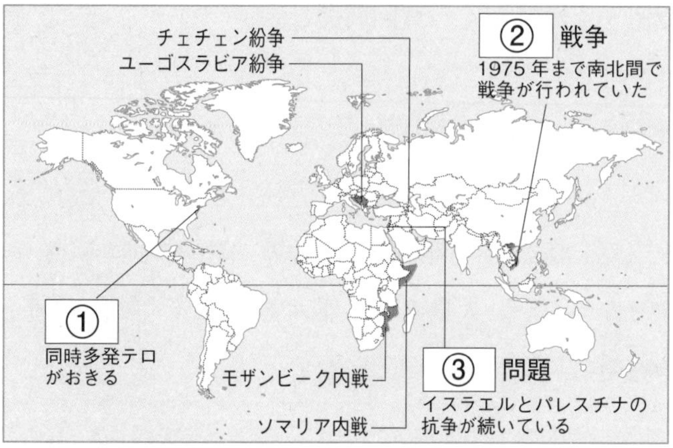

ニューヨーク　ベトナム
カンボジア　パレスチナ
アフガニスタン　ルワンダ

①〔　　　　〕
②〔　　　　〕
③〔　　　　〕

2 次の紛争(ふんそう)や戦争に関する説明を読み，あてはまる語句を下の[　　]から選びなさい。

チェック P.238 1，P.239 2 (各5点×6　30点)

(1) 東西冷戦の状況(じょうきょう)の中，ソ連や中国が北ベトナムを，アメリカが南ベトナムを支援(しえん)して起こった戦争。〔　　　　〕

(2) 特定の集団が武器などを持ち，敵対する国や集団を突然攻撃(とつぜんこうげき)する行為(こうい)を指す。多数の民間人が犠牲(ぎせい)になることも多い。〔　　　　〕

(3) 悪魔の兵器とも呼ばれる，人にけがをさせることを目的とした兵器。戦争中に埋(う)められたものが戦争後も人々を苦しめている。〔　　　　〕

(4) 地域紛争による被害(ひがい)を逃(のが)れようと国外に逃(に)げたり，人種や宗教などの違(ちが)いで，本国に戻(もど)ると迫害(はくがい)を受けるおそれのある人々のこと。〔　　　　〕

(5) (4)のような人々を保護するために設立された機関。〔　　　　〕

(6) 核(かく)や生物兵器，化学兵器などの大量破壊(はかい)兵器を廃絶(はいぜつ)するなど，戦争を防ぐために兵器や軍備をなくそうとする動きのこと。〔　　　　〕

難民　ベトナム戦争　UNHCR(ユーエヌエイチシーアール)　軍縮　テロリズム　地雷(じらい)　NPT(エヌピーティー)

3 右のグラフを見て，次の問いに答えなさい。

チェック P.238 1 (各5点×5 25点)

A 地域別の難民発生の割合

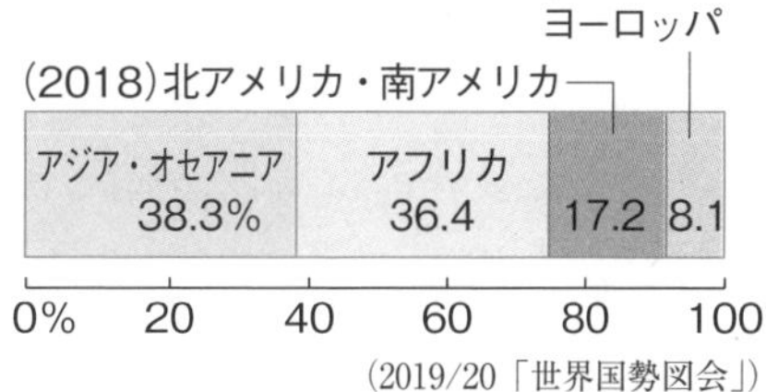

(2019/20「世界国勢図会」)

B 難民の発生が多い国 (2018年)

単位 千人

①シリア 6654	②アフガニスタン 2681
③南スーダン 2285	④ミャンマー 1145
ソマリア 950	スーダン 725

パレスチナ難民は除く (2019/20「世界国勢図会」)

(1) 難民が最も多い地域はどこか。Aのグラフを見て書きなさい。〔 〕

(2) Bの表は難民の多い国を示している。表にある①～④の国は，アジア，アフリカ，南アメリカのうち，どの地域にあるか書きなさい。

①シリア……………………〔 〕

②アフガニスタン………〔 〕

③南スーダン……………〔 〕

④ミャンマー……………〔 〕

4 右の年表を見て，次の問いに答えなさい。

チェック P.239 2 (各6点×5 30点)

(1) 右の写真の会談は何年に行われたか。

〔 年〕

(2) 写真の会談が行われてから何年後にソ連は解体したか。〔 年後〕

▲マルタ会談

核・軍縮のあゆみ

年	ことがら
1963	部分的核実験禁止条約調印
1968	核拡散防止条約調印
1989	マルタ会談(冷戦の終結宣言)
1991	米ソ，戦略兵器削減(さくげん)条約調印
1991	ソ連邦(れんぽう)解体
1996	包括的(ほうかつてき)核実験禁止条約採択
1997	対人地雷全面禁止条約調印
1998	インド・パキスタンが核実験
2002	米ロ，戦略攻撃兵器削減条約調印
2009	安保理で「核なき世界」決議を採択
2010	米ロ，新戦略兵器削減条約調印

(3) 次の文にあう条約名を年表から選びなさい。

① 1963年に結ばれ，地下実験をのぞく核実験が禁止された。〔 〕

② 1968年に結ばれ，核保有国以外の国が核兵器を持つことを禁じた。

〔 〕

③ 1996年の採択で，爆発(ばくはつ)をともなう核実験を禁止した。〔 〕

1 絶えない地域紛争

基本

1 次の文の□にあてはまる語句を，下の｛　｝から選んで書きなさい。

⇦チェック P.238 1（各５点×３　15点）

(1)　第二次世界大戦の終結後，世界各地の植民地で独立をめざした戦争や紛争などがおこった。当時は東西冷戦時代であり，朝鮮戦争・□戦争のようにアメリカ・ソ連の代理戦争となる戦争もあった。〔　　　　〕

(2)　冷戦終結後には，旧ユーゴスラビアのボスニア・ヘルツェゴビナでの紛争にみられるような，□の対立による地域紛争が各地でおきている。地域紛争は□紛争の形をとることが多い。（□に同じ語句が入る。）〔　　　　〕

(3)　近年は，特定の集団が多くの民間人をまきこんで，敵対する国の軍隊や警察を攻撃する行為がおきている。これを□という。〔　　　　〕

｛ 民族　テロリズム　独立　政治　ベトナム ｝

2 次の文の｛　｝の中から，正しい語句を選んで書きなさい。

⇦チェック P.238 1（各７点×３　21点）

必出 (1)　本国に戻ると迫害されたり，戦火にまきこまれるため，国外に逃げた人々を｛ 難民　難人 ｝という。〔　　　　〕

(2)　(1)のような人々に対して国連の｛ 安全保障理事会　国連難民高等弁務官事務所　ユネスコ ｝が，難民の保護や救援活動をしている。〔　　　　〕

(3)　地域紛争を解決するためには，｛ 貧困を解消する　軍事力で制圧する ｝など問題の根本を解決する必要がある。〔　　　　〕

1 (1)東南アジアでおこった戦争。
(2)旧ユーゴスラビアは三つの宗教と五つの民族が入り交じる国家だった。

2 (3)地域紛争がなぜ生まれるのかを考える必要がある。

学習日	得点
月　日	点

18 世界平和のために

スタートドリル　書き込みドリル1　書き込みドリル2　まとめのドリル

発展

チェック P.238 1

3 第二次世界大戦後の戦争と地域紛争の地図を見て，次の問いに答えなさい。

（各８点×８　64点）

(1) 地図中のAについて，次の文の□にあう語句を書きなさい。

この地では，第二次世界大戦後，[①]の支援を受けた南ベトナム政府とソ連と中国の支援を受けた[②]政府との間で10年以上にわたって戦争が行われた。

①〔　　　　　〕　②〔　　　　　〕

(2) 右の写真は地図中のBでおこったできごとである。次の文の□にあう語句を書きなさい。

写真は，2001年９月にアメリカの[①]でおこった同時多発[②]のようすである。このできごとで約3000人の死者が出た。このあとアメリカ政府は[②]支援国家ということで[③]やイラクを攻撃した。

①〔　　　　　〕　②〔　　　　　〕　③〔　　　　　〕

(3) 国連平和維持（いじ）活動が行われたC・Dは何という国か。国名を書きなさい。

C〔　　　　　〕　D〔　　　　　〕

必出 (4) 紛争をなくすためには他の意見や考えを受け入れるという□の姿勢が大切である。□にあてはまる語句を｛　｝から選んで書きなさい。

｛ 協調　　関心　　独立 ｝　〔　　　　　〕

3 (1)東西冷戦は資本主義国と社会主義国の対立。①は資本主義国の代表的な国。(2)①国連本部のある都市。③タリバン政権のあった国。(3)Cはツチ族とフツ族の民族対立が激しかった国。

② 軍縮の動き

基本

1 次の文の｛　｝の中から，正しい語句を選んで書きなさい。

チェック P.239 ②（各8点×3　24点）

(1) 1963年にアメリカ・ソ連・イギリスの3か国は，大気中と水中の核(かく)実験を禁止した｛ 戦略兵器削減(さくげん)条約　核拡散防止条約　部分的核実験禁止条約 ｝に調印したが，地下核実験は禁止されなかったので，アメリカ・ソ連は地下核実験を続けた。

〔　　　　　　　　〕

必出 (2) 1968年に核保有国と非保有国に分けて，非保有国の核兵器の生産と保有を禁止した｛ 戦略兵器削減条約　核拡散防止条約　部分的核実験禁止条約 ｝にアメリカ・ソ連などが調印した。〔　　　　　　　　〕

(3) 1987年にアメリカ・ソ連が調印した｛ 中距離(ちゅうきょり)核戦力全廃(ぜんぱい)条約　包括的(ほうかつてき)核実験禁止条約　戦略兵器削減条約 ｝は，史上初の全廃条約で核軍縮を大きく前進させた。〔　　　　　　　　〕

2 次の文の□にあてはまる語句を，□から選んで書きなさい。

チェック P.239 ②（各8点×3　24点）

人にけがをさせることを目的として作られた[①]は，悪魔の兵器とも呼ばれている。安く製造でき，一度地中に埋(う)められると，半永久的に作動する。また，撤去(てっきょ)に人手も時間もかかるため，戦争が終わった後も多くの人々が苦しめられている。この兵器に関する条約が[②]である。この条約は，[③]の運動が実って成立した。

①〔　　　　　　〕　②〔　　　　　　〕　③〔　　　　　　〕

地雷(じらい)　ＩＮＦ(アイエヌエフ)　対人地雷全面禁止条約　ＮＧＯ(エヌジーオー)　オスロ条約

1 (1)米ソ英の3か国が調印した，大気中と水中のみ部分的に核実験を禁止。
(2)日本も条約を批准(ひじゅん)している。

2 ①PKO(ピーケーオー)でも撤去作業が行われる。

学習日	得点
月　日	点

18 世界平和のために

スタートドリル　書き込みドリル①　書き込みドリル②　まとめのドリル

発展

3 冷戦終結後の軍縮の動きを示した右の略年表を見て，次の問いに答えなさい。

チェック P.239②（各７点×４　28点）

(1) 下線部は冷戦の象徴（しょうちょう）といわれ，東西ドイツを分けていた壁（かべ）である。何という壁か。[a]にあう語句を書きなさい。〔　　〕

(2) 次の説明にあう条約を年表から選びなさい。

① 地下をふくむ，核爆発（ばくはつ）をともなう核実験を禁止した条約。〔　　〕

② 冷戦の終結時に結ばれた条約で，核兵器を減（へ）らすことが決められた条約。〔　　〕

(3) [b]は，核拡散防止条約に未加入の国である。この国名を書きなさい。〔　　〕

年	ことがら
1989	マルタ会談（冷戦の終結宣言） [a]の壁崩壊（ほうかい）
1991	米ソ，戦略兵器削減条約調印 ソ連（れん）解体
1996	包括的核実験禁止条約
1998	[b]・パキスタンが核実験を強行する。
2002	米ロ，戦略攻撃（こうげき）兵器削減条約調印
2009	安保理で「核なき世界」決議を採択
2010	米ロ，新戦略兵器削減条約調印

4 次の文の〔　〕にあてはまる語句を，下の[　　]から選んで書きなさい。

チェック P.239②（各８点×３　24点）

核軍縮が進む現在でも，北朝鮮（きたちょうせん）が〔①　　　　〕実験の実施（じっし）を発表するなど，〔①〕が拡散する不安が消えない。また，〔②　　　　〕では軍事費が減る傾向（けいこう）にあるが，〔②〕から〔③　　　　〕へ最新兵器が輸出されている。その一方で，〔③〕でも自国で武器を生産する国々が増えるなど，まだ多くの問題が残されている。

核　　西アジア地域　　発展途上国（とじょうこく）　　資本主義　　先進工業国

3 (1)ドイツの首都名と同じ。(2)①「核爆発をともなう核実験を禁止」に注目。

4 ②地球の北半球に多く位置する工業国。③②より南にある国々。いちじるしい経済発展をとげている国もある。

世界平和のために

チェック P.238 1

1 右の地図は第二次世界大戦後の戦争と地域紛争(ふんそう)を表している。次の問いに答えなさい。　(各8点×4　32点)

(1) 地図中のAとBは，冷戦時に米ソ両陣営(じんえい)が介入(かいにゅう)して拡大した戦争である。この戦争名を書きなさい。

A〔　　　　　〕
B〔　　　　　〕

(2) 次の文にあてはまる紛争を，地図中から選んで書きなさい。

① ツチ族とフツ族という二つの民族が対立して内戦が続き，多くの難民が出た。

〔　　　　　〕

② 冷戦終結後，経済状態のよい共和国が連邦(れんぽう)からの離脱(りだつ)・独立するようになり，この動きをおさえようとした連邦政府と各民族との間で長期の紛争がおこった。

〔　　　　　〕

2 次の文を読んで，あとの問いに答えなさい。

チェック P.239 2 (各8点×4　32点)

1989年のマルタ会談で，米ソの首脳は[A]の終結を宣言した。この前後にアメリカと旧ソ連の[B]は進んだ。しかし，ⓐ核(かく)保有5か国のほか，核開発の疑惑(ぎわく)をもたれる国もあり，核保有国の増加が懸念(けねん)されている。1996年，核開発を難しくするために，国連はⓑ爆発(ばくはつ)をともなう核実験を全面的に禁止する条約を採択した。

(1) 文中の[ ]A，Bにあてはまる語句を，[ ]から選んで書きなさい。

第二次世界大戦		核軍縮
冷戦	核開発	兵器

A〔　　　　　〕
B〔　　　　　〕

1 (1)どちらも南北に国が分断されていて，どちらかの国を米ソがそれぞれ支援(しえん)をして，代理戦争のような形になった。

2 (1)A冷たい戦争の終わり。
B軍備の縮小が進展した。
(3)すべての爆発実験の禁止。

(2) 下線部ⓐに関連して，1968年に結ばれた，核の非保有国への核兵器の委譲(いじょう)を禁止するなどを定めた条約名を書きなさい。〔　　〕

(3) 下線部ⓑの条約名を書きなさい。〔　　〕

3 次の文を読んで，あとの問いに答えなさい。

チェック P.238 ❶ (各６点×４　24点)

2001年９月11日，ニューヨークにあったⓐ世界貿易センタービルがハイジャックされた民間機の突入(とつにゅう)によって爆破され，死者・行方不明合わせて約3000人という大惨事(だいさんじ)となった。この背景にはアメリカ政府によって迫害(はくがい)されていると考えるイスラムの急進派の動きがある。アメリカ大統領は「これはもはや□である」といって，ⓑ支援(しえん)したと思われる政府を攻撃(こうげき)した。

(1) 下線部ⓐのような攻撃行為(こうい)を何というか。カタカナ五字で書きなさい。〔　　〕

(2) □にあてはまる語句を｛　｝から選んで書きなさい。〔　　〕

｛ 国際秩序(ちつじょ)の破壊(はかい)　　戦争　　約束違反(いはん) ｝

(3) 下線部ⓑによって攻撃されたのはどこの国か。下の□から二つ選びなさい。

イラク　　ベトナム　　イラン　　アフガニスタン

〔　　〕〔　　〕

4 次の問いに答えなさい。

チェック P.239 ❷ (各６点×２　12点)

(1) 核兵器のほかに，通常兵器の軍縮も行われている。製造や使用が禁止された悪魔の兵器と呼ばれる通常兵器を書きなさい。〔　　〕

(2) (1)に関する条約の名前を書きなさい。〔　　〕

3 (1)特定の集団が武器などをもって，敵対する国の軍隊などを民間人をまきこんで無差別に攻撃する行為をいう。

19 さまざまな国際問題

1 地球環境問題 ドリル➡P.252

① さまざまな環境問題

- **地球温暖化**…**温室効果ガス**の増加が原因とされる。
  └➡二酸化炭素(CO_2)など
- **砂漠化の進行**…家畜の過放牧，過耕作など。
  └➡アフリカ・西アジア
- **森林の減少**…焼畑農業，森林の伐採，牧場建設などの開発。
  └➡東南アジアや南アメリカの熱帯林など
- **オゾン層の破壊**…フロンガスが原因。
  体に有害な紫外線を遮断 └➡冷房装置やスプレーに使用
- **酸性雨**…硫黄酸化物や窒素酸化物。他国の森林まで被害。
  └➡化石燃料から発生
- **野生生物の減少**…乱獲，熱帯林の減少や砂漠化。

② 地球温暖化の影響

- かんばつや洪水などの自然災害。
- 北極圏や南極大陸の氷がとけて海面が上昇➡海抜の低い島国が水没。
  └➡キリバスやツバル

③ 環境問題解決の国際的な取り組み

- **国際会議**…1992年**国連環境開発会議（地球サミット）**が開かれる。➡気候変動枠組条約，生物多様性条約などが調印される。
  └➡国連などによる └➡ブラジルで開催，環境保全のあり方を示すリオ宣言を採択
- **二酸化炭素の削減**…1997年地球温暖化防止京都会議で**京都議定書**採択➡アメリカの離脱や，先進工業国（先進国）と発展途上国（途上国）との対立。

  2015年パリ協定が採択。発展途上国にも削減目標。
- **国際条約**…ワシントン条約，**ラムサール条約** **世界遺産条約**
  絶滅危機の野生動植物の保護 └➡国際湿地条約 日本では法隆寺，小笠原諸島など

2 資源・エネルギー問題 ドリル➡P.254

① 資源エネルギーの現状

- **化石燃料**…石炭，石油，天然ガスなど。エネルギー消費量の8割以上を占める（2016年）が，埋蔵量に限りがある。
- **日本のエネルギー**…日本の電力は，主に水力・火力・原子力発電で供給。2011年の東日本大震災後，日本のエネルギー政策は見直され，**火力発電**の割合が高まった。発電に使われる

覚えると得

地球温暖化のメカニズム

地球温暖化は，温室効果ガス（二酸化炭素，メタンガス，フロンガスなど）が増加することによって，地表にあたった太陽光の熱が地球の表面にとどまり，大気温度が上がるためと考えられている。

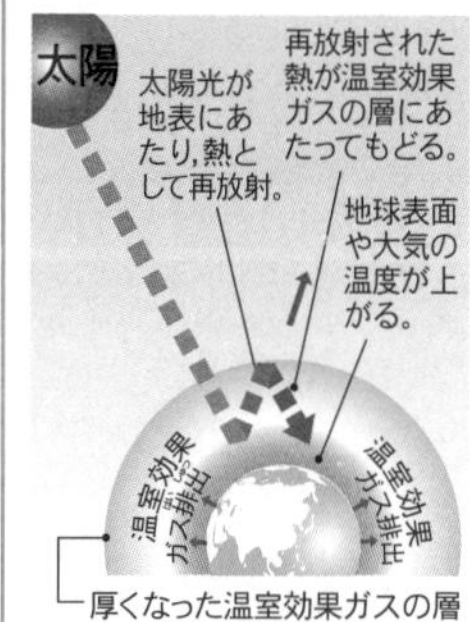

▲地球温暖化の仕組み

京都議定書

1997年に開かれた地球温暖化防止京都会議で採択された議定書。先進工業国に二酸化炭素などの温室効果ガスの排出削減を数値化して義務づけたもの。

資源の**9割以上**を輸入に頼っている(2016年)。

- **世界のエネルギー**…2011年の福島第一原子力発電所の事故後，**脱原発**と原発維持または推進する国に分かれる。
  └ドイツ・イタリアなど └アメリカ・中国・新興国

② **これからのエネルギー**

- **再生可能エネルギー**…太陽光，風力，地熱，バイオマスなどのように，温室効果ガスを排出せず，自然の営みから半永久的に得られるエネルギー。**持続可能な社会**をめざす上で重要視されている。
- **新しいエネルギー**…日本近海にあるといわれる**メタンハイドレート**や，アメリカで輸出されている**シェールガス**が注目。

③ 貧困問題 ドリル➡P.256

① **世界の人口と食料問題**

- **人口の増加**…世界の人口は約76億人。アジア・アフリカなどの発展途上国の人口増加率が高く，貧困に直面。
  └2018年
- **貧困**…１日に使える金額が1.9ドル未満の状態。
- **飢餓**…先進工業国では大量の食料が廃棄されているが，世界には栄養不良におちいっている人々が約８億人(2017年現在)いるといわれている。
  └栄養不足がつづき，生存に必要な最低限の生活が困難な状況
- **フェアトレード（公正貿易）**…コーヒー，砂糖など発展途上国の産物を公正な価格で買い取り，販売すること。
- **水の需要の増加**…飲料水や農業用水➡世界的な水不足の懸念。

② **経済格差の拡大**

- **南北問題**…先進工業国と発展途上国の経済格差の問題。
  └地球の北半球に多い └先進工業国よりも南に位置する国が多い
- **南南問題**…発展途上国諸国での経済格差➡サハラ以南のアフリカの最貧国と，アジアの新興国や石油産油国など。
  └工業化に成功した国や，資源を輸出している国と，資源もなく工業化の進まない国
  OPEC諸国→サウジアラビアなど
- **新興工業経済地域（NIES）**…1960年代急速に発展した韓国や台湾が呼ばれた。
- **BRICS**…2000年代ブラジル，ロシア連邦，インド，中国，南アフリカ共和国を指す。

パリ協定
2015年12月，国連気候変動枠組条約締約国会議（COP21）で採択された。パリ協定では先進国・発展途上国の区別なく，すべての国に温室効果ガスの排出削減を義務付けた。

太陽光発電
太陽光をソーラーパネルに集め，光エネルギーを電気エネルギーにかえる発電方法。

バイオマス発電
家畜のふん尿や廃棄物，作物，木材などが発酵するときに出るメタンガスを利用して発電する。

マイクロクレジット（少額融資）
貧困層に少額のお金を無担保で貸し出し，自立をうながす仕組み。

G８
おもな先進国（７か国）にＥＵを加え，世界の情勢について話し合う。
近年は，G８に11か国を加えたG20が開催されている。

さまざまな国際問題

1 次の文の｛ ｝の中から，正しい語句を選んで書きなさい。

チェック P.248 ①，②，P.249 ③ (各6点×5 30点)

(1) 1997年に採択された｛ 大阪 京都 ｝議定書で，先進工業国に二酸化炭素などの温室効果ガスの排出削減(はいしゅつさくげん)が義務づけられた。 〔 〕

(2) 渡(わた)り鳥などに多い水鳥の生息地である湿地(しっち)の保護を目的としているのが｛ ラムサール条約 ワシントン条約 ｝である。 〔 〕

(3) 火力発電の燃料は，石油・石炭・天然ガスなどの｛ 化石燃料 バイオ燃料 ｝である。 〔 〕

(4) 太陽の光をソーラーパネルに集め，太陽の光エネルギーを電気エネルギーにかえるのが，｛ 太陽光 バイオマス ｝発電である。 〔 〕

(5) 先進工業国と発展途上(とじょう)国との経済格差問題を｛ 東西問題 南北問題 ｝という。 〔 〕

2 地球環境問題について，次の文にあてはまる語句を，下の［ ］から選んで書きなさい。

チェック P.248 ① (各5点×5 25点)

(1) 二酸化炭素などの温室効果ガスが増加し，北極圏(ほっきょくけん)や南極圏の氷がとけて海面が上昇(じょうしょう)する。 〔 〕

(2) 家畜(かちく)の過放牧や過耕作などによって，土地の保水力が弱まり，草木が育たなくなる土地が広がる。 〔 〕

(3) 伐採(ばっさい)や焼畑農業などで森林が減少し，地球上の酸素が減り，森林に住む生物が絶滅(ぜつめつ)の危機にさらされている。 〔 〕

(4) フロンガスが放出されて地球をつつむ層がこわれ，紫外線(しがいせん)が地上に届いて，人体に悪い影響(えいきょう)を与える。 〔 〕

(5) 硫黄(いおう)酸化物や窒素(ちっそ)酸化物が雨にとけて降り，湖沼(こしょう)の生物，森林や農作物に被害(ひがい)を与える。 〔 〕

酸性雨　砂漠(さばく)化　地球温暖化　森林の減少　オゾン層の破壊(はかい)

3 日本におけるおもな発電方法について，次の説明にあてはまる語句を，[　　]から選んで書きなさい。

チェック P.248 2 (各6点×4　24点)

(1) 大量に安定して電力を供給でき，温室効果ガスを発生しない。しかし，立地が臨海部に制限され，事故が起きたときの被害は大きく，廃棄物（はいきぶつ）の最終処分場が決まっていないなどの問題がある。〔　　　　〕

(2) 大量に安定して電力を供給でき，発電量の調整もしやすく，大都市の近くにも建設できる。しかし，温室効果ガスを排出（はいしゅつ）しやすく，燃料の多くは海外からの輸入に頼（たよ）っている。〔　　　　〕

(3) 大量に安定して電力を供給でき，温室効果ガスを発生せず，資源枯渇（こかつ）の恐（おそ）れがない。しかし，施設（しせつ）の維持（いじ）費や建設費がかかり，周囲の環境を壊（こわ）す場合が多く，立地も河川上流に限られる。〔　　　　〕

(4) 温室効果ガスを発生せず，資源枯渇の恐（おそ）れがなく，小規模でも設置できる。しかし，電力の供給が天候に左右されやすく，発電費用も高い。〔　　　　〕

火力発電　原子力発電　水力発電　太陽光発電

4 次のグラフを見て，あとの問いに答えなさい。

チェック P.248 1 (各7点×3　21点)

2017年 328億t（二酸化炭素換算（かんさん））

中国（ちゅうごく） 28.2%	アメリカ 14.5	インド 6.6	ロシア 4.7	日本 3.4	ドイツ 2.2	その他 40.4

(EDMC/エネルギー・統計要覧2020年版)

▲国別の二酸化炭素排出量

(1) 二酸化炭素の排出量の多い国を，順に二つ書きなさい。

①〔　　　　〕 ②〔　　　　〕

(2) 日本の二酸化炭素の排出量は，世界で何番目か。〔　　　　〕

1 地球環境問題

基本

1 次の文の｛　｝の中から，正しい語句を選んで書きなさい。

⇦チェック P.248 1（各6点×3　18点）

必出(1) 化石燃料を燃やすことにより発生する二酸化炭素によって｛オゾン層の破壊　砂漠化　地球温暖化｝が進んでいる。〔　　　　〕

(2) 化石燃料を燃やすことにより発生する硫黄酸化物などによって，｛酸性雨　オゾン層の破壊　砂漠化｝の被害が広がっている。〔　　　　〕

(3) 冷房装置や，スプレーなどにも使われてきたフロンガスによって，｛オゾン層　砂漠　森林｝が破壊されている。〔　　　　〕

2 次の文の〔　〕にあてはまる語句を，下の［　］から選んで書きなさい。

⇦チェック P.248 1（(1)各5点×2　(2)(3)各6点×4　34点）

(1) 地球温暖化によって，地球の平均気温が上昇する。それによって，かんばつや〔①　　　　〕などが起こったり，北極圏や南極大陸の氷がとけ出して，〔②　　　　〕が上昇し，ツバルなどの海抜の低い島国が水没することが心配されている。

(2) 地球環境問題で，絶滅危機の野生動植物保護のための〔①　　　　〕，水鳥が多く生息する湿地保護のための〔②　　　　〕が結ばれ，世界各地の自然や文化を守るために〔③　　　　〕条約が発効されている。

(3) 1992年には，ブラジルで環境問題を話し合う〔　　　　〕が開かれた。

地震　洪水　国連環境開発会議　海面　ラムサール条約　地熱
ワシントン条約　世界遺産

1 (2)西ヨーロッパやアメリカ合衆国北東部などが代表的な被害地である。(3)南極でおもに起こっている。

2 (2)①アメリカ合衆国で結ばれた条約。②湿地という語句に注目。(3)世界の国々がブラジルに集まって開かれた。

学習日 月 日 得点 点

19 さまざまな国際問題

スタートドリル 書き込みドリル1 書き込みドリル2 書き込みドリル3 まとめのドリル

発展

3 次の文は地球の環境問題の取り決めについて説明したものである。あてはまる語句を[ ]から選んで書きなさい。

チェック P.248 1 (各6点×4 24点)

1992年に国連環境開発会議がブラジルで開かれ，[①]条約や，生物多様性条約などが調印された。地球温暖化のおもな原因だと考えられている[②]の削減(さくげん)については，1997年に[③]が採択された。これは，先進工業国に排出(はいしゅつ)削減の義務があり，発展途上(とじょう)国には義務はないものだった。その後，2015年には[④]が採択された。これにより，発展途上国を含(ふく)めた国や地域に気温上昇をおさえる目標が設定され，排出削減へ向けた前向きな取り組みが求められるようになった。

①［　　　］ ②［　　　］
③［　　　］ ④［　　　］

気候変動枠組(わくぐみ)　パリ協定　京都議定書　二酸化炭素　オゾン

4 次の文にあてはまる語句を，下の｛ ｝から選んで書きなさい。

チェック P.248 1 (各8点×3 24点)

必出 (1) 1992年にブラジルで開かれた，国連環境開発会議（環境と開発に関する国連会議）の通称(つうしょう)は何というか書きなさい。［　　　］

(2) ゴリラやジャイアントパンダなど約1000種の絶滅のおそれのある野生動植物を保護するために結ばれている条約名を書きなさい。［　　　］

必出 (3) 世界の遺跡(いせき)や自然を守る条約を何というか。日本では法隆寺(ほうりゅうじ)や白神(しらかみ)山地，小笠原(おがさわら)諸島などが登録されている。［　　　］

｛ 世界自然条約　世界遺産条約　地球サミット　ワシントン条約 ｝

3 二酸化炭素の排出においては，先進工業国の意見と発展途上国の意見の違(ちが)いを考えてみると良い。

4 (1)地球環境保全のための首脳会議。
(2)アメリカ合衆国の都市で結ばれた条約。
(3)全人類が共有すべき世界的財産。

② 資源・エネルギー問題

基本

1 次の文の｛　｝の中から，正しい語句を選んで書きなさい。

チェック P.248 ② (各7点×4　28点)

(1) 化石燃料を燃やし，水蒸気の力でタービンをまわすことで電気を得る発電方法を｛ 原子力　火力　地熱 ｝発電という。

〔　　　　　　〕

(2) 2017年現在，世界で最も多く二酸化炭素を排出するのは｛ 中国　アメリカ ｝である。

〔　　　　　　〕

(3) 近年，新しいエネルギー資源として，日本近海にあると予想される｛ シェールガス　バイオマス　メタンハイドレート ｝が注目されている。

〔　　　　　　〕

(4) 安全で環境への負担が少ない再生可能エネルギーとして｛ 太陽光・風力　石炭　天然ガス ｝を利用したクリーンエネルギーが注目されている。

〔　　　　　　〕

2 次の文の〔　〕にあてはまる語句を，下の［　］から選んで書きなさい。

チェック P.248 ② (各8点×3　24点)

地球温暖化の原因となる二酸化炭素をほとんど出さない〔① 　　　　　〕発電が〔② 　　　　　〕燃料に代わるエネルギーとして，注目されていた。しかし，東日本大震災（だいしんさい）での福島第一原発の事故もあって，〔①〕の〔③ 　　　　　〕性や放射性廃棄物（はいきぶつ）（使用済み核（かく）燃料）処理の問題がクローズアップされた。

利便	安全	地熱	原子力	化石	火力

1 (1)発電の仕組みについても頭に入れておくとよい。

2 世界では，旧ソ連のチェルノブイリでの事故等がある。

学習日	得点
月　日	点

発展

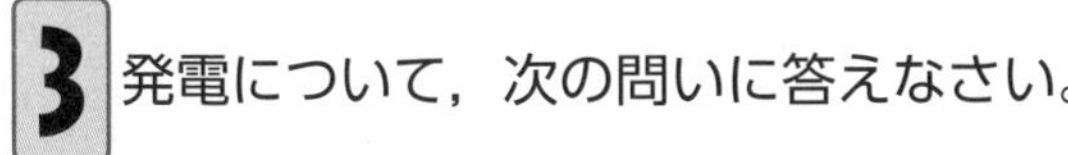

3 発電について，次の問いに答えなさい。

チェック P.248② (各８点×３　24点)

(1)　右の写真はソーラーパネルを利用した発電である。何という発電か。その名を書きなさい。

〔　　　　　　　〕

(2)　次の文にあう発電を，下の｛　｝から選んで書きなさい。

①　二酸化炭素をほとんど出さない発電方法であるが，東日本大震災以降，安全性や廃棄物処理の問題に改めて議論がおきている。〔　　　　　　　〕

②　二酸化炭素を出さない自然を利用した発電であるが，電力の供給が自然条件によって左右される。〔　　　　　　　〕

｛　火力発電　　風力発電　　原子力発電　　水力発電　｝

4 次の問いに答えなさい。

チェック P.248② (各８点×３　24点)

(1)　原子力発電に頼らずに，他の発電方法に移行する動きを何というか漢字３字で書きなさい。〔　　　　　　　〕

(2)　家畜(かちく)のふん尿(にょう)や廃棄物，作物，木材などを発酵(はっこう)させて出るメタンガスを利用して発電する方法を何発電というか書きなさい。〔　　　　　　　〕

(3)　(2)や風力や太陽光を利用した発電は，二酸化炭素を出さず，資源も枯渇(こかつ)しないクリーンエネルギーとして注目されている。このようなエネルギーは何と呼ばれているか書きなさい。〔　　　　　　　〕

得点upコーチ

3　(1)ソーラーとは「太陽の」という意味。(2)①事故がおきたときの放射能もれや，使用済みの放射性廃棄物処理に不安。

4　(2)生物に関係があることに注目。(3)自然現象を利用して，持続的に利用が可能なエネルギー。

③ 貧困問題

基本

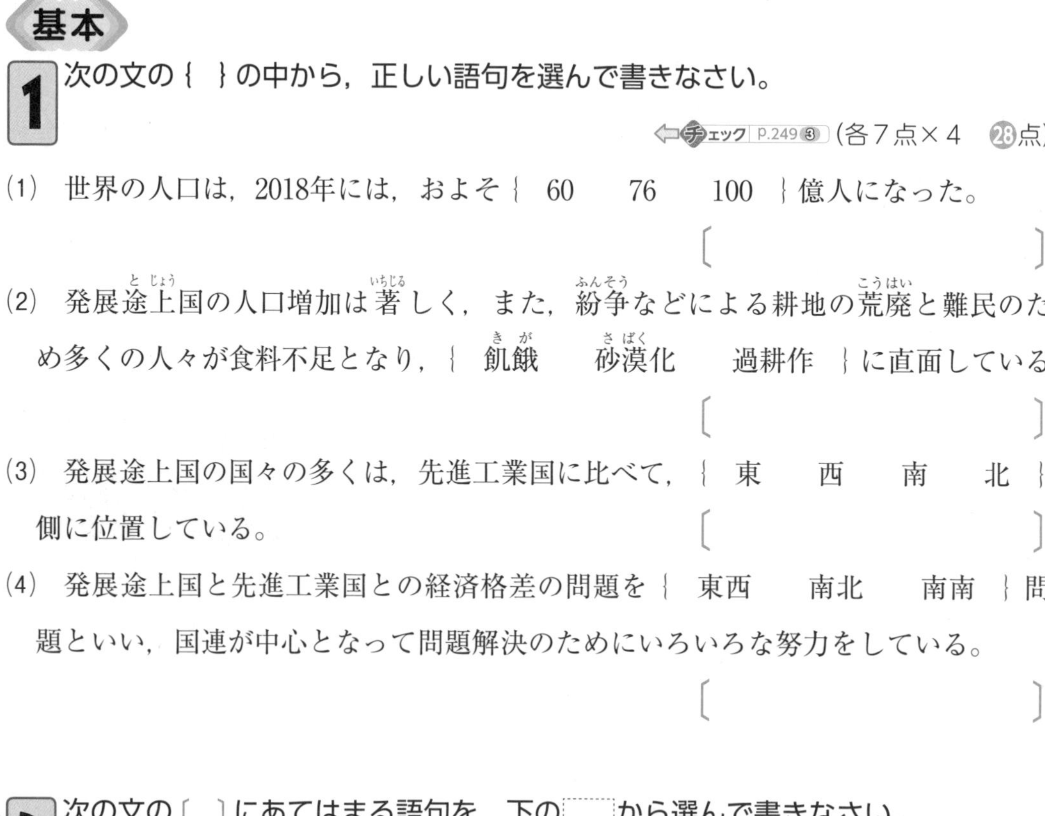

1 次の文の｛ ｝の中から，正しい語句を選んで書きなさい。

チェック P.249③（各７点×４　28点）

(1) 世界の人口は，2018年には，およそ｛ 60　76　100 ｝億人になった。

〔　　　　　　　〕

(2) 発展途上国の人口増加は著しく，また，紛争などによる耕地の荒廃と難民のため多くの人々が食料不足となり，｛ 飢餓　砂漠化　過耕作 ｝に直面している。

〔　　　　　　　〕

(3) 発展途上国の国々の多くは，先進工業国に比べて，｛ 東　西　南　北 ｝側に位置している。

〔　　　　　　　〕

(4) 発展途上国と先進工業国との経済格差の問題を｛ 東西　南北　南南 ｝問題といい，国連が中心となって問題解決のためにいろいろな努力をしている。

〔　　　　　　　〕

2 次の文の〔 〕にあてはまる語句を，下の▭から選んで書きなさい。

チェック P.249③（各８点×３　24点）

(1) 世界の人口は増え続けているが，特に東南アジアや〔　　　　　　　〕などの発展途上国での人口増加率が高い。

(2) 貧困問題を解決する取り組みとして，発展途上国の人々が生産した農産物や製品を公正な価格で購入する〔①　　　　　　　〕という仕組みや，貧困層に少額の事業資金などを貸出す〔②　　　　　　　〕という仕組みがある。

マイクロクレジット　バイオマス　アフリカ　フェアトレード　オセアニア

1 (1)世界人口は，2055年には100億人をこえるといわれている。
(4)発展途上国と先進工業国の位置関係。

2 (1)発展途上国の多い地域。
(2)①一定の基準を満たした商品には国際フェアトレード認証ラベルがついている。

学習日	得点
月　日	点

19 さまざまな国際問題

スタートドリル | 書き込みドリル① | 書き込みドリル② | 書き込みドリル③ | まとめのドリル

3 次の問いに答えなさい。

チェック P.249 ③（各８点×２　16点）

(1) 発展途上国の中には，人口増加や紛争による大量の難民などにより，深刻な食料不足に悩(なや)んでいる国が多い。こうした国はアフリカのどの地域にみられるか。

〔　　　　　　〕

(2) 世界の食料生産は全人口を養うだけの量があるとみられている。しかし，食料や石油を大量に消費する国々がある。何と呼ばれる国々か答えなさい。

〔　　　　　　〕

4 右の地図を見て，次の問いに答えなさい。

チェック P.249 ③（各８点×４　32点）

(1) ロシアを含(ふく)めたＡの国々とＥＵ(イーユー)が話しあう会議名を書きなさい。

〔　　　　　　〕

(2) ロシアを含めたＡとＥＵに加えて，11の新興国が参加する会議名を書きなさい。

〔　　　　　　〕

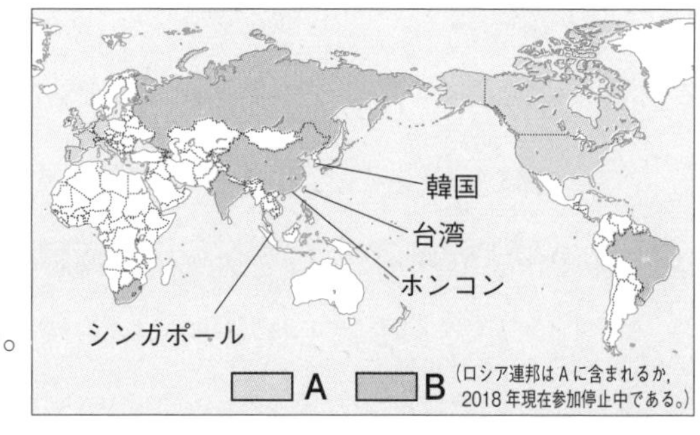

(3) 地図中の韓国(かんこく)，台湾(たいわん)，シンガポール，ホンコンは，工業化に成功し，1960年代めざましい経済成長をとげ，ＮＩＥＳ(ニーズ)と呼ばれていた。ＮＩＥＳの正式な名称(めいしょう)を漢字で書きなさい。

〔　　　　　　〕

(4) 地図中のＢは2000年代急速に経済成長をした。この国々のことを何というかアルファベットで書きなさい。

〔　　　　　　〕

3 (1)アフリカの代表的な砂漠を中心にして考える。
(2)地球の北に多く位置する工業国。

4 (1)Ａには日本・アメリカ合衆国・ドイツなどが含(ふく)まれている。
(4)各国の頭文字をとっている。

さまざまな国際問題

1 次の文を読んで，下の問いに答えなさい。

チェック P.248 1 (各6点×9 54点)

現在，自然環境(かんきょう)の破壊(はかい)は世界の各地で起こっており，地球規模の環境問題に発展している。ⓐ地球温暖化，森林を枯(か)らすⓑ酸性雨，人体に有害な紫外線(しがいせん)をさえぎっているⓒオゾン層の破壊，伝統的な焼畑農業や先進国への輸出用木材の伐採(ばっさい)などによる〔① 〕の減少，過放牧や焼畑農業，たきぎの採取(さいしゅ)などによる〔② 〕化の拡大，ⓓ野生生物の絶滅(ぜつめつ)の危機などがある。このような地球環境問題に対して，ⓔ国際会議やⓕ国際条約，先進国首脳会議など，さまざまな国際的取り組みが行われている。

(1) 文中の〔 〕にあてはまる語句を書きなさい。

(2) 文中の下線部ⓐ～ⓒの原因にあたるものを，下の｛ ｝から選んで書きなさい。

ⓐ〔 〕 ⓑ〔 〕
ⓒ〔 〕

｛ フロンガス　カドミウム　二酸化炭素　硫黄(いおう)酸化物・窒素(ちっそ)酸化物 ｝

(3) 文中の下線部ⓐ～ⓒのうち，北極圏(ほっきょくけん)や南極圏の氷がとけて海面が上昇(じょうしょう)し，水没(すいぼつ)する島国が出てくると心配されている環境問題はどれか。記号で答えなさい。

〔 〕

(4) 文中の下線部ⓓの野生生物の保護を目的に結ばれている条約名を書きなさい。

〔 〕

(5) 文中の下線部ⓔに関して，1992年にブラジルで開かれた通称(つうしょう)「地球サミット」は，正しくは何というか。下の｛ ｝から選んで書きなさい。〔 〕

｛ 国連環境開発会議　先進国首脳会議　国連人間環境会議 ｝

1 (1)①南アメリカや東南アジアに多く分布。 (2)ⓐ・ⓑとも石油などの化石燃料を燃やしたときに出る気体。 (4)アメリカ合衆国の東部にある都市で結ばれた条約。 (5)ブラジルで開かれた国連の会議。

(6) 文中の下線部ⓕに関して，ラムサール条約にあたるものを，次のア～エから選び，記号で答えなさい。〔　　〕

ア 鯨(くじら)を保護するため捕鯨(ほげい)を禁止する。

イ 高山植物を守るため指定地域の登山を制限する。

ウ 水鳥の生息地である湿地(しっち)を保護する。

エ 原生林を保護するため立ち入りを規制する。

2 次の問いに答えなさい。

チェック P.248②，P.249③ ((1)～(3)各８点×４　(4)各７点×２　46点)

(1) 地中に堆積(たいせき)した動植物などに由来する，石油や石炭，天然ガスなどの燃料を何というか書きなさい。〔　　〕

(2) (1)に代わるエネルギーについて，次の①，②に答えなさい

① 日本近海に存在するといわれ，試掘(しくつ)もはじまっているエネルギー資源の名を書きなさい。〔　　〕

② 二酸化炭素を出さず，小規模でも設置できるが，天候に左右される発電方法を，次のア～エから選び，記号で答えなさい。〔　　〕

ア 地熱発電　**イ** 風力発電　**ウ** 原子力発電　**エ** 太陽光発電

(3) 発展途上(とじょう)国の中で工業化が進んだ国と，資源もなく工業化の進まない国との経済格差の問題を何というか書きなさい。〔　　〕

(4) 次の文の〔　〕にあてはまる語句を下の｛　｝から選んで書きなさい。

アフリカのサハラ以南の国では，人口〔①　　〕と低い農業生産や，紛争(ふんそう)などによる難民の発生などにより，深刻な〔②　　〕の危機にみまわれている。｛ 資源　増加　飽食(ほうしょく)　減少　飢餓(きが)　砂漠化 ｝

2 (1)昔の生物の死骸(しがい)が堆積(たいせき)してできる。
(2)①水とメタンが固まった氷状の物質。
(3)新興国とアフリカのサハラ以南の国の格差など。
(4)農業指導や食料援助(えんじょ)が必要。

20 世界の中の日本

1 国際社会における日本の役割 ドリル➡P.264

① 平和主義

- **憲法に示された平和主義**…憲法の前文や第９条。
  - **憲法前文**…国際協調と恒久(こうきゅう)平和を明記➡徹底(てってい)した平和主義。
  - **第９条**…戦争の放棄(ほうき)と戦力の不保持，交戦権の否認。
- **国連中心主義**…国連の活動を支援(しえん)。
  - ＰＫＯ(ピーケーオー)協力法の制定➡自衛隊の派遣(はけん)。
    ↳1992年6月。「国連平和維持活動協力法」のこと　↳カンボジア，南スーダン，東ティモールなど

② 核兵器への政策

- **非核三原則**…「持たず，つくらず，持ちこませず」の原則。
- **核兵器禁止条約**➡核保有国と日本の不参加。
  ↳2017年国連採択
- 核の傘(かさ)➡同盟国アメリカの核の抑止力(よくしりょく)に入る。

③ 国際貢献(こうけん)

↳技術協力や経済協力を中心

- **ＯＤＡ(オーディーエー)（政府開発援助）**…先進工業国が政府財政資金を使って，行う資金・技術援助。

総額（2018年）

国	金額（億ドル）
日本	141.7
アメリカ	342.1
ドイツ	249.9
イギリス	194.0
フランス	121.6

（2019/20「世界国勢図会」）

▲おもな国のODAの金額

- **日本のＯＤＡ**…非軍事的分野中心。
  - 青年海外協力隊の派遣…発展途上(とじょう)国の経済発展や福祉(ふくし)の向上を支援。
    ↳92か国，45776人（2020年8月）派遣期間は１～２年
    農業の技術指導や教育など
  - 国際機関を通じて援助。

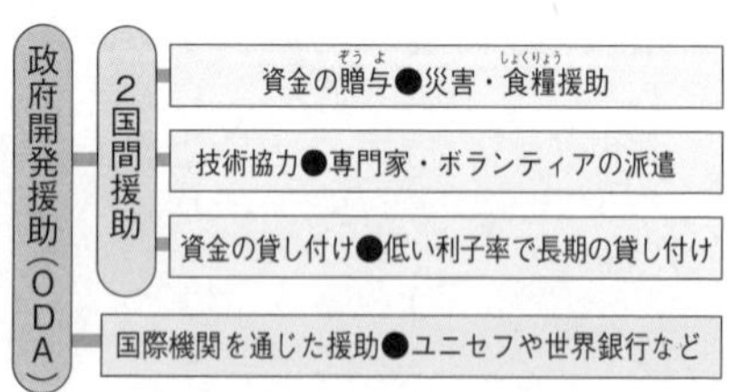

▲ＯＤＡの種類

▲青年海外協力隊

- 国連平和維持(いじ)活動（ＰＫＯ）…自衛隊の派遣。
- アフリカ開発会議（ＴＩＣＡＤ(ティカッド)）…日本が主催(しゅさい)するアフリカの開発についての会議。

覚えると得

NGO(エヌジーオー)
非政府組織（Non Governmental Organization）の略称(りゃくしょう)。平和・人権・環境問題などに対して，国を越(こ)えて活動する民間の団体をさす。アムネスティ・インターナショナルなど，国連の経済社会理事会との協議資格を持つNGOも多い。

安全保障
外国の武力侵略(しんりゃく)から国家の安全を防衛すること。

各国と日本のODA
日本のODAは，自助努力の支援を目標としているため，贈与(ぞうよ)（返還(へんかん)を求めない）の比率が低い。北欧(ほくおう)の国々は国民総所得（GNI(ジーエヌアイ)）に占(し)めるODAの割合が高いことが特徴(とくちょう)。

国民総所得（GNI）
国民が国内外から一年間に得た所得の合計。

② 持続可能な社会をめざして ドリル➡P.266

① 持続可能な社会

● ＳＤＧｓ（持続可能な開発目標）…2015年に国連で採択された，さまざまな地球規模の課題解決を2030年までに達成することをめざした目標のこと。

● 17の目標（ゴール）…環境・教育・経済・人権などあらゆる課題を17に分け，それぞれに解決目標を設定している。
↳より細かい169のターゲットも設定されている

② 課題と目標の例（国連資料より）

● **ゴール１　貧困をなくそう**…（課題例）2015年時点で，約7億3600万人（そのうちサハラ砂漠以南のアフリカにいる約4億1300万人）が極度の貧困の中でくらしている。

● **ゴール３　すべての人に健康と福祉を**…（課題例）結核の感染率は低下したが，2017年では1000万人が発症した。

● **ゴール４　質の高い教育をみんなに**…（課題例）6歳から17歳の子どもの5人に1人は学校に通えていない。読み書きができない成人は7億5000万人おり，その3分の２は女性である。

● **ゴール５　ジェンダー平等を実現しよう**…（課題例）国会議員に女性が占める割合は増加したが，24％である。
↳社会的，文化的につくられた性差

● **ゴール６　安全な水とトイレを世界中に**…（課題例）７億人以上の人々は，基本的な飲料サービスを受けられていない。

③ 日本の取り組み

● 循環型社会…これまで廃棄していたものを資源としてリサイクル使用。
↳消費者や学校，企業，政府・行政機関のすべての協力が必要
↳大量生産・大量消費・大量廃棄型社会の見直し
➡省資源・省エネルギー。

● 循環型社会形成推進基本法…循環型社会実現のために制定。廃棄物の発生抑制，再使用，再生利用と焼却時の熱回収，廃棄物の適正処分を明記。
↳2000年に制定
（廃棄物の発生抑制→リデュース，再使用→リユース，再生利用→リサイクル）

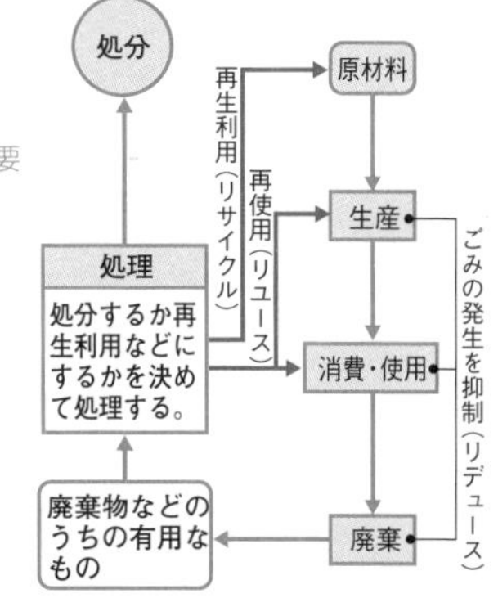

▲循環型社会の仕組み

➡「ゴール11　住み続けられるまちづくりを」「ゴール12　つくる責任　つかう責任」などに該当する。

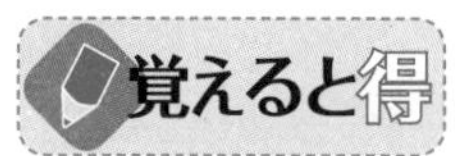

循環型社会に向けた法律

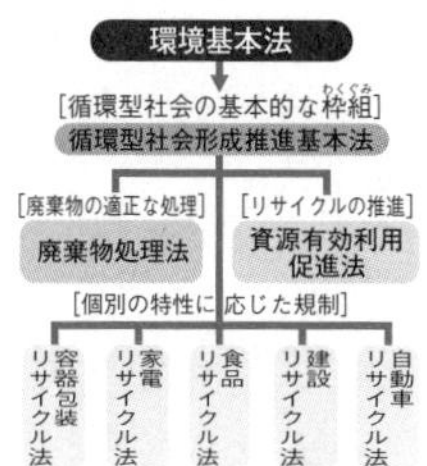

持続可能な発展

国連の「環境と開発に関する世界委員会」が，世界的経済格差の拡大，環境破壊と資源の減少などの状況を調査し，過去の開発・発展では，もはや「持続不可能」と結論づけた。そして，将来の世代の必要を満たす能力を損なわず，世界の貧しい人々の必要を満たすことを優先し，地球環境がもつ能力の限界を守るという開発・発展のやり方に転換しなければならないと指摘した。

世界の中の日本

1 次の文の｛ ｝の中から，正しい語句を選んで書きなさい。

チェック P.260①，P.261②（各６点×５ 30点）

(1) 「持たず，つくらず，持ちこませず」というのは，｛ 平和主義　非核三原則 ｝である。　〔　　〕

(2) 2017年に国連が採択したが，日本や他の核保有国が参加しなかった条約は｛ 核兵器禁止条約　核拡散防止条約 ｝である。　〔　　〕

(3) 発展途上国の経済発展や福祉の向上を支援するために，日本は｛ 平和維持活動　青年海外協力隊 ｝を派遣している。　〔　　〕

(4) 2015年，国連で採択された持続可能な開発目標の略称は｛ ＳＤＧｓ　ＮＧＯ ｝である。　〔　　〕

(5) 戦争の放棄や戦力の不保持，交戦権の否認を示すのは，｛ 憲法第９条　憲法第25条 ｝である。　〔　　〕

2 次の文にあてはまる語句を，下の［　］から選んで書きなさい。

チェック P.260①（各６点×５ 30点）

(1) 平和，人権，環境問題などに対して，国籍の違いや国境を越えて活動する非政府組織の略称のこと。　〔　　〕

(2) 先進工業国が発展途上国に対して，政府の資金を使って資金・技術的援助などを行うこと。　〔　　〕

(3) ＰＫＯ（国連平和維持活動）で日本から派遣された部隊。　〔　　〕

(4) 国民が国内外から一年間に得た所得の合計のこと。　〔　　〕

(5) 日本が主催するアフリカの開発についての会議。　〔　　〕

自衛隊　ＧＮＩ　ＴＩＣＡＤ　ＯＤＡ　ＮＧＯ

3 右のグラフを見て，次の問いに答えなさい。

チェック P.260 1 (各5点×4 20点)

(1) ODA額が，最も多い国はどこか。

〔　　　　〕

(2) 国民総所得に占(し)める割合が，最も高い国はどこか。

〔　　　　〕

(3) 次の説明が正しければ○，間違っていたら×を書きなさい。

① 〔　　〕 北欧(ほくおう)の国はGNI(ジーエヌアイ)に占める割合が高い。

② 〔　　〕 アメリカのODA額は日本の2倍以上である。

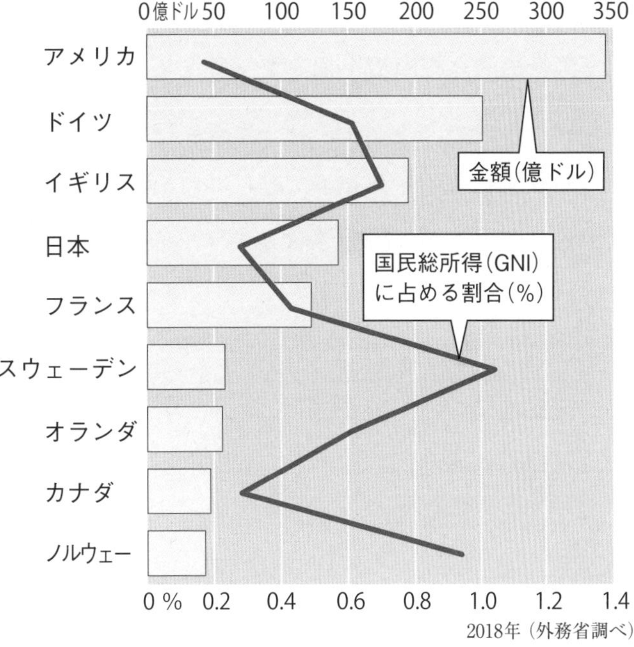

▲おもな国のODA額と国民総所得にしめる割合

4 右の図を見て，次の問いに答えなさい。

チェック P.261 2 (各5点×4 20点)

(1) 図中のA～Cにあてはまる語句を，次の｛ ｝から選んで書きなさい。

｛ リユース　リデュース　リサイクル ｝

A〔　　　　〕 B〔　　　　〕

C〔　　　　〕

(2) これまで廃棄(はいき)していたものを資源として再利用する社会を何というか。｛ ｝から選びなさい。

｛ グローバル化　循環型(じゅんかんがた)社会 ｝

〔　　　　〕

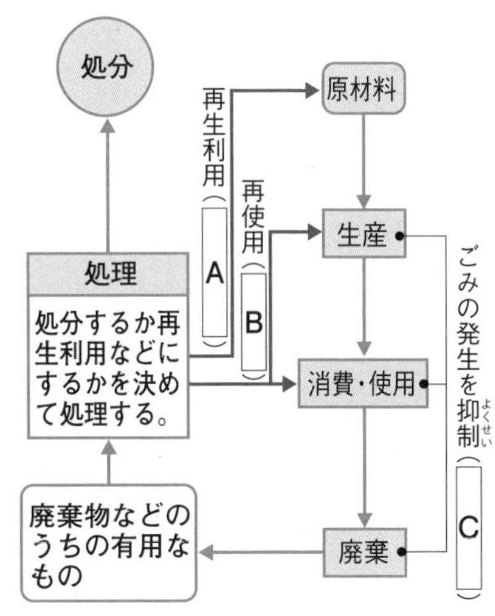

1 国際社会における日本の役割

基本

1 次の文の｛ ｝の中から，正しい語句を選んで書きなさい。

チェック P.260 1 (各8点×3 24点)

(1) 国籍(こくせき)の違いや国境を越(こ)えて活動する非政府組織を｛ OPEC(オペック)　NGO(エヌジーオー)　EU(イーユー) ｝という。

〔　　　　〕

(2) 非政府組織の中には，一般(いっぱん)の非政府組織のほかに，アムネスティ・インターナショナルのように｛ 国際連合　アメリカ　国際法 ｝と協議する資格を持つ組織もある。

〔　　　　〕

必出

(3) 核(かく)兵器についてわが国は，「持たず，つくらず，持(も)ちこませず」の｛ 日本国憲法の三つの基本原則　非核三原則　戦力の不保持 ｝という考え方をとっている。

〔　　　　〕

2 次の文の〔 〕にあてはまる語句を，下の▢から選んで書きなさい。

チェック P.260 1 (各8点×3 24点)

戦後の日本は，安定した民主主義のもとで，世界有数の経済大国となった。現在では，〔(1)　　　　〕などに技術協力や経済協力を中心にさまざまな国際貢献(こうけん)を行っている。日本は，〔(2)　　　　〕という，政府財政資金を使った資金・技術の援助(えんじょ)を多く行ってきた。また，〔(3)　　　　〕の派遣(はけん)もその活動の一つである。(2)については，支援の金額については多い一方で，贈与(ぞうよ)の割合が少ないことなども特徴である。

青年海外協力隊　軍事　政府開発援助　PKO(ピーケーオー)部隊　発展途上(とじょう)国

1 (3)核を是認(ぜにん)しない三つの原則。

2 (2)他にも，国民総所得に占(し)める割合が低いことが指摘(してき)されている。

学習日　月　日　得点　点

20 世界の中の日本

スタートドリル　書き込みドリル1　書き込みドリル2　まとめのドリル

発展

3 次の文は日本の核や安全保障の考え方について説明したものである。あてはまる語句を□から選んで書きなさい。 チェック P.260 1 (各7点×4　28点)

日本は憲法の前文や第[①]条に平和主義を掲(かか)げている。具体的には，戦争の放棄(ほうき)や，戦力の不保持，[②]を否認している。核兵器に関しても，唯一(ゆいいつ)の被爆国(ひばくこく)として，[③]という原則を維持しており，1976年に核拡散防止条約を批准(ひじゅん)している。

その一方で，安全保障の観点から[④]と呼ばれる，同盟国のアメリカの核の抑止力(よくしりょく)に頼る状態や，2017年に国連で採択された核兵器禁止条約に直ちに参加しないなどの方針もみられている。国際情勢が劇的に変化する昨今において，日本の安全や平和を守りつつ，核兵器の廃絶(はいぜつ)や，軍縮への働きかけが求められている。

①[　　　]　②[　　　]
③[　　　]　④[　　　]

9　25　36　核の傘(かさ)　交戦権　自衛権　非核三原則　PKO

4 次の問いに答えなさい。 チェック P.260 1 (各8点×3　24点)

(1) 日本の非核三原則を，具体的に書きなさい。[　　　]

(2) 次の文章は日本のODA(オーディーエー)の目標や特徴(とくちょう)である。下の｛　｝から正しい語句を選んで書きなさい。

- 発展途上国の技術や教育をそだて，[①　　　]の向上を支援。
- 額は多いが，[②　　　]の割合が小さい。

｛ 戦力　福祉(ふくし)　贈与(ぞうよ)　授受(じゅじゅ) ｝

得点upコーチ

3 核は多くの人が廃絶を願う一方で，すでに持っている国と持っていない国との意見の違いなどもあり，調整が難しい。

4 (1)非所有，非製造，不搬入(ふはんにゅう)のことである。

② 持続可能な社会をめざして

基本

1 次の文の｛　｝の中から，正しい語句を選んで書きなさい。

チェック P.261②（各7点×4　28点）

(1)「持続可能な開発目標」と訳されている，国連で採択された2030年までの目標を｛ ＯＤＡ（オーディーエー）　ＳＤＧｓ（エスディージーズ）　ＮＰＯ（エヌピーオー） ｝という。〔　　　　〕

(2) (1)は，｛ 9　17　30 ｝の目標（ゴール）がある。〔　　　　〕

(3) 大量廃棄型（はいきがた）社会を見直して，これまで廃棄していたものを資源として活用していこうとする社会を｛ ＩＴ社会　グローバル社会　循環型（じゅんかんがた）社会 ｝という。〔　　　　〕

必出 (4) 廃棄物の発生の抑制（よくせい）を｛ リデュース　リユース　リサイクル ｝という。〔　　　　〕

2 次の問題に対してあてはまるＳＤＧｓの目標（ゴール）を［　］から選んで書きなさい。

チェック P.261②（各8点×3　24点）

(1) 課題：6歳（さい）から17歳の子どものうち，5人に1人は学校に通えない。

ゴール4：質の高い〔　　　　〕をみんなに。

(2) 課題：国会議員に女性が占（し）める割合は24%である。

ゴール5：〔　　　　〕平等を実現しよう。

(3) 課題：2030年までに7億人が深刻な水不足により住む場所を追われるおそれがあり，世界の9%の人々は，いまだに屋外排泄（はいせつ）を行っている。

ゴール6：安全な水と〔　　　　〕を世界中に。

貧困　トイレ　飢餓（きが）　教育　ジェンダー　責任

1 (4)「廃棄物の発生抑制」「再使用」「再生利用」の別名である。

2 ジェンダーとは，社会的，文化的につくられた性差のこと。

学習日　月　日　得点　点

20 世界の中の日本

スタートドリル　書き込みドリル①　書き込みドリル②　まとめのドリル

発展

3 ＳＤＧｓに関する以下の文章を読み，〔　〕にあてはまる語句を［　］から選んで書きなさい。

チェック P.261 ② (各６点×４　24点)

ＳＤＧｓとは，日本語で「〔①　　　〕可能な開発目標」と訳される，国連で採択された目標(ゴール)である。さまざまな課題から，〔②　　　〕の目標を設定し，2030年までに達成することをめざしている。例えば，ゴール３「すべての人に〔③　　　〕」では，世界では500万人以上の人が，５歳の誕生日を迎(むか)える前に死亡をしているという課題を解決するための目標である。また，ゴール６「安全な水と〔④　　　〕を世界中に」という目標は，2050年には，４人に１人が水不足の環境にある国で生活するであろう予測などから設定されている。これらの課題は，さまざまな人々や機関の協力が必要である。

健康と福祉(ふくし)を　安全と安心を　持続　発展　17　30　トイレ　水道

4 次の問いに答えなさい。

チェック P.261 ② (各６点×４　24点)

(1) 右の図は循環型社会の仕組みを示している。①～③にあてはまる語句を｛　｝から選んで書きなさい。

｛ 消費　リサイクル　リユース　有用 ｝

①〔　　　〕　②〔　　　〕

③〔　　　〕

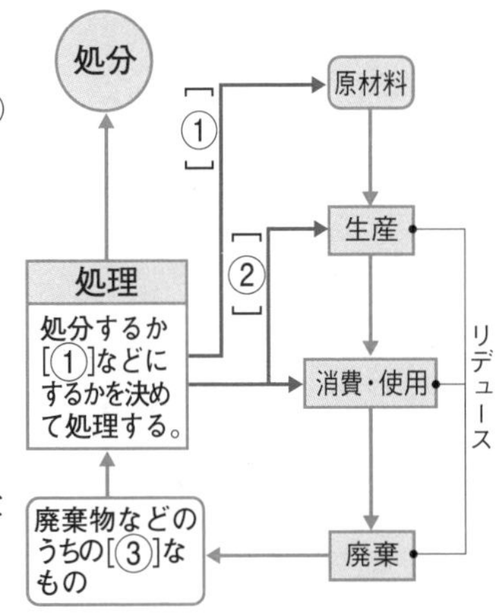

(2) 循環型社会実現のため，日本で2000年に制定された法律の名を書きなさい。〔　　　〕

3 世界の課題と17のゴールを結びつけ，解決策を一人一人が考えることが大切である。

4 行政だけでなく，国際機関，ＮＧＯ，企業(きぎょう)，個人など，あらゆる人々の協力が必要。

世界の中の日本

1 次のA，Bの文を読んで，あとの問いに答えなさい。

チェック P.260 1，P.261 2（各8点×7　56点）

A　平和主義について憲法の前文に「日本国民は，恒久(こうきゅう)の［ア］を念願し，人間相互(そうご)の関係を支配する崇高(すうこう)な［イ］を深く自覚するのであって，平和を愛する諸国民の公正と信義に信頼(しんらい)して，われらの［ウ］と生存を保持しようと決意した。」と明記している。

B　2015年の国連で，ⓐ持続可能な開発目標が採択された。これは，地球のさまざまな課題に対して，ⓑ17のゴールを達成することを目標としたもので，国連に加盟する193か国すべてが賛成した。

(1)　文中の㋐～㋒にあてはまる語句を，次の**ア**～**エ**から選んで，記号を書きなさい。

｛ **ア**　安全　**イ**　平和　**ウ**　主権　**エ**　理想 ｝

㋐［　　］　㋑［　　］　㋒［　　］

(2)　平和主義を具体化して示したのは，日本国憲法の第何条か。［　　］

(3)　下線部ⓐについて，次の①・②の問いに答えなさい。

①　持続可能な開発目標の略称(りゃくしょう)をアルファベットで答えなさい。

［　　］

②　この目標は何年に達成することを目指しているかを答えなさい。［　　］

(4)　次の説明は下線部ⓑのゴールとその達成度について説明したものである。［　］にあてはまる語句を答えなさい。

ゴール3：すべての人に健康と［　　］

達成度：はしかにかかった人は，2000年から2017年までに80%減った。結核(けっかく)感染率も21%下がったが，まだ世界で1000万人が発症(はっしょう)している。

1　(2)憲法の前文にも書かれている。

(3)期限を定め，地域における進行状況(じょうきょう)も調べている。

(4)日本では，結核は昔に比べてまん延しなくなったが，世界ではいまだ多くの人を苦しめている。

2 日本の国際貢献について，あとの問いに答えなさい。

チェック P.260 1 (各4点×3　12点)

(1) 先進国が政府財政資金を使って行う，資金・技術援助を何というか。略称をアルファベットで書きなさい。〔　　　　〕

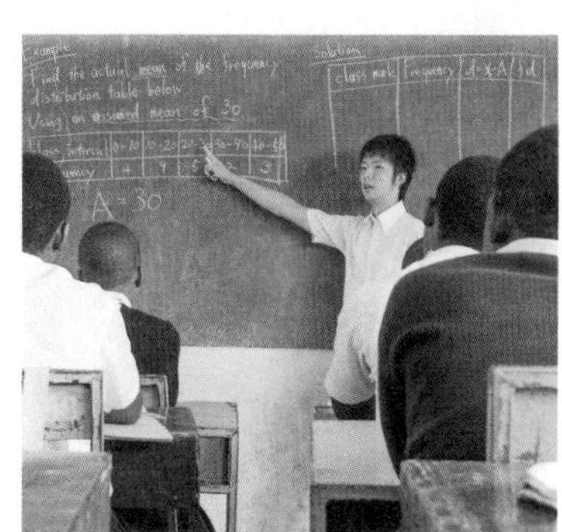

(2) 右の写真は，発展途上国の経済発展や福祉の向上のために日本から派遣されて活動をしている人々である。このような人々を何というか書きなさい。〔　　　　〕

(3) ＰＫＯと略される，おもに停戦や選挙の監視を行う活動を漢字で書きなさい。〔　　　　〕

3 次の問いに答えなさい。

チェック P.260 1，P.261 2 (各8点×4　32点)

(1) 国籍の違いや国境を越えて自分たちの考えで行動し，国際貢献をしている「非政府組織」の略称をアルファベットで書きなさい。〔　　　　〕

(2) 次の①，②にあてはまる核兵器に関することがらを，書きなさい。

① 同盟国の核の抑止力に入り，核の脅威から守られること。〔　　　　〕

② 日本や核保有国が参加しなかった，2017年に国連で採択された核兵器に関する条約。〔　　　　〕

(3) ゴール12「つくる責任　つかう責任」に関連した，ごみの発生を抑制することを何というか書きなさい。〔　　　　〕

2 (1)政府開発援助のこと。
(2)世界のおよそ92か国に派遣され，任期は1～2年間である。(2020年8月)

3 (3)再使用（リユース），再生利用（リサイクル）とあわせて3R（アール）という。

定期テスト対策問題

学習日　月　日　得点　点

世界平和のために／さまざまな国際問題／世界の中の日本

1 次のA～Cの文を読んで，あとの問いに答えなさい。

チェック P.248①，②，P.249③（各6点×9　54点）

A　石炭や石油などを燃やすと出る二酸化炭素から ㋐ の問題が生じ，硫黄(いおう)酸化物・窒素(ちっそ)酸化物からは ㋑ の問題が生じた。また，フロンガスは ㋒ を破壊(はかい)するなど，地球環境問題は深刻さを増している。このような地球の環境問題に対して，ⓐ国際会議やⓑ国際条約が結ばれるなど，国際的な取り組みが行われている。

B　世界の経済活動を支えている，現在の資源・エネルギーには限りがある。これからは，地球にもやさしいエネルギーの開発を進めるべきである。

C　先進工業国と発展途上(とじょう)国との経済格差の問題を ㋓ 問題といい，その解決に国連も努力をしている。さらに近年は，発展途上国の中に，工業の発展に成功した新興工業経済地域（NIES(ニーズ)）と呼ばれる国々などと，それ以外の国々との間の経済格差の問題が生じた。この格差の問題を ㋔ 問題と呼んでいる。

(1)　Aについて，次の問いに答えなさい。

①　文中の ㋐～㋒にあてはまる語句を書きなさい。

㋐［　　　　］　㋑［　　　　］　㋒［　　　　］

②　下線部ⓐについて，1992年にブラジルのリオデジャネイロで開催(かいさい)された，国連環境開発会議の通称(つうしょう)を書きなさい。

［　　　　］

③　下線部ⓑに関連して，世界の遺跡(いせき)や自然を保全する条約の名を書きなさい。

［　　　　］

(2)　Bの文で，地球環境に負担の少ない自然エネルギーを，次の**ア**～**エ**から二つ選んで，記号を書きなさい。［　　　　］［　　　　］

ア　原子力　　**イ**　太陽光　　**ウ**　化石燃料　　**エ**　風力

(3)　Cの文中の ㋓，㋔にあてはまる語句を書きなさい。

㋓［　　　　］　㋔［　　　　］

2 次の問いに答えなさい。

チェック P.239②，P.260① (各5点×6　30点)

(1) 右の表のA，Bは，核実験や核兵器の広がりを禁止するために結ばれたものである。それぞれにあてはまる語句を書きなさい。

1963	〔 A 〕禁止条約。米・英・ソ調印
1968	〔 B 〕防止条約。189か国調印
1987	C 中距離核戦力全廃条約。米ソ調印。

A〔　　　〕 B〔　　　〕

(2) 表中のCの条約は，史上初の核全廃を約束した画期的なものであった。この条約で全廃されたものの略称を書きなさい。

〔　　　〕

(3) 国籍の違いや国境を越えて，軍縮・平和，人権，環境などの分野で活動している非政府組織を何と言うか。略称をアルファベットで書きなさい。

〔　　　〕

(4) 日本の平和主義について，次の①，②の問いに答えなさい。

① 平和主義の規定は，日本国憲法の前文と第何条に示されているか書きなさい。 〔　　　〕

② わが国は核兵器について，「持たず・つくらず・持ちこませず」と表明している。核兵器についてのこの原則を何というか書きなさい。

〔　　　〕

3 次の文の［　　］㋐～㋓にあてはまる語句を書きなさい。

チェック P.261② (各4点×4　16点)

2015年に［ ㋐ ］で採択された，［ ㋑ ］可能な開発目標（通称［ ㋒ ］）は，地球の課題に対して，［ ㋓ ］年までに17の目標（ゴール）を達成するというものである。

㋐〔　　　〕 ㋑〔　　　〕

㋒〔　　　〕 ㋓〔　　　〕

総合問題

学習日　　月　　日 ｜ 得点　　　点

経済

1 右の図は，わが国の経済の循環を簡単に示したものである。この図を見て次の問いに答えなさい。（各８点×６　48点）

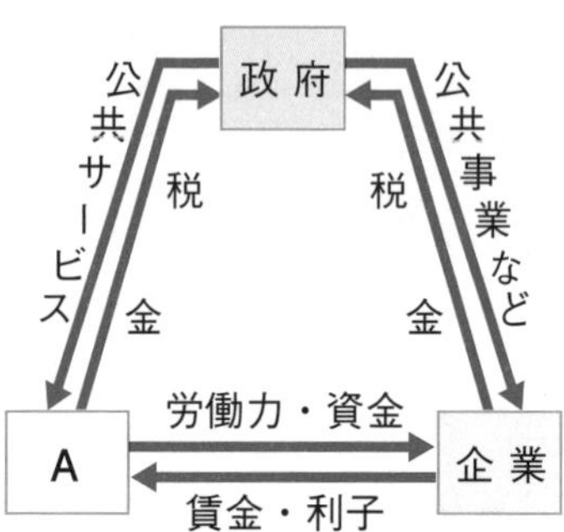

(1) 図中の**A**は，家族や個人が所得をもとにして消費生活を営む単位である。この単位の名を書きなさい。〔　　　　〕

(2) 図中の企業の代表的な会社である株式会社の株主の権利について，次の文の□にあてはまる語句を書きなさい。〔　　　　〕

> 株主は，会社の利益に応じて□を受けること，株主優待制度を受けることなどの権利をもっている。また，株式を自由に売買することができる。

(3) 図中の政府の財政活動について，次の問いに答えなさい。

① 政府の財政について，正しい説明を，次の**ア**～**エ**から一つ選んで，記号を書きなさい。〔　　　　〕

ア　政府は，民間企業では供給できない社会資本やサービスを提供する。

イ　政府は，インフレのときには減税をして，景気をおさえようとする。

ウ　特別会計予算は政府の通常の活動に基づく予算である。

エ　復興予算は一般会計予算に含まれる。

② 右のグラフは国の支出の割合を示したものである。グラフの**A**～**C**にあたるものを，それぞれあとの**ア**～**ウ**から選んで，記号を書きなさい。

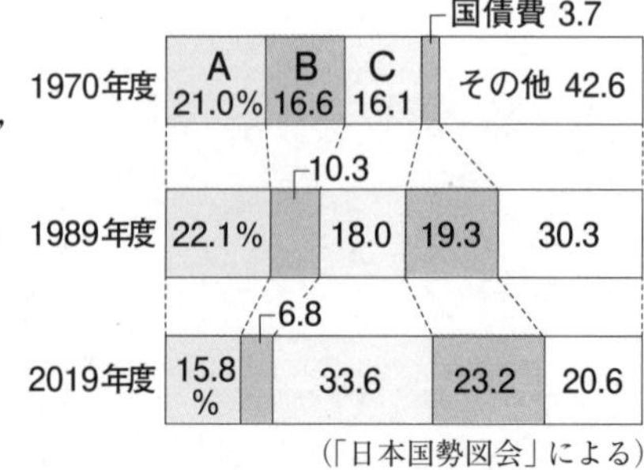

（「日本国勢図会」による）

A〔　　　　〕　**B**〔　　　　〕
C〔　　　　〕

ア　公共事業関係費　　**イ**　地方交付税交付金など　　**ウ**　社会保障関係費

2 次の文を読み，あとの問いに答えなさい。

(各９点×３　27点)

現代のわたしたちの消費生活は，いろいろな財や□を購入（こうにゅう）することによって成り立っている。世の中には商品があふれ，次々と新しい商品が開発され，現金で支払（しはら）わなくても ⓐカード があればいろいろな商品が買える時代になった。しかし，便利になった反面，ⓑさまざまなトラブル がおこっている。

(1) 文中の□には，具体的な形をもった品物ではなく，目に見えない，人間やものの働きを示す語句が入る。その語句をカタカナで書きなさい。

〔　　　　　〕

(2) 下線部ⓐの中で，買い物をした代金の後払いに利用するカードの名称（めいしょう）を，｛　｝の中から選んで書きなさい。　〔　　　　　〕

｛ プリペイドカード　　テレホンカード　　クレジットカード ｝

(3) 下線部ⓑのようなトラブルを避（さ）けるために，訪問販売（はんばい）や電話勧誘（かんゆう）などで商品を購入した場合，購入後８日以内であれば，一度結んだ契約（けいやく）を解除することができる制度をなんというか。カタカナで書きなさい。

〔　　　　　〕制度

3 次の問いに答えなさい。

((1)各８点×２　(2)９点　25点)

(1) 日本の社会保障制度は，**社会保険**，**社会福祉（ふくし）**，**公衆衛生**，**公的扶助（ふじょ）**の四つを柱として進められてきた。次の①と②はどれと最も関係があるか書きなさい。

① 生活が困難な人々に生活費や医療（いりょう）費を支給し，自立を助ける。

〔　　　　　〕

② 加入者や事業主が，かけ金を積み立て，必要になったときに給付を受け，生活を安定させる。　〔　　　　　〕

(2) リサイクルを推進して廃棄物（はいきぶつ）ゼロをめざす社会として正しいものを，｛　｝の中から選んで書きなさい。　〔　　　　　〕

｛ 循環型社会　　工業化社会　　情報化社会　　高成長社会 ｝

総合問題

学習日　　月　　日　得点　　　点

国際政治

1 次の文を読んで，あとの問いに答えなさい。

（各9点×7　63点）

第一次世界大戦への反省と世界平和への願いから，1920年にⓐ国際連盟が設立された。しかし，日本・イタリア・ドイツで生まれたⓑ全体主義的独裁政権の侵略行為を阻止することはできなかった。そして不幸にも1939年に第二次世界大戦が起こった。1941年，第二次世界大戦のさなかアメリカ合衆国とイギリスの首脳が会談を行い，戦後の国際平和組織の設置をめざす大西洋憲章を発表した。世界大戦末期の1945年にはⓒ50か国の代表がサンフランシスコに集まって会議が開かれ，国際連合が誕生した。

第二次世界大戦後に正式に発足した国際連合の本部はⓓアメリカ合衆国の東部の都市におかれた。国連の最高機関は，加盟国すべての意志が反映される［①］である。このほか世界平和と安全を維持することを目的とする［②］理事会や経済・社会・文化・教育などを通して，国際協力を進める仕事を行う［③］理事会などの主要機関がある。

(1) 下線部ⓐの設立を提案したアメリカ合衆国大統領の名前を書きなさい。

［　　　　］

(2) 下線部ⓑのような独裁的な動きを何というか。カタカナで書きなさい。

［　　　　］

(3) 下線部ⓒについて，このときに連合国の代表が調印した文書名を書きなさい。

［　　　　］

(4) 下線部ⓓの都市名を書きなさい。［　　　　］

(5) 文中の［　］①～③にあてはまる語句を書きなさい。

①［　　　　］　②［　　　　］

③［　　　　］

2 次の問いに答えなさい。

(各7点×3 21点)

(1) 国際法は，国家が互(たが)いの主権を尊重していくために，国際社会において守らなければならないルールである。長年の慣行から法となった国際□法と，国家間で結ばれる条約からなっている。□にあう語句を書きなさい。

〔　　　　　　〕

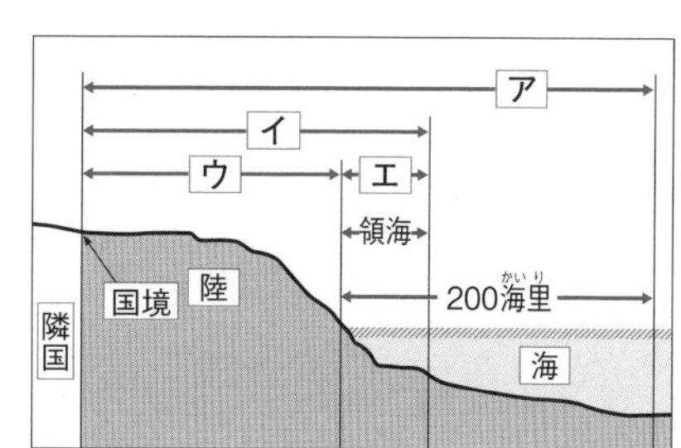

(2) 右の図は国際連合において取り決められた条約の中で示された国家の領域である。領空の範囲(はんい)を示しているものを，**ア〜エ**から選んで，記号を書きなさい。〔　　　　　　〕

(3) ＥＵ(イーユー)をはじめ，世界の地域統合の動きの中で，東南アジア10か国（2020年８月現在）からなる政治・経済の地域的協力を何というか。次の｛　｝の中から選んで書きなさい。〔　　　　　　〕

｛ APEC(エイペック)　BRICS(ブリックス)　ASEAN(アセアン)　NATO(ナトー) ｝

3 次の文を読み，あとの問いに答えなさい。

(各8点×2 16点)

国際社会では，人類の福祉(ふくし)の向上にむけた多くの取り組みが行われている。発展途上(とじょう)国における飢餓(きが)や貧困を改善するための活動や，被災地(ひさいち)での医療(いりょう)活動など，民間の組織として，さまざまな課題に取り組む□の活動もその一つである。

(1) 文中の□にあてはまるものを，次の｛　｝の中から選んで書きなさい。

｛ ODA(オーディーエー)　EU(イーユー)　ASEAN(アセアン)　NGO(エヌジーオー) ｝〔　　　　　　〕

(2) 下線部に関して，発展途上国と先進工業国との間の経済格差や，それによって生じている問題を示す語を，｛　｝の中から選んで書きなさい。

〔　　　　　　〕

｛ 領土問題　南北問題　軍縮問題　民族問題 ｝

総合問題

学習日　月　日　得点　点

入試問題④

1 次の会話文を読んで，あとの問いに答えなさい。

((1)のみ20点　ほかは各16点×5　100点) 富山県改題

先生：今日の授業では,「持続可能な社会の実現」について考えましょう。

あきら：そういえば，富山県が2019年度ＳＤＧｓ（エスディージーズ）未来都市に選定されたことが，新聞にでていました。『環日本海（かんにほんかい）をリードする「環境・ⓐエネルギー先端（せんたん）県とやま」』という提案だったと思います。

先生：よく覚えていますね。そもそもＳＤＧｓとは, 2015年９月の国連サミットで採択（さいたく）された「持続可能な開発のための2030アジェンダ」に記載（きさい）された2016年から2030年までのⓑ国際目標のことです。１～17の目標それぞれに達成基準があり，それらは169項目（こうもく）におよびます。今日は17の目標の中から,「８　働きがいも経済成長も」や「10　人や国の不平等をなくそう」を例に取り上げ, 具体的な達成基準をみていきましょう。

目標	達成基準
8	(前略) ⓒ中小企業（きぎょう）の成立や成長を促進（そくしん）する。
	2030年までに，若者や障がい者をふくむすべての男性および女性の，完全かつ生産的な雇用（こよう）および働きがいのある人間らしい仕事，並びに同一労働ⓓ同一賃金を達成する。
10	ⓔ税制，賃金，ⓕ社会保障政策をはじめとする政策を導入し，平等の拡大を漸新的（ぜんしんてき）に達成する。

(1)　日本のⓐエネルギー事情における課題を，**資料１**をふまえて，説明しなさい。

〔　　　　〕

資料１　主要国のエネルギー自給率 (2016年)　(%)

	アメリカ	中国	日本
石炭	102.0	89.7	0.6
原油	59.5	35.7	0.3
天然ガス	96.1	67.1	2.4

(日本国勢図会2019/20)

(2)　よりよい(b)国際社会を実現するための取り組みを説明した次の文の[X]にはいる語句をカタカナで書きなさい。　〔　　　　　　〕

発展途上国でつくられた農作物や製品を，その労働に見合う公正な価格で取引することは[X]とよばれ，生産者の生活を支える取り組みとして注目されています。

(3)　**資料２**は2016年における日本の製造業の製造品出荷額，事業所数，従業者数のいずれかについて，それぞれの(c)中小企業と大企業の割合を表している。事業所数にあたるものを**ア**～**ウ**から一つ選び，記号で書きなさい。　〔　　　　　　〕

資料２

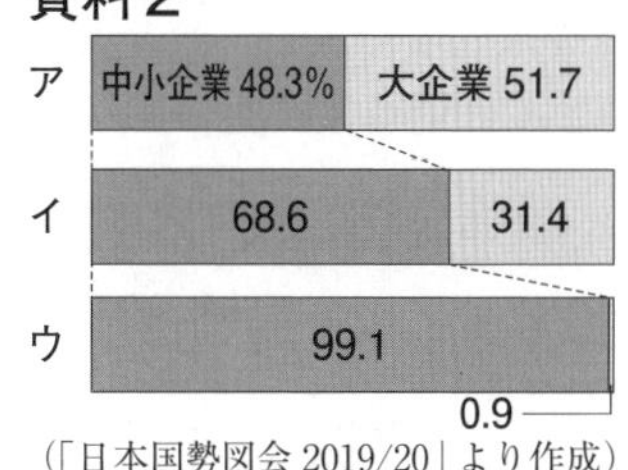

（「日本国勢図会 2019/20」より作成）

(4)　(d)同一賃金に関する次の文は，ある法律の条文である。この法律名を，あとの**ア**～**エ**から一つ選び，記号で書きなさい。　〔　　　　　　〕

第４条　［男女同一賃金の原則］

使用者は，労働者が女性であることを理由として，賃金について，男性と差別的あつかいをしてはならない。

ア　労働関係調整法　**イ**　労働基準法　**ウ**　労働組合法　**エ**　独占禁止法

(5)　(e)税や財政について述べた文として適切なものを次の**ア**～**エ**から二つ選び，記号で書きなさい。（完答）　〔　　　・　　　〕

ア　税金には直接税と間接税があるが，所得税は直接税である。

イ　消費税は，所得の高い人ほど所得に対する税負担が重くなる。

ウ　税収で国の歳出をまかなえない場合，国の借金である国債が発行される。

エ　地方交付税交付金は，その使い方が義務教育や道路整備に限定される。

(6)　(f)社会保障は，右の**資料３**のように「高福祉」「低福祉」と「高負担」「低負担」といった視点が必要である。それ以前の状況を図の中心（●）とした場合，「増税と社会保障の充実」を目指す考え方を，**資料３**の**ア**～**エ**から一つ選び，記号で書きなさい。

〔　　　　　　〕

資料３

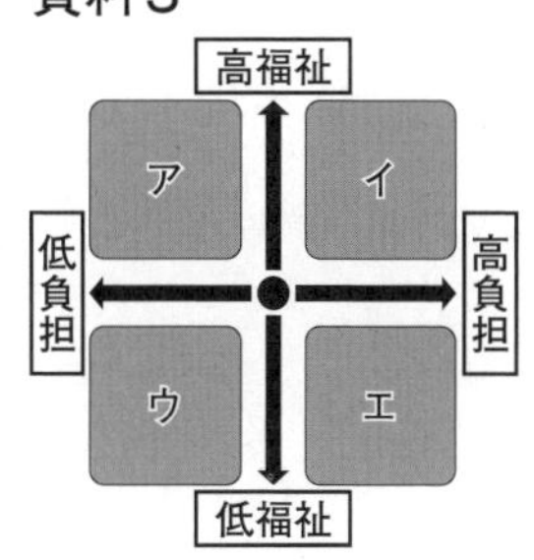

総合問題

学習日　月　日　得点　点

入試問題⑤

1 経済や地球環境について，次の問いに答えなさい。

(各20点×5　100点) 島根県改題

(1) 日本の中央銀行である日本銀行は，紙幣(しへい)を発行することから何とよばれているか，答えなさい。〔　　　〕

(2) 景気の状況(じょうきょう)に応じて，日本銀行が売買する国債(こくさい)の量や失業率などは変化する。景気変動（景気循環(じゅんかん)）にともなう「日本銀行が国債を売る量」と「失業率」の動きをあらわした一般的(いっぱんてき)なモデル図として最も適当なものを，次の**ア**～**エ**から一つ選び，記号で答えなさい。〔　　　〕

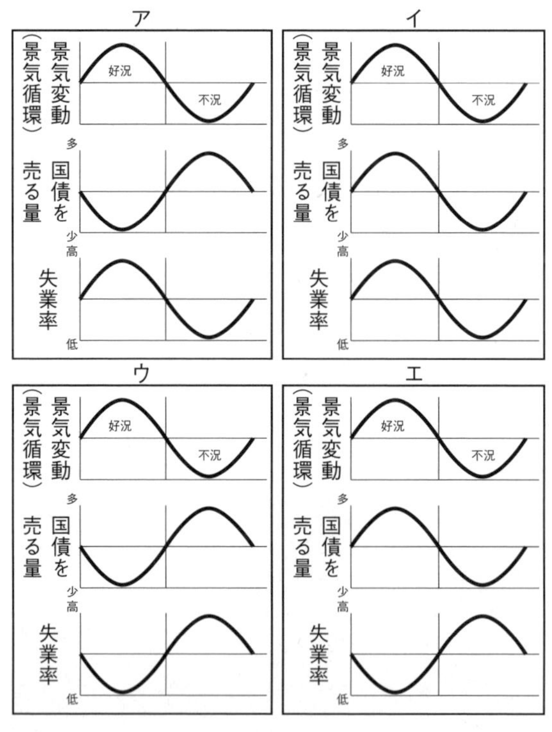

(3) 為替(かわせ)相場（為替レート）について述べた次の文の［A］，［B］にあてはまる語の組み合わせとして正しいものを，次の**ア**～**エ**から一つ選び，記号で答えなさい。〔　　　〕

ア　A…上がり　B…有利　**イ**　A…上がり　B…不利

ウ　A…下がり　B…有利　**エ**　A…下がり　B…不利

円とドルの為替相場は，2012年に１ドル＝80円程度であった状態から，2019年では１ドル110円前後で推移するようになった。この７年で円の価値がドルに対して［ A ］，一般的に日本の輸出企業(きぎょう)にとっては［ B ］な状態となった。

(4) 地球環境問題やエネルギー問題について，次の①・②に答えなさい。

① 1997年に採択された京都議定書に関して述べた文として最も適当なものを，次の**ア**～**エ**から一つ選び，記号で答えなさい。〔　　　〕

ア 京都議定書に基づき，アメリカが率先して二酸化炭素の削減(さくげん)を進めた。

イ 京都議定書では，先進国に対して二酸化炭素などの排出(はいしゅつ)を削減する数値目標を定めた。

ウ 京都議定書では，原子力発電はすべて廃止(はいし)することが決まった。

エ 京都議定書では，発展途上(とじょう)国の工業開発を抑制(よくせい)することが合意された。

② 火力を用いた発電に対し，太陽光や風力，地熱といった自然エネルギーを利用した発電の利点について，グラフ①，グラフ②を参考にして，「太陽光や風力，地熱といった自然エネルギーは」の書き出しに続けて答えなさい。ただし，「温室効果」という語を用いること。

太陽光や風力，地熱といった自然エネルギーは

〔　　　　　　　　　　　　　　　　　　　〕

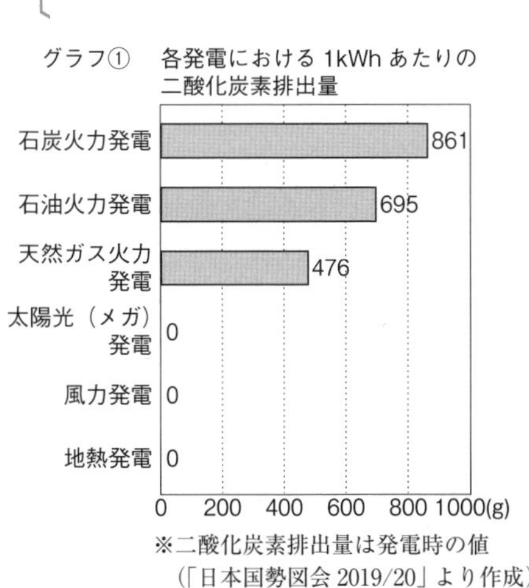

※二酸化炭素排出量は発電時の値
（「日本国勢図会 2019/20」より作成）

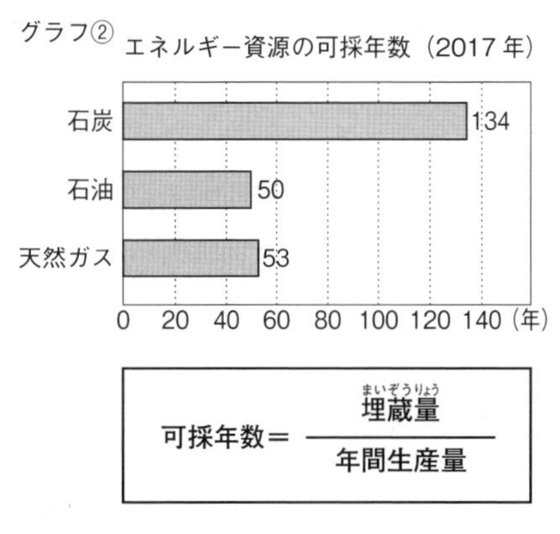

（「データブック　オブ・ザ・ワールド 2019 年版」より作成）

さくいん

〈政治〉

あ

か

さ

ま

や

ら

わ

さくいん

〈経済〉

あ

か

わ

「中学基礎100」アプリ テスト前 5科4択 で，スキマ時間にもテスト対策！

問題集

アプリ

＼ 日常学習 テスト1週間前 ／

『中学基礎がため100％』シリーズに取り組む！

＼ 定期テスト直前！ ／

テスト必出問題を「4択問題アプリ」でチェック！

アプリの特長

『中学基礎がため100％』の5教科各単元にそれぞれ対応したコンテンツ！
＊ご購入の問題集に対応したコンテンツのみ使用できます。

テストに出る重要問題を4択問題でサクサク復習！

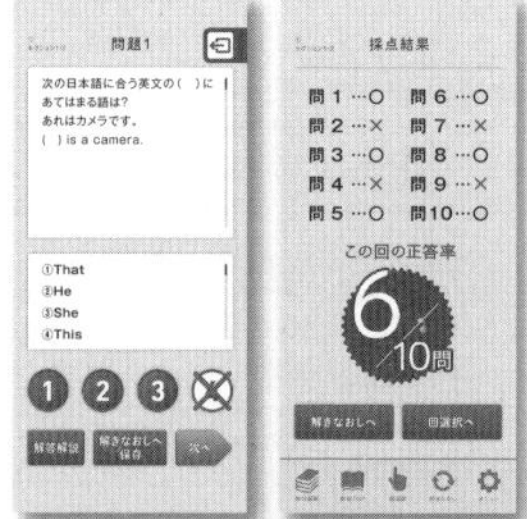

間違えた問題は「解きなおし」で，何度でもチャレンジ。テストまでに100点にしよう！

＊アプリのダウンロード方法は，本書のカバーそで（表紙を開いたところ），または1ページ目をご参照ください。

中学基礎がため100％

できた！ 中学社会 公民

2021年3月　第1版第1刷発行

発行人／志村直人
発行所／株式会社くもん出版
〒108-8617
東京都港区高輪4−10−18　京急第1ビル13F
☎ 代表　03(6836)0301
編集直通　03(6836)0317
営業直通　03(6836)0305

印刷・製本／凸版印刷株式会社

デザイン／佐藤亜沙美（サトウサンカイ）
カバーイラスト／いつか
本書の特長と使い方デザイン／笹木美奈子（京田クリエーション）
奥付デザイン／岸野祐美（京田クリエーション）
本文デザイン／ワイワイ・デザインスタジオ
編集協力／株式会社カルチャー・プロ

ISBN 978-4-7743-3130-0

くもん出版ホームページ　https://www.kumonshuppan.com/

＊本書は『くもんの中学基礎がため100％　中学社会　公民編　政治』『くもんの中学基礎がため100％　中学社会　公民編　経済』を合本，改題し，新しい内容を加えて編集しました。

覚えておきたい日本国憲法

日本国憲法より抜粋

国民主権

前文 日本国民は，正当に選挙された国会における代表者を通じて行動し，……ここに**主権**が国民に存することを宣言し，この憲法を確定する。そもそも国政は，国民の**厳粛**な**信託**によるものであつて，その**権威**は国民に由来し，その権力は国民の代表者がこれを行使し，その**福利**は国民がこれを**享受**する。

第１条 天皇は，日本国の**象徴**であり日本国民統合の象徴であつて，この地位は，主権の存する日本国民の総意に基く。

基本的人権の尊重

第11条 国民は，すべての**基本的人権の享有**を妨げられない。この憲法が国民に保障する基本的人権は，侵すことのできない永久の権利として，現在及び将来の国民に与へられる。

第12条 この憲法が国民に保障する自由及び権利は，国民の不断の努力によつて，これを保持しなければならない。又，国民は，これを**濫用**してはならないのであつて，常に**公共の福祉**のためにこれを利用する責任を負ふ。

第13条 すべて国民は，個人として尊重される。生命，自由及び幸福追求に対する国民の権利については，公共の福祉に反しない限り，立法その他の国政の上で，最大の尊重を必要とする。

平等権

法の下の平等

第14条 ①すべて国民は，**法の下に平等**であつて，人種，信条，性別，社会的身分又は門地により，政治的，経済的又は社会的関係において，差別されない。

個人の尊厳と両性の本質的平等

第24条 ①**婚姻**は，両性の合意のみに基いて成立し，夫婦が同等の権利を有することを基本として，相互の協力により，維持されなければならない。

②配偶者の選択，**財産権**，**相続**，住居の選定，離婚並びに婚姻及び家族に関するその他の事項に関しては，法律は，個人の尊厳と両性の本質的平等に立脚して，制定されなければならない。

政治上の平等

第44条 両議院の議員及びその**選挙人**の資格は，**法律でこれを定める**。但し，人種，信条，性別，社会的身分，門地，教育，財産又は収入によつて差別してはならない。

自由権

身体の自由

第18条 何人も，いかなる**奴隷的拘束**を受けない。又，犯罪に因る処罰の場合を除いては，その意に反する**苦役**に服させられない。

第31条 何人も，法律の定める手続によらなければ，その生命若しくは自由を奪はれ，又はその他の刑罰を科せられない。

精神の自由

第19条 **思想及び良心の自由**は，これを侵してはならない。

第20条 ①信教の自由は，何人に対してもこれを保障する。

第21条 ①集会，**結社**及び言論，出版その他一切の表現の自由は，これを保障する。

第23条 **学問の自由**は，これを保障する。

➡ていねいに引っぱってください。別冊解答になります。

中学基礎がため100%

できた! 中学社会

公民

別冊

解答と解説

1 現代社会とわたしたちの生活

スタートドリル　P.8, 9

1 (1) グローバル化　(2) 国際分業
(3) 多文化共生

2 (1) スマートフォン
(2) 情報化　(3) 情報リテラシー

3 (1) 合計特殊出生率　(2) 低下
(3) 増えている　(4) 少子高齢化

4 (1) 文化　(2) 伝統文化
(3) ひな祭り　(4) 年中行事

1 グローバル化と国際協力　P.10, 11

1 (1) グローバル化　(2) 外国人労働者
(3) 国際分業　(4) 持続可能な社会

考え方 (1) 航空機の大型化・高速化など交通の発達と，インターネットなど通信技術の進歩により，人，商品，お金，情報などの移動が容易になった。

2 (1) 交通　(2) 商品　(3) 格差
(4) 国際協力

3 (1) 韓国・朝鮮　(2) 中国
(3) 多文化共生　(4) ア
(5) 食料　(6) グローバル化

考え方 (1) 韓国・朝鮮は1910年から1945年まで日本が植民地としていた関係で，第二次世界大戦前や大戦中に日本に移り住んだ人々や，その子孫にあたる人が多い。そうした人々の中には日本国籍を取って日本に帰化した人もいるが，外国人登録をして日本に住んでいる人も数多くいるのである。

(2) 近年，中国はわが国にとって最大の貿易相手国となっている。そうした経済的なつながりを反映して，中国から来る人が増えている。また，ベトナムなど，東南アジア出身の人々が急増している。

(4) 日本の貿易は，1970年代以降，一時期を除き輸出額・輸入額とも増加を続けている。また，特に1980年代以降は，輸出額が輸入額を上回る年が続いていたこともおさえておくこと。

2 情報化と少子高齢化　P.12, 13

1 (1) 情報通信技術
(2) スマートフォン　(3) 情報化
(4) 少子高齢化　(5) 社会保障

考え方 (1) ICTと呼ばれる。AI店員やドローンを使った配達など幅広い分野で利用が期待されている。

(4) 少子化と高齢化が同時に進むこと。出生率の低下が続いていることで子どもの数が減り，医療の進歩により平均寿命がのびたことで，65歳以上の高齢者の割合が増え続けている。

(5) 年金や介護など，高齢者福祉にかかる費用を含む。少子高齢化が進むと，社会保障費を負担する働く世代の数が減る一方で，年金などを受給する高齢者の数は増えていくので，働く世代一人あたりの負担がどんどん重くなるという問題が生じる。

2 (1) インターネット・ショッピング
(2) 電子マネー　(3) GPS

考え方 (1) 一般に「ネット・ショッピング」とも呼ばれる。インターネットを通じて商品を探し，注文するもので，支払いはクレジットカードを利用する場合が多い。商品の種類が多い，自宅にいながら買い物ができる，など便利な点が多く，売り上げを急速にのばしているが，商品を実際に手にとって選ぶわけではないので，期待していたものとはちがうものが届いたり，支払いをめぐるトラブルが発生するなど，問題点もある。

(2) IC(集積回路)カードによるものが多いが，スマートフォンに電子マネーの機能を備えたものも増えている。

3 (1) **SNS（ソーシャル・ネットワーキング・サービス）**

(2) **イ，エ**

考え方 (1) SNSが普及するにつれ以前に増して情報モラル，情報リテラシーの大切さが説かれるようになった。

4 (1) **低くなった** (2) **増えている**

(3) **少子高齢化**

考え方 (1) 子どもの数が減っていることから，合計特殊出生率は低下していると判断できる。合計特殊出生率が低下した原因としては，晩婚化・非婚化により出産の平均年齢が上がったこと，保育所の不足や教育費の問題などで2人目，3人目の出産をためらう親が多いこと，などが挙げられる。

(2) 65歳以上の人を高齢者といい，高齢者の割合が7％を超えている状態を高齢化社会という。日本は1970年に高齢化社会となり，その後も割合は増え続けている。1994年には高齢者の割合は14％を超え，高齢社会に突入した。さらに2007年以降，高齢者の割合が21％以上の社会である超高齢社会になっている。

③ 社会生活と文化 P.14, 15

1 (1) **文化** (2) **科学** (3) **宗教**

(4) **芸術**

考え方 (1) 道具のような形のあるものや言葉のように形のないものも含めて，人間がつくり出してきたものは，すべて文化といえる。

(3) 三大宗教といわれるキリスト教，イスラム教，仏教はその代表的なものであるが，世界中には他にも数多くの宗教が存在する。

2 (1) **伝統文化** (2) **生活文化**

(3) **年中行事**

考え方 (3) 正月の一連の行事，ひな祭りなどの節句，花見や月見などの季節の行事のように，毎年決まった時期に行われるものをいう。

3 (1) **芸術** (2) **科学** (3) **宗教**

(4) **伝統文化** (5) **アイヌ文化**

考え方 (5) 沖縄，奄美群島の琉球文化もあわせておさえよう。

4 (1) **七夕** (2) **年中行事**

考え方 (1) 中国に起源をもち，わが国独自の形をもつようになった伝統文化ということができる。

(2) わが国の場合，初詣や彼岸，お盆などのように，神道や仏教と関連をもつものも多い。

まとめのドリル P.16, 17

1 (1) ① **グローバル** ② **情報化**

③ **出生率** ④ **平均寿命**

⑤ **少子高齢** ⑥ **社会保障**

(2) **A AI（人工知能）**

B ビッグデータ

考え方 (1) 現代社会の特色についての問題。現代社会を考える上で大きなポイントとなるのは，グローバル化，情報化，少子高齢化の3つである。それぞれの特色がはっきり見られるようになった背景をおさえること。

(2) 大量に集められたデータをAIの技術などで分析することで，防災の仕組みなどさまざまな分野で技術革新がおこっている。

2 (1) **文化** (2) ① **宗教**

② **芸術** (3) ① **A ひな祭り**

B 七夕 ② **A 3月**

B　7月（8月）(4)　年中行事

考え方 (2)　①日本の歴史では一向一揆や島原・天草一揆，世界の歴史では十字軍など，宗教に関連する対立や紛争は多い。現代社会においても，たとえば中東戦争はユダヤ教徒とイスラム教徒の対立という側面をもっており，同時多発テロやイラク戦争にはキリスト教世界とイスラム教世界の対立という面があると指摘される。

2 社会集団とわたしたち

スタートドリル　P.20, 21

1 (1)　①　家族　②　地域社会
③　学校　④　職場　(2)社会的

2 (1)　校則　(2)　家族
(3)　安全を確保する　(4)　過疎

3 (1)　基礎的　(2)　休息
(3)　核家族　(4)　単独世帯
(5)　均分相続

4 (1)　①　対立　②　合意
③　効率　④　公正
(2)　全会一致制

1 社会集団と家族　P.22, 23

1 (1)　社会集団　(2)　家族
(3)　核家族　(4)　地域社会
(5)　社会的存在

考え方 (3)　3世代が同居する大家族の割合は減ってきている。

(4)　地域社会は，市(区)町村のような行政の単位と必ずしも一致するわけではない。

(5)　人間は一人で生きているわけではなく，必ず何らかの社会集団に属している。また，家族，地域社会，学校あるいは職場というように，いくつかの社会集団に同時に属している。

2 (1)　土台　(2)　いこい　(3)　介護
(4)　言葉　(5)　人格　(6)　単独

考え方 家族の意義やはたらきについての問題。家族は生活の単位であり，子どもにとっては生きていく上で必要な知識や生活習慣を身につける学びの場でもある。そうした意味で，家族は「生活の土台となる社会集団」といわれるのである。

3 (1)　①　家族　②　地域社会
③　学校　④　職場　(2)　①

考え方 (2)　学校や職場は，目的をもって自ら入る集団である。部活動や趣味のサークルなども，同様のものということができる。

4 (1)　第24条　(2)　均分相続

考え方 (1)　憲法第24条には，婚姻は両性の合意のみに基づいて成立し，相互の協力により維持されなければならないと規定されている。また，家族については，個人の尊厳と両性の本質的平等に立脚しなければならないとされている。

(2)　第二次世界大戦前の民法では，一家の財産はすべて「戸主」である父親が管理し，父親が死んだ場合は長男が全財産を相続するきまりになっていた。第二次世界大戦後，民法が改定され「戸主」制度は廃止された。そして相続については，配偶者が遺産の2分の1を相続し，子どもが複数の場合は，残りの2分の1を均等に分けて相続することになった。この仕組みを均分相続という。なお，子どもの性別や，結婚しているかしていないかで配分に差が生じることはない。

②対立と合意 P.24, 25

1 (1) **対立**　(2) **合意**　(3) **効率**
(4) **公正**

考え方 集団内や集団間で対立や争い，もめごとが生じた場合，それをどのように解決していくか，ということについての問題である。ポイントとなるのは，どうすればみんなが納得できる解決策が得られるか，ということである。

2 (1) **きまり**　(2) **権利**
(3) **全会一致制**　(4) **多数決制**

考え方 (1) きまりには，トラブルを解決するはたらきと，トラブルを未然に防ぐはたらきがある。きまりの代表的なものが法律であるが，グループやサークルの規則や取り決めなども，きまりの一種である。
(2) きまりはみんなが納得できるものでなくてはならない。そのためには，だれにどのような権利と義務があるのかを，まず明らかにする必要がある。
(3) 全会一致制は，全員が納得するまで話し合って決めるので，決定後に，トラブルが発生する可能性は少ないが，決定までに時間がかかることが多い。
(4) 多数決制は，決定までにはあまり時間がかからないが，異なる意見の人がいるわけであるから，そうした人たちの意見や立場も十分に考慮しながら決定するようにしなければならない。

3 (1) **負担**　(2) **イ**

考え方 (1) 事例の内容をよく読めば，問題となったのは，自転車置場を利用している世帯とそうでない世帯で，負担が同じでよいのかどうか，ということであることがわかる。
(2) 全世帯の住民が参加して話し合いの場が設けられているから，手続きの公正さは確保されている。アは，全世帯が等しい金額を負担することで合意に達しているので，結果の面から公正であるといえる。また全会一致で承認されていることからも，その点に問題はないといえる。なお，ウについては，結果の公正さという視点と，今後同様の問題が生じたときに，解決が容易になることが予想されるから，「効率」の面で有効であったということができる。

まとめのドリル P.26, 27

1 (1) **家族**　(2) **地域社会**　(3) **学校**
(4) **職場**　(5) **社会的**

考え方 (5)「人間は社会的存在である」とは，人間は一人で生きているのではなく，集団や社会を構成し，他者とのかかわり，他者とのつながりの中で生きている，ということである。

2 (1) **両性の本質的（平等）**
(2) **㋐相互の協力**　**㋑法律**
(3) **均分相続**

考え方 (1) 日本国憲法ができる前までは，日本の女性の立場は非常に低いものだった。日本国憲法において両性の本質的平等が盛り込まれたことにより，女性の権利を認める法律が整備されていった。

3 (1) ① **イ**　② **ア**　③ **エ**
④ **ウ**　(2) **ア，エ**

考え方 (1) ①ピアノを練習したい住民と，これをうるさいと感じる住民がいるわけである。　③合意事項は対立する双方の権利を認めた合理的なもので，全世帯の承認も得られているから，効率の面で適切なものということができる。　④全世帯の住民が参加して話し合いの場が設けられているから，特に手続きの面で公正である。

(2)　イとウは，多数決制にあてはまる。

3 人権と日本国憲法

スタートドリル　P.30, 31

1 (1) ①　ロック　②　モンテスキュー　③　ルソー　(2) ①　独立宣言　②　人権宣言

2 (1) A　国民主権　B　基本的人権の尊重　C　平和主義　(2)　象徴（しょうちょう）

3 (1) ①　1889　②　1947　(2) ③　天皇（てんのう）　④　国民　⑤　法律　⑥　永久

4 (1) ⓐ　３分の２以上　ⓑ　過半数　(2) ①　国会　②　国民投票

1 人権思想の発達　P.32, 33

1 (1)　自由　(2)　専制（せんせい）　(3)　ロック　(4)　モンテスキュー　(5)　ルソー　(6)　独立宣言　(7)　人権宣言

考え方 (2)　国王など絶対的な権力をもった者が，国民の権利を無視する形で行う政治を，専制政治という。民主政治の対極にある政治の進め方ということができる。

2 (1)　世界人権宣言　(2)　社会権　(3)　ワイマール憲法

考え方 (1)　マグナ・カルタとは，1215年，イギリスの国王が，貴族の要求に応じて発布した文章で，王権の制限と法と政治の原則を確認したものである。権利章典は，1689年，法律の制定や停止，課税などに関して議会の承認を得ることを法制化したものである。どちらも，立憲君主制や議会政治の起こりとして重要な出来事だった。

(2)　19世紀に基本的人権の中心となっていたのは，平等権と自由権であった。資本主義が発達すると，貧富の差が拡大し，労働者の貧困や失業，病気といった社会問題が発生することになった。こうした問題を解決するため，すべての人に「人間らしい生活」を保障しようとする社会権の考え方が生まれたのである。

(3)　正式には「ドイツ共和国憲法」という。第一次世界大戦直後の1919年，ドイツのワイマールで制定された。

3 (1)　権利章典（けんりしょうてん）　(2) ①　アメリカ独立宣言　②　フランス人権宣言

考え方 (1)　1688年，イギリスでは専制政治を行っていた国王が国外に亡命し，オランダから国王の娘夫婦（むすめふうふ）が新国王として迎（むか）えられた。これを名誉（めいよ）革命という。翌年，国王夫妻は議会の優越（ゆうえつ）などを定めた権利章典を発布し，これによりイギリスの議会政治が確立された。

(2) ①　アメリカの独立宣言は，アメリカの植民地の人々がイギリス本国に対しておこした独立戦争のさ中に出された。ロックが主張した基本的人権や人民の抵抗（ていこう）権などの思想がとり入れられている。　②　フランス人権宣言は，フランス革命がおきた1789年，平民（へいみん）の代表で構成された国民議会によって発表された。基本的人権や民主政治の原理を明確に打ち出し，その後の各国の近代憲法などに大きな影響（えいきょう）をあたえた。

4 (1)　ロック　(2)　モンテスキュー　(3)　ルソー

☞考え方 (1)　17世紀末から18世紀初めに活躍したイギリスの哲学者。『統治二論(市民政府二論)』は，名誉革命を正当化するために書かれたものである。
(2)　18世紀のフランスの思想家。三権分立の理論を初めて体系化したことで知られる。　(3)　スイスで生まれ，フランスで活躍した18世紀の思想家。多方面で活躍したが，政治思想の分野では，『社会契約論』の中で人民主権を説いたことが知られる。なお，日本では明治時代に中江兆民がその思想を紹介し，自由民権運動に大きな影響をあたえた。

②日本国憲法の制定　*P.34, 35*

1 (1)　**明治**　　(2)　**立憲主義**
(3)　**大日本帝国憲法**　　(4)　**天皇**
(5)　**ポツダム宣言**
(6)　**連合国軍最高司令官総司令部**
(7)　①　**11月3日**　　②　**5月3日**

☞考え方 (3)　ヨーロッパで各国の憲法や政治制度を学んだ伊藤博文は，帰国後，皇帝の権力の強いドイツの憲法を参考に憲法の草案作成を進めた。
(4)　国の政治のあり方を最終的に決める権限を主権という。大日本帝国憲法では「主権」という語句は用いられていないが，第１条に「大日本帝国ハ万世一系ノ天皇之ヲ統治ス」，第４条に「天皇ハ国ノ元首ニシテ統治権ヲ総攬シ…」などとあることから，主権が天皇にあるとしていることは明確である。
(6)　占領下の日本は，連合国軍最高司令官総司令部(GHQ)の指示に基づき日本政府が政治を進めるという間接統治の形がとられた。そして，GHQは日本政府に大日本帝国憲法の改正を指示したが，日本政府が示した当初の改正案が不十分なものであったため，GHQは自ら作成した原案を日本政府に提示した。これをもとに日本政府が改めて作成したものが日本国憲法の原案となり，帝国議会による審議を経て，1946年11月３日，日本国憲法として公布された。

2 (1)　**自由民権運動**　　(2)　**ルソー**
(3)　①　**天皇**　　②　**法律**
(4)　**治安維持法**　　(5)　**ポツダム宣言**

☞考え方 (1)　民撰議院設立建白書は，征韓論をめぐる対立から政府を去った，板垣退助らが中心となって作成したものである。
(3)　②　大日本帝国憲法は「臣民ノ権利」として言論の自由などいくつかの人権を保障していたが，それらは「法律ノ範囲内ニ於テ」認められるものであった。その結果，治安維持法のような法律によって，人権が制限されることが多くなっていったのである。
(4)　社会主義運動を取り締まるために制定されたものであるが，のちには自由主義者など政府に批判的な思想の持ち主と見なされた多くの人々が，この法律を根拠に逮捕・拘束されていった。

3 (1)　**1946年11月3日**
(2)　**1947年5月3日**

☞考え方 (1)　11月３日は，それまでは「明治節」(明治天皇の誕生日)という祝日であったが，その後，「文化の日」と改められた。
(2)　公布の日の半年後である。この日が「憲法記念日」とされた。

③日本国憲法の基本原則　*P.36, 37*

1 (1)　A　**基本的人権の尊重**
B　**国民主権**　　C　**平和主義**

(2) ① 象徴　② 内閣

考え方 (1) 日本国憲法の三大原則と呼ばれるもの。

(2) 大日本帝国憲法の下では国の主権者であった天皇は，日本国憲法の下では日本国および日本国民統合の象徴とされ，政治的な権限をいっさい持たず，内閣の助言と承認に基づいて憲法に定められた国事行為を行うことになった。国事行為は法律の公布や国会の召集，内閣総理大臣の任命など，すべて儀礼的・形式的なものである。

2 ① 3分の2以上　② 国会
③ 国民投票　④ 過半数
⑤ 天皇

考え方 憲法改正の手続きに関する問題。内容を確実におさえておくこと。ポイントになるのは，法律など一般の議案は「出席議員の過半数の賛成」で可決されるが，憲法改正の発議については「両議院で総議員の３分の２以上の賛成が必要」となることと，国会による発議の後に行われる国民投票で過半数の賛成が必要，ということである。

3 (1) ① 1889　② 1947
(2) ③ 天皇　④ 国民　⑤ 法律
⑥ 永久　⑦ 戦力

4 (1) 平和主義　(2) 国民主権
(3) 基本的人権の尊重

考え方 (1) 平和主義の基本精神について述べている。

(2) 国民主権については，第１条でも明確に規定されている。

(3) 基本的人権の基盤となる平等権(法の下の平等)についての規定。

4 平和主義と日本の安全保障 P.38, 39

1 (1) 平和　(2) 政府　(3) 9
(4) 放棄　(5) 戦力　(6) 交戦

考え方 日本国憲法は平和主義を基本原則の１つとしており，前文でその精神について述べるとともに，第９条でその内容を具体的に規定している。特に第９条については，最も重要な条文の１つであるので，条文全部を暗記するつもりでおさえておくべきである。

2 (1) 自衛隊　(2) 文民統制
(3) 非核三原則

考え方 (1) 朝鮮戦争がおきた1950年，GHQの指示によって創設された警察予備隊が，1952年に保安隊，1954年に自衛隊となった。自衛隊は発足時から，それが憲法第９条によって保有が禁じられている「戦力」にあたるかどうかが議論されてきたが，政府の見解は，日本国憲法も国の自衛権は否定しておらず，自衛隊は自衛のための最小限度の実力であり，憲法にいう「戦力」にはあたらない，というものである。また，自国と密接な関係にある他国が攻撃を受けた際，防衛活動に参加する権利を集団的自衛権という。日本は必要最小限の集団的自衛権は許されるという見解に変更し，関連する法律を改定した。

3 (1) 第９条　(2) ① 戦争
② 放棄　③ 戦力　④ 交戦権
(3) 平和主義

考え方 (1) Aは第９条の第１項，Bは同じく第２項である。

4 (1) アメリカ（アメリカ合衆国）
(2) 沖縄県　(3) 日米安全保障条約

考え方 (2) 第二次世界大戦末期にアメリカ軍が上陸し，激戦の末に占領された沖縄は，戦後もアメリカによる統治下に置かれたため，広大な軍事基地が築かれた。1972年に日本への復帰が実現した後も基地はそのまま残されたため，2017年現在も日本にあるアメリカ軍用施設の総面積の約70％が沖縄に集中している。

まとめのドリル　P.40, 41

1 (1) **ロック**　(2) **独立宣言**
(3) ① **（フランス）人権宣言**
② **ルソー**　(4) **社会権**

考え方 (4) 「人間に値する生存」(生存権)などの規定を定めていた。

2 (1) **A 平和主義**　**B 国民主権**
C 基本的人権の尊重　(2) **第９条**
(3) ① **象徴**　② **内閣**
(4) ① **国会**　② **国民投票**

考え方 (4) 日本国憲法の改正は，両議院でそれぞれ総議員の３分の２以上が賛成した場合に国会がこれを発議し，国民投票で過半数が賛成すれば成立する。

3 (1) **戦力**　(2) **PKO**
(3) **日米安全保障条約**
(4) **(例) 核兵器を「持たず，つくらず，持ちこませず」という原則。**

考え方 (1) 日本国憲法第９条は「戦力の不保持」を明記しているが，日本政府は「自衛隊は自衛のための必要最小限度の実力であり，憲法にいう『戦力』にはあたらない」とする見解をとってきた。
(2) 国際連合が行うPKO(平和維持活動)は，紛争地域に国連がPKF(平和維持軍)を派遣し，停戦の監視や公正な選挙の実施などを行うもの。日本では1992年に「国際平和協力法(PKO協力法)」が制定され，同法に基づき，平和維持活動に参加するために自衛隊が海外に派遣されるようになった。
(4) 唯一の被爆国としての立場から，わが国は核兵器については，これを「持たず，つくらず，持ちこませず」という原則をとっている。非核三原則は1967年，佐藤栄作首相が国会答弁で述べたのが最初で，その後，政府の基本方針として受け継がれてきている。

定期テスト対策問題　P.42, 43

1 (1) ① **グローバル**　② **情報**
③ **少子高齢**　(2) **インターネット**
(3) **年中行事**　(4) **芸術**

考え方 (1) ①は「世界の一体化」という点がポイントになる。

2 (1) ① **社会**　② **対立**　③ **合意**
④ **効率**　⑤ **公正**　(2) **核家族**

考え方 (1) ④は，時間やお金，労力などの点で無駄のない合理的なものになっているかどうかということ。⑤は，手続きや内容の点でだれもが納得のいくものになっているかどうかということである。

3 (1) **ロック**　(2) **人権宣言**　(3) **天皇**
(4) **ワイマール憲法（ドイツ共和国憲法）**
(5) **国民主権，基本的人権の尊重，平和主義**　(6) **日米安全保障条約**

考え方 (1) 民衆の抵抗権とは，統治者が民衆の意思にそぐわない政治を行った場合，国民は統治者を交代させる権利をもつということである。

4 日本国憲法と基本的人権

スタートドリル　P.46, 47

1 (1) **A 平等権**　**B 自由権**
C 社会権　(2) **D 参政権**

E　請求権　(3)　①　身体
②　精神　③　経済活動

☞考え方 (1)　基本的人権の種類についての問題。基本的人権は平等権をもとにして，自由権，社会権，基本的人権を守るための権利に大きく分類されることをおさえる。

2 (1)　普通教育　(2)　勤労　(3)　納税

☞考え方 日本国憲法に明記された，「国民の三大義務」と呼ばれるものである。

3 (1)　環境権　(2)　知る権利
(3)　プライバシーの権利
(4)　自己決定権

☞考え方 「新しい人権」についての問題。日本国憲法の制定から70年以上が経過し，社会の変化とともに新しい人権が主張されるようになり，その中のいくつかは広く認められるようになってきている。

4 (1)　世界人権宣言　(2)　国際人権規約
(3)　子どもの権利条約

1 基本的人権と平等権　P.48, 49

1 (1)　永久　(2)　個人　(3)　平等

☞考え方 基本的人権の原理についての問題。日本国憲法は基本的人権を「侵すことのできない永久の権利」として保障している。また，一人ひとりの人権を保障するためには，「個人の尊重」と「法の下の平等」という原則が守られることが前提となる。

2 (1)　①㊀　②㊁　(2)　同和問題
(3)　アイヌ民族

☞考え方 (1)　1979年に国連で女子差別撤廃条約が採択されたことをきっかけに，日本でも少しずつ法律が整備されていった。1985年成立の男女雇用機会均等法は，募集・採用，配置，福利厚生，退職，解雇などにおける男女の差別的な取りあつかいを禁止するなどした。1991年成立の育児休業法では，育児や介護が必要な労働者から申請があった場合，雇用関係を継続したまま，一定期間の休暇を与えることが義務づけられた。1999年には，改正男女雇用機会均等法が施行され，セクシャルハラスメント防止について規定された。(この法律はこの後数回改正され，男女差別を禁止する事項が追加された。)また，同年，社会全般の男女平等社会を日指す男女共同参画社会基本法が施行された。2015年には，女性活躍推進法(2020年改正)，2018年には，政治分野における男女共同参画の推進に関する法律が成立した。現在は，男女差別だけでなく，性の多様性を理解し，性の意識のちがいによる差別をなくそうという考えも広がっている。

(2)　被差別部落の出身者に対する差別の問題を同和問題という。1965年に，同和対策審議会が出した答申により，差別をなくす運動が進んだが，差別は解消されず，2016年には，部落差別解消推進法が制定された。

(3)　明治時代に北海道の開拓が進むと，それまで住んでいたアイヌ民族は差別を受けた。1997年にアイヌ文化振興法が制定され，2019年それに代わりアイヌ民族支援法が新たに制定された。

3 (1)　①　個人　②　公共の福祉
③　法の下　④　性別　(2)　平等権

☞考え方 (1)　②は，「社会全体の利益」ということ。

(2)　平等権はすべての基本的人権の基盤となるものである。具体的には「個人の尊重」，「法の下の平等」，「男女の平等」などがあてはまる。

4 (1)　男女雇用機会均等法
(2)　男女共同参画社会基本法

(3) インクルージョン

考え方 (1) 制定当初は雇用にあたっての男女差別を禁止するものであったが，その後の改正で賃金や定年制など，職場におけるさまざまな男女差別を禁止するものとなった。また，当初は企業側に努力を求めるものであったが，現在は罰則規定を設けたものになっている。

(3) 駅などの公共施設に，エレベーターやエスカレーターが設けられるなど，バリアフリー化が進むことも一つの動きである。

② 自由権 P.50, 51

1 (1) **身体の自由** (2) **精神の自由**
(3) **経済活動の自由**

考え方 自由権とは，不当な拘束や圧力を受けることなく，自由に考えたり行動したりする権利のこと。大きく，身体の自由，精神の自由，経済活動の自由，の3つに分けられる。

2 (1) **平等権** (2) **自由権**
(3) **自由権** (4) △ (5) **自由権**
(6) △ (7) **平等権**

考え方 (2) 身体の自由。

(3) 経済活動の自由のうちの「職業選択の自由」。

(4) 社会権である。

(5) 精神の自由のうちの「信教の自由」。

(6) 裁判を受ける権利。基本的人権を守るための権利にあてはまる。

3 (1) ㋒ (2) ㋐ (3) ㋐ (4) ㋐
(5) ㋑ (6) ㋒ (7) ㋐ (8) ㋐

4 (1) ① **思想** ② **信教** ③ **表現**
④ **職業** (2) **D**

考え方 (1) ②を「宗教」や「信仰」などとしないように注意する。また，Cの条文中の「結社」とは，政治団体などをつくることである。

③ 社会権 P.52, 53

1 (1) **社会権** (2) **ワイマール憲法**
(3) **文化的** (4) **教育** (5) **団結権**

考え方 (2) 正式には「ドイツ共和国憲法」という。1919年，ワイマールで開かれた国民議会で制定されたことから，一般に「ワイマール憲法」と呼ばれる。

(3) 生存権と呼ばれる，社会権の中心となる権利である。「健康で文化的な最低限度の生活を営む権利」という定義は必ず覚えること。

2 ① **生存権** ② **教育を受ける権利**
③ **勤労の権利**

考え方 義務教育を無償とすることは，日本国憲法第26条第２項に規定されている。また，③の勤労の権利は第27条で保障されている。

3 (1) **A 団体交渉権** **B 団体行動権**
(2) **(例) 労働者が労働組合をつくる権利**

考え方 (1) 団体交渉権とは，労働者の代表が会社側と労働条件などについて話し合う権利。団体行動権とは，交渉が決裂した場合にストライキをする権利のことで，争議権ともいう。

4 ① **イ** ② **ア** ③ **ウ** ④ **イ**
⑤ **ウ** ⑥ **ウ**

考え方 それぞれ日本国憲法のうち，①は第22条，③は第27条，⑤は第25条，⑥は第26条で保障されている。②は男女雇用機会均等法改正後の規定により義務づけられている。④は黙秘権という。

まとめのドリル P.54, 55

1 (1) **平等** (2) **職業選択**
(3) **イ，エ**

2 (1) ① **法**　② **表現**　③ **健康**
④ **教育**　⑤ **勤労**　(2) **生存権**

考え方 (1) Aは第14条(法の下の平等), Bは第21条(集会・結社・表現の自由), Cは第25条(生存権), Dは第26条(教育を受ける権利), Eは第27条(勤労の権利)の条文である。

3 (1) A　(2) B　(3) C
(4) A　(5) B

考え方 (1) 男女(両性)の本質的平等。
(2) 信教の自由。
(3) 労働者の団結権と団体交渉権。
(4) 2016年「部落差別解消推進法」ができる。
(5) 財産権の保障。

4 基本的人権を守るための権利と国民の義務 P.56, 57

1 (1) **参政権**　(2) **選挙権**
(3) **被選挙権**　(4) **請願権**
(5) **裁判を受ける権利**

考え方 (1) 政治に参加する権利のこと。選挙権と被選挙権がその中心であるが, 憲法改正を承認するかどうかについて投票する国民投票権や, 最高裁判所裁判官が適任かどうかを審査する国民審査権なども, 広い意味で参政権に含まれる。
(4) 請願権と請求権を混同しないようにすること。請願権は, 国や地方公共団体の機関に要望を出す権利のこと。請求権は裁判を受ける権利や国家賠償請求権などのことをいう。

2 (1) **普通教育**　(2) **勤労**　(3) **納税**

考え方 日本国憲法に明記された国民の三大義務と呼ばれるもの。
(1) 日本国憲法第26条第2項に規定されている。ちなみに, 「普通教育」以外の教育としては, 特定の職業に就くための「職業教育」などがある。
(2) 日本国憲法第27条の規定。勤労は国民にとって, 権利であるとともに義務でもある。
(3) 日本国憲法第30条の規定。

3 (1) A **参政権**　B **請求権**
(2) ① **国民投票権**　② **国民審査権**
③ **国家賠償請求権**
④ **刑事補償請求権**

考え方 (2) ④刑事裁判で起訴され, 無罪判決を受けた場合には, 抑留・拘禁された日数などに応じて, 国に対して補償を請求できる。

4 (1) **表現の自由**　(2) **職業選択の自由**
(3) **労働基本権**

考え方 (1) 小説のモデルとなった人がプライバシーを侵害されたとして小説の作者や小説を発行した出版社を訴え, 出版の差し止めを命ずる判決が下されたことがある。
(3) 労働基本権は労働三権と同じ意味。わが国では, 公務員の団体行動権は制限されている。

5 新しい人権 P.58 59

1 (1) **環境権**　(2) **知る権利**
(3) **プライバシーの権利**
(4) **自己決定権**

考え方 日本国憲法には規定されていないが, 社会の変化とともに提唱されるようになり, 広く認められつつある人権である。
(1) 日照権や眺望権なども含まれる。

2 (1) **環境アセスメント**
(2) **情報公開法**

考え方 (1) 調査の結果を発表させ, 場合によっては計画に変更を加えさせたりする。

3 (1) ㋐ **情報公開法**
㋑ **インフォームド・コンセント**
㋒ **個人情報保護法**
㋓ **ドナーカード**

(2) A 環境権　B 知る権利

C 自己決定権

D プライバシーの権利

E 自己決定権

考え方 (1) ㊁臓器移植は脳死(脳は死んでも心臓は動いている状態)状態の人からでないと臓器の提供を受けられない。したがって，原則として本人に臓器提供の意思があったことを確認する必要がある。それを示すのがドナーカードである。なお，2010年に改正臓器移植法が施行(しこう)され，本人の意思が確認できなくても，家族の了解(りょうかい)が得られれば，脳死の人から臓器の提供を受けることができるようになった。

(2) Aは環境権のうちの日照権にあてはまる。Cは患者(かんじゃ)がもつ権利。医師の側には，手術を行う場合にはそのリスク(危険性)について，薬を使用する場合には副作用などについて，患者に十分説明する義務がある。

6 国際社会と人権 P.60, 61

1 (1) 世界人権宣言　(2) 国際人権規約

(3) 先住民族　(4) NGO

考え方 (1) 人権保障の国際的な規準とするため，1948年に国連総会で採択された。第二次世界大戦中は人々の人権が十分に守られなかったことに対する反省に基づいている。

(4) ODAは「政府開発援助(えんじょ)」，PKOは国際連合が行う「平和維持(いじ)活動」の略称(りゃくしょう)である。

2 (1) 難民(なんみん)条約　(2) 女子差別撤廃(てっぱい)条約

(3) 子どもの権利条約

考え方 (2) この条約を批准(ひじゅん)(議会が承認すること)したことを受けて制定されたのが，男女雇用(こよう)機会均等法である。

(3) 18歳未満のすべての子どもに，「生きる権利」や「育つ権利」などを保障するものである。

3 (1) 国際人権規約

(2) 男女雇用機会均等法

(3) ① 生きる　② 育つ

③ 守られる　④ 参加する

考え方 (3) 特に発展途上(とじょう)国にこうした権利が保障されていない子どもが多数いることは，国際社会の大きな課題のひとつとなっている。

4 (1) 学問の自由　(2) プライバシー

(3) 表現の自由

考え方 (3) インターネットの場合，情報の発信が容易であること，不特定多数の人に情報が発信されること，いったん発信された情報は訂正(ていせい)が困難であること，などの理由から，プライバシーの侵害(しんがい)や名誉(めいよ)き損(そん)の問題が生じやすくなっている。近年ではインターネット上に公開された個人情報を削除(さくじょ)させる権利(忘れられる権利)なども考えられている。

まとめのドリル P.62, 63

1 (1) △　(2) ○　(3) ○

(4) △　(5) ○　(6) △

考え方 (1) 裁判を受ける権利。

(4) 刑事補償請求権(けいじほしょうせいきゅうけん)である。

(5) 請願(せいがん)権は広い意味で参政権にあてはまるが，分けて考える考え方もある。

(6) 国家賠償(ばいしょう)請求権である。

2 (1) 公共の福祉(ふくし)　(2) ① 普通(ふつう)教育

② 勤労　③ 納税

考え方 (1) 法定の感染症(かんせんしょう)に感染した場合，一定期間，学校への出席が停止されるようなことは，公共の福祉(ふくし)のために人権が制限される場合の例である。

(2) 国民の三大義務と呼ばれるもの。このうち，国民にとって権利でもあるのは勤労である。普通教育は，子どもにとっては権利であり，親にとっては義務ということになるので注意する。

3 (1) ① **環境権**　② **知る権利**
③ **プライバシー**　④ **自己決定権**
(2) ① **C**　② **B**　③ **A**
④ **D**

☞考え方 (1) ②知る権利は，国や地方の行政機関に対して情報の公開を求めるものであるから，情報公開制度と密接に関係している。
(2) ④インフォームド・コンセントは自己決定権の代表的なものである。

4 (1) **世界人権宣言**　(2) **国際人権規約**

5 現代の民主政治

スタートドリル　P.66, 67

1 (1) **間接民主制**　(2) **選挙**
(3) ① **多数**　② **少数**

☞考え方 (1) 議会制民主主義，あるいは代議制という。

2 (1) **普通選挙**　(2) **平等選挙**
(3) **直接選挙**　(4) **秘密選挙**

☞考え方 (1) 財産(納税額)によって選挙権が制限される選挙は，制限選挙と呼ばれる。

3 (1) **小選挙区制**　(2) **比例代表制**

☞考え方 (1) 1つの選挙区から2名以上選出する選挙を大選挙区制という。そのうち，かつて衆議院で行われていた1選挙区からおおむね2～5名ずつを選出する方法は，中選挙区制と呼ばれる。比例代表制は各党の得票数を÷1，÷2，÷3……していき，数値の大きいものから議席を割り振る。A党60票　B党42票　C党24票を得た，議員定数3名の選挙区では，Aに2議席，Bに1議席割り振られる。(ドント式という。)

政党名	A党	B党	C党
得票数	60	42	24
÷1	60 ①	42 ②	24
÷2	30 ③	21	12
÷3	20	14	8

4 ① **小選挙区制**　② **比例代表制**
③ **参議院**

5 (1) **与党(よとう)**　(2) **連立政権**
(3) **野党**　(4) **利益団体**　(5) **世論(せろん/よろん)**

☞考え方 (4) 政治を目的として結成されたものではないが，自分たちの目的や利益のため，政府や政党，議員などに要求を出す団体のこと。経営者団体や労働団体，農業団体，宗教団体などがある。圧力団体ともいう。

1 政治の仕組みと選挙　P.68, 69

1 (1) **民主主義**　(2) **直接民主制**
(3) **間接民主制**　(4) **小選挙区制**
(5) **比例代表制**

☞考え方 (2) 古代ギリシャのアテネなどで行われていた。

2 (1) **普通選挙**　(2) **平等選挙**
(3) **直接選挙**　(4) **秘密選挙**

☞考え方 (1) わが国の場合，1925年の普通選挙法の成立で25歳(さい)以上の男子，1945年12月の選挙法改正で20歳以上の男女，2015年6月の選挙法改正により18歳以上の男女について認められた。
(2) 株式会社の株主総会における投票は，1人1票ではなく1株1票であるので，平等選挙にはあてはまらない。
(3) アメリカの大統領選挙は，一般(いっぱん)の有権者の投票で選挙人を選び，その選挙人の投票で大統領を選ぶという間接選挙の仕組みをとっている。

3 (1) **小** (2) **比** (3) **小**
(4) **比** (5) **比** (6) **小**
(7) **小** (8) **比**

考え方 (3) 1選挙区から1名ずつしか当選できないので，大政党に有利であり，小政党は議席を得にくい。

(4) 得票数の割合に応じて議席が配分されるので，小政党でも議席を得やすい。

(7) 落選した候補者に投じられた票を死票という。小選挙区制は，1選挙区から1名しか当選せず，他の候補者は全員落選ということになるので，死票が多くなる。

4 (1) **直接** (2) **選挙** (3) **間接**
(4) **多数決** (5) **少数意見**

② 選挙の仕組みと選挙権 P.70, 71

1 (1) **制限選挙** (2) **25歳以上の男子**
(3) **18歳** (4) **格差**

考え方 (1) 1890年に行われた第1回衆議院議員総選挙では，選挙権は直接国税15円以上を納める25歳以上の男子だけに認められていたので，全人口に占める有権者の割合は，1.1％にすぎなかった。

2 (1) **小選挙区比例代表並立制**
(2) ① **選挙区制** ② **比例代表制**
(3) **期日前投票**

考え方 (1) 有権者は小選挙区選挙では候補者名を書いて投票し，比例代表選挙では政党名を書いて投票する。また，候補者は小選挙区と比例代表区に重複立候補することができるので，小選挙区選挙で落選しても，比例代表選挙で復活当選する可能性がある。

(2) ① 参議院の選挙区選挙は各都道府県を選挙区として行われる。

② 衆議院の比例代表選挙が全国を11のブロックに分けて行われるのに対し，参議院の比例代表選挙は全国を一つの選挙区として行われる。また，衆議院の場合と異なり，参議院では選挙区選挙と比例代表選挙への重複立候補は認められていない。なお，衆議院の比例代表制はあらかじめ各政党が候補者に順位をつけた名簿を発表する拘束名簿式と呼ばれるもので，得票数に応じて各政党の議席数が決まり，名簿の上位の者から順に当選となる。これに対し，参議院の比例代表選挙は，候補者に順位をつけない非拘束名簿式と呼ばれるもので，有権者は政党名か候補者の個人名のいずれかを記入して投票する。そして，両方の票の合計でまず各政党の議席数が決まり，候補者個人への票の多い順に当選となる。

(3) 投票日に都合が悪い場合，投票日前日までに投票できる制度。従来の不在者投票は，仕事等やむを得ない事情がある場合に限って認められるものであったが，現在の期日前投票では，基本的に理由は問われない。

3 (1) **A 小選挙区** **B 比例代表**
(2) ① **4** ② **6** ③ **25**
④ **30**

考え方 任期と被選挙権のちがいに注意すること。参議院は衆議院に比べ，議員の任期が長く設定され，被選挙権の年齢も高くなっている。

4 (1) **15** (2) **B ア** **C ウ**
(3) **制限選挙**

考え方 (2) 1925年の普通選挙法の成立により，25歳以上のすべての男子に選挙権があたえられ，1945年の選挙法改正で20歳以上のすべての男女，1950年に制定された公職選挙法が，2015年に改正され，18歳以上のすべての男女に選挙権があたえられた。

③ 政党と国民の政治参加 P.72, 73

1 (1) **政党**　(2) **政権公約**
(3) **与党**　(4) **野党**

考え方 (2) 選挙のときに政党が有権者に訴える，当選した場合に実行する予定の政策を公約という。このうち，政治理念や，政権を獲得した場合に実行する政策を，具体的な数値目標や達成期限，財源などを明記して示したものは，政権公約と呼ばれる。

2 (1) **A 選挙**　**B 請願**
(2) **利益団体**　(3) **世論**

考え方 (2) 利益団体は政治以外の目的でつくられた組織であるが，自らの利益や目的を実現するために，政府や政党，議員などにさまざまなはたらきかけをする。経営者団体，労働団体，農業団体，宗教団体などがあるが，多くはそれぞれ支持する政党が決まっており，政党もそうした団体の支持を得るために，その主張をできるだけ受け入れようとする。

3 (1) ㋐ **過半数**　㋑ **連立政権**
(2) **自由民主党**　(3) ① **与党**
② **野党**

考え方 (1) 衆参両院で1つの政党が過半数の議席を獲得できていれば，単独政権をつくることができる。
(2) 1955年から1993年までの間は，ほとんどの時期で自由民主党が単独で政権を担当し，日本社会党(現在の社会民主党)が野党第1党の地位を占める，という状況が続いた。こうした状況は「55年体制」と呼ばれた。

4 (1) **政党交付金**
(2) **利益団体(圧力団体)**
(3) **メディアリテラシー**

考え方 (1) 企業などからの政治家への献金を制限する一方で，国から各政党に補助金の形で支給されることになった。

まとめのドリル P.74, 75

1 (1) **間接民主制(議会制民主主義，代議制)**
(2) **普通選挙**
(3) **(例) 少数意見をできるだけ尊重すること。**

2 (1) **小選挙区**　(2) **B ア　C エ**
(3) **小選挙区比例代表並立制**

3 (1) **直接国税15円以上を納める25歳以上の男子**
(2) **制限選挙**　(3) **ウ**
(4) **20歳以上のすべての男女**

考え方 (3) 1902年，1920年と少しずつ有権者数が増えているのは，納税額による制限が15円から10円，3円と引き下げられたため。1928年の有権者数が1920年のほぼ4倍になっているのは，1925年に普通選挙法が制立し，25歳以上のすべての男子に選挙権があたえられたからである。
(4) 1945年12月，GHQの指示により選挙法が改正され，20歳以上のすべての男女に選挙権が認められた。翌年4月には戦後初めての衆議院議員総選挙が行われ，39名の女性議員が誕生した。

4 (1) **一票の格差**　(2) ○
(3) **政権公約**
(4) **利益団体(圧力団体)**　(5) **世論**

考え方 (1) 一般に人口の多い都市部では，1議席あたり有権者数が多くなり，衆議院の小選挙区では農山村部の選挙区の2倍以上になっている選挙区も出てきている。
(2) 政権に加わらない政党は，野党である。

定期テスト対策問題　P.76, 77

1 (1) 公共の福祉(ふくし)　(2) 社会権
(3) 25歳(さい)以上　(4) 団結権
(5) 男女共同参画社会基本法
(6) 経済活動の自由　(7) 生存権
(8) 納税の義務

考え方 (1) 「社会全体の利益」を意味することば。これを守るために，人権が制限される場合がある。
(3) 衆議院議員の被(ひ)選挙権は25歳以上，参議院議員の被選挙権は30歳以上である。
(4) 労働組合をつくったり，これに加入したりする権利は，労働三権のうちの団結権にあてはまる。
(6) 経済活動の自由にあてはまるのは，居住・移転・職業選択の自由と財産権の保障である。
(7) 社会権の中心となる権利である。
(8) 国民の三大義務。

2 (1) 普通選挙　(2) ① ア，ウ
② 格差　(3) 与党(よとう)
(4) 政党交付金

考え方 (2) ①イ・エ・オは比例代表制にあてはまることがら。

3 (1) プライバシーの権利
(2) 二党制(二大政党制)

6 国民を代表する国会

スタートドリル　P.80, 81

1 (1) 最高　(2) 立法
2 (1) A 衆議院　B 参議院
(2) ① 25　② 30
3 (1) 常会　(2) 臨時会　(3) 特別会
(4) 緊急(きんきゅう)集会
4 (1) 法律　(2) 予算　(3) 条約
(4) 内閣総理大臣
5 (1) 内閣，国会議員(議員)
(2) 委員会　(3) 公聴会(こうちょうかい)
6 ① 3分の2　② 両院協議会
③ 予算　④ 不信任

1 議会制民主主義と国会　P.82, 83

1 (1) 解散　(2) B 25歳以上
C 30歳以上　(3) ① 6
② 3

考え方 (1) 議員数と任期のちがい，解散の有無に注意する。

2 (1) 最高　(2) 立法　(3) 二院
(4) 短く　(5) 解散

考え方 (1)(2) 国会の地位については，日本国憲法第41条に「国会は，国権の最高機関であって，国の唯一(ゆいいつ)の立法機関である」と規定されている。
(5) 解散された場合，その時点で任期は終了したことになる。

3 (1) A 常会　B 臨時会
C 特別会　D 緊急(きんきゅう)集会
(2) ① 予算
② 内閣総理大臣（首相）

考え方 (1) Aは常会(通常国会)。毎年1回，1月中に召集(しょうしゅう)される。4月から新しい会計年度が始まるので，それまでに成立させる予算の審議(しんぎ)が中心になる。Bは臨時会(臨時国会)。内閣が必要と認めたとき，または，いずれかの議院の総議員の4分の1以上の議員から要求があった場合に召集される。Cは特別会(特別国会)。衆議院が解散され，総選挙が行われた場合，総選挙の日から30日以内に召集される。冒頭(ぼうとう)で前内閣が総辞職するので，新たに内閣総理大臣を指名することになる。Dは参議院の緊急集会で，衆議院の解散中に緊急の必要が生じたときに召集(しょうしゅう)される。

4 (1) 立法権　(2) 審議(しんぎ)

(3) **不逮捕特権**　(4) **衆議院**

☞考え方 (1) 法律をつくる権限を立法権という。わが国の場合，立法権は国会に属している。

(2) 二院制は審議を慎重に行うための仕組みであるが，議決までに時間がかかるという欠点もある。世界には，一院制の国も多い。

(3) 国会議員の主な特権をまとめる。歳費を受ける権利，３人の公設秘書，航空運賃往復無料(回数制限あり)，JR全線運賃無料，安い議員宿舎，不逮捕特権，免責特権など。

(4) 小選挙区制は，１選挙区から１名を選出する選挙制度。

② 国会のはたらき　*P.84, 85*

1 (1) **予算**　(2) **衆議院**　(3) **内閣**
(4) **委員会**　(5) **本会議**

☞考え方 国会の仕事と，審議の仕組みについての問題。

(1) 政府が行う活動には多くのお金が必要となるが，そうした資金をどのように集め，どう使うかということについての１年間の収入と支出の見積もりを予算という。予算は内閣がつくり，国会での審議・議決を経て成立する。

(2) 法律案などは衆参どちらの議院で先に審議してもよいが，予算については衆議院に先議権がある。

(4) 予算委員会などの常任委員会と，必要に応じて設けられる特別委員会がある。

2 (1) **３分の１**　(2) **公聴会**
(3) **国会議員**　(4) **弾劾裁判**
(5) **国政調査権**

☞考え方 (1) 会議を開くのに必要な最低限の出席者数のことを定足数という。委員会の定足数は全委員の２分の１以上，本会議の定足数は総議員の３分の１以上である。

(2) 委員会で開かれる，利害関係者や学識経験者などを国会に呼んで，その人たちの意見を聞く会を公聴会という。必要に応じて開かれるが，予算の審議や，予算をともなう議案の審議の際には必ず開かれなければならない。

(4) 裁判官としてふさわしくない行為のあった裁判官については，弾劾裁判によってこれをやめさせるかどうかが決定される。弾劾裁判所は国会に設置され，衆参両院から７名ずつ選ばれた議員が裁判官を務める。

(5) 政治全般に関わる問題について，証人を呼んで質問したり(証人喚問)，記録を提出させたりする。特定の問題について，特別委員会を設けて調査が行われることも多い。

3 (1) **A　国会議員**　**B　本会議**
C　天皇　(2) **公聴会**

☞考え方 (1) 法律案を議長に提出することができるのは，国会議員か内閣である。国会議員の場合，一定数以上の人数の賛成が必要で，一般の法律案の場合は衆議院が20人以上，参議院が10人以上，予算をともなう法律案の場合は，衆議院が50人以上，参議院が20人以上となっている。

4 (1) **×**　(2) **○**　(3) **×**　(4) **○**
(5) **○**　(6) **○**　(7) **○**　(8) **×**

☞考え方 (5) 外国と条約を結ぶのは内閣であるが，事前か事後に国会が承認することが必要となる。条約は，互いの国の議会が承認(これを批准という)して初めて成立する。

(6) 憲法改正は，衆参両議院がそれぞれ総議員の３分の２以上の賛成で可決したときに国会がこれを発議し，国民投票で過半数の賛成があった場合に成立する。

③ 衆議院の優越

P.86, 87

1 (1) 3分の2以上 (2) 条約の承認
(3) 10日以内

考え方 (1) 参議院が可決した法律案を衆議院が否決すれば，その法律案は廃案となるが，衆議院が可決した法律案を参議院が否決した場合，衆議院が出席議員の3分の2以上の賛成で再可決すれば，法律として成立する。なお，このように衆議院での再可決を経て成立する議案は，法律の制定だけであるので注意する。

(2) 予算の議決と条約の承認について衆議院と参議院の議決が異なり，両院協議会を開いても意見が一致しないときは，衆議院の議決が国会の議決となる。また，参議院が衆議院の可決した議案を受けとってから30日以内に議決しない場合には，否決したものとされるため，やはり衆議院の議決が国会の議決となる。なお，両院協議会は，両議院から選出された10名ずつの委員で構成される。

(3) 内閣総理大臣の指名について，衆議院と参議院が異なる人を指名し，両院協議会を開いても意見が一致しないとき，または，衆議院が指名の議決をしてから10日以内に参議院が指名の議決をしない場合には，衆議院の議決が国会の議決となるため，衆議院から指名を受けた人が国会で指名されたことになる。

2 (1) 短く (2) 解散

考え方 **1**で見たように，いくつかの議案について衆議院の方に強い権限が認められていることを衆議院の優越という。衆議院の優越が認められている理由は，衆議院の方が参議院よりも議員の任期が短く，解散もあるため，国民の意思をより強く反映していると考えられることによる。

3 (1) ① 法律 ② 予算
③ 内閣総理大臣 ④ 条約
⑤ 憲法改正 ⑥ 弾劾裁判
(2) 衆議院の優越

4 (1) 両院協議会 (2) 予算
(3) 内閣の(信任・)不信任

考え方 (2) 予算は必ず衆議院で先に審議されなければならない。これを，予算の先議権という。予算以外の議案は，衆議院と参議院のどちらで先に審議してもよい。

(3) 内閣の信任，または不信任を議決できるのは，衆議院だけである。

まとめのドリル

P.88, 89

1 (1) ① 国権 ② 立法 ③ 二院
(2) A 常会(通常国会)
B 臨時会(臨時国会)
C 特別会(特別国会) (3) D 予算
E 内閣総理大臣 F 解散

考え方 (1) ①②日本国憲法第41条は，国会の地位を定義したもの。全文をしっかりおさえておくこと。 ③ 審議を慎重に行うための仕組みである。

(2) 国会の種類は正確に覚えること。特に，臨時会と特別会を混同しないようにする。

(3) D 予算は3月中に議決されるのが原則であるが，4月以降にずれこんだ場合は暫定予算が組まれることになる。 E 特別会(特別国会)の召集とともに内閣が総辞職し，両院において議長の選出，内閣総理大臣の指名投票が行われる。総選挙で与党が勝利した場合などには，それまでの内閣総理大臣が再び指名されることもある。 F 緊急集会は，衆議院の解散中に緊急の必要が生じた場合に，参議院を召集して開くもの。緊急集会での議決事項は，総選挙後に開かれる国会で，10日以内に衆議院の承認を得なければ無効となる。

2 (1) ① **A 国会議員　B 本会議　C 天皇** ② **公聴会**
(2) ① **ア** ② **両院協議会**
(3) **(例) 議員の任期が短く，解散もあるので**

考え方 (1) ① 国会における審議はまず委員会で行われ，その後，本会議で行われる。
(2) ② 予算の議決，条約の承認，内閣総理大臣の指名について衆議院と参議院の議決が異なった場合には必ず開かれる。

7 行政を行う内閣

スタートドリル　P.92, 93

1 (1) **行政** (2) **内閣**
(3) ① **内閣総理大臣** ② **国務大臣**
(4) **閣議**

2 (1) **法律** (2) **予算** (3) **政令**
(4) **条約** (5) **解散**

3 (1) **国会** (2) **過半数**
(3) ① **衆議院** ② **解散**
(4) ① **信任** ② **議院内閣制**

4 (1) **内閣府** (2) **外務省**
(3) **公務員**

1 行政と内閣　P.94, 95

1 (1) ① **行政** ② **内閣**
(2) **国務大臣** (3) **国会議員**
(4) ① **内閣総理大臣** ② **過半数**
(5) ① **閣議** ② **全会一致**

考え方 (1) ① 「立法」は法律をつくること，「司法」は裁判を行うことである。
(2) 内閣総理大臣とともに内閣を構成する。また，その多くは各省の長として公務員を指導・監督して行政を進める。
(3) 内閣総理大臣は，国会議員の中から国会がこれを指名し，天皇が任命する。国会議員の中から選ぶのであるから参議院議員でもなることはできるが，日本国憲法施行後の内閣総理大臣は，全員衆議院議員から選ばれている。
(4) ② 過半数が国会議員であればよいので，民間人が国務大臣になることもしばしば見られるが，国務大臣全員が国会議員であることも多い。
(5) 内閣総理大臣が議長を務める。原則として非公開で行われる。

2 ③，⑥

考え方 ③と⑥はともに国会の仕事。予算は内閣が作成し，国会での審議・議決を経て成立する。

3 (1) **解散** (2) **内閣総理大臣(首相)**
(3) **国会議員** (4) **特別会(特別国会)**

考え方 衆議院が解散すると，解散の日から40日以内に総選挙が行われ，総選挙の日から30日以内に国会が召集される。このときの国会を特別会(特別国会)といい，他の案件に先立って内閣総理大臣の指名が行われる。

4 (1) **政令** (2) **国会**
(3) **臨時会(臨時国会)**

考え方 (3) 臨時会(臨時国会)と特別会(特別国会)を混同しないようにする。

2 国会と内閣　P.96, 97

1 (1) ① **連帯** ② **不信任**
③ **総辞職** ④ **解散**
(2) **議院内閣制**

☞考え方 (1) ③ 内閣が総辞職した場合は，国会で首相（しゅしょう）指名選挙が行われ，新しい内閣総理大臣（首相）が選出される。
④ 衆議院が解散されると，解散の日から40日以内に総選挙が行われる。
(2) 内閣が国会（議会）の信任の上に成り立ち，行政権の行使にあたって国会（議会）に対して連帯して責任を負う仕組みで，日本やイギリスなどで採用されている。

2 (1) ① **議員** ② **大統領**
(2) ① **衆議院** ② **総辞職**

☞考え方 (1) アメリカでは，行政府の長である大統領も国民による選挙によって選ばれる。また，大統領と議会はたがいに独立した関係にあるため，議会が大統領の不信任を決議したり，大統領が議会の解散を決定したりするようなことはない。

3 (1) ① **不信任** ② **総辞職**
(2) **解散** (3) ① **国会議員**
② **天皇（てんのう）** (4) ① **内閣** ② **国会**
(5) **国会議員** (6) **議院内閣制**

☞考え方 (2) 内閣不信任とは関係なく，内閣は必要に応じて衆議院の解散を決定することができるので，注意する。
(3) 「指名」と「任命」をしっかり区別する。
(5) 国会議員であればよく，衆議院議員か参議院議員かは問われない。

③ 現代の行政

P.98, 99

1 (1) **内閣府** (2) **国務大臣**
(3) **公務員**

☞考え方 (1) 内閣府は内閣総理大臣を長とする行政機関で，内閣を補佐するとともに，各省庁間の仕事の統合・調整などを行う。
(3) 国の行政機関で働く人々を国家公務員，地方の行政機関で働く人々を地方公務員という。

2 (1) ① **全体** ② **一部** (2) **行政**
(3) **行政改革**

☞考え方 (1) 日本国憲法第15条第２項（こう）の規定の一部である。

3 (1) ① **外務省** ② **財務省**
③ **厚生労働省（こうせい）** (2) ① **国家**
② **地方**

☞考え方 (1) ② かつては大蔵省といったが，2001年の中央省庁再編の際，財務省と名称（めいしょう）が変わった。 ③ かつての厚生省と労働省が統合された。

4 (1) **官僚（かんりょう）** (2) **天下り**
(3) **行政改革** (4) **規制緩和（かんわ）**

☞考え方 (3) 国営企業（きぎょう）を民営化したり，「独立行政法人」として独立採算制の組織にすることなどが行われている。

まとめのドリル

P.100, 101

1 (1) ㋐ **衆議院** ㋑ **参議院**
(2) **エ** (3) **内閣総理大臣（首相）**
(4) **国会議員** (5) **過半数**
(6) **閣議** (7) **議院内閣制**

☞考え方 (2) 内閣が衆議院の解散の方を選択すれば，解散の日から40日以内に総選挙が行われる。なお，３年ごとに半数の議員が改選される参議院とは異なり，全議員を一斉（いっせい）に選挙することから，衆議院議員選挙は「総選挙」と呼ばれる。

2 (1) **特別会（特別国会）** (2) **イ**
(3) **（国家）公務員**
(4) **イ，ウ，オ**

☞考え方 (1) 国会には常会（通常国会），臨時会（臨時国会），特別会（特別国会）の３種類がある。このうち，衆議院の解散・総選挙の後，30日以内に開かれるのは特別会で，召集（しょうしゅう）とともに内閣は総辞職し，議長の選出が行われたあと，内閣総理大臣の指名選挙が実施される。

(2) 内閣総理大臣の指名について衆議院と参議院の議決が異なり，両院協議会を開いても意見が一致しないときは，衆議院の議決が国会の議決となる。衆議院の優越事項の1つである。

定期テスト対策問題 P.102, 103

1 (1) **委員会** (2) **常会(通常国会)**
(3) **25** (4) **6年** (5) ① **エ**
② **ウ**
③ **(例) 衆議院の方が参議院よりも議員の任期が短く，解散もあるので，国民の意思をより強く反映していると考えられるため。**

考え方 (1) 法律案はまず委員会で審議されたのち，本会議で審議・議決される。委員会には，予算委員会や外務委員会といった常任委員会と，必要に応じて設置される特別委員会とがある。

(2) 毎年1月に召集され，おもに予算の審議を行う国会は常会(通常国会)。会期は150日間であるが，延長されることも多い。

(3) 国会議員の被選挙権は，衆議院議員が25歳以上，参議院議員が30歳以上である。

(4) 参議院議員の任期は6年で，3年ごとに半数ずつが改選される。衆議院と異なり参議院に解散はないので，参議院議員選挙は3年に1回，必ず行われることになる。

(5) ① 衆議院が可決した法律案を参議院が否決した場合，衆議院が出席議員の3分の2以上の賛成で再可決すれば，法律として成立する。

2 (1) **イ** (2) **イ，オ** (3) **ウ**
(4) **議院内閣制**

考え方 (1) 矢印がどこからどこまで伸びているかに注意する。Aの矢印は「衆議院」から「内閣」であるから，ここでは内閣の信任・不信任決議，Bの矢印は「内閣」から「国会」であるから，ここでは連帯責任が，それぞれあてはまる。

(2) 政令は，法律を施行するために内閣が制定する細則のこと。また，外国と条約を結ぶなど外交問題を処理するのも内閣の仕事である。なお，ア・ウ・エは国会の仕事で，ウはそのうちの弾劾裁判である。

(4) 内閣が国会の信任の上に成り立ち，行政権の行使にあたり，国会に対して連帯して責任を負う仕組みである。

8 法を守る裁判所

スタートドリル P.106, 107

1 (1) **司法権** (2) **最高裁判所**
(3) **三審制**

2 (1) **民事裁判** (2) **刑事裁判**
(3) ① **原告** ② **被告**
(4) **検察官**

3 (1) **裁判員** (2) **ウ**

4 (1) **三権分立** (2) ① **内閣**
② **内閣** ③ **裁判所**
(3) **国民審査**

1 司法権と裁判所 P.108, 109

1 (1) **司法** (2) **司法権**
(3) **最高裁判所** (4) **地方裁判所**
(5) **家庭裁判所** (6) **簡易裁判所**

考え方 (1) 「法を司る」，つまり，法が守られているかどうか管理する，法に基づいて紛争を解決する，という意味である。

(2)「法を司る権力」とは，つまりは裁判を行う権力ということになる。

(4) 北海道に４か所，他の都府県に１か所ずつの，計50か所に置かれている。多くの刑事裁判，民事裁判の第一審が行われる裁判所である。

(5) 家族間の争いや少年犯罪などをあつかう。

(6) 程度の軽い争いや刑事事件の裁判をあつかう。

2 (1) **控訴** (2) **上告** (3) **三審制**

考え方 (1) 第一審の判決に不服の場合，より上位の裁判所に訴え，第二審を求めることをいう。

(2) 第二審の判決に不服のときに，さらに上位の裁判所に訴え，第三審を求めることをいう。多くの場合，最高裁判所に訴えることになる。

(3) 裁判を慎重に行うとともに，人権を守るための仕組みである。

3 (1) **三審制** (2) **A 控訴** **B 上告** (3) **家庭裁判所** (4) **司法権**

考え方 (1) 民事裁判では，第一審が簡易裁判所で行われた場合には，第二審は地方裁判所，第三審は高等裁判所で行われることになる。第一審が地方裁判所や家庭裁判所で行われた場合には，第二審は高等裁判所，第三審は最高裁判所で行われる。なお，刑事裁判の場合には，第二審はすべて高等裁判所，第三審はすべて最高裁判所で行われる。これは，刑事裁判の場合，有罪と判断されれば被告人に懲役などの刑罰を課すことになるので，裁判によりいっそうの慎重さが求められるためである。

4 (1) **高等裁判所** (2) **地方裁判所** (3) **再審**

考え方 (1) 札幌，仙台，東京，名古屋，大阪，広島，高松，福岡の８都市に置かれている。

(2) 地方裁判所で第二審が行われるのは，簡易裁判所で第一審が行われた民事裁判だけである。

(3) 判決の確定後に無罪につながる有力な証拠が見つかったり，真犯人につながる有力な証拠や証言が得られるなどして，判決に重大な疑いが生じた場合には，裁判のやり直しを求めることができる。これを再審請求という。

② 裁判の種類と人権 *P.110, 111*

1 (1) **民事** (2) **原告** (3) **被告** (4) **刑事** (5) **検察官** (6) **起訴**

考え方 (1) 個人と個人，個人と企業，企業と企業の間の争いなどが考えられる。

(5) 警察官と検察官のちがいに注意する。事件を捜査し，被疑者(容疑者)を逮捕するのが警察官。被疑者をさらに取り調べ，容疑が固まれば，被疑者を被告人として裁判所に起訴するのが検察官である。

2 (1) **黙秘権** (2) **令状** (3) **公開裁判**

考え方 (1) 自己に不利益な供述を強制されないことをいう。その場合，何も言わなかったとしても，そのことが裁判の公判で不利にはたらくことはない。

(2) 捜索令状や逮捕令状などがある。

(3) 少年犯罪を裁く刑事裁判は，例外的に非公開で行われる。

3 (1) **刑事裁判** (2) **検察官** (3) **被告人** (4) **弁護人** (5) **えん罪**

考え方 (1)「逮捕」「被疑者」「取り調べ」「起訴」などの語から，犯罪を裁く刑事裁判であることがわかる。

(2) 被疑者をくわしく取り調べ，容

疑が固まった場合に被疑者を被告人として起訴するのは，検察官である。

(4)　通常，「弁護士」を職業とする人がこれにあたる。経済的な理由などで弁護人を依頼できない場合，請求によって裁判所が国選弁護人をつける制度がある。

(5)　近年，有罪判決が確定し，懲役刑に服していた人が，えん罪であったことが明らかになる事件があいつぎ，警察や検察の捜査や取り調べのあり方をめぐって議論がおきている。

4 (1) **刑事**　(2) **民事**　(3) **民事**
(4) **刑事**　(5) **民事**　(6) **刑事**
(7) **刑事**　(8) **民事**

考え方 法律に違反する行為，すなわち犯罪を裁くのが刑事裁判。殺人，放火，強盗，詐欺はすべて犯罪である。

③ 司法権の独立と違憲審査権 P.112, 113

1 (1) **指名**　(2) B **弾劾裁判所の設置**
C **法律の違憲審査**　D **国民審査**
(3) **内閣**

考え方 (1)　最高裁判所長官は，内閣の指名に基づいて天皇が任命する。

(3)　長官以外の最高裁判所裁判官と，下級裁判所裁判官は，内閣が任命する。

2 (1) **法律**　(2) **天皇**

考え方 (2)　任命が天皇の国事行為となっているもの。

●内閣総理大臣…国会議員の中から国会が指名し，天皇が任命する。

●最高裁判所長官…内閣が指名し，天皇が任命する。

3 (1) **憲法**　(2) **独立**　(3) **内閣**
(4) **衆議院議員**　(5) **国民審査**
(6) **弾劾裁判**

考え方 (5)　最高裁判所裁判官は，任命後初めてと，その後10年を経るごとに行われる衆議院議員総選挙のときごとに，適任かどうかを国民の投票によって審査される。これを国民審査といい，不適任とする票が過半数を占めた裁判官は罷免される。

(6)　弾劾裁判は，すべての裁判所の裁判官が対象となる。

4 (1) **違憲審査権（違憲立法審査権，法令審査権）**
(2) **憲法の番人**

考え方 (1)　法律や行政処分などがそのまま裁判の対象となるのではなく，具体的な裁判を進める中で，関連する法律や行政処分などが審査の対象となる。裁判所が憲法違反と判断した法律や行政処分などは，無効となる。

(2)　違憲審査権はすべての裁判所がもっているが，その裁判が上告された場合，合憲か違憲かの最終的な判断は，最高裁判所に委ねられることになる。このことから，最高裁判所は「憲法の番人」と呼ばれる。

④ 司法改革と裁判員制度 P.114, 115

1 (1) **司法**　(2) **裁判員**
(3) **刑事裁判**　(4) **20歳**
(5) **6人**

考え方 (1)　司法職（裁判官，検察官，弁護士）に就く人を増やすため，法科大学院を多くの大学に設置したことも，司法制度改革の一環として行われたものである。

(2)　陪審員制度とはアメリカなどで取り入れられている制度。アメリカの陪審員制度は，刑事事件の第一審を一般市民から選ばれた12名の陪審員だけで行うもの。陪審員による第一審では有罪か無罪かだけを判定し，有罪の場合の量刑などは第二審以降で決定される。無罪と判定された場合は判決が確定するので，検察側は控訴できない。

(3)　裁判員制度がとり入れられたのは，強盗殺人などの重大な事件をあつかう刑事裁判の第一審である。

(4)　裁判員の対象となるのは20歳以上の国民。くじと面接で選ばれる。なお，裁判員は一つの裁判ごとに選ばれる。

(5)　裁判員裁判においては，裁判員６名と裁判官３名の合議の上，判決が下される。評決で意見が分かれた場合には多数決で決定されるが，有罪判決を下すためには，裁判官と裁判員それぞれが，少なくとも１名以上ずつが有罪に賛成していなければならない。

2　(1)　**法テラス**

(2)　**検察審査会**

考え方 (2)　検察審査会は，有権者の中からくじで選ばれた11名の検察審査員が６か月の任期で活動するもので，検察官が起訴しなかった事件について，そのあつかいの適否を判断する。検察審査会が「起訴相当」の議決をした場合，検察官は起訴すべきかどうかもう一度検討しなければならず，同じ事件に対して「起訴相当」の判断が２回出されると，必ず起訴しなければならない。

3　①　**公判**　②　**評議**　③　**評決**

④　**判決**

考え方 ①　法廷において，検察官と弁護人がそれぞれの主張を述べ，裁判員と裁判官がそれらを聞き，質問したりすること。

②　裁判員と裁判官が，被告人が有罪かどうか，有罪であれば量刑をどうするかについて，別室で話し合うこと。

③　被告人が有罪か無罪か，有罪であれば量刑はどれくらいかを決定すること。

④　法廷で被告人に言いわたされる評決の内容のこと。

4　(1)　○　(2)　×　(3)　○　(4)　×

(5)　○　(6)　×　(7)　×

考え方 (1)(2)　裁判員制度の対象となるのは，重い量刑が予想される重大な刑事事件である。

(4)　親の介護など特別な事情でなければ，裁判員を辞退することはできない。なお，辞退が認められるかどうかの判断は，その裁判を行う裁判所が決定することになる。

(6)　有罪判決を下すためには，裁判官のうち少なくとも１名以上が賛成することが必要である。

(7)　裁判員は一つの裁判ごとに選ばれるので，任期というものはない。

⑤ 三権の抑制と均衡　P.116, 117

1　(1)　**行政**　(2)　**司法**

(3)　**議院内閣**　(4)　**弾劾裁判所**

(5)　**最高裁判所**

(6)　**違憲審査**

考え方 三権の抑制と均衡のしくみについての問題。国会・内閣・裁判所の３つの機関が，それぞれどのようなはたらきをもち，たがいにどのように抑制し合っているかを，確実におさえておくこと。

2　(1)　**三権分立**　(2)　**内閣**

考え方 (1)　18世紀のフランスの思想家モンテスキューが，その著書『法の精神』の中で主張した考え方。現在では民主政治の基本原則の１つとなっている。

(2)　わが国のような議院内閣制をとっている国では，内閣は国会の信任の上に成り立っているので，国会と内閣の結びつきがきわめて強くなっている。

3 (1) **A 立法権 B 行政権**
(2) **ウ**

考え方 (2) 矢印の向きに注意すること。①は内閣の国会に対する抑制であるから衆議院の解散が，②は国会の裁判所に対する抑制であるから，弾劾（だんがい）裁判所の設置が，それぞれあてはまる。

4 **イ，エ**

まとめのドリル P.118, 119

1 (1) **家庭裁判所** (2) **B 控訴（こうそ） C 上告（じょうこく）** (3) **ⓐ 簡易 ⓑ 控訴 ⓒ 高等 ⓓ 上告** (4) **三審制（さんしんせい）**
(5) **イ** (6) **イ**

考え方 (1) 下級裁判所には，高等裁判所，地方裁判所，家庭裁判所，簡易裁判所がある。
(2) Bは第一審から第二審へ，Cは第二審から第三審へ，という流れを示している。
(3) 地方裁判所で第二審が行われていることから，第一審は簡易裁判所，第三審は高等裁判所であることがわかる。簡易裁判所で第一審が行われる民事裁判に限り，第二審が地方裁判所，第三審が高等裁判所で行われる。
(4) 裁判を慎重（しんちょう）に行うための仕組みである。
(5) 民事裁判は個人間の権利・義務をめぐる争いを裁くもの。ア・ウ・エ・オは刑事（けいじ）裁判にあてはまる。
(6) アの国民審査（しんさ）を受けるのは最高裁判所の裁判官のみ。イは司法権の独立（裁判官の独立）について述べたもの。ウの法律を制定する権限をもつのは，国会だけである。エの下級裁判所裁判官は，最高裁判所が作成する名簿（めいぼ）に基づいて，内閣が任命する。

2 (1) **議院内閣制** (2) **弾劾（だんがい）裁判所の設置：⑤ 行政裁判の実施：③**
(3) **裁判所** (4) **裁判員制度**
(5) **国民審査**

考え方 (1) 内閣が国会の信任の上に成立する制度である。
(2) 弾劾裁判は，裁判官としてふさわしくない行為（こうい）のあった裁判官をやめさせるかどうかを決めるもので，国会に設置される弾劾裁判所で行われる。したがって，国会の裁判所に対する抑制（よくせい）である。行政裁判は，行政事件訴訟（そしょう）法に基づいて，権利の確定や官庁による処分の取り消し，変更，請求などをめぐる訴訟をあつかう。
(4) 2009年に始められた制度。一つの裁判を，裁判員６名と裁判官３名の合議による審理で行う。

9 地方の政治と自治

スタートドリル P.122, 123

1 (1) **地方自治** (2) **地方公共団体**
(3) **住民** (4) **① 不信任**
② 解散

2 (1) **18** (2) **① 30 ② 25**
(3) **4**

3 (1) **地方税**
(2) **地方交付税交付金，国庫支出金**
(3) **地方分権**

4 (1) **条例** (2) **３分の１**
(3) **住民投票** (4) **直接請求（せいきゅう）権**

1 地方自治の意義 P.124, 125

1 (1) **地方自治** (2) **地方自治法**

(3) **民主主義**　(4) **地方公共団体**

(5) **特別区**

考え方 (2) 日本国憲法が施行(しこう)された1947年に制定された。

(3) 19～20世紀のイギリスの政治家・政治学者のブライスの言葉。

(4) 地方自治体ともいう。

(5) 東京23区は特別区(特別地方公共団体)と呼ばれ，市とほぼ同様の権限をもつ。横浜市などの政令指定都市に置かれている区は，単なる行政区分であり，独立した地方公共団体ではない。

2 (1) **上下水道**　(2) **学校**

(3) **社会福祉(ふくし)**

考え方 (1) 電気やガスは民間企業(きぎょう)によって供給されているが，上下水道は都道府県が経営する公営企業である。

(2) 「教育施設(しせつ)」とある。

(3) 年金や介護(かいご)などの社会福祉事業は，国から地方公共団体に委託(いたく)されている事業である。

3 (1) ① **住民**　② **地方自治**

③ **学校**

④ **地方公共団体(地方自治体)**

(2) **東京 23 区**

考え方 (2) 東京23区は明治時代には「東京府東京市」とされていた。1947年に現在のような23区が設けられた。

4 (1) **ア，エ，オ，ク**　(2) **地方自治法**

考え方 (1) イとカは，かつては国営事業として行われていた。現在は，ともに民営化されている。また，ごみの収集や大半の小中学校の設置など，地域に根ざした役割を市(区)町村が担当する。大きな河川の管理や高等学校の設置，警察など，複数の市(区)町村をまたぐものは都道府県が担当する。

② 地方自治の仕組み　P.126, 127

1 (1) **直接選挙**　(2) **知事**　(3) **予算**

(4) **議会**　(5) **条例**

考え方 (1) 都道府県の首長(しゅちょう)である知事は，大日本帝国(ていこく)憲法の下では国から任命されていた。日本国憲法施行(しこう)後は，市(区)町村長とともに住民による直接選挙で選出されるようになった。

(4) 都道府県議会と市(区)町村議会がある。

(5) 地方議会が法律の範囲(はんい)内で定める，その地方公共団体の中だけで適用されるきまり。法律と同じような効力をもち，罰則(ばっそく)を設けることもできる。情報公開を条例で定めている自治体が多く，最近では路上での喫煙(きつえん)(歩きたばこ)を禁止する条例のように，地域の実情に合わせたさまざまな条例が制定されている。

2 (1) **A　18歳(さい)　B　30歳　C　25歳**

D　4年　(2) **ア**

考え方 (1) **A** 選挙権は，首長・地方議会議員とも18歳以上。国会議員と同じである。**B・C** 被(ひ)選挙権は，都道府県知事は30歳以上，市町村長と地方議会議員は25歳以上である。

〈被選挙権〉

◦**30歳以上**…参議院議員，都道府県知事

◦**25歳以上**…衆議院議員，市(区)町村長，地方議会(都道府県議会と市(区)町村議会)議員

3 (1) **A　ア　B　カ　C　ケ**

D　エ　E　キ　F　ク　G　ウ

H　オ　(2) **警察の仕事を行う。**

考え方 (1) **A** 地方公共団体の執行(しっこう)機関の長。**C** 地方公共団体の議決機関。**F・G** 首長を補佐する。副市(区)町村長はかつては「助役(じょやく)」と呼ばれていた。

(2) 警察の運営を管理する行政委員会。かつては市(区)町村にも置かれていた。

4 (1) **二元代表制**　(2) **不信任決議**

☞考え方 (1) 内閣総理大臣は国民から選挙で選ばれた国会議員の中から，国会に指名される形で決まる。

(2) 地方議会は首長に対して不信任を決議することができる。不信任決議が可決されると，首長は10日以内に議会を解散するか，辞職しなければならない。

③ 地方分権

P.128, 129

1 (1) **地方税**　(2) **地方債**
(3) **国庫支出金**　(4) **民生費**
(5) **市町村合併**

☞考え方 (1) 税金には，国が徴収する国税と，地方公共団体が徴収する地方税とがある。

(2) 税金だけでは収入が不足するときには，公債が発行される。公債のうち，国が発行するものを国債，地方公共団体が発行するものを地方債という。公債は国や地方自治体が住民に対して行う借金であるので，毎年利子を支払い，期限を迎えたものについては元金を返済しなければならない。

2 (1) **地方交付税交付金**　(2) **地方分権**

☞考え方 (1) 政府が収入の少ない地方公共団体に支給する補助金。使いみちは自由である。

(2) 中央政府に権力を集中させる中央集権に対する言葉である。

3 (1) ① **地方税**
② **地方交付税交付金**
③ **国庫支出金**　(2) **31%**

☞考え方 (1) ③教育など，国が地方に委託している事業について，国がその費用を負担するもの。地方交付税交付金とは異なり，使いみちは指定されている。

(2) 自主財源の占める割合が少ないことが，多くの地方公共団体の課題となっている。

4 (1) **合併**　(2) **1700**　(3) **財政**

☞考え方 2000年代に入り，全国で多くの市町村が合併し，「平成の大合併」と呼ばれた。このように合併が進んだ背景には，多くの市町村が財政の悪化に苦しんでおり，重複する人員や施設を整理したり，行政の範囲を広げて仕事の効率をよくしたりすることで財政の安定化を図ろうとしたことがある。また，補助金の増大が国の財政を圧迫していることから，国もこうした市町村合併を推進したという事情もある。しかしながら，合併によって由緒ある地名が消えたり，役所の統廃合によって生活が不便になってしまった地域があるといった問題も生じてきた。

④ 住民参加

P.130, 131

1 (1) **直接請求**　(2) ① **条例**
② **首長**　(3) **選挙管理委員会**
(4) **過半数**

☞考え方 (1) 地域の住民が一定数の署名を集めることで，条例の制定や議会の解散など，いくつかの事項について請求できる仕組みを直接請求権という。

(2) 条例の制定または改廃の請求が行われた場合，首長はすみやかにこれを議会にかけ，結果を公表しなければならない。

(3) 議会の解散や首長・議員の解職などの請求は，成立すれば住民投票が行われることになるので，請求先は選挙管理委員会になる。

(4) 議会の解散請求が成立すると，住民投票が行われ，解散に賛成する票が過半数を占めれば，議会は解散され，選挙が行われる。

2 (1) **住民投票** (2) **オンブズマン**
(3) **NPO**

考え方 (1) 投票の結果に法的な拘束力はないが，住民の意思を示すことで議会の審議などに影響をあたえることができる。近年は，地域にとって重要な問題については住民投票を行うことを条例で定める自治体も増えている。

(2) オンブズパースンとも呼ばれる。市民たちの手で運営される場合もあるが，公的な制度として設置する自治体も出てきている。

(3) 「非営利組織(団体)」の略称。医療や福祉など，さまざまな分野で多くの団体が活動を行っており，国も法律を制定するなど，こうした活動を支援する体制を整えることに努めている。

3 (1) **A 条例** **B 50分の1**
C 首長 **D 50分の1**
E 選挙管理委員会 (2) **リコール**
(3) **住民投票**

考え方 (1) Aは，地方議会が定めるその地方公共団体だけに適用されるきまりのこと。

(2) 法定署名数には，有権者数の50分の1以上のものと3分の1以上のものがある。議会の解散や首長・議員の解職の請求には有権者の3分の1以上の署名が必要であるが，署名数が多くなっているのは，人の身分に関わることがらについての請求だからである。

4 ②，④，⑧

考え方 直接請求権の認められているものを選ぶ。なお，①と⑤を行うのは地方議会。③と⑦は首長がもつ権限。⑥は首長が行う。

まとめのドリル

P.132, 133

1 (1) **A カ** **B オ** **C エ**
D ク **E キ** (2) **地方自治法**

考え方 (1) A 住民が地方自治体に対して負っている義務であるから，「納税」である。 B 「義務」に対する言葉であるから「権利」。選挙や請願，解職請求などがこれにあてはまる。

C 住民が知事や市長に対してもつ権利であるから，「条例の制定または改廃の請求」があてはまる。

D 副知事などのおもな職員に対しても，住民は解職請求の権利をもっている。 E 副知事とともに首長の補佐役であるのは副市(区)町村長。

2 (1) **条例** (2) **直接請求権**
(3) **3分の1以上** (4) **エ**
(5) **① エ** **② 不信任**
(6) **地方交付税交付金**

考え方 (2) 直接民主制の仕組みを取り入れたもので，地方自治だけに見られる制度である。

(4) 首長の解職は請求が成立すればただちに決定するわけではなく，住民投票にかけ，その過半数が同意することが必要となる。なお，副知事や副市(区)町村長などおもな職員の解職について直接請求が成立(有権者の3分の1以上が署名)した場合には，議会にかけられ，定員の3分の2以上の議員が出席し，4分の3以上の賛成があれば，その職員は解職される。

(5) ① 首長は議会の議決に納得できないときには，議会に対して審議のやり直し(再議)を求めることができる。 ② 議会が首長の方針に反対であるときには，首長に対して不信任を決議することができる。その場合，首長は10日以内に議会を解散しない限り，辞職しなければならない。

(6)　地方公共団体間の財政不均衡を解消するために国から交付される補助金は，地方交付税交付金である。

定期テスト対策問題　P.134, 135

1　(1) **三審制**　(2) **控訴**　(3) ○
(4) **検察官**　(5) **裁判所**　(6) ○
(7) **内閣**　(8) **国民審査**

考え方 (1)　裁判を慎重に行うための仕組みである。

(2)　第一審の判決に不服の場合，より上級の裁判所に第二審を求めることを控訴，第二審の判決に不服の場合，さらに上級の裁判所に第三審を求めることを上告という。

(4)　犯罪(刑事事件)が発生すると，警察官が捜査を行い，容疑者を逮捕し，証拠を集める。検察官がさらに取り調べを行い，容疑が固まれば，容疑者を被告人として起訴することになる。

(5)　逮捕や捜索には，裁判所の発行する令状が必要となる。

(6)　司法権の独立について述べた文。

(7)　最高裁判所長官は，内閣が指名し，天皇が任命する。

(8)　最高裁判所裁判官が適任かどうかを審査するのは国民審査。国民投票は憲法改正を承認するかどうかを問うものである。

2　(1) ① **イ**　② **ウ**　③ **ア**
④ **オ**
(2) **三権分立**

考え方 (2)　権力が一つの機関に集中して濫用されることを避ける仕組み。

3　(1) ① **知事**
② **議会(地方議会)**
③ **不信任**
④ **副知事**　⑤ **選挙管理委員会**
(2) **二元代表制**
(3) **ウ**

考え方 (1)　④と副市(区)町村長は住民による選挙で選ばれるのではなく，首長がこれを任命する。

総合問題　入試問題①　P.136, 137

1　(1) **ア・イ**
(2) **ワイマール憲法(ドイツ共和国憲法)**
(3) **(例) 一つの事件について裁判を複数回行うことで，誤った判断を防ぐことができると考えられるから。**
(4) **ア**
(5) **Ⅰ　ウ　Ⅱ　(例) 生産年齢人口が減少し，人手不足が予測される一方で，出産・育児で仕事を辞めた女性の多くは再就職を希望しており，こうした女性を人材として確保しやすいという利点。**

考え方 (1)　フランス人権宣言は1789年。アは1776年，イは1688年，ウは1948年，エは1917年。

(3)　なぜ1回だと人権が守られない恐れが出てくるのかを考える。

(4)　条例の制定・改廃の請求は，①有権者の50分の1以上の署名を集めること②首長に請求すること　がポイントである。

(5)　Ⅰ　以下に各選択肢の誤りを解説する。ア：男女別で募集している。イ：看護「婦」として募集をしている。(女性限定である。)　エ：男性限定で募集している。

Ⅱ　資料2より，働き手が減少しており，今後さらに人材が不足することがわかる。資料3からは，出産・育児で仕事を辞めた女性の多くは再び就職したいと思っていることを読み取ることができる。このようなことから，企業は資料１のような仕組みを取り入れることで，再就職したい女性を雇うことができ，人材不足を補う利点が生まれると考えられる。

総合問題　入試問題②　P.138, 139

1 (1) **象徴**

(2) **(例) 国民の自由や権利を守る**

(3) **イ**　(4) **ウ**

(5) **(例) 国会の信任に基づいて内閣が作られ，内閣が国会に対して責任を負う仕組み。**

(6) **(当選者数)： １人**

(特徴)：(小選挙区制に比べ) 議席を獲得できなかった政党や候補者に投じられた票が少なくなり，国民の多様な意見を反映しやすい。

考え方 (3) ア・エは自由権。ウは基本的人権を守るための権利として，政治に参加する参政権の一つ。国や地方公共団体に要望する権利。

(4) ア：高等裁判所も下級裁判所に含まれる。イ：弾劾裁判所は国会に置かれ，裁判官を審査するもの。エ：裁判員裁判は刑事事件のみで行われる。

(6) ドント式は①各党の得票数それぞれを÷１，÷２，÷３…していく。②①の数値の大きいものから議席を割り振る。次の図より，Ａ党２議席，Ｂ党１議席，Ｃ党１議席の獲得となる。また，比例代表制は，小さな党でも議席が獲得しやすいため，国会で物事が決まりにくくなるという欠点もある。

政党名	Ａ党	Ｂ党	Ｃ党
得票数	1200	900	480
÷1	1200 ①	900 ②	480 ④
÷2	600 ③	450	240
÷3	400	300	160

総合問題　入試問題③　P.140, 141

1 (1) **①３　②国政調査権**

(2) **比例代表制**　(3) **国民審査**

(4) **議員：ｂ　理由：(例) 衆議院の優越により，衆議院の指名が優先されるから。**

考え方 (1) ①１は毎年１月に召集され，150日間の会期で行われる国会のことである。２は内閣総理大臣の指名が行われる国会で，衆議院の解散にともなう総選挙の日から30日以内に開催される国会である。４は衆議院の解散中に緊急の事態が起こった際に召集される。

②証人を議院に呼んで質問することを証人喚問という。

(4) 衆議院と参議院の票数の総数がもっとも多いａ議員を選ばないことがポイントである。予算の議決，条約の承認は衆議院の議決が国会の議決となる。法律の議決は衆議院の出席議員の３分の２以上の賛成で再可決すれば法律となる。

2 (1) **国民主権**　(2) **ウ**

(3) **(例) 裁判官とともに刑事裁判に参加し，被告人**

考え方 (2) アはアメリカ独立宣言とフランス人権宣言の時期が逆転しているところが誤っている。イは自由権ではなく社会権である。

10 わたしたちの消費生活

スタートドリル P.144, 145

1 (1) **家計** (2) **消費支出**
(3) **電子マネー** (4) **消費者**
(5) **流通**

考え方 (3) 形のある紙幣や硬貨と違い，お金を同じ価値をもたせた電子情報に変換し，ＩＣカードやスマートフォンなどを利用して使う。

2 (1) **消費者基本法**
(2) **製造物責任法**
(3) **クーリング・オフ制度**
(4) **消費者契約法**

考え方 (1) 1968年の消費者保護基本法を改正してつくられた。2004年に施行。
(2) 1995年に施行。PL法ともいう。
(3) 訪問販売などで商品を購入後，８日以内ならば契約を解除できる制度。
(4) 2001年に施行。

3 (1) **1990年** (2) **食料**
(3) **衣服・履物** (4) **交通・通信**
(5) **スマートフォンの普及**

考え方 (1) 消費支出の総額で比べる。
(2) 消費支出の中で占める割合は減ってきてはいるが，消費支出の中で最も多いのは食料費である。

4 (1) **2004年** (2) **契約・解約**
(3) **消費者**

考え方 (1) 左側のグラフを見ると，相談の受付は2004年には約190万件にのぼっている。
(2) 契約・解約に関するものが43.8%と一番多い。

1 家計と消費生活 P.146, 147

1 (1) **経済** (2) **給与収入**
(3) **事業収入** (4) **財産収入**
(5) **消費支出**

考え方 (1) 家計の原則は，収入をもとに消費を計画することである。
(2) 労働力を提供することで得る収入。
(3) 自営業者・農家・開業医などの収入が該当する。

2 ◇ A **消費** B **非消費**
C **保険料**

考え方 A，B 食料費や住居費，被服費などが消費支出。税金など，消費以外に支出される費用を非消費支出という。

3 (1) ㋐ **家計** ㋑ **経済**
(2) A **給与収入（勤労所得，労働収入）**
B **事業収入（個人事業主所得，事業所得）**
C **財産収入（財産所得）**

考え方 (1) 消費を中心とした経済活動を行う。
(2) 所得は収入，収入は所得としてもよい。

4 (1) **消費** (2) **クレジットカード会社**
(3) **電子マネー**

考え方 (2) クレジットカードを利用した買い物が普及し，それにともなってクレジットカードの発行も増えている。

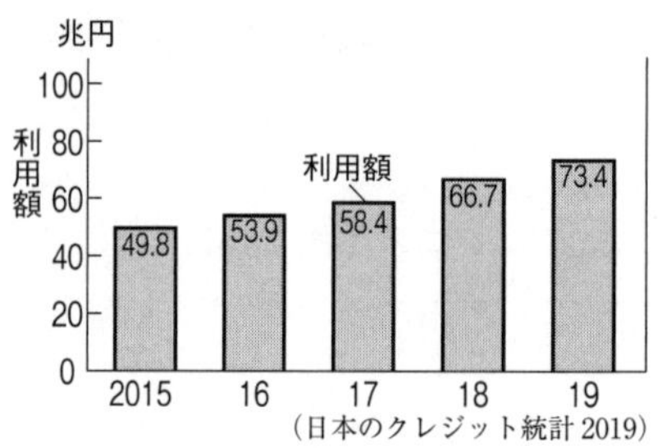

▲クレジットカードの利用額

② 消費者の権利 P.148, 149

1 (1) **消費者主権**　(2) **契約**

(3) **クレジットカード**

(4) **クーリング・オフ制度**

(5) **製造物責任法**

考え方 (2) 契約は，売り手と買い手の同意で成立するが，親の同意のない未成年の契約は取り消すことができる。

(4) クーリング・オフをする場合は，書面を作成し，特定記録郵便などの方法で売り手に送付する。

2 (1) **ケネディ**　(2) **安全**

(3) **選択**

考え方 アメリカを中心に消費者主権の考えが主張され，日本でもこの考えが定着するようになった。1962年にケネディ大統領が，消費者の四つの権利を明確にした。

3 (1) **消費者主権**

(2) **契約自由の原則**　(3) **消費者庁**

(4) **製造物責任法**

考え方 (4) PL法のPLとは，product liabilityの頭文字である。1960年代にアメリカで発達した考え方で，日本では1995年に施行された。

4 (1) **消費者庁**　(2) **消費者基本法**

(3) **製造物責任法（ＰＬ法）**

(4) **クーリング・オフ**

考え方 (2) 消費者との取引に際して，消費者の知識，経験，財産の状況に配慮することも定めている。

③ 消費生活を支える流通 P.150, 151

1 (1) **流通**　(2) **商業**

(3) **小売業**　(4) **問屋**

2 (1) **A　生産者**　**B　商業**

C　商品　**D　支払い**

(2) **ウ**

考え方 (1) A・B・C商品が生産者から消費者の手元に届くまでの流れを，商品の流通といい，商業が生産者と消費者の橋わたしの役割を果たしている。

(2) 商業を助ける産業として，運輸業・倉庫業・保険業・情報通信業・広告業などがある。ここでは運輸業。

3 (1) **A　生産者**　**D　消費者**

(2) **B　卸売**　**C　小売**

(3) **流通**

考え方 (2) 商品を直接消費者に売る商業が小売業である。生産者から商品を大量に仕入れて小売業に売る商業が，卸売業である。

4 (1) ① **卸売業**

② **情報通信技術（ICT）**

(2) ① **運輸業**　② **倉庫業**

考え方 (1) ①小売業者や卸売業者が商品を企画し，独自のブランドとして販売する商品をプライベートブランド（PB，自主企画商品）という。消費者にとっては安く購入できるという利点があり，企業としても利益率が高いなどの利点がある。

(2) 他にも，保険業や広告業なども，商品の流通を助けている。

まとめのドリル　P.152, 153

1 (1) ① **事業**

② **財産**

(2) **ウ，オ**

考え方 (2) 火災保険や生命保険のかけ金，株式の買い入れ金は，貯蓄(ちょちく)の一種。

2 (1) **流通**　(2) **商品**

(3) **卸売業**(おろしうりぎょう)　(4) **イ**

考え方 (3)(4) 商業には，卸売業と小売業がある。

●個人商店…小売店。
八百屋，魚屋，肉屋，洋品店など種類が多い。
●デパート(百貨店)…多種類の商品を豊富にそろえて販売(はんばい)する大規模な小売店。
●スーパーマーケット…安い価格で販売することをねらった大規模な小売店。セルフサービスなどによって人件費を削減(さくげん)したり，大量購入(こうにゅう)によって，消費者に安く売る。デパートとともに販売額が大きい。
●コンビニエンスストア
消費者への利便性(コンビニエンス)の提供を目的とした小売店。主に住宅地域の近くにつくられ，年中無休，長時間営業を行う。公共料金の支払(しはら)いや各種のチケットの予約，ATMによる現金の引き出しなど，サービスの利便性が向上している。
●ディスカウントストア
経費を圧縮して，常時低価格で販売する小売店。

▲いろいろな小売店

3 (1) **製造物責任法(PL法)**

(2) **クーリング・オフ(制度)**

(3) **イ**

(4) **消費者基本法**

考え方 (1) 製造物責任法によって，消費者被害(ひがい)の速(すみ)やかな救済が可能になった。また，事故防止のための警告表示や業界団体による対応機関(PLセンターなど)が充実(じゅうじつ)した。

(3) 消費者は，さまざまなものから，ほしいものを自由に選択することができる。また，消費者は商品に危険がない状態であることをはたらきかけることができる。商品の安全性などを示すマークも作られている。

日本工業規格に合格した鉱工業製品	日本農林規格に合格した加工食品や建材

▲商品の安全性と規格の適正化を示すマーク

(4) 消費者との取引に際して，消費者の知識，経験，財産の状況(じょうきょう)に配慮(はいりょ)することも定められている。

第5条(事業者の責務等)
①消費者の安全及(およ)び消費者との取引における公正を確保すること。
②消費者に対し必要な情報を明確かつ平易に提供すること。
⑤国又(また)は地方公共団体が実施(じっし)する消費者政策に協力すること。

▲消費者基本法 (一部抜粋)

11 生産の仕組みとはたらき

スタートドリル

P.156, 157

1 (1) **生産**　(2) **企業**
(3) **資本主義**　(4) **公企業**
(5) **技術革新**

考え方 (3) 資本主義経済は，生産に必要な土地や工場などを個人が持っており，何をどれくらい生産するかも，個人や各企業が判断してよい。また，生産は利潤を追求して行われる。

2 (1) ① **株式会社**　② **株主**
③ **配当**　④ **株主総会**
(2) ① **証券取引所**　② **株価**
(3) **企業の社会的責任**

考え方 (2) 証券取引所が株式の取引を認めることを上場という。上場すると企業の信用が高まる。

3 (1) A **株主**　B **株主総会**
C **取締役会**
(2) あ **大企業**　い **中小企業**

考え方 (2) 日本では規模の小さい企業の数が圧倒的に多いが，出荷額，現金給与額は規模の大きな企業に比べて少ない。

4 (1) **ア**　(2) **エ**　(3) **ウ**

考え方 企業の種類はこの他にも，組合員の利益を目的とする組合企業などがある。

1 生産と企業

P.158, 159

1 (1) **労働力**　(2) **起業**
(3) **ベンチャー企業**　(4) **CSR**

考え方 (3) 中小企業の中で，新しい波を起こす存在として注目される。先端技術分野に多く，アメリカのシリコンバレーなどがベンチャー企業が多く生まれる場所として有名である。

2 (1) **生産**　(2) **私企業**
(3) **分業**　(4) **中小企業**

考え方 (1) 企業は商品を生産したら，消費者へ売って利潤を得る。商品が生産者から消費者に届くまでの流れも，企業がになっている。
(4) 業種によって大企業と中小企業の境は異なる。例えば製造業は，資本金３億円以下，従業員300人以下の企業が中小企業である。それに対し，卸売業はこの条件が，資本金１億円以下，従業員100人以下である。

3 (1) ① **個人企業**
② **法人企業（会社企業）**
③ **地方公営企業**
④ **独立行政法人**　(2) **利潤（利益）**

考え方 (1) ②会社組織をとる企業。

4 (1) **イ**　(2) **中小企業**

② 株式会社の仕組み　P.160, 161

1 (1) **株式**　(2) **株主総会**
(3) **証券**　(4) **有限**
(5) **CSR**

考え方 (2) 株主総会は，株式会社の最高の意思決定機関である。会社の合併や解散，取締役の選任や解任など，重要な事項を決める権限がある。株主は，株式の保有数に応じた議決権を持つ。

2 (1) **上がる**
(2) **配当**　(3) **投資**
(4) **環境**

考え方 (2) 配当は，企業の業績や，国の政策の方針により増減する。一般に，業績が伸びて配当が高くなると，その企業の株価は上がる。

3 (1) ① **株式**　② **株主**
③ **配当(配当金)**　④ **証券取引所**
(2) **株価**

考え方 (2) 株価は，毎日，時間ごとに変動する。その株式を買いたい人が多いと値が上がる。売りたい人が多いと値が下がる。

4 (1) A **株主**　B **株主総会**
C **取締役会**
(2) **B**　(3) **配当(配当金)**

考え方 (1) 株主は会社から利益の配当を受け，株主総会で議決権をもっている。
(2) 株式の所有者により構成される組織が，最高の議決機関となっている。取締役会は，仕事の具体的な方針を決め，その責任を負う。

まとめのドリル　P.162, 163

1 (1) A **公企業**　B **私企業**
C **地方公営企業**
D **法人企業(会社企業)**
(2) **株式会社**　(3) **イ・ウ**

考え方 (2) 資本金を少額の株式に分けて，多数の株主から巨額の資金を集める仕組みをとっている企業。
(3) その会社の情報だけでなく，業界の動向，世界の経済状況，自然災害など，あらゆる要因が株価に影響する。

参考：大企業などは，複数の産業に進出したり，大企業同士が同一系列の企業グループを作って活動をしているケースも多い。

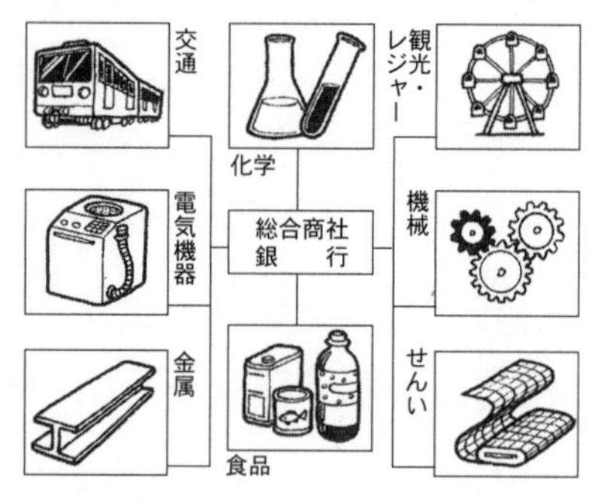

▲企業グループの例

2 (1) **生産**

(2) **A 従業者数　C 生産額**

(3) **作業員**

(4) **エ**

考え方 (1) 生産される商品の中で，自動車や衣服など，形あるものを財という。物を運んだり，散髪をするなど，形のないものをサービスという。

(2) わが国の企業の大部分を，中小企業が占めているが，生産額は大企業が半分以上を占めており，大企業の生産性が高いことを示している。Bは事業所数の割合を示している。

(3) 資本は，工場，機械，倉庫，原材料，製品の在庫など，生産の元手を指す。作業員は資本ではなく，労働力である。

(4) 企業の社会的責任とは，利潤を追求する企業活動に直接関係がないような，公益目的の寄付やボランティア，文化・芸術活動に対する支援も含まれる。

12 働きやすい職場

スタートドリル

P.166, 167

1 (1) **労働組合**　(2) **ストライキ**

(3) **労働基準法**　(4) **終身雇用**

(5) **年功序列賃金**

考え方 (1)～(2) 労働三権は，日本国憲法第28条で保障されている。

> 日本国憲法第28条
> 勤労者の団結する権利及び団体交渉その他の団体行動をする権利は，これを保障する。

警察官，消防官，海上保安庁の職員などは特殊な仕事で公共性も高いため，労働三権を認められていない。

2 (1) **フレックスタイム**

(2) **能力主義**　(3) **非正規労働者**

(4) **ワーク・ライフ**

(5) **働き方改革**

3 (1) **生きがいをみつけるために働く**

(2) **社会の一員として，務めを果たすために働く・生きがいをみつけるために働く**

考え方 (1) 〔性〕の棒グラフを見て読み取る。

(2) 〔年齢〕の棒グラフを見て読み取る。

4 (1) **(ゆるやかに)減っている**

(2) **非正規雇用(非正規社員・非正規労働者)**

1 労働者の権利と生活 P.168, 169

1 (1) ① 社会権　② 勤労

(2) ① 労働基準法　② 労働組合法

考え方 (1) ①ワイマール憲法によって，はじめて保障された権利。

②国民の権利であるとともに，三大義務の一つでもある。

2 (1) 働き方　(2) 失業

(3) ワーク・ライフ

(4) フレックスタイム

考え方 (2) 労働人口に対する失業者の割合を失業率といい，経済を判断する一つの基準となっている。

3 (1) A 労働基準法　B 労働組合法

C 労働関係調整法　(2) 労働三法

(3) 社会権

考え方 (2) 労働者の権利を保障する三つの法律。この労働三法と労働三権(団結権・団体行動権・団体交渉権)をしっかり整理しよう。

▲労働三法

4 (1) 少子化

(2) テレワーク

(3) 過労死

2 労働環境の変化と課題 P.170, 171

1 (1) ① 終身雇用

② 年功序列賃金

(2) ① グローバル化

② 能力主義　③ アルバイト

考え方 (1) 労働環境の側面としては，第4章で学んだ男女の差別の撤廃や，障がいのある人も生き生きと働くことができる環境の整備などが必要である。

2 A 長時間労働　B 非正規

C 格差　D セーフティー

◆労働条件の最低基準を定めている

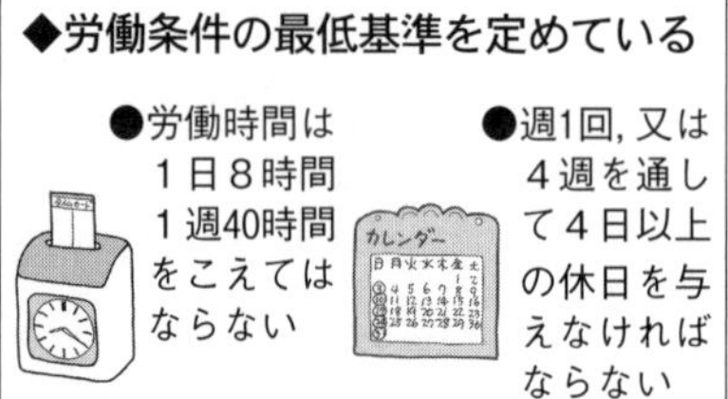

●労働時間は
1日8時間
1週40時間
をこえては
ならない
カレンダー
●週1回，又は
4週を通して4日以上の休日を与えなければならない

▲労働基準法

3 (1) 能力給(能力主義・成果主義)

(2) 外国人労働者

(3) 正規労働者(正社員)　(4) イ・ウ

考え方 (4) 育児や介護などの事情があっても働きやすいという利点がある。

4 (1) 終身雇用

(2) 年功序列賃金

(3) 非正規労働者(非正社員・非正規雇用)

考え方 (1)・(2)は，日本独特の制度。現在，この制度はくずれつつある。

まとめのドリル　P.172, 173

1 (1) ① **団結**　② **団体交渉**
③ **団体行動**　④ **労働関係調整法**
⑤ **最低賃金法**
(2) 法律名　**労働基準法**
機関名　**労働基準監督署**
(3) **労働組合法**　(4) **ストライキ**
(5) **社会権**

考え方 (3) 労働基準法，労働関係調整法と合わせて，労働三法という。労働三法の目的と内容を整理しておこう。

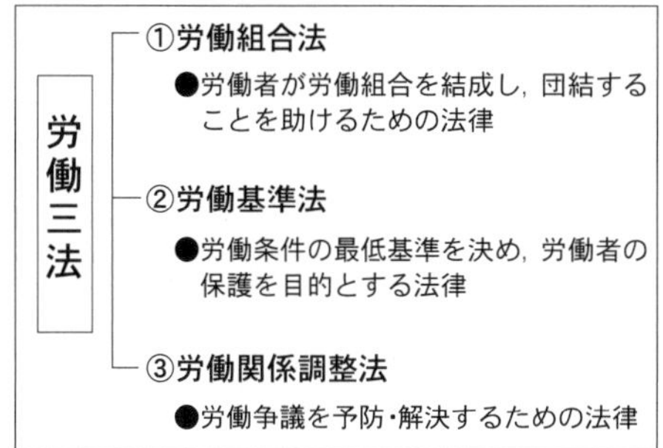

労働三法
①労働組合法
●労働者が労働組合を結成し，団結することを助けるための法律
②労働基準法
●労働条件の最低基準を決め，労働者の保護を目的とする法律
③労働関係調整法
●労働争議を予防・解決するための法律

▲労働三法の目的と内容

2 (1) ① **終身雇用(制)**
② **年功序列賃金(制)**
③ **グローバル**　④ **非正規**
⑤ **フレックスタイム**
⑥ **テレワーク**
⑦ **ワーク・ライフ・バランス**
(2) ① **過労死**
② **働き方改革**
③ **セーフティーネット**

考え方 (1) 近年，女性就業者数は増加したが，男性と比べて，労働条件は不利であることが多い。

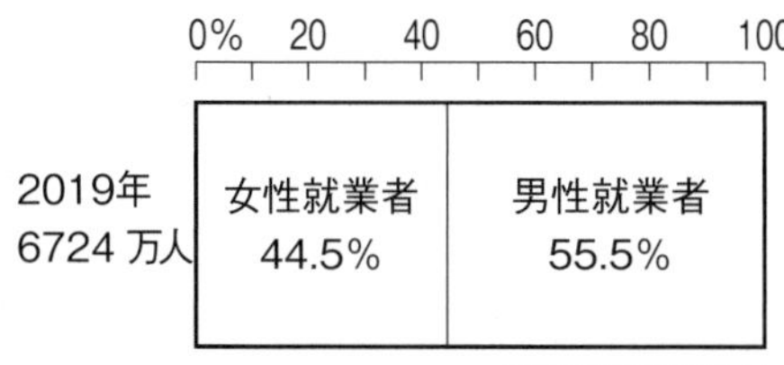

▲全就業者に占める女性就業者の割合

定期テスト対策問題　P.174, 175

1 (1) **エ**　(2) **ウ**　(3) **ウ**
(4) **イ**　(5) **卸売業**

考え方 (3) イは，クーリング・オフ制度の仕組みについての説明。エは，独占禁止法の内容にあてはまる。
(4) 株式会社は公企業ではなくて私企業であるので，利潤を追求する。

> 株式会社の利点
> ①巨額な資金調達が可能
> 資本を少額の株式に分けて公募するので，巨額の資本を集めることができる。
> ②企業の拡張が容易
> 新株式の発行によって，企業規模を容易に拡張できる。
> ③強い競争力
> 巨額の資本が集まるので，市場での競争に強い。

2 (1) **企業の社会的責任(CSR)**
(2) A　**事業所数**　B　**従業員数**
C　**生産額**

考え方 (1) CSRは，環境や教育，地域貢献など，さまざまな方向で活動が行われている。
(2) 日本は中小企業の数が多いことが特徴である。また，グラフからは，大企業が効率的に生産していることがわかる。

3 (1) A 労働基準法 B 労働組合法
C 労働関係調整法
(2) フレックスタイム
(3) 働き方改革

考え方 (1) 最低賃金法は労働者に賃金の最低額を保障し，労働者の生活安定をはかる目的で制定。労使間の交渉力(こうしょうりょく)の格差などのため，個人の生存ぎりぎりといったきわめて低い水準に決まってしまう危険性がある。こうした事態を防ぐために設けられた。
(2) フレックスタイムを導入することにより，子どもの送迎(そうげい)がしやすくなったり，公共機関が混雑する時間をさけて通勤できる。
(3) 具体的には，残業代ゼロ制度(高度プロフェッショナル制度)の新設，裁量労働制(労働者に労働時間や仕事の進め方をゆだねる)の拡大，残業時間の上限規制，同一労働同一賃金の考え方を盛(も)り込(こ)んだ法律の改正など。

13 価格のはたらきと金融(きんゆう)

スタートドリル P.178, 179

1 (1) 経済 (2) 市場
(3) 小売価格 (4) 需要量(じゅよう)
(5) 金融(きんゆう)

考え方 (3) 生産者価格とは生産費に利潤(りじゅん)を加えたものである。
(4) 供給量は売り手が一定の価格で売ろうとする商品の数量。

2 (1) 市場経済
(2) 均衡価格(きんこう)
(3) 寡占価格(かせん)
(4) 公共料金
(5) 日本銀行

考え方 (3) 寡占価格は寡占している大企業に有利な高い価格に設定されがちである。中小企業(きぎょう)が不利益をこうむることが多い。
(4) 公共料金には郵便料金や鉄道運賃，都市ガス，電気料金，バス代などがある。どれもわたしたちの生活と密接に関係がある。国や地方公共団体が決めたり，認可したりしている。

3 (1) A 需要曲線 B 供給曲線
(2) 均衡価格 (3) 上がる

考え方 (2) 価格が高いと数量が少ないのが需要曲線である。
(3) 需要曲線が右にずれると，需要曲線と供給曲線の交点も右にずれる。

4 (1) A 発券銀行 B 銀行の銀行
C 政府の銀行
(2) 日本銀行券

① 市場経済 P.180, 181

1 (1) **生産と消費**
(2) **貨幣・財・サービス** (3) **市場**
(4) **市場経済**

考え方 (2) 家計・企業・政府の三つの経済主体の間を，貨幣・財・サービスが絶えず活動し，経済の循環の輪をかたちづくっている。
(4) 資本主義経済では，自由競争が原則であり，企業は市場の価格をめやすに生産を行っている。売れれば生産を増やし，売れないときは生産をひかえる。市場経済とはこのような仕組みをいう。

2 (1) A **家計** B **企業**
C **政府**
(2) a **ア** b **ウ**

考え方 (1) Cは，公共サービスの提供を重要な役割としている。

3 (1) **家計** (2) **経済主体**
(3) **財** (4) **市場** (5) **市場価格**
(6) **市場経済**

考え方 (5) 市場価格は，需要と供給が一致したところで決定される。

4 (1) **サービス** (2) **賃金**
(3) **公共サービス**

考え方 二者の間で何を与えたら，何を受け取るかの関係性を整理すると良い。例えば，家計が政府に労働を与えた場合，政府からは賃金を受け取る。

② 価格のはたらき P.182, 183

1 (1) A **生産者価格**
B **卸売価格** C **小売価格**
(2) **利潤（利益）** (3) **原材料費**

考え方 (1) ［　　］のうち，公定価格は，政府が公共の立場から決定する価格である。標準価格と希望価格は造語である。
(3) 原材料費は生産費に入る。他にも生産にかかる人件費や設備費も生産費である。

2 (1) **上がる** (2) **減る**
(3) **下がる** (4) **増える**
(5) **変わらない**

考え方 価格の変化は，商品の過不足を示すだけでなく，消費者と生産者にはたらきかけて，過不足をなくそうとするはたらきがある。

3 (1) **上がる** (2) **増やそう**
(3) **下がる**
(4) **減らそう**
(5) **供給**

考え方 価格によって，需要量と供給量は，変化する。

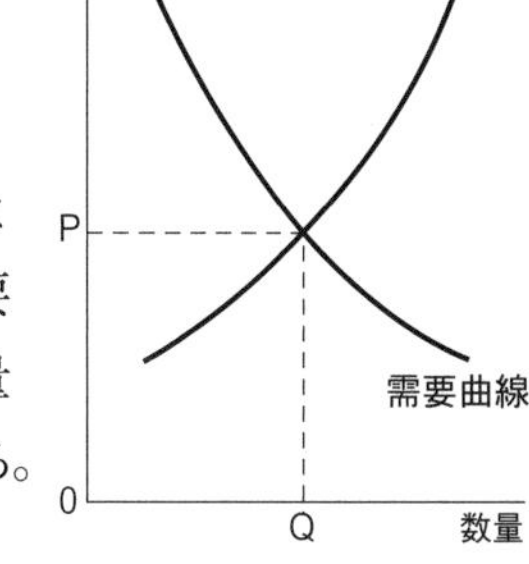

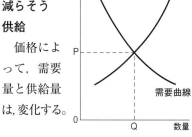

4 (1) A **均衡価格（自由価格，市場価格）**
B **供給** C **寡占価格**
D **公共料金**
(2) **希少性が低い。**

考え方 (1) C 1社が独自に決める価格が独占価格。

③ 金融のはたらき　P.184, 185

1 (1) **銀行**　(2) **預金利子率**
(3) **貸し付け利子率**
(4) **預金通貨**

考え方 (1) 代表的な金融機関である。

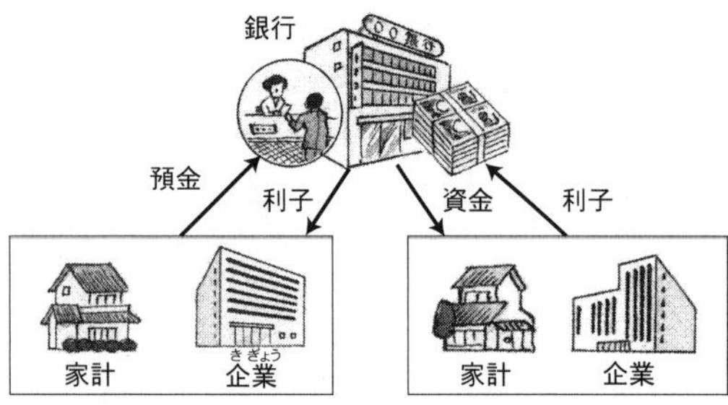

▲銀行のはたらき

2 (1) **中央銀行**　(2) **発券銀行**
(3) **銀行の銀行**　(4) **政府の銀行**

考え方　日本銀行は，政府と銀行とのみ取り引きを行い，家計や一般の企業とは取り引きを行わない。

3 ① **円高**　② **有利**　③ **不利**
④ **円安**　⑤ **有利**

考え方 ① 円の価値が上がるので円高となる。円の数値が下がるので円安としないこと。

4 (1) **日本銀行券**
(2) **管理通貨制度**　(3) **発券銀行**
(4) **銀行の銀行**　(5) **預金通貨**

考え方 (2) 国が日本銀行券の発行額を，経済全体のようすを見ながら決める制度。

まとめのドリル　P.186, 187

1 (1) **市場経済**　(2) **生産者**
(3) **為替相場**　(4) **利子**

考え方 (1) 生産者や流通業者，消費者が市場を通して生産・流通・消費を行い，市場における需要と供給によって商品の価格や種類，量や質が決められていく仕組みを市場経済という。
(2) 生産費に利潤を加えた価格は生産者価格。生産者価格に諸経費と利潤を加えたのが卸売価格。卸売価格に諸経費と利潤を加えたものが小売価格。この違いをしっかり整理しよう。
(4) 企業が銀行からお金を借りる場合，集めた資金をどの企業に貸すのかを決めるのは仲立ちをする銀行である。これを間接金融という。銀行は企業などに貸し付けを行って利益を得ている。

2 (1) **エ**
(2) **a　ウ　b　イ**

考え方 (1) エ株主は資金で株式を購入し，配当を得る。したがって株式も配当も企業から家計へ向かう②の矢印を示す。
(2) a社会保障などの公共サービスを受けるのは家計である。
b税金は家計や企業が国や地方公共団体に納める。

3 (1) **ア**　(2) **ウ**　(3) **公共料金**

考え方 (1)　需要量と供給量によって価格が決まる。逆に価格は需要量と供給量を調節する。

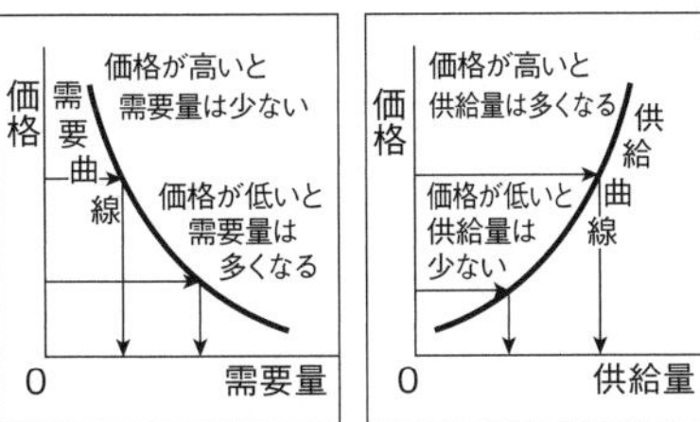

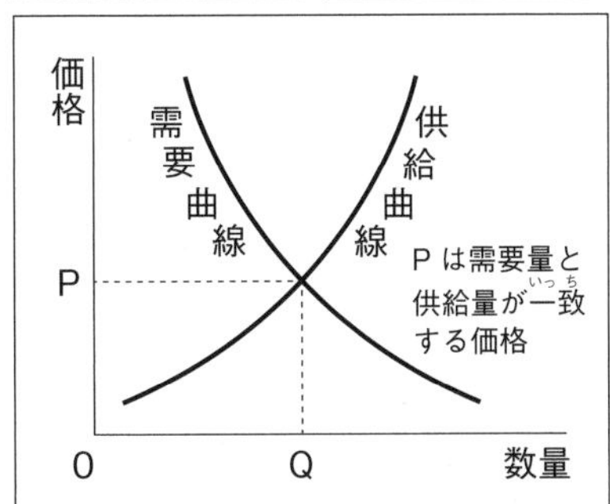

▲需要と供給による価格の変化

(3)　国や地方公共団体が決定・認可する料金→鉄道・バスの運賃・電気・ガス料金・公営水道料金，公衆浴場入浴料など。

4 ① **日本銀行券**　② **銀行**
③ **政府**

考え方　日本銀行は日本の中央銀行で，金融で大きな役割を果たしている。日本銀行の役割をしっかり整理しておこう。

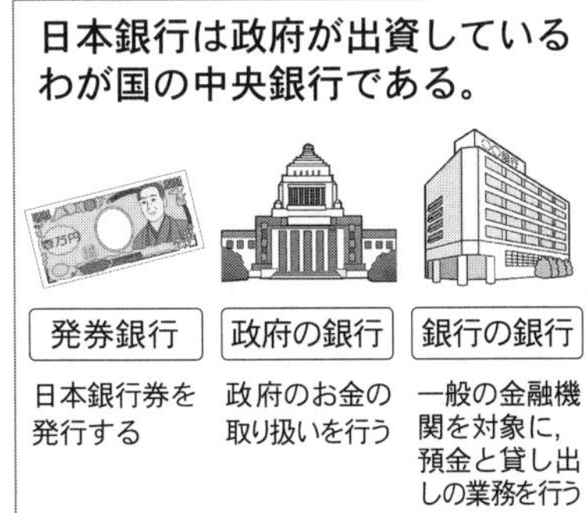

▲日本銀行の役割

14 政府の経済活動

スタートドリル　P.190, 191

1 (1) **財政**　(2) **公共サービス**
(3) **直接税**　(4) **国債**
(5) **累進課税**

考え方 (3)　間接税は，税金を納める人と実際に税金を負担する人が異なる。
(4)　地方が発行するものが地方債。
(5)　累進課税は税負担の公平をはかるために行われている。公共投資とは道路・港湾・公園・学校などのような公共的な社会施設を整えるために国などが資金を投入すること。

2 (1) **景気変動**
(2) **インフレーション**
(3) **デフレーション**
(4) **金融政策**
(5) **財政政策**

考え方 (1)　資本主義経済は景気変動をくり返しながら発達してきた。
(4)(5)　経済の安定をはかるために，政府が行う政策が財政政策。日本銀行が行うのが金融政策。日本銀行が行う公開市場操作とは，日本銀行が有価証券(国債など)の売買によって通貨量の調整を行うこと。

3 (1) あ **国債費**
い **地方交付税交付金など**
う **公共事業関係費**
(2) **防衛関係費**
(3) **社会保障関係費**

考え方 (1)(3)　社会保障関係費の占める割合が増えている。

4 A **好景気**　B **景気の後退**
C **不景気**　D **景気の回復**

1 財政のはたらき P.192, 193

1 (1) **公共サービス** (2) **財政**
(3) **財政投融資**

考え方 (2) 政府の経済活動のこと。

2 (1) **税金** (2) **企業**
(3) **予算** (4) **公共サービス**
(5) **所得の再分配**

考え方 (1) 国民の三大義務の一つである。納税の義務に基づいている。
(2) 商品の生産と流通をになう経済主体である。
(4) わたしたちの生活には必要であっても，利潤をほとんど生まないために，企業では生産されないサービスである。
(5) 社会保障費の支給などで，所得の少ない人を援助して，所得の不平等を小さくしている。

3 (1) **国**
(2) ① **文教および科学振興費**
② **公共事業関係費**
③ **社会保障関係費**

4 (1) **一般会計** (2) **特別会計**
(3) **復興**

考え方 (1) 一般会計予算の歳入は租税が多い反面，石油危機以降，公債に依存する割合も高まった。
(2) 特別会計予算は，特定の事業を行うために設置される。財政投融資や復興予算などがこれにあたる。

2 財政収入と税金 P.194, 195

1 (1) **直接税** (2) **間接税**
(3) **消費税** (4) **公債**
(5) **消費者**

考え方 (4) 政府が，税金による収入をこえて多額の資金を必要とするときの借金である。

2 (1) **累進課税**
(2) ① **所得税** ② **法人税**
③ **相続税**

考え方 (1) 所得を再分配し，平均化をはかる役割も果たす。

3 (1) A **国税で直接税**
B **地方税で間接税**
C **国税で間接税**
(2) **所得税，相続税**

考え方 (1) 地方税の直接税には，都道府県民税，事業税，自動車税，市町村民税(特別区民税)，固定資産税がある。

4 (1) **租税** (2) **所得税**
(3) **ウ**

考え方 (1) 国や地方公共団体の発行する借金の証書を公債という。国が発行するものが国債，地方公共団体が発行するものが地方債である。
(2) 国の租税収入で最も多いのは所得税であるが，所得税や法人税が増えないことから，消費税やたばこ税，酒税などの間接税を引き上げる方策がとられる。
(3) イ消費税には累進課税はとられていない。累進課税が行われているのは所得税や相続税などである。

③ 景気変動と財政政策　P.196, 197

1 (1) 景気調整政策　(2) 減税
(3) 金融(きんゆう)政策

考え方 (1) 政府は財政支出や財政投融資の増減を行い，経済活動を刺激(しげき)したり，おさえたりする。
(3) 経済を安定させるための日本銀行の政策を金融政策という。政府の行う政策を財政政策という。

2 (1) A 好景気　B 景気の後退
C 不景気　D 景気の回復
(2) 恐慌(きょうこう)

考え方 (1) 好景気と不景気が交互(こうご)にくり返されることを，景気変動という。資本主義経済は，景気変動をくり返しながら発展してきた。
(2) 1929年，ウォール街の株式市場の大暴落をきっかけにおこった世界恐慌が一つの引き金となり，世界は第二次世界大戦に進んでいったと考えられている。

3 (1) インフレーション(インフレ)
(2) ① 好景気のとき
② 不景気のとき

考え方 (1) インフレーションの逆の現象が，デフレーションである。

4 A 増加　B 減税
C 減少　D 増税

考え方 不景気のときは，景気の回復策として財政支出を増やし，購買(こうばい)力を高めるために減税を行う。景気が行き過ぎたときは，上記の逆の政策を実(じっ)施(し)する。

まとめのドリル　P.198, 199

1 (1) ① 直接　② 間接
(2) 消費税
(3) ① 法人税　② 所得税
③ 相続税
(4) 累進(るいしん)課税

考え方 (1) ①税金を負担する人と納税する人が同じである税金。
②税金を負担する人と納税する人が違(ちが)う税金。
(3) ①会社などの法人にかけられる税金。
②個人の収入にかけられる税金。
③相続税も累進課税である。
(4) 高額所得者になるほど高い税率をかける課税方法。

2 (1) ウ
(2) ウ

考え方 (1) Xの時期は好景気の時期である。この時期は，消費が活発になり，商品の売れ行きもよくなる。アの「失業者が増えてくる」，イの「デフレーションがおこる」は，不景気のときの現象である。
(2) Yの時期は不景気のときである。好景気のときと逆に，消費と生産が減少する。好景気のときと不景気のときの現象を整理しておくことが大切である。

好景気	●商品の売れゆきが拡大 ●雇用(こよう)が増える ●賃金が上昇(じょうしょう)
不景気	●生産が縮小 ●失業者が増加 ●物価が下落

▲好景気と不景気のときの現象

3 (1) ㋐ **財政**　㋑ **公共**
㋒ **増や**　㋓ **増税**
(2) **再分配**
(3) ⓐ **金融**　ⓑ **国債**
(4) **公開市場操作**

考え方 (1) 経済の安定をはかることが政府の経済活動の最も重要な仕事である。不景気のときには公共事業などの財政支出を増やして，資金が市場にまわるようにしたり，消費を活発にするために減税を行ったりする。

かつては公共事業による景気対策が効力を発揮していたが，近年は，その効果がうまく機能していないという意見もある。

かつての日本銀行の金融政策は公定歩合という金利の上げ下げがおもであったが，現在は公開市場操作が中心となっている。

> 公開市場操作
> ●景気をおさえるとき
> 日本銀行が手持ちの国債などの有価証券を一般の金融機関に売り，金融機関から通貨を吸い上げ，通貨量を減らす。→売りオペレーションという。
> ●景気を活発にするとき
> 日本銀行が一般の金融機関から有価証券を買い，金融機関に通貨を流して通貨量を増やす。→買いオペレーションという。

15 国民生活と福祉

スタートドリル

P.202, 203

1 (1) **生存権**　(2) **少子高齢化**
(3) **介護保険**　(4) **共助**
(5) **リデュース**

考え方 (1) 日本国憲法の第25条にある。

> 日本国憲法　第25条
> ① すべて国民は，健康で文化的な最低限度の生活を営む権利を有する。
> ② 国は，すべての生活部面について，社会福祉，社会保障及び公衆衛生の向上及び増進に努めなければならない。

(5) リユースは，再使用の意味で，ビンを回収し，洗ってまた利用することなどを指す。

2 (1) **社会福祉**　(2) **公的扶助**
(3) **社会保険**　(4) **公衆衛生**
(5) **医療保険**

考え方 (1) 社会保険には医療保険，介護保険，年金保険，雇用保険，労災保険がある。

3 (1) **増えている**　(2) **年金**
(3) **年金**

考え方　社会保障給付費とは社会保障により給付された総費用である。

4 (1) A **新潟水俣病**
B **イタイイタイ病**
C **四日市ぜんそく**　D **水俣病**
(2) **四大公害(病)**

考え方 (1) 四日市ぜんそくは大気汚染。他の三つは，工場や鉱山から流れ出た廃水による水質汚濁が原因である。

① 社会保障の仕組み　P.204, 205

1 (1) **生存権**　(2) **公的扶助**
(3) **社会保険**　(4) **社会福祉**

考え方 (1) 健康で文化的な最低限度の生活を営む権利。社会権に含まれる。

2 (1) **国民健康保険**　(2) **厚生年金**
(3) **国民年金**　(4) **健康保険**
(5) **雇用保険**

考え方 労災保険は，勤労者が仕事が原因で病気やけがをしたときのものである。

3 (1) **社会保障制度**
(2) A **生存**　B **公的扶助**
C **社会保険**　D **社会福祉**
E **公衆衛生**

考え方 (1) 日本の社会保障制度は，公的扶助，社会保険，社会福祉，公衆衛生の四つの柱からなっている。

4 (1) **医療保険**　(2) **年金保険**
(3) **労災保険（労働者災害補償保険）**
(4) **雇用保険**

考え方 日本の社会保障制度の中心である社会保険は，年金保険，医療保険，雇用保険，労災保険，介護保険の五つからなっている。

▲社会保険

② 少子高齢化と財政　P.206, 207

1 (1) **平均寿命の長さ**　(2) **増えていく**
(3) **介護**　(4) **支援**　(5) **年金**

考え方 (1) 日本人の平均寿命が女性は87.45歳，男性は81.41歳である（2019年）。
(2) 65歳以上の人口を老年人口（老齢人口）という。
(3) 2000年４月からスタートした介護保険制度は，介護が必要になったときは，在宅介護や施設介護などを受けられる。

2 (1) **介護**　(2) **高齢者**
(3) **地方公共団体**

考え方 いろいろな介護サービスがある。

▲介護サービス

3 (1) **4**　(2) **少子高齢**
(3) **出生率**　(4) **増大**
(5) **大きく**

考え方 (3) 出生率の低下で，生産年齢の人口が減少するので，老年人口が増えると，働き手一人あたりの社会保障費の負担は大きくなる。

4 (1) **介護保険制度**
(2) **後期高齢者医療制度**
(3) **年金保険，医療保険，介護保険の中から２つ**

考え方 (1) 介護保険は満40歳以上の人が加入し，介護が必要と認定された人が，必要に応じて介護が受けられる制度。

③ 公害問題と環境保全 P.208, 209

1 (1) **水質汚濁** (2) **水俣病**
(3) **四日市ぜんそく** (4) **環境省**

考え方 (1) 土壌汚染は，有害な物質により，土が汚染されることである。乾電池の水銀による汚染などもある。

2 (1) **環境基本法** (2) **エシカル消費**
(3) **リデュース**
(4) **リサイクル**

考え方 (1) 公害対策基本法から発展した法律。環境保全について，国・地方公共団体・企業・国民の責務を明らかにし，公害防止と，生活環境の保全の基本的な方向を示している。
(2) 例えば，フェアトレードのマークのついた商品を買うなどがあげられる。
(3)(4) リデュース・リユース・リサイクルの３Ｒの違いと，具体的な取り組みを整理しよう。

3 (1) **GDP**
(2) **循環型社会**

考え方 (1) ＧＤＰは国内総生産のこと。その国の生産活動で作り出された財やサービスの付加価値を指す。

4 (1) ① A **新潟(第二)水俣病**
B **イタイイタイ病**
② C **大気汚染** D **水質汚濁**
(2) **環境省**

考え方 (1) ①Aは阿賀野川で水銀中毒。第二水俣病ともいう。原因は水俣病と同じく，工場廃水に含まれていたメチル水銀である。
②Cは四日市ぜんそくの発生地。Dは水俣病の発生地である。
(2) 国は1971年に環境庁を設置し，2001年に環境省とした。

まとめのドリル P.210, 211

1 (1) ① **年金** ② **イ**
(2) **年金**
(3) A **医療** B **年金**
C **健康保険(共済組合保険)**
D **厚生年金(保険)**
E **雇用保険**
(4) **ア**

考え方 (3) 社会保険は，日本の社会保障制度の中心で，医療・年金・労災・雇用・介護の五つの柱から成り立つ。

2 (1) A **リデュース** B **リユース**
(2) ① **四日市ぜんそく**
② **イタイイタイ病** ③ **水俣病**

考え方 (1) 2015年，国連で採択された持続可能な開発目標（ＳＤＧｓ）にも関わる大切な取り組みである。

▲公害の種類

定期テスト対策問題 P.212, 213

1 (1) A 労働(力) B 賃金
(2) 均衡価格(自由価格，市場価格)
(3) ア
(4) 累進課税
(5) ① A 中央 B 発券
C 政府
② 管理通貨制度

考え方 (1) A，B 家計は政府や企業に労働力を提供して，収入を得ている。
(3) 法人税，相続税，所得税は直接税である。
(4) 課税対象の金額が多くなるほど税率が高くなる制度。
(5) ②国または中央銀行(日本銀行)が経済全体のようすをみて，日本銀行券(紙幣)の発行量を調節する制度。

2 (1) A 好景気(好況)
B 不景気(不況)
(2) ア
(3) 景気変動(景気循環)
(4) (例)企業の生産は縮小し，倒産や失業者が増える。

考え方 (3) 好況と不況が交互にくり返されること。

3 (1) 少子高齢化
(2) ① 国民健康保険
② 厚生年金(保険) ③ 雇用保険
(3) 介護保険制度

考え方 65歳以上の人口を老年(老齢)人口という。老年人口が14%をこえる社会を高齢社会という。21%をこえる社会を超高齢社会という。

16 国家と国際社会

スタートドリル P.216, 217

1 (1) 排他的経済水域 (2) 国際法
(3) 北方領土 (4) キリスト教
(5) イスラム教

考え方 (2) 国際法とは国際社会の平和と秩序を維持するための法律。オランダの法学者グロティウスが提唱。「国際法の父」とよばれる。憲法は国の根本の法律をいう。
(3) 尖閣諸島は日本固有の領土だが，近年，中国や台湾が領有権を主張している。
(5) イスラム教の礼拝堂をモスクと呼ぶ。

2 (1) 内政不干渉 (2) 主権平等
(3) 主権国家 (4) 公海自由
(5) 人間の安全保障

考え方 (1)(2)(4) 国際社会の原則として「主権平等」「内政不干渉」「公海自由」の三つの原則がある。
(3) 主権国家とは他国から支配や干渉を受けない国家のことである。

3 ① イスラム ② UNESCO
③ 世界遺産条約 ④ 人間

考え方 ② UNICEF(国連児童基金)と区別すること。

4 (1) A 北方領土 B 竹島
C 尖閣諸島
(2) 排他的経済水域

① 主権国家 P.218, 219

1 (1) **主権** (2) **12海里**
(3) **200海里** (4) **条約**

考え方 (1) 三領域とは，領土・領海・領空のこと。
(2) かつては３海里としていたが，1982年の国連海洋法会議で12海里以内とされた。

2 (1) ① **北方領土** ② **国後島**(くなしりとう)
(2) **韓国**(かんこく)
(3) **内政**

考え方 (1) ②1945年８月８日，ソ連は日ソ中立条約に違反して日本に宣戦した。９月初旬(しょじゅん)に北方領土を占領(せんりょう)して以降，国がロシアに変わったあとも不法な占拠(せんきょ)が続いている。
(3) 他国の内政に干渉(かんしょう)しないという原則。ただし，基本的人権が尊重されないときは，他国から批判される。南アフリカ共和国のアパルトヘイト(人種差別・人種隔離(かくり)の政策と制度をさす)がその例である。

3 (1) ① **A** ② **B**
(2) **内政不干渉，主権平等**

考え方 (1) ①第二次世界大戦まで，東南アジア，南アジアとアフリカの多くの国が植民地であった。
(2) 主権平等の原則は，各国の主権は領土や人口の大小などに関わらずすべて平等にあつかわれ，対等である。

4 (1) **A 領土** **B 領海** **C 領空**
(2) **公海自由**
(3) **国際慣習法**

考え方 (2) 図のＤは公海である。公海上での船の航行は自由にできる。

② 世界の多様性 P.220, 221

1 (1) **ユネスコ** (2) **自然遺産**
(3) **キリスト教**

考え方 (1) ユネスコは教育・科学・文化面での国際協力の促進(そくしん)をしている。
(2) 小笠原(おがさわら)諸島は2011年に世界遺産に登録された。

2 (1) ① **人類共通** ② **権利**
(2) ① **バーミアン**
② **言語**

考え方 (2) ①世界を代表する仏教遺跡(いせき)。宗教の違(ちが)いから破壊(はかい)された，現在，ユネスコを中心に復元が進められてる。

3 (1) ① **キリスト教**
② **イスラム教** ③ **仏教**
(2) ① **地域** ② **テロ**

考え方 (1) 世界の三大宗教とはキリスト教，イスラム教，仏教である。このことはしっかりと覚えておくこと。
(2) ②正しくはテロリズムという。

4 (1) **文化の多様性に関する世界宣言**
(2) **文化の画一化**

まとめのドリル

P.222, 223

1 (1) 国民
(2) A 領土 B 領海 C 領空
(3) 12 (4) 排他的経済(はいたてき), 200
(5) 公海自由
(6) ⓒ 内政不干渉(ふかんしょう)(の原則)
ⓓ 主権平等(の原則)
(7) 国際法
(8) 国旗…日章旗(日の丸)
国歌…君が代

考え方 (2) A主権がおよぶ陸地をいう。B海岸より12海里以内の範囲(はんい)の海。C領土と領海の上空。
(6) ⓒ他国の内政に干渉しないという原則。

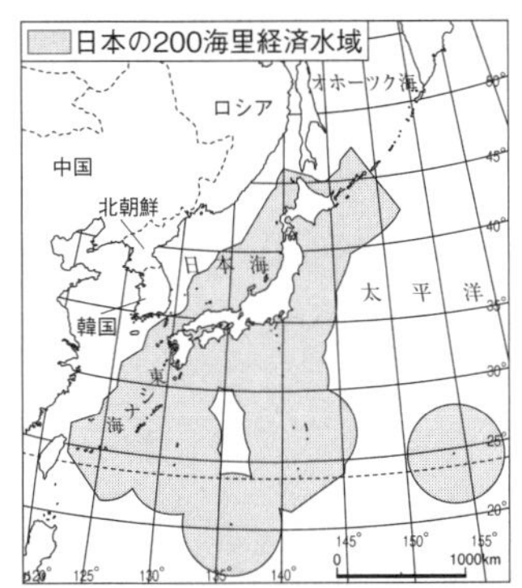

▲日本の排他的経済水域

2 (1) ① ア ② ウ
(2) 世界遺産(世界文化遺産)
(3) ユネスコ
(4) 画一

考え方 アは法隆寺(ほうりゅうじ)。五重の塔(とう)が見える。イはイスファハンのイマームモスク。モスク独特の屋根の形が見える。ウはサン・ピエトロ大聖堂である。

17 国際政治の仕組みと動き

スタートドリル

P.226, 227

1 (1) 大西洋憲章 (2) 国際連合憲章
(3) ニューヨーク (4) ユーロ
(5) ＦＴＡ(エフティーエイ)

考え方 (1)(2) 大西洋憲章はアメリカとイギリスの首脳会談で発表され，1942年にワシントンで行われた連合国共同宣言で合意された。そして1945年サンフランシスコ会議で，国際連合憲章に調印して国際連合が誕生した。
(5) ＥＰＡ(イーピーエイ)はＦＴＡを発展させたもので，ＦＴＡは関税を撤廃(てっぱい)する協定であるのに対して，ＥＰＡは投資や人の移動，技術協力などを含(ふく)む。

2 (1) 総会 (2) 安全保障理事会
(3) 経済社会理事会 (4) ユネスコ
(5) ユニセフ

3 (1) 1945年 (2) アフリカ
(3) アフリカ

4 A…ＥＵ(イーユー)
B…ＡＰＥＣ(エイペック)
C…ＡＳＥＡＮ(アセアン)
D…ＮＡＦＴＡ(ナフタ)

考え方 A ＥＵは共通通貨ユーロを発行している。
B ＡＰＥＣは太平洋を中心とした国と地域の経済協力を進めている。
C ＡＳＥＡＮは東南アジアの国々が加盟し，政治・経済の地域的協力を行っている。
D ＮＡＦＴＡはアメリカ合衆国，カナダ，メキシコが加盟，2020年，ＵＳＭＣＡ(新ＮＡＦＴＡ)として改めて結成。

① 国際連合の仕組み P.228, 229

1 (1) ドイツ　(2) イギリス
(3) 連合国　(4) ニューヨーク

考え方 (1) ファシズムはイタリアのムッソリーニの政治運動とその理論から出た語句。日本の軍国主義に対しても用いられた。
(2) 当時の首相はチャーチル。

2 (1) 国際連合　(2) 190
(3) 総会　(4) 安全保障
(5) 経済社会

考え方 (1) 本部は，アメリカ合衆国最大の都市におかれている。
(3) 国連の最高機関で，毎年9月に開かれる。
(5) 多くの専門機関をもつ理事会。

3 (1) ウィルソン
(2) A 国際連盟　B 大西洋憲章
C 国際連合憲章

考え方 (1) アメリカ合衆国の大統領。
(2) Aこの組織にはアメリカ合衆国は参加しなかった。
C国連の組織と活動の基本原則を定めたもの。

4 (1) A 経済社会理事会
B 信託統治理事会
(2) ① 15　② ロシア(連邦)
③ 拒否権

考え方 (1) B五大国が理事国となり，信託統治下におかれた地域の施政の監督にあたる。1994年パラオが独立して，その役割は終わった。
(2) ③五大国が持つ特権。五大国のうち1か国でも反対すると，決定できない。

② 国際連合のはたらき P.230, 231

1 (1) 平和　(2) 190
(3) 安全保障理事会　(4) PKO

考え方 (2) 次のグラフが地域別の国連加盟国の割合である。

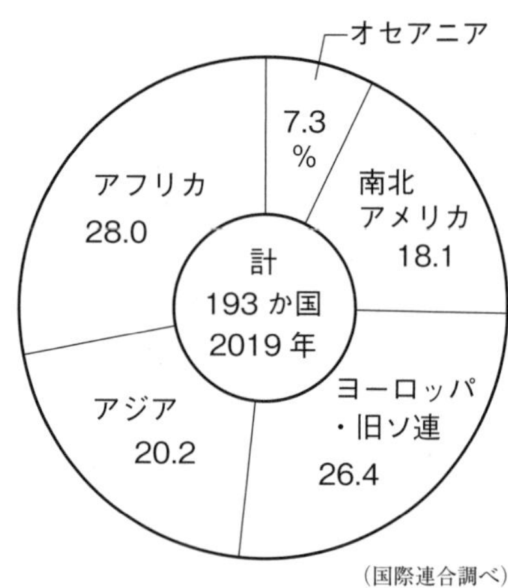

▲地域別国連加盟の割合

(4) 国際連合の平和維持活動。日本も，1992年に自衛隊などがカンボジアに派遣されている。

2 (1) 経済社会　(2) 難民
(3) 発展途上国　(4) 資源

考え方 (2) 戦争の迫害などを避けて国外に逃れた人々をいう。

3 (1) 総会　(2) 5，拒否権
(3) 決定…9か国　略称…PKO

考え方 (2) 重要事項の決議は，すべての常任理事国を含む9か国以上の賛成が必要である。

4 (1) 経済社会理事会
(2) B ILO　C UNESCO
D WHO

考え方 (1) 総会で選出された54か国で構成。任期は3年で，毎年3分の1が改選。

③ 地域主義（地域統合）の動き　P.232, 233

1 (1) **EU**　(2) **NAFTA**
(3) **ASEAN**　(4) **APEC**

考え方 (1) 2002年から通貨ユーロが流通。2007年にルーマニアとブルガリア，2013年にクロアチアが加盟し，現地の日付で2020年１月31日にイギリスが離脱したため，2020年８月現在の加盟国は27か国。

2 (1) **ヨーロッパ連合**
(2) **関税**
(3) **ユーロ**

考え方 ＥＵはヒト，モノ，サービス，資本の移動を自由にして経済の結びつきを深め，将来には政治的にもひとつの国としてまとまろうとしている。

◆EUの旗 →

◆EUの歌
ベートーベンの交響曲第９番中の「歓喜の歌」

◆EUのしくみ
EUにも行政機関や議会がある。EU理事会議長はEUの大統領ともよばれる。

▲ＥＵ

3 (1) **A　EU　　B　ASEAN**
(2) **メキシコ**
(3) **APEC**

考え方 (1) **B**加盟国10か国
(3) ＡＳＥＡＮ10に日本，アメリカ，カナダ，韓国，中国，台湾，ホンコンなど21か国・地域が加盟。

4 (1) **ＦＴＡ（自由貿易協定）**
(2) **APEC**
(3) **東ヨーロッパの国々**

考え方 (3) 東ヨーロッパの国々は，旧ソ連が解体したあと，西ヨーロッパと結びつきを強めた。

まとめのドリル　P.234, 235

1 (1) **A　総会　　B　経済社会**
C　信託統治
(2) ① **UNESCO**
② **UNICEF**
(3) ① **拒否権**　② **フランス**
③ **9**

考え方 (1) **A**国連の中心的機関である。全加盟国で構成される。
(2) ①②それぞれを混同しないように。

ユニセフの活動
身近なとりくみとして，多くの学校でとりくまれているユニセフ募金がある。ユニセフはこの募金などで集めたお金で，自然災害や感染症，戦争などで被害を受けた地域や発展途上国などで，子どもたちに予防接種をしたり，読み書きを教えたりしている。

▲国際連合の本部（ニューヨーク）

2 (1) **国境**
(2) ① **A　ヨーロッパ連合**
B　東南アジア諸国連合　② **ユーロ**
(3) **略称　APEC　　記号　ウ**
(4) **FTA**

考え方 (2) ②ＥＵ（ヨーロッパ連合）の共通通貨。

定期テスト対策問題 P.236, 237

1 (1) **領土**

(2) **排他的経済水域**

(3) ① **条約**　② **国際慣習法**

③ **公海自由**

考え方 (2) 日本は国土の面積はせまいが，排他的経済水域を含めた面積は広い。写真は日本の南の端の沖ノ鳥島であるが，水没する危険性が出てきたため，まわりをコンクリートで補強している。この島が水没すると日本の排他的経済水域は大きく減る。

2 (1) A **ASEAN**　B **APEC**

(2) ① **EU**　② **ユーロ**　③ **イ**

考え方 Cはヨーロッパの地域にあるのでヨーロッパ連合である。

3 (1) ① **総会**

② **(五)大国一致の原則**

③ **9か国以上**

(2) ① **小笠原諸島**

② **ユネスコ**

考え方 (2) ①法隆寺，姫路城は文化遺産として世界遺産に登録されている。種子島と伊豆半島は世界遺産には登録されていない。
②国連の専門機関で，教育や文化の面から世界平和に貢献する活動をしているのはユネスコである。

18 世界平和のために

スタートドリル P.240, 241

1 ① **ニューヨーク**　② **ベトナム**

③ **パレスチナ**

考え方 ③ 1948年に，ユダヤ人が先住のパレスチナ(アラブ)人を追い出してイスラエルを建国した。以後，パレスチナ人を支持するエジプトなどのアラブ諸国(イスラム教の国)とイスラエル(ユダヤ教の国)との間で，4回もの戦争がおこっている。

2 (1) **ベトナム戦争**

(2) **テロリズム**

(3) **地雷**

(4) **難民**

(5) **UNHCR**

(6) **軍縮**

3 (1) **アジア・オセアニア**

(2) ① **アジア**　② **アジア**

③ **アフリカ**　④ **アジア**

考え方 難民とは，人権・政治的な差別や迫害を避け，または戦争などの難を逃れるために国外に避難する人々をいう。

4 (1) **1989年**　(2) **2年後**

(3) ① **部分的核実験禁止条約**

② **核拡散防止条約**

③ **包括的核実験禁止条約**

考え方 1989年地中海にあるマルタで，アメリカのブッシュ大統領とソ連のゴルバチョフが会談を行い，冷戦の終結を宣言した。

① 絶えない地域紛争 P.242, 243

1 (1) ベトナム (2)民族
(3) テロリズム

考え方 (2) 国内の民族対立，宗教対立，独立戦争など，冷戦終結後も紛争は続いている。

> 冷戦終結後のおもな地域紛争
> ルワンダ内戦(1990～94年)
> 湾岸戦争(1990～91年)
> スロベニア内戦(1991年)
> クロアチア内戦(1991～95年)
> ボスニア・ヘルツェゴビナ紛争(1992～95年)
> タジキスタン紛争(1992～97年)
> イエメン内戦(1994年)
> ロシア・チェチェン紛争(1994～96年，1999～)
> コンゴ民主共和国内戦(1996～2003年)
> アンゴラ内戦(1975～91，98～2002年)
> コソボ紛争(1998～99年)
> スーダン・ダルフール紛争(2003年～)

2 (1) 難民
(2) 国連難民高等弁務官事務所
(3) 貧困を解消する

考え方 (1) 近年では，貧困から逃れるために国を脱出するケースも増えている。

3 (1) ① アメリカ ② 北ベトナム
(2) ① ニューヨーク ② テロ
③ アフガニスタン
(3) C ルワンダ D ソマリア
(4) 協調

② 軍縮の動き P244, 245

1 (1) 部分的核実験禁止条約
(2) 核拡散防止条約
(3) 中距離核戦力全廃条約

考え方 核軍縮への動きは，米ソが冷戦終結へ向かう中で始まった。

年	できごと
1963	部分的核実験禁止条約調印
1968	核拡散防止条約調印
1975	ベトナムでの戦闘が終わる
1978	第１回国連軍縮特別総会
	日中平和友好条約調印
1979	第二次戦略兵器制限条約
1982	第２回国連軍縮特別総会
1987	中距離核戦力(ＩＮＦ)全廃条約調印
1988	第３回国連軍縮特別総会
1989	米ソ首脳会談(マルタ会談)
1991	戦略兵器削減条約調印
1996	包括的核実験禁止条約調印
2009	安保理で「核なき世界」決議を採択
2010	米ロ，新戦略兵器削減条約調印
2017	国連，核兵器禁止条約採択

▲核軍縮の動き

2 ① 地雷 ② 対人地雷全面禁止条約
③ ＮＧＯ

考え方 ② オタワ条約とも呼ばれる。1997年に結ばれ，1999年に発効した。

3 (1) ベルリン
(2) ① 包括的核実験禁止条約
② 戦略兵器削減条約
(3) インド

4 ① 核
② 先進工業国
③ 発展途上国

まとめのドリル　P.246, 247

1 (1) A **朝鮮戦争**　B **ベトナム戦争**

(2) ① **ルワンダ内戦**

② **ユーゴスラビア紛争**

考え方 (1) A1950年に北朝鮮と韓国との間でおこった戦争。アメリカと中国がそれぞれの国を支援した。1953年に北緯38度線をはさんで非武装地帯を設定することで，朝鮮休戦協定が成立して終わった。

(2) ①1990年から1994年７月まで続いた内戦。フツ族中心の政府軍とツチ族中心の反政府組織との内戦。1994年４月～７月の大虐殺では，約100日間で80～100万人の犠牲者が出たといわれる。

2 (1) A **冷戦**　B **核軍縮**

(2) **核拡散防止条約**

(3) **包括的核実験禁止条約**

考え方 (1) A第二次世界大戦後の東西両陣営の対立→戦争にならない国際緊張状態のこと。しかし，1985年にソ連でゴルバチョフ政権が誕生し，1989年に米ソ首脳がマルタで会談をもち，冷戦終結を確認した

3 (1) **テロリズム**　(2) **戦争**

(3) **イラク，アフガニスタン**

考え方 (1) 政治的意図をもって，一般市民を巻きこむ可能性の大きい無差別の暴力をいう。2001年以降も複数の国を巻き込む国際テロが発生している。

4 (1) **地雷**

(2) **対人地雷全面禁止条約**

19 さまざまな国際問題

スタートドリル　P.250, 251

1 (1) **京都**　(2) **ラムサール条約**

(3) **化石燃料**　(4) **太陽光**

(5) **南北問題**

考え方 (3) 石油や石炭のような，地中に堆積した動植物などが，長い年月をかけて変成してできたもののうち，燃料として用いられるものを化石燃料という。

(4) バイオマス発電とは家畜のふん尿や廃棄物を発酵させたときに出るメタンガスを利用する発電のこと。

2 (1) **地球温暖化**

(2) **砂漠化**

(3) **森林の減少**

(4) **オゾン層の破壊**

(5) **酸性雨**

考え方 (1) ツバルなどでは海面の上昇によって島が水没するといわれている。

(2) アフリカのサハラ砂漠の南の縁に広がるサヘル地帯とアラル海の進行が早い。

(3) アマゾン川の流域などで減少が進行している。

(4) 南極で見られる。

(5) ヨーロッパなどの先進工業国で見られる。

3 (1) **原子力発電**　(2) **火力発電**

(3) **水力発電**　(4) **太陽光発電**

考え方 それぞれの発電の利点と欠点を整理しておこう。

4 (1) ① **中国**　② **アメリカ**

(2) **５番目**

① 地球環境問題 P.252, 253

1 (1) **地球温暖化**　(2) **酸性雨**
(3) **オゾン層**

考え方 (1) 二酸化炭素などの温室効果ガスが増加すると，地球の気温が上昇する。
(2) 硫酸や硝酸の混じった強い酸性の雨のこと。通常の雨にも大気中の二酸化炭素により，多少の酸性がふくまれているが，これよりも酸性の強い雨を酸性雨と呼んでいる。
(3) オゾン層が破壊されると，太陽の紫外線を直接浴びることになり，皮膚がんが増えるといわれている。

2 (1) ① **洪水**　② **海面**
(2) ① **ワシントン条約**
② **ラムサール条約**
③ **世界遺産**
(3) **国連環境開発会議**

考え方 (2) ②国際湿地条約ともいう。日本では釧路湿原，伊豆沼，クッチャロ湖などが登録されている。1993年に釧路で会議が開かれた。

3 ① **気候変動枠組**　② **二酸化炭素**
③ **京都議定書**　④ **パリ協定**

考え方 ① 二酸化炭素削減の動きを確認すること。

4 (1) **地球サミット**
(2) **ワシントン条約**
(3) **世界遺産条約**

考え方 (2) ワシントン条約では，絶滅の危惧のある野生動物の国際取引を禁止している。
(3) 人類が共有すべき世界の自然，文化遺産が登録されている。

② 資源・エネルギー問題 P254, 255

1 (1) **火力**　(2) **中国**
(3) **メタンハイドレート**
(4) **太陽光・風力**

考え方 (1) ペルシャ湾を囲む，イラン・イラク・バーレーンなどの西アジア地域は，石油埋蔵量が地球全体の約50%もあるという一帯である。
(3)(4) 新エネルギーを大別すると，
① 太陽光(ソーラー)
② 風力・潮力・地熱などの自然エネルギー
③ シェールガス・メタンハイドレートなど。
④ バイオ燃料などがある。

2 ① **原子力**　② **化石**　③ **安全**

考え方 ① 火力・水力に次ぐ，第三の火といわれているが，放射能汚染や廃棄物処理などの安全性が問われている。

3 (1) **太陽光発電**
(2) ① **原子力発電**　② **風力発電**

考え方 (2) ②電力の供給が自然に左右されるといわれている。

▲自然エネルギーを利用した風力発電所

4 (1) **脱原発**　(2) **バイオマス発電**
(3) **再生可能エネルギー**

③ 貧困問題　P256, 257

1 (1) 76　(2) 飢餓　(3) 南
(4) 南北

考え方 (1) 世界の人口は70億人を突破。人口増加率の高いのは，東南アジア・南アジア・アフリカなどである。低い農業生産に加え，紛争などで耕地が荒れ，大量の難民をかかえ，特にサハラ以南では飢餓が深刻である。

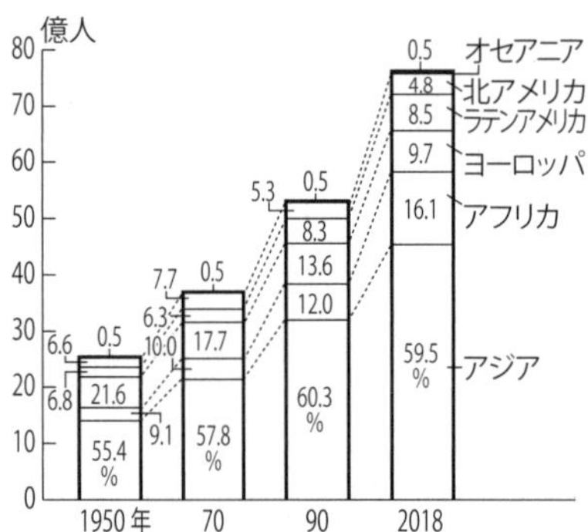

▲地域別に見た世界人口の推移

2 (1) アフリカ
(2) ① フェアトレード
② マイクロクレジット

3 (1) サハラ以南(の地域)
(2) 先進工業国(先進国)

考え方 (1) 極度の貧困状態の人々はサハラ以南のアフリカに４億1300万人いるといわれている。(2015年)

4 (1) G８　(2) G20
(3) 新興工業経済地域
(4) BRICS

考え方 (1)(2) 主要国首脳会議(サミット)という。G20が近年影響力を持つようになってきている。
(4) Brazil(ブラジル)，Russia(ロシア連邦)，India(インド)，China(中国)，South Africa(南アフリカ)の頭文字。

まとめのドリル　P.258, 259

1 (1) ① 森林(熱帯林，熱帯雨林)
② 砂漠
(2) ⓐ 二酸化炭素
ⓑ 硫黄酸化物・窒素酸化物
ⓒ フロンガス
(3) ⓐ
(4) ワシントン条約
(5) 国連環境開発会議
(6) ウ

考え方 (1) ②北アフリカのサハラ砂漠の南部で，特に進行している。

▲砂漠化を防ぐ緑化運動

(6) 1993年に，釧路湿原に隣接する釧路市で会議が開かれた。

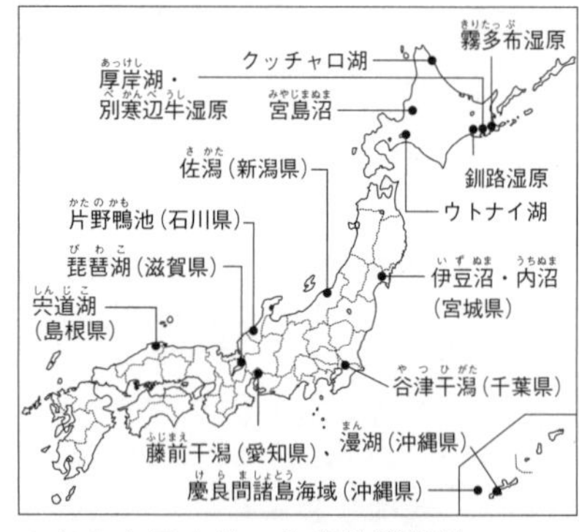

▲おもなラムサール条約登録地

▲釧路湿原

2 (1) **化石燃料**

(2) ① **メタンハイドレート** ② **エ**

(3) **南南問題**

(4) ① **増加** ② **飢餓(きが)**

考え方 (1) 2018年時点で，石油の可採年数(埋蔵量(まいぞうりょう)÷その年の生産量)は，50年，天然ガスは51年，石炭は132年である。技術の進歩や需要(じゅよう)を抑(おさ)えることで可採年数はのびるが，大切に使用する必要がある。

(2) ②日本では地熱，風力，太陽光の発電量は少ない。2011年３月の東日本大震災(だいしんさい)による福島第一原子力発電所の大事故により，原子力発電所の安全性が問題視され，2020年現在稼働(かどう)しているものは少ない。

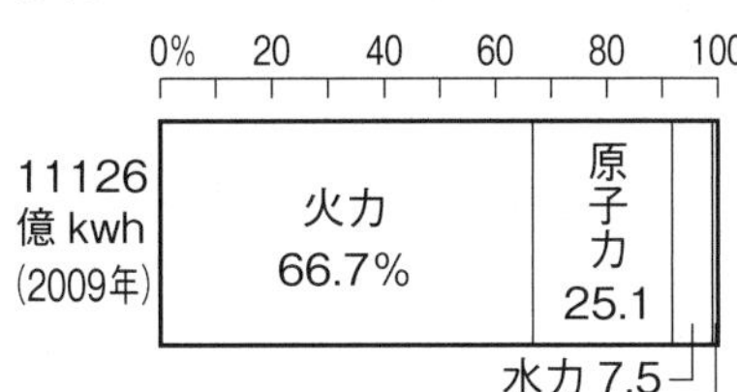

(2011/12「日本国勢図会」)

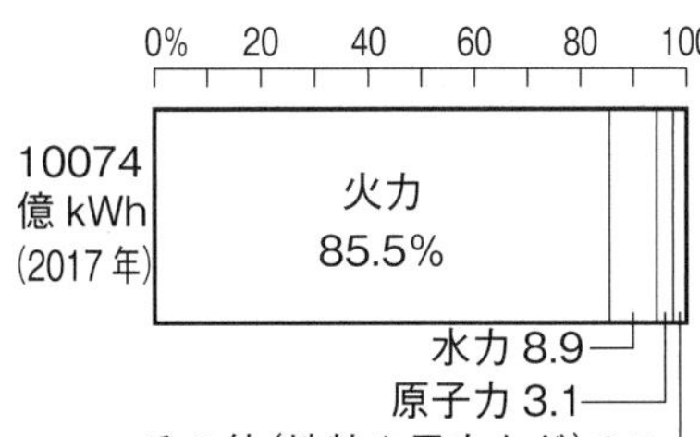

(2019/20「日本国勢図会」)

▲日本の発電の内訳の変化

(3) 発展途上(とじょう)国の間でも，産油国などは国民総所得が比較的(ひかくてき)高いため，経済格差が問題となっている。

20 世界の中の日本

スタートドリル

P.262, 263

1 (1) **非核(ひかく)三原則**

(2) **核兵器禁止条約**

(3) **青年海外協力隊**

(4) **ＳＤＧｓ(エスディージーズ)**

(5) **憲法第９条**

考え方 (2) 核拡散防止条約は，1976年に日本も参加した核兵器の製造と取得を禁止した条約。

(3) 平和維持(いじ)活動は国連が行う活動で，選挙監視(かんし)活動や人道的な救援(きゅうえん)活動などを行う。

2 (1) **ＮＧＯ(エヌジーオー)**

(2) **ＯＤＡ(オーディーエー)**

(3) **自衛隊**

(4) **ＧＮＩ(ジーエヌアイ)**

(5) **ＴＩＣＡＤ(ティカッド)**

考え方 (1) ＮＧＯは非政府組織，民間援助団体などと訳される。

3 (1) **アメリカ**

(2) **スウェーデン**

(3) ① ○ ② ○

4 (1) Ａ **リサイクル**

Ｂ **リユース**

Ｃ **リデュース**

(2) **循環型(じゅんかんがた)社会**

考え方 (2) グローバル化とは地球化という意味で，世界がいろいろな分野で結びついていくこと。

① 国際社会における日本の役割 P.264, 265

1 (1) **NGO**　(2) **国際連合**
(3) **非核三原則**

考え方 (3) 日本は，唯一の被爆国として，将来の核廃絶を願う立場と，安全保障の観点から，同盟国であるアメリカの核の傘に入る立場がある。

2 (1) **発展途上国**　(2) **政府開発援助**
(3) **青年海外協力隊**

3 ① **9**　② **交戦権**
③ **非核三原則**　④ **核の傘**

考え方 ① 憲法第９条では，戦争の放棄，戦力の不保持，交戦権の否認を規定している。

> 第９条
> ① 日本国民は，正義と秩序を基調とする国際平和を誠実に希求し，国権の発動たる戦争と，武力による威嚇又は武力の行使は，国際紛争を解決する手段としては，永久にこれを放棄する。
> ② 前項の目的を達するため，陸海空軍その他の戦力は，これを保持しない。国の交戦権は，これを認めない。

4 (1) **持たず，つくらず，持ちこませず**
(2) ① **福祉**　② **贈与**

考え方 (2) ②日本のＯＤＡの実績は，援助をしている国々の中では上位であり，贈与の割合が少なく，対ＧＮＩ比が低い。

② 持続可能な社会をめざして P266, 267

1 (1) **ＳＤＧｓ**　(2) **17**
(3) **循環型社会**　(4) **リデュース**

考え方 (4) リユースは再使用，リサイクルは再生利用である。

2 (1) **教育**
(2) **ジェンダー**
(3) **トイレ**

考え方 (2) ジェンダーとは，社会的・文化的につくられた性別の違いをいう。例えば,「男は仕事をし，女は家庭を守る。」といったあとからつくられた役割分担などを指す。このような性差をなくし，平等な考えを持つことが一つの目標となっている。

3 ① **持続**
② **17**
③ **健康と福祉を**
④ **トイレ**

4 (1) ① **リサイクル**　② **リユース**
③ **有用**
(2) **循環型社会形成推進基本法**

考え方 (1) リサイクル，リデュース，リユースの三つの頭文字をとって「３Ｒ」といわれる。
(2) 循環型社会形成推進基本法が制定されてから，この関連で容器包装リサイクル法，家電リサイクル法などリサイクルに関する法律がつくられた。

まとめのドリル P.268, 269

1 (1) ㋐ イ　㋑ エ　㋒ ア

(2) 第9条

(3) ① SDGs（エスディージーズ）　② 2030年

(4) 福祉（ふくし）を

2 (1) ODA（オーディーエー）

(2) 青年海外協力隊

(3) 国連平和維持（いじ）活動

考え方 (2) 例えば農業の技術指導や教育などがある。

3 (1) NGO（エヌジーオー）

(2) ① 核の傘（かくのかさ）　② 核兵器禁止条約

(3) リデュース

定期テスト対策問題 P.270, 271

1 (1) ① ㋐ 地球温暖化　㋑ 酸性雨

㋒ オゾン層

② 地球サミット

③ 世界遺産条約

(2) イ，エ

(3) ㋓ 南北　㋔ 南南

2 (1) A 部分的核実験　B 核拡散

(2) INF（アイエヌエフ）

(3) NGO

(4) ① 第9条　② 非核三原則

考え方 (2) 中距離（ちゅうきょり）核戦力のこと。

(4) ②非核三原則→「持たず・つくらず・持ち込ませず」という核兵器を是認（ぜにん）しない三つの原則である。

3 ㋐ 国際連合(国連)　㋑ 持続

㋒ SDGs　㋓ 2030

総合問題　経済 P.272, 273

1 (1) 家計　(2) 配当(配当金)

(3) ① ア

② A イ　B ア　C ウ

考え方 (3) ①イ　インフレのときは増税をする。ウ　政府の通常の活動は，一般会計予算である。

エ　復興予算は特別会計予算である。

②グラフ中のCは割合が年々増えているので社会保障関係費である。

Bは割合が減ってきているので公共事業関係費である。

2 (1) サービス　(2) クレジットカード

(3) クーリング・オフ

考え方 (2) クレジットカードはクレジットカード会社が立（た）て替（か）え払（ばら）いをして，消費者は代金を後からクレジットカード会社に支払う。消費者にとって便利だが，衝動（しょうどう）買いなどの落とし穴もある。プリペイドカードは，あらかじめお金を払っておいて，商品を購入（こうにゅう）する。

(3) クーリング・オフ制度は消費者主権の立場で，消費者保護を目的にしている。

3 (1) ① 公的扶助（ふじょ）　② 社会保険

(2) 循環型（じゅんかんがた）社会

考え方 (1) 日本の社会保障制度を整理しておこう。

社会保険	医療（いりょう）保険　介護（かいご）保険　年金保険 雇用（こよう）保険　労災保険
公的扶助	生活保護［生活扶助　住宅扶助 教育扶助　医療扶助など］
社会福祉（ふくし）	老人福祉　障がい者福祉 児童福祉　母子福祉
公衆衛生	感染症（かんせんしょう）対策　上下水道整備 公害対策　廃棄物（はいきぶつ）処理など

▲日本の社会保障制度

総合問題　国際政治　P.274, 275

1 (1) **ウィルソン**　(2) **ファシズム**
(3) **国際連合憲章**　(4) **ニューヨーク**
(5) ① **総会**　② **安全保障**
③ **経済社会**

考え方 (3) 国連の目的と活動などの基本原則を定めた，国連の憲法というべき文書。国際連盟と国際連合の違いを整理しておこう。

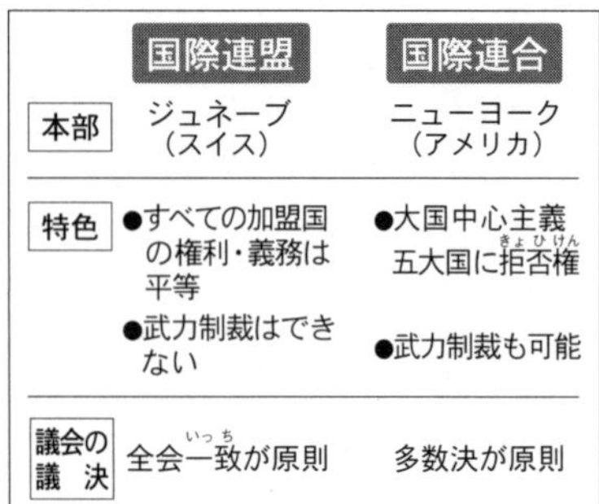

	国際連盟	国際連合
本部	ジュネーブ（スイス）	ニューヨーク（アメリカ）
特色	●すべての加盟国の権利・義務は平等 ●武力制裁はできない	●大国中心主義　五大国に拒否権 ●武力制裁も可能
議会の議決	全会一致が原則	多数決が原則

▲国際連盟と国際連合

(5) ③経済社会理事会には，国際協力を進める多くの専門機関がある。

●おもな専門機関

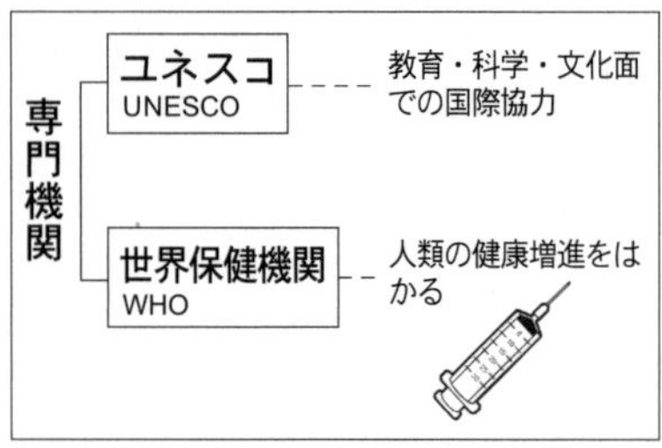

2 (1) **慣習**　(2) **イ**
(3) **ASEAN**

考え方 (3) NATOは北大西洋条約機構という軍事同盟である。APECは太平洋のまわりの国や地域が集まって経済協力を行っている。

3 (1) **NGO**
(2) **南北問題**

総合問題　入試問題④　P.276, 277

1 (1) **(例)エネルギー自給率が低く，資源を外国からの輸入に頼っている。**
(2) **フェアトレード**
(3) **ウ**
(4) **イ**
(5) **ア・ウ**
(6) **イ**

考え方 (1) 火力発電の燃料だけでなく，原子力発電の燃料であるウランも外国からの輸入に頼っている。そのため，世界の情勢に価格が左右されやすく，資源が不足する危険性もある。
(2) フェアトレードとは，発展途上国で生産された商品を，労働に見合った公正な価格で取引すること。正当な価格が手に入れば，子どもを労働ではなく学校に行かせたり，人々の健康状態が良くなるなど，発展途上国の生活向上が期待される。
(4) 男女差別をなくす視点は，賃金だけでなく，採用，昇進，職種などあらゆる分野にわたる。
(5) イの，消費税は累進課税ではない。エの，地方交付税交付金は使いみちが限定されていない。限定されているのは国庫支出金である。
(6) 高負担，高福祉をめざす政府を「大きな政府」といい，スウェーデンなど北欧の国があてはまる。低負担，低福祉の政府は「小さな政府」といい，アメリカなどがあてはまる。

総合問題　入試問題⑤

P.278, 279

1 (1)　**発券銀行**

(2)　**エ**

(3)　**ウ**

(4)　①　**イ**

②　**(例)（太陽光や風力，地熱といった自然エネルギーは）発電時に温室効果のある二酸化炭素を排出せず，しかも資源に限りがある石炭などに比べ，資源がなくなることがない。**

考え方 (1)　日本銀行の他の役割である,「銀行の銀行」「政府の銀行」なども答えられるようにしておくこと。

(2)　好景気のとき，失業率は下がる。日本銀行は，銀行が持つ資金の量を減らすため，国債を売る。逆に不況のときは失業率は上がる。日本銀行は，銀行が持つ資金の量を増やすために，国債を買う。

(3)　1ドル80円から1ドル110円になると，円の価値は下がっていることがわかる。円の価値が下がると，アメリカでの日本製品の値が下がるので，日本からアメリカへ輸出することは有利になる。

(4)　①**ア**は，アメリカは京都議定書を離脱したため誤り。**エ**は，発展途上国の削減義務や開発抑制は盛り込まれなかったため誤り。

②グラフ①では，二酸化炭素の排出量が，グラフ②では，可採年数が指摘されている。